Industrial Structural Effects and
DRIVE MECHANISM of
China's Economic Growth

国家社会科学基金重点项目"我国中长期经济增长与结构变动趋势研究"
（项目编号：09AZD013）资助

中国经济增长的
产业结构效应和驱动机制

张 辉◎著

图书在版编目(CIP)数据

中国经济增长的产业结构效应和驱动机制/张辉著. —北京:北京大学出版社,2013.3
 ISBN 978 – 7 – 301 – 22383 – 3

Ⅰ.①中… Ⅱ.①张… Ⅲ.①中国经济 – 产业结构 – 研究 Ⅳ.①F121.3

中国版本图书馆 CIP 数据核字(2013)第 073112 号

书　　　名:	中国经济增长的产业结构效应和驱动机制
著作责任者:	张　辉　著
责 任 编 辑:	郝小楠
标 准 书 号:	ISBN 978 – 7 – 301 – 22383 – 3/F·3602
出 版 发 行:	北京大学出版社
地　　　址:	北京市海淀区成府路 205 号　100871
网　　　址:	http://www.pup.cn
电 子 信 箱:	em@pup.cn　　QQ:552063295
新 浪 微 博:	@北京大学出版社经管图书
电　　　话:	邮购部 62752015　发行部 62750672　编辑部 62752926
	出版部 62754962
印 刷 者:	北京鑫海金澳胶印有限公司
经 销 者:	新华书店
	730 毫米 ×1020 毫米　16 开本　29.25 印张　477 千字
	2013 年 3 月第 1 版　2013 年 3 月第 1 次印刷
定　　　价:	68.00 元

未经许可,不得以任何方式复制或抄袭本书之部分或全部内容。
版权所有,侵权必究
举报电话:010 – 62752024　电子信箱:fd@pup.pku.edu.cn

前　言

第二次世界大战之后,在美国的带动下,日本首先走上了复兴和高速经济增长的道路,20世纪50至70年代伴随着神武、岩户和伊奘诺三个景气周期,日本保持年均9%以上持续高速增长周期长达二十多年,由此不但确立了日本在亚洲经济中的主导地位,而且使得东亚继西欧、北美之后成为世界第三大经济中心①。在日本之后,亚洲"四小龙"(韩国、新加坡、中国的台湾和香港)经济在20世纪60至90年代也开始加速发展,并因此带动了整个东南亚经济的发展。

根据历史数据可以发现,日本和亚洲"四小龙"经济的高速增长期都持续了20年左右,并且高速增长期内的年平均增长率也都比较接近,即都在9%左右,但这些国家或地区在经历了经济高速增长期之后,都出现了减速的过程,这是一个普遍规律,西方发达的市场经济国家也都经历了类似的发展过程。特别是,一个国家或地区的规模(人口和经济总量)越大,走出高速增长期后,要保持较高的增长速度也就越困难。改革开放以来,中国经济已经持续了34年年均9%以上的高速增长周期,无论是增长速度还是持续的时间都远超东亚先行的国家和地区。经济减速的规律会随着中国的经济高速增长持续时间的延长而表现得更强烈(刘伟,1995;刘伟等,2009)。

东亚奇迹的发生已经是一个不争的事实,但是对这种奇迹的前途,却有一些相反的观点。有些观点甚至认为,以上引起东亚奇迹的原因,很可能就是影响东亚经济进一步发展的重要因素。美国经济学家保罗·克鲁格曼(1994)在《亚洲奇迹的神话》(*The Myth of Asia's Miracle*)中就指出:亚洲新兴工业化国家是"纸老虎",它们的经济增长和50年代的苏联一样,过多地依赖大规模的劳动力和大量资金的投入,而非通过提高效率来获得,在这些国家和发达国家之间,技术水平上的收敛没有发生,因此,东亚之谜并不存在,亚洲新兴国家的前途也不会像想象的那么乐观。1997年亚洲金融危机爆发仿佛是在验证克鲁格曼的预言,引

---

① 20世纪50年代日本仍然是一个发展中国家,人均收入只有美国的五分之一,但是到1970年,就已经达到了美国收入的63%,并一举成为世界第二大经济体(林毅夫,2012)。

发了国内外学者对东亚模式的重新思考(林毅夫,1999;林毅夫、任若恩,2007)。就在这种背景下,2002年中国提出了到2020年新的翻两番的战略目标,2007年进一步提出人均水平翻两番的目标。如果这一目标得以实现,就意味着截至2002年,中国以9%以上的年均增长速度保持了25年的高速经济增长后,还将保持20年左右的高速经济增长。要使一个经济体保持尽可能长时间的高速经济增长,正是各个新兴工业化国家或地区都想要实现的目标。因为只有经济的高速增长持续相当长的一段周期,才能最终根本性地缩小发展经济体与发达经济体之间的差距。这个目标能否实现,以及实现的可能性和科学性将是本研究集中探讨的问题之一。

如果没有产业结构的改变,那么持续的经济增长将是不可能实现的(Kuznets,1966)。发展中经济体特别是中国这种巨型经济体的持续高速增长如果没有发生相应的经济结构转型,那么就很难实现国家经济地位的根本改变。钱纳里(Chenery,1977,1979,1985)、塞尔奎因(Syrquin,1984)用计量实证方法和投入产出分析方法建构了工业化进程中经济结构变迁的标准模型,为后来的研究者分析和度量结构变迁和经济增长的相互关系提供了可视的尺度。20世纪90年代以及21世纪初叶以来,Pilat(1993)、Fagerberg(2000)、Timmer(2000)和Peneder(2003)等都尝试了用新的方法测度在东亚经济的发展过程中产业变迁对经济增长的贡献。近来,关于产业结构高度化与经济增长之间关系的研究方面,有学者从印度1951—2007年时间序列分析来看,1988年之前产业结构变迁与经济增长之间没有格兰杰因果关系,而1988年之后产业结构变迁则与经济增长显示出明显的格兰杰因果关系(Cortuk and Singh,2011)。该类研究表明只有当产业结构达到一定高度的时候,才会通过产业结构变迁所带来的结构效应来影响经济增长。国内也有不少经济学家(刘伟、张辉,2008)曾使用计量经济学的方法验证了产业变迁对中国经济增长的贡献,确认了产业变化和经济增长之间的因果关系。张军等(2009)则比较系统地通过全要素生产率分解来研究工业行业结构调整对要素效率变化起到的主导作用。林毅夫(2011)从三个方面对结构经济学进行了思考:首先,经济结构的要素禀赋会从发展的一个阶段上升到另一个阶段;其次,经济发展的每一个阶段都是从低收入的农业经济到高收入的工业经济连续变化中的一个点;最后,在每一个发展阶段市场都是资源有效分配的基础性机制。在林毅夫(2012)考虑到过去数十年经济增长成功经验和失败教训的基础上,"新结构经济学"利用新古典经济学的方法研究经济结构的决定因素和动态发展过程,由此认为一个经济体的经济结构是内生于其要素禀赋结构的,持续的经济发展是由要素禀赋的变化和持续的技术创新所推动的,那些遵循比较优势的国家或地区有着更高的增长率、更低的经济波动性和更小的不平等;全球越来越快速的要素禀赋比较优势的变化,也使得全球资源配置、产业转移和分工不断发生着新的变化。姜洪(2012)从典型与非典型发展道路的比较中诠释了中国有别于世界先行国家和地区的产业结构转型升级路径。干春晖等(2011)在测度产业结构合理化和产业结构高级化的基础上,构建了关于产业结构变迁与经济增长的计量经济模型,进而探讨了二者对经济波动的影响。不过,这些研究仅仅是确认了产业结构变迁和中国经济增长之间的相关性,并没有研究经济增长、产业结构变迁之外的微观行业变化情况。

在产业结构与经济周期方面,有研究对美国、日本和欧洲部分国家20世纪60年代以来近40年数据运用VAR模型以及随机过程分析,发现这些国家的经济周期与结构变化都存在时间序列上的相关关系,并且各个国家的经济周期各有不同(Krolzig,2001)。此外,有学者利用相依非线性回归方法对1850—2001年德国经济周期进行分析,研究发现三次产业由于各自生产率的差异性,以致资源特别是劳动力不断从低效率产业向高效率产业转移,最终推动了经济的持续增长(Dietrich and Krüger,2010)。当然,我国的经济发展周期则有其特殊性,其中存在经济体制上的差异,更重要的是经济结构上的差异。随着工业化进程的不断深入,经济周期与产业结构间的关系也非常显著。本研究的深入不但在于分析我国产业结构高度化进程的内在产业驱动机制,而且希望能通过该类研究来刻画我国产业驱动机制影响下的经济周期。

产业的关联效应指标是一国或地区选取和界定主导产业的一项关键原则。例如,罗斯托(1988)认为应该选择具有扩散效应(前向、后向和旁侧)的部门作为主导产业部门,将主导产业的产业优势辐射传递到产业链的各产业中,以带动和促进区域经济的全面发展;美国经济学家赫希曼(1991)在《经济发展战略》一书中,主张不均衡发展战略,提出将产业关联效应作为主导产业选择的基准即产业关联基准,发展政策的目标应挑选和集中力量发展那些在技术上相互依赖、产业关联效应强烈的"战略部门",即主导产业部门,这种产业才是前向和后向联系的有机结合。虽然各个产业对国民经济的健康持续发展都十分重要,但是只有主导产业才是国民经济发展的核心,其直接决定着国民经济的发展方向、速度、性质和规模(魏后凯,2006)。从相关研究(张辉,2009;陈和、隋广军,2010;张辉、任抒杨,2010;张辉等,2012)来看,无论全国还是地方经济特别是在产业结构高度化加速进程中,都明显受到几大产业的有力推动,由此进一步加深对我国中长期发展的驱动产业群演化轨迹研究,是具有十分重要的现实意义的。

随着2007年美国次贷危机爆发,加之近来愈演愈烈的欧债危机,全球无论是发达经济体,还是类似中国的发展中国家或地区都在深刻反思产业空心化问题。在此背景下我国2020年新的翻两番乃至2030年完成工业化战略目标能够实现吗?特别是已经经历了34年的高速经济增长周期后,中国经济的一些潜能已经被释放(如20世纪80年代的农业高速增长就很难再现),一些生产要素价格上的独特优势也正在失去,在这种情况下,特别是在全球仍然没有走出金融危机的大背景下,通过本研究进一步加深对未来我国中长期宏观经济管理下产业发展规划的解析和指导,就显得具有特别重要的理论和实践价值。中国国民经济增长的超常规现象本身就是现代宏观经济管理学理论难以解释的实践之谜。从实践上来说,改革开放实际上就是实现经济转轨、向有中国特色的社会主义市场经济迈进。在这一伟大的历史实践中,我国面临着一系列难以想象的历史性的困难,需要处理许许多多的矛盾,如何从理论上科学而又冷静地分析认识这些困难和矛盾,从而为落实科学发展观、指导我国中长期经济增长和主导产业群布局的实践服务,是宏观经济管理研究必须承担的一项越来越紧迫的责任。

本研究认为,产业结构的演变,特别是产业结构高度的提升,是一国经济发展取得实质性进展的重要体现。1978年以前的中国,处于计划经济时期,经济的高度指令化使资源得不到有效的配置,经济中蕴藏着大量的产业结构红利。自从改革开放以来,我国经历了由计划经济向市场经济的过渡,转轨经济所释放出的产业和区域结构红利推动了中国经济持续高速发展,创造了世界经济史上的一个奇迹。其中,产业结构的调整做出了多大的贡献,依靠产业结构调整刺激经济增长还能持续多长时间,值得我们进行深入探讨。当然,对于产业结构的研究不仅仅局限于其对于经济增长的影响,我国产业结构的高度化或者说工业化进行到了什么阶段,有没有地域性的差异;产业结构与经济波动的关系如何;产业结构的优化方向是什么,产业结构合理化与高度化之间有什么关系;等等,都是本研究前八章集中探讨的内容。

本研究在对产业结构国内外的相关文献进行了全面系统的梳理的基础上，探究了产业结构高度化与工业化进程，分析了我国各地区产业结构高度化进程的问题，研究表明在全球范围内无论是发达经济体还是发展中经济体，产业结构高度的演进和经济发展水平的提升呈现明显的相关性。本研究从工业化进程的角度系统研究了我国经济发展理论。按照国际严格的工业化标准，2010年我国产业结构高度指数为0.666，即完成了工业化进程的三分之二，该工业化指数水平略高于泰国0.633和印度尼西亚0.596的发展高度，该发展水平不但远低于世界主流发达国家美国14.147、英国10.530、法国14.480、德国13.184和日本11.669的水平，而且也大大低于新兴工业化国家韩国4.718和新加坡7.071的水平。从国内1978年改革开放以来的数据比较来看，我国从1998年开始，工业化进入加速提升阶段，1998年至2005年年均工业化指数提升3.5个百分点，以这个速度发展下去，我国将在2023年完成工业化，比国家设定的2030年完成工业化战略目标提前7年；2006年至2010年年均工业化指数提升6.4个百分点，工业化进程进一步加速，按此速度计算，我国将在2015年完成工业化；在1998年至2010年的整个工业化加速进程，年均提升工业化指数4.7个百分点，按此计算，我国将在2017年完成工业化。综合考虑上述三种计算结果，我国应该在2020年左右完成工业化，我国持续高速增长的最佳黄金周期将从1998年开始，持续22年左右。国内主要省份在产业结构高度方面呈现明显的三个阶梯的区域差异性，上海、北京、天津三个直辖市工业化指数都大于1，即已经完成工业化，处于后工业化阶段；东部沿海地区的工业化指数介于0.5和1之间，处于工业化中后期；中西部地区的工业化指数介于0和0.5之间，处于工业化起步阶段。我国工业化进程的区域差异性将使得我国工业化加速进程呈现此起彼伏的发展态势，如此一来，我国经济持续高速增长周期即使在完成工业化后，还将持续相当长一段时期。为了深化这种区域差异性研究，本研究还选取国内产业结构高度化第一梯队典型城市北京进行了验证和启示性研究，从北京市的研究来看，地方大城市工业化进程一般也会遵循加速发展态势，只不过这种加速进程和产业影响因素要与全国有一定差异性。

在产业结构与经济增长关系研究中，本研究首先从数理推导的角度分析了中国产业结构与经济增长的关系，分别从劳动生产率和全要素生产率的分解式来探讨我国经济增长的效率基础问题，即经济增长的可持续性问题。我国在改革开放以来,截至2012年已经经历了持续34年高速增长后,会不会无法打破东亚增长极限,而陷入不可持续的东亚增长模式中呢?本研究发现,克鲁格曼在1994年所指出的不可持续的东亚增长模式与我国1998年之前的经济增长模式是比较类似的。不过1998年之后我国经济增长过程中,要素投入增长的贡献率逐步降低而净技术进步效应则呈现出不断提升的态势。由此可见,从1998年开始,落实科学发展观,转变发展方式,提升技术创新能力对于中国而言也就已经越来越不再是一个简单的口号,而是实现我国中长期经济持续增长的必由之路。此外,本研究认为1978年改革开放至1998年这20年间,我国经济增长主要依赖于中国从计划经济向市场经济转轨进程中所特有的产业和区域结构效应,即资源从效率低、增长速度慢的产业和地区向效率高、增长速度快的产业和地区转移所形成的结构效应,而1998年之后我国经济在资源基本按市场原则达到生产力边界配置要求下,进入了以全行业和全地区效率提升为基础的工业化加速发展阶段,该持续加速阶段将持续22年左右。其次,本研究从计量模型的角度实证分析了中国产业结构与经济增长的关系,研究发现我国应当加大公共教育和科技等投入,转变经济发展方式,全面提升全要素生产率和劳动力产业结构配置,优化资本配置提升资本效率。最后,本研究进一步深入研究了美国和北京市经济增长中的产业结构变迁问题,研究显示,美国的全要素生产率对经济增长有巨大的正向影响,北京市改革开放以来产业结构的调整对经济增长贡献不大,经济增长主要依靠行业内部效率的改善,由此进一步验证和启示我国无论是从全国层面还是从地方层面落实科学发展观、转变经济发展方式的必要性和紧迫性。

在深入探析我国工业化加速及其背后的效率因素,即可持续性问题之后,本研究认为如果没有对我国22年左右工业化加速进程的深刻认识,就很难理解我国在世界经济格局中的地位变化。按照表1的分析来看,中国在1990年、2000年和2010年占全球GDP比率分别为1.6%、3.7%和9.3%,前10年占全球GDP比率年均提升0.21个百分点,后10年该提升速度则上升到0.56个百分点;在上述三个年份中国占美国当年GDP比率分别为6.2%、12.3%和40.3%,前10年占美国GDP比率年均提升0.61个百分点,后10年该提升速度则加速到2.8个百分点;在上述三个年份中国占日本GDP比率分别11.8%、25.7%和106.9%,前10年占日本GDP比率年均提升1.39个百分点,后10年该提升速度则加速到8.12个百分点。由此可见,1990—2000年这10年,中国与美国经济之间差距年均缩小 0.61 个百分点,按此计算中国赶上美国的经济总量水平在 2000 年之后还需要 144 年;2000—2010 年新世纪的前 10 年,中国与美国经济之间差距年均缩小 2.8 个百分点,按此计算中国赶上美国的经济总量水平在 2010 年之后只需 21 年。类似地,1990—2000 年这 10 年,中国与日本经济之间差距年均缩小 1.39 个百分点,按此计算中国赶上日本的经济总量水平在 2000 年之后还需要 53 年;2000—2010 年这 10 年,中国与日本经济之间差距年均缩小 8.12 个百分点,按此计算中国赶上日本的经济总量水平在 2000 年之后只需 9.15 年。虽然,影响各国经济对比关系的影响因素很多,但不可否认从 1998 年之后中国工业化加速的发展态势使得我国在全球以及与美国、日本等世界主流发达国家之间经济对比关系正经历着前所未有的爆发性的变化。

表1 中国与世界各国 GDP 比较

国家	GDP(亿美元)			各国 GDP 占世界 GDP 比重(%)			中国 GDP 与各国 GDP 比率(%)		
	1990	2000	2010	1990	2000	2010	1990	2000	2010
中国	3569	11985	58786	1.6	3.7	9.3	/	/	/
美国	57572	97648	145824	26.4	30.5	23.1	6.2	12.3	40.3
日本	30183	46674	54978	13.8	14.6	8.7	11.8	25.7	106.9
德国	17145	19002	33097	7.9	5.9	5.2	20.8	63.1	177.6
法国	12445	13280	25600	5.7	4.1	4.1	28.7	90.2	229.6
英国	9959	14509	22461	4.6	4.5	3.6	35.8	82.6	261.7
意大利	11334	10973	20514	5.2	3.4	3.3	31.5	109.2	286.6
巴西	4620	6447	20879	2.1	2	3.3	77.3	185.9	281.6
俄罗斯	5168	2597	14798	2.4	0.8	2.3	69.1	461.5	397.3
印度	3175	4602	17290	1.5	1.4	2.7	112.4	260.4	340
世界	218133	320019	630441	/	/	/	/	/	/

数据来源:《国际统计年鉴 2011》等历年的统计数据。

在产业结构与经济波动性方面,本研究从新中国成立特别是 1978 年改革开放以来,深入探讨了二者之间相互关系,研究表明市场经济体制的引入对于我国经济发展和平抑经济波动有着巨大的贡献;从计划经济向市场经济的转轨在稳定经济增长、保证充分就业方面具有不可替代的作用。此外对比 1978 年前后,可以看出,政府对产业结构的直接调控对经济波动有着较为显著的直接或间接的影响。

在产业结构优化和测度方面,本研究实证分析和研究了产业结构合理化与产业结构高度化之间的关系。首先,实证分析了产业结构优化能否提高产业结构高度化对于经济增长的贡献;其次,实证分析了产业结构高度化能否提高产业结构优化对于经济增长的贡献。研究发现二者之间存在正向效应,由此在我国工业化加速时期就特别需要在推进产业结构高度化的进程中合理地分配资源,提高产业结构的合理化程度,从而在平衡产业结构高度化与合理化的进程中尽可能地发挥经济增长的产业结构效应。在产业结构优化测度方面,本研究通过对无穷连续期中,生产者利润最大化和消费者跨期效用最大化目标联合求解,得出了三次产业最优收敛速率,同时对北京市和全国产业结构进行了测算和分析。研究表明,各个产业的实际增长率与最优收敛速率之间保持一定的同向变动关系,同时二者在不同时期也存在明显差距。全国的三次产业实际增长率与最优收敛速率之间的相关关系和变化趋势也清楚地反映出自1978年以来的经济制度的变迁和产业结构的调整。

在前八章关于产业结构与经济增长、经济波动与经济周期等深入研究的基础上,本研究第九至第十二章则集中探讨了影响产业结构的内在产业驱动机制。根据前文研究,我国从20世纪80年代初开始步入工业化起步阶段,从1998年开始进入工业化加速提升阶段,那么在本部分就有必要回顾一下我国产业结构高度化进程的不同阶段,是哪些行业起到核心推动作用?我国产业结构加速高度化过程中原动力到底是不是第二产业?如果是,那么第二产业中哪些行业又是核心所在?由此,我们希望通过本部分研究,分析清楚我国改革开放以来经济高速增长的产业原动力变迁轨迹;明确支撑我国经济高速增长的产业基本面是越来越健康和优化了,还是越来越脆弱了;明确我国产业结构高度化进程的主导产业群落。

本研究利用投入产出的分析方法对比了中国(1987—2007年)、美国(1947—2007年)和日本(1970—2005年)的投入产出数据,深入研究了产业结构高度化的产业驱动机制和产业变迁轨迹。

从国内数据纵向比较研究来看,我国从三次产业受到全行业及主导产业群驱动的增速变化周期来看,从波谷到波峰一般相距10年,而从波峰到波谷则一般相距2年时间,由此可见我国国民经济在经历10年一个增长周期后,一般会经历一个2年左右的调整周期。这种调整周期上一周期出现在1995年到1997

年,1995年达到波峰,1997年则陷入波谷,1998年开始缓慢复苏;本轮周期则于2007年达到波峰,2009年陷入波谷,2010年开始缓慢复苏。上述两个调整周期正好与1997年东亚金融危机和2007年全球金融危机相吻合,由此在一定程度上显示我国经济在20世纪90年代中后期基本纳入了东亚经济体系,而在纳入东亚经济体的约10年后就基本纳入了全球经济体系。此外,虽然我国三次产业受到全行业及主导产业群驱动的增速变化周期表现出比较明显的同步性,不过第二产业增速波动幅度要明显高于第一和第三产业,可见我国经济无论是加速发展,还是出现衰退都与第二产业高度相关。第二产业的这种不稳定性以及第二产业内部投入产出的自循环性,表明我国第二产业与国内第一特别是第三产业有相互脱离的态势,这不但严重影响到我国经济平稳运行,而且对于我国产业结构转型发展也产生了严重的制约作用。未来我国经济发展只有打破第二产业内部自循环机制,实现第二、第三产业联动发展,才能在根本上实现我国产业结构转型和投资、消费平衡发展的良性发展机制。

中国与美国和日本横向比较研究来看,我国产业结构高度化进程的产业驱动力主要来自第二产业内部的资本等要素流动,最终需求带来的驱动性较小,第二产业的主导型非常强,在工业化进程中,第二产业无论是增速还是规模都远远大于第三产业,不过我国第二产业与第三产业之间的协同性相对于美国和日本是比较弱的。美国1987年之前产业结构高度化的驱动力主要为第二产业,之后则逐步转变为第三产业,相对中国和日本,美国第二产业与第三产业之间的发展关系最为协调。日本产业结构高度化进程的驱动力也主要为第二产业,第二产业在产业关联性角度远高于第三产业,第三产业对国民经济的带动力以及国民经济对第三产业的支撑力都难以保证第三产业成为其规模最大的产业。特别值得注意的是,相对于中国特别是美国那种不断涌现的新兴战略优势产业,日本的主导产业群在1970年后至今基本没有发生较大规模的改变,基本上还是20世纪五六十年代奠定全球竞争优势的第二产业的几个主要部门,这在一定程度上说明日本为什么会在20世纪90年代之后出现"失去的十年"和"失去的二十年"。

在产业结构高度化进程中产业驱动机制的产业分解研究方面,虽然,改革开放以来第三产业对国民经济的整体驱动力也有了大幅提升,其总指数仍然与第二产业相距甚远,其演化成为国民经济原动力的发展历程仍然需要相当长的一段时间。我国国民经济的原动力无论在工业化初期还是中期,始终都主要来自第二产业,而且经过长期发展,第二产业对国民经济的驱动力也有了比较大幅度的提升。此外,本研究在数理模型模拟和统计数据因子分析两种方法的对比研究中,发现我国转轨经济的发展特征使得本应在工业化中期阶段才显示出对国民经济主导和引领作用的金属冶炼及压延加工业、化学工业和石油加工等重化产业在我国工业化初期就与该阶段特有的纺织等轻型主导产业一样,成为推动我国工业化进程的重要力量。由于我国转轨经济发展特征所导致的工业化初期重化产业和轻工业双引擎驱动机制,以致我国整个工业化进程不但在产业结构演变,而且在加速发展周期上都比西方历史轨迹要快速和复杂。事实上,我国无论是工业化前期还是工业化加速时期,都是由重工业为主导,在重工业超前发展的背景下,逐步经历了20世纪八九十年代轻工业快速发展,并在新世纪逐步让位于重工业主导的发展历程。从最新的数据研究发现,一方面,我国工业化加速进程中工业内部已经发生从纺织业和服装皮革羽绒及其他纤维制品制造业等轻工业向化学工业等重化产业的逐步转变过程;另一方面,我国工业化加速发展进程中虽然仍依赖于以化学工业和金属冶炼及压延加工业等为代表的传统重化工业,但是一些以交通运输设备制造业和通用专用设备制造业为代表的现代制造业的快速崛起,已经在我国工业化加速进程中发挥出越来越重要的作用,这充分显示出我国工业化加速进程是与工业内部产业结构不断优化和调整相同步的。

在本研究前八章集中探讨产业结构对于经济活动的影响,第九至第十二章集中研究产业结构的微观产业驱动和影响机制的基础上,本研究第十三至第十六章则从宏观因素即货币政策与财政政策的角度来研究政府如何通过不同政策变量的选取来调控和影响我国产业结构。由于我国幅员辽阔,各地区之发展水平有较大差异,资源不仅需要在产业之间,也需要在区域之间实现优化配置,因此,本部分在宏观货币和财政政策如何影响产业结构的分析中,进一步纳入了相应政策对于区域结构的影响分析。

虽然同属于宏观调控政策,但是货币政策与财政政策对于宏观经济的影响机理并不相同:财政政策的决策时间相对货币政策一般较长,但其相对货币政策却可以更为直接地影响到宏观经济。当然,两者时间上的差异是由决策机制差异和传导机制差异决定的。从传导机制的角度来看,货币政策通过利率、汇率、信贷和资产价格四个渠道影响宏观经济,所以本部分集中从货币政策传导变量的角度研究其产业和区域结构效应;财政政策往往不需要通过传导渠道而直接影响宏观经济,所以本部分将直接研究财政政策的产业和区域结构效应。

从货币政策传导变量对于产业结构的影响来看,本研究基于结构向量自回归(SVAR)模型的脉冲响应函数和方差分解,从利率、信贷、资产价格、汇率等货币政策传导变量的角度分析了1998—2011年我国货币政策对产业结构的影响。研究发现,一般而言,利率的上升倾向于使第一产业比重上升;信贷规模的增大在短期倾向于使第三产业比重上升,在长期则倾向于使第二产业比重上升;汇率的上升使第二产业比重下降,第三产业比重上升;资产价格对产业结构的影响并不显著。本研究基于向量自回归(VAR)模型的脉冲响应函数、方差分解和格兰杰因果检验,在缩短时间跨度和提高数据频率的基础上,从利率、信贷等货币政策传导机制的角度综合分析了2005—2010年我国货币政策的区域效应。研究发现,不但我国货币政策存在一定的区域效应,而且利率和信贷规模对于我国各区域经济的影响比较显著。对于东北和南部沿海地区,利率对投资的影响比较明显;对于黄河中游、长江中游、大西南和大西北地区,信贷规模对投资的影响比较明显;对于东北、北部沿海和南部沿海地区,利率对物价的影响比较明显;对于北部沿海和南部沿海地区,信贷规模对物价的影响比较明显。

与货币政策一样,我国财政政策也有着显著的产业结构效应和区域不对称性。研究表明,我国的财政政策对第二、三产业的影响较强,而对第一产业的影响则相对较弱;此外,财政政策对第三产业贡献率的影响是正向的,而对第一、二产业的影响则是负向的,这可能与我国财政政策作用的方向是相关联的。类似地,由于我国各地区经济发展水平和市场化程度的差异,以致财政政策对于大西南、大西北、东北地区和黄河中游的作用比较明显,而对于三大沿海区域的作用则比较微弱。由此可见,财政政策的制定和实施应该考虑区域的差异性。对于财政政策作用比较明显的区域,可以较多地使用财政政策以拉动当地的经济发展,例如加大对大西北、大西南、东北地区和长江流域的教育、医疗卫生、社会保障和就业以及保障性安居工程等的支持力度,提高这些地区的居民收入促进经济发展;而对于财政政策作用微弱的区域,更应该注重公平的市场环境的构建,加快营业税改征增值税的进程,清理取消不合理、不合法的收费项目,降低偏高的收费标准,减轻企业负担。

综上所述,本研究主要由三个部分有机组成,第一部分(第一至第八章)集中探讨产业结构与我国经济增长,特别是可持续经济发展之间的相互关系;第二部分(第九至第十二章)集中讨论产业结构推动我国经济高速可持续发展的内在产业驱动机制;第三部分(第十三至第十六章)集中讨论产业结构与宏观财政和货币政策之间的相互关系,重点是在考虑我国区域差异性的基础上考察宏观政策变量如何更有针对性地影响我国的产业结构。

当然,本研究未对我国经济增长过程中环境资源约束下的可持续性问题进行深入研究。因为,与我国经济高速发展相伴随的始终都有能源消耗的高速增长,根据1990年不变价格计算来看,我国在20世纪90年代能源消耗弹性系数每年基本在0.4左右,而进入21世纪之后,该弹性系数则跃升到了0.7左右,特别是2003年和2004年该系数还罕见地上升到1以上(分别为1.53和1.60)。此外,根据《BP世界能源统计年鉴》数据显示,我国2011年石油消费量为461.8百万吨,占到亚太地区消费总量的35.1%,世界总消费量的11.4%,在世界总消费量中的比重仅次于美国,居第二位;我国2011年煤炭的消费量达到1839.4百万吨油当量,占到亚太地区消费总量的72.04%,占世界消费总量的49.4%,相当于美国的3.7倍,德国的23.7倍,印度的6.22倍;我国2011年的水电的消费量达到157百万吨油当量,占到亚太地区消费总量的63.28%,占世界消费总量的19.8%,是美国的2.11倍,印度的5.27倍。按石油、天然气、煤炭、核能水电和可再生能源的总量来看,中国2011年的消费量达到2 613.2百万吨油当量,占世界总量的21.29%,而同期美国的消费量为2 269.3百万吨油当量,占世界的18.49%,整个欧盟的消费量为1 690.7百万吨油当量,占世界消费量的13.77%,巴西的消费量为266.9百万吨油当量,仅为中国的10.21%,印度的消费量为559.1百万吨油当量,仅为中国的21.4%。与我国经济高速增长形影相随的资源高消耗和生态环境质量退化等问题不可避免地会影响到我国经济持续高速增长,所以本研究在第17章以石油价格波动为例抛砖引玉地对该类问题进行了一点尝试性研究,未来将进一步深化该方面的系统研究。

从该研究来看,自2000年以来,我国等新兴市场国家的产出增长已经与世界石油价格波动越来越紧密相关。不同于标准的凯恩斯主义模型,本研究将一个由总产量内生决定的石油价格变量纳入到AD-AS模型中,并将其用于分析我国经济面临的各种可能的经济波动及其对应的宏观经济政策。研究发现,和石油价格外生决定的经济相比,在一个石油价格内生决定的经济中,短期需求管理政策的效果更不显著,石油价格补贴等短期供给管理政策不但可能对短期产量增长完全没有效果,而且还会增大通货紧缩的风险。提高劳动生产率和能源使用效率,促进产品市场竞争和改进工资形成机制等政策应当是应对石油价格冲击和保持经济持续增长的更有效的长期宏观经济政策。

本研究是以刘伟教授为负责人所承担的国家社会科学基金重点项目"我国中长期经济增长与结构变动趋势研究"(项目编号:09AZD013)的阶段性研究成果。本专著由北京大学经济学院张辉副教授负责,在研究过程中,北京大学刘伟教授、黄桂田教授、董志勇教授和蔡志洲研究员等给予了极大的指导、关心和支持。感谢国家统计局施发启研究员和北京大学苏剑副教授、冯科副教授、黄泽华博士等为研究提出的诸多真知灼见。感谢美国明尼苏达大学硕士研究生任抒杨,北京大学硕士研究生常静静、王征、王适、张硕、尚粤宇、孙妍、万马、刘航和余东亚等对于书稿的修订和校正工作。在此,对所有关心和帮助过本研究得以完成的机构和人员表示衷心的感谢。

最后,由于时间、精力和水平有限,书中难免存在不少缺陷甚至错误,敬请读者不吝批评指正。

张 辉

2012 年 12 月

目录

第一章 产业结构文献综述 /1
 第一节 产业结构理论与产业结构政策 /1
 第二节 产业结构高度化综述 /6
 第三节 结构变迁与经济增长的综述 /10
 第四节 中国产业结构与经济增长综述 /11
 第五节 产业结构与经济波动综述 /14
 第六节 产业结构优化综述 /17
 第七节 本章小结 /20

第二章 产业结构高度与工业化进程 /23
 第一节 中国产业结构高度与工业化进程和地区差异的考察 /23
 第二节 北京市产业结构高度的测度和比较 /32
 第三节 本章小结 /37

第三章 中国经济增长中的结构变迁 /40
 第一节 中国经济增长中的结构变迁
  ——基于劳动生产率的部门分解 /40
 第二节 中国经济增长中的结构变迁
  ——基于全要素生产率的解析 /56
 第三节 北京产业结构变迁对经济增长贡献的实证研究 /68
 第四节 本章小结 /80

第四章 中国产业结构与经济增长研究 /82
第一节 中国产业结构与经济增长研究 /82
第二节 以北京市为例,探究产业结构与经济增长的关系 /94
第三节 本章小结 /109

第五章 美国产业结构、全要素生产率与经济增长关系研究 /111
第一节 文献综述 /111
第二节 美国产业结构与经济发展情况 /114
第三节 对美国产业结构、全要素生产率、经济增长的实证分析 /116
第四节 本章小结 /126

第六章 产业结构与经济波动 /127
第一节 我国产业结构调整和经济波动 /128
第二节 北京市产业结构调整与经济波动 /138
第三节 本章小结 /152

第七章 中国产业结构优化研究 /154
第一节 产业结构合理化、高度化与经济增长 /154
第二节 北京市产业结构优化研究 /162
第三节 本章小结 /166

第八章 最优产业结构测算 /168
第一节 引言 /168
第二节 理论模型 /169
第三节 全国三次产业经济增长收敛速率的测算 /173
第四节 北京市三次产业经济增长收敛速率的测算 /177
第五节 本章小结 /183

第九章　我国产业结构高度化的产业驱动机制研究　　/184
第一节　投入产出结构系数争议和应用研究　　/186
第二节　驱动产业结构高度化的主导产业集　　/189
第三节　主导产业群对三次产业驱动的比较研究　　/199
第四节　本章小结　　/204

第十章　美国和日本经济发展的产业驱动机制　　/206
第一节　引言　　/206
第二节　美国产业内在驱动机制分析　　/207
第三节　日本产业内在驱动机制分析　　/227
第四节　本章小结　　/238

第十一章　产业结构高度化进程中主导产业模型研究　　/250
第一节　主导产业选择的原则　　/252
第二节　主导产业的抽象模拟模型　　/265
第三节　主导产业与危机下产业振兴计划　　/270

第十二章　我国产业结构高度化进程中主导产业演化进程　　/285
第一节　我国工业化加速进程中主导产业变迁轨迹　　/285
第二节　北京产业结构高度化进程的主导产业演化轨迹　　/304

第十三章　货币政策传导机制文献综述　　/320
第一节　关于货币政策有效性的历史争论　　/322
第二节　新凯恩斯主义经济学对货币政策传导机制内涵的丰富　　/325
第三节　货币政策传导机制对货币政策选择的影响　　/330
第四节　货币政策传导机制"失效"的若干历史案例　　/331
第五节　新凯恩斯主义之外的货币经济学和传导机制未来的研究方向　　/334

第六节　结论和启示　　　　　　　　　　　　　　　　　　　　/336

第十四章　我国货币政策传导对产业结构的影响　　　　　　　　/339
　　第一节　引言　　　　　　　　　　　　　　　　　　　　　　/342
　　第二节　我国货币政策传导对产业结构的影响的实证研究　　　/345
　　第三节　结论和政策建议　　　　　　　　　　　　　　　　　/355

第十五章　我国货币政策传导对区域结构的影响　　　　　　　　/357
　　第一节　引言　　　　　　　　　　　　　　　　　　　　　　/358
　　第二节　我国货币政策传导机制区域效应实证研究，
　　　　　　2005—2010年　　　　　　　　　　　　　　　　　　/360
　　第三节　我国货币政策区域不对称性的因素分析与政策建议　　/372

第十六章　财政政策的区域效应和产业效应　　　　　　　　　　/376
　　第一节　引言　　　　　　　　　　　　　　　　　　　　　　/376
　　第二节　财政政策的产业不对称性　　　　　　　　　　　　　/382
　　第三节　财政政策的区域不对称性　　　　　　　　　　　　　/390

第十七章　资源约束下的我国宏观经济政策
　　　　　　——以石油价格波动为例　　　　　　　　　　　　　/405
　　第一节　引言　　　　　　　　　　　　　　　　　　　　　　/406
　　第二节　石油价格内生决定的AD-AS模型　　　　　　　　　　/409
　　第三节　石油价格内生经济和外生经济冲击　　　　　　　　　/412
　　第四节　石油价格内生经济和我国的宏观经济政策　　　　　　/416
　　第五节　本章小结　　　　　　　　　　　　　　　　　　　　/420

参考文献　　　　　　　　　　　　　　　　　　　　　　　　　/422

Contents

Chapter I Literature Review on Industrial Structure / 1
   1. Industrial Structure Theory and Industrial Structure Policy / 1
   2. Introduction of Industrial Structure Supererogation / 6
   3. Review on Structure Changes and Economic Growth / 10
   4. Review on China's Industrial Structure and Economic Growth / 11
   5. Review on Industrial Structure and Economic Fluctuation / 14
   6. Review on Industrial Structure Optimization / 17
   7. Summary / 20

Chapter II Industrial Structure Altitude and Industrialization Process / 23
   1. Research on the Regional Differences of China's Industrial Structure Altitudes and Industrial Levels / 23
   2. The Measurement and Comparison of Beijing's Industrial Structure Altitude / 32
   3. Summary / 37

Chapter III Industrial Structure Changes with China's Economic Growth / 40
   1. Industrial Structure Changes with China's Economic Growth—Sector Analysis Based on Productivity / 40
   2. Industrial Structure Changes with China's Economic Growth—Analysis Based on Total Factor Productivity / 56
   3. Empirical Research on the Contribution of Industrial Structure Changes to Economic Growth in Beijing / 68
   4. Summary / 80

Chapter IV　Research on China's Industrial Structure and Economic Growth / 82
　　1. Research on China's Industrial Structure and Economic Growth　/ 82
　　2. Research on Relationship between Industrial Structure and Economic Growth—Taking Beijing as an Example　/ 94
　　3. Summary　/ 109

Chapter V　Research on the Relationship among Industrial Structure, Total Factor Productivity and Economic Growth in USA　/ 111
　　1. Literature Review　/ 111
　　2. Introduction of Industrial Structure and Economic Development in USA　/ 114
　　3. Empirical Analysis on Relationship among Industrial Structure, All Factor Productivity and Economic Growth in USA　/ 116
　　4. Summary　/ 126

Chapter VI　Industrial Structure and Economic Fluctuation　/ 127
　　1. The Measurement of Industrial Structure Changes and Readjustment and Economic Fluctuation in China　/ 128
　　2. Empirical Analysis of Industrial Changes and Economic Fluctuation in Beijing　/ 138
　　3. Summary　/ 152

Chapter VII　Research on Industrial Structure Optimization in China　/ 154
　　1. Industrial Structure Rationalization and Supererogation and Economic Growth　/ 154
　　2. Research on Industrial Structure Optimization in Beijing　/ 162
　　3. Summary　/ 166

Chapter VIII　The Calculation of the Optimum Industrial Structure　/ 168
　　1. Introduction　/ 168
　　2. Theoretical Models　/ 169

3. The Measurement of National Economic Growth Rate of
　　　　Three Industries　　　　　　　　　　　　　　　　　　　　　　／173
　　4. Empirical Research and the Measurement of Economic Growth
　　　　Rate of Three Industries in Beijing　　　　　　　　　　　　　／177
　　5. Summary　　　　　　　　　　　　　　　　　　　　　　　　　／183

**Chapter IX　Research on the Driving Mechanism of Industrial
　　　　　　　Structure Supererogation in China**　　　　　　　　／184
　　1. Dispute on Input-output Structure Factor Coefficient and
　　　　Input-output Application Research　　　　　　　　　　　　　／186
　　2. Leading Industry Groups Driving the Supererogation of
　　　　Industrial Structure　　　　　　　　　　　　　　　　　　　　／189
　　3. Comparative Study of the Leading Industry Groups' Driving
　　　　Force to Three Industries　　　　　　　　　　　　　　　　　／199
　　4. Summary　　　　　　　　　　　　　　　　　　　　　　　　　／204

Chapter X　Industrial Driving Mechanism in USA and Japan　　／206
　　1. Introduction　　　　　　　　　　　　　　　　　　　　　　　／206
　　2. Analysis of the Inner Driving Mechanism in USA　　　　　　　／207
　　3. Analysis of the Inner Driving Mechanism in Japan　　　　　　　／227
　　4. Summary　　　　　　　　　　　　　　　　　　　　　　　　　／238

**Chapter XI　Leading Industry Models in the Process of Industrial
　　　　　　　Structure Supererogation**　　　　　　　　　　　　　／250
　　1. The Principles of Leading Industries Selection　　　　　　　　／252
　　2. The Abstract Model of Leading Industries　　　　　　　　　　／265
　　3. Leading Industries and the Industrial Revitalization Plan
　　　　under Crises　　　　　　　　　　　　　　　　　　　　　　　／270

**Chapter XII　The Development of the Leading Industry in Industrial
　　　　　　　Structure Supererogation in China**　　　　　　　　／285
　　1. The Leading Industry's Transitional Track in the Accelerated

　　　　Industrialization Process / 285
　2. The Leading Industry's Transitional Track in the Process of
　　　Industrial Structure Supererogation in Beijing / 304

**Chapter XIII　Literature Review of Monetary Policy Transmission
　　　　　　　Mechanism** / 320
　1. The Historic Debate on the Effectiveness of Monetary Policy / 322
　2. New Keynesian Economics' Contribution to the Connotation of
　　　Monetary Policy Transmission Mechanism / 325
　3. The Influence of Monetary Policy Transmission Mechanism on the
　　　Choice of Monetary Policy / 330
　4. Some Cases about the Failed Monetary Policy Transmission
　　　Mechanism / 331
　5. Other Monetary Economics and the Further Research Prospect
　　　of Monetary Policy Transmission Mechanism / 334
　6. Summary / 336

**Chapter XIV　The Influence of the Monetary Policy Transmission
　　　　　　　on Industrial Structure** / 339
　1. Introduction / 342
　2. Empirical Research on the Influence of Monetary Policy
　　　Transmission on Industrial Structure / 345
　3. Conclusions and Policy Suggestions / 355

**Chapter XV　The Influence of Monetary Policy Transmission
　　　　　　　on Regional Structure** / 357
　1. Introduction / 358
　2. Empirical Research on Regional Effects of Monetary Policy
　　　Transmission Mechanism in China: 2005—2010 / 360
　3. Factor Analysis and Policy Suggestion on Regional Asymmetry
　　　of Monetary Policy in China / 372

Chapter XVI Regional Effect and Industry Effect of Fiscal Policy / 376
   1. Introduction / 376
   2. The Industrial Asymmetry of Fiscal Policy / 382
   3. The Regional Asymmetry of Fiscal Policy / 390

Chapter XVII China's Macroeconomic Policy under Resource Restrictions
           —Taking Oil Price Fluctuation as an Example / 405
   1. Introduction / 406
   2. The AD-AS Model Endogenously Determined by Oil Prices / 409
   3. Endogenous Oil Shock and Exogenous Economic Shock / 412
   4. Oil Price Endogenous Economic and China's Macroeconomic Policy / 416
   5. Conclusions / 420

References / 422

第一章 产业结构文献综述

第一节 产业结构理论与产业结构政策

一、产业结构政策

产业结构政策的记载可以追溯到外国的古埃及、古巴比伦时期,以及我国的春秋战国时期。例如《史记·货殖列传》中记载:"待农而食之,虞而出之,工而成之,商而通之",则"农不出则乏其食,工不出则乏其事,商不出则三宝绝,虞不出则财匮少,财匮少而山泽不辟矣"。讲的是要依赖农民种地来生产,依赖掌管山林水泽的虞人送出,依赖工匠制造,依赖商人流通。农民不出来种地就会缺少食物,工匠不出去做工就会少了工匠的事做,经商的人不经商各地的货物就不能通畅,虞人不出就会财产减少,财产减少就会让山泽的道路堵塞。而现代意义上的产业政策则形成于产业革命完成、现代大工业发展时期的资本主义国家。产业政策的蓬勃发展则应归功于日本。二战后日本经济濒临崩溃,日本政府通过规划产业结构高度化发展的目标,设计产业结构高度化的途径,确定不同时期带动整个国民经济起飞的"主导产业",诱导经济按既定目标发展,使日本在短短二十多年的时间内一跃成为世界经济强国。

二、产业结构理论

产业结构理论的思想渊源可以追溯到 17 世纪。英国资产阶级古典政治经济学创始人威廉·配第早在 17 世纪就第一次发现,随着经济的不断发展,产业中心将逐渐由有形的物质性生产转向无形的服务性生产。1691 年,威廉·配第根据当时英国的实际情况明确指出:工业生产往往比农业生产的利润多得多,因此劳动力必然由农转工,而后再由工转商。

1940年,英国科学家科林·克拉克在威廉·配第关于收入与劳动力流动之间关系学说的研究成果之上,计量和比较了不同收入水平下就业人口在三次产业中分布结构的变动趋势后,得出了"随着全社会人均国民收入水平的提高,就业人口首先由第一产业向第二产业转移;当人均国民收入水平有了进一步提高时,就业人口便大量向第三产业转移"的结论。他认为自己只是印证了威廉·配第提出的观点,后人把克拉克的发现称为配第-克拉克定理。

法国古典政治经济学的主要代表、重农学派的创始人魁奈分别于1758年和1766年发表了重要论著《经济表》和《经济表分析》。他根据自己创立的"纯产品"学说,提出了关于社会阶级结构的划分:生产阶级,即从事农业可创造"纯产品"的阶级,包括租地农场主和农业工人;土地所有者阶级,即通过收取地租和赋税从生产阶级那里取得"纯产品"的阶级,包括地主及其仆从、君主官吏等;不生产阶级,即不创造"纯产品"的阶级,包括工商资本家和工人。他在经济理论上的突出贡献是他在"纯产品"学说的基础上对社会资本再生产和流通条件的分析。

在威廉·配第之后,亚当·斯密在《国富论》中虽未明确提出产业结构概念,但论述了产业部门、产业发展及资本投入应遵循农工批零商业的顺序。其时恰逢工业革命前夕,重商主义阻碍工业进步的局限性和商业繁荣的虚假性已暴露出来。就此而论,配第、魁奈及亚当·斯密的发现和研究是产业结构理论的重要思想来源之一。

产业结构理论的形成是在20世纪三四十年代。在这个时期对产业结构理论的形成做出突出贡献的主要有新西兰经济学家费夏、日本经济学家赤松要、俄裔美国经济学家里昂惕夫、英国经济学家克拉克和美国经济学家库兹涅茨等。

日本经济学家赤松要(Kaname Akamatsu)在1932年提出立足于发展中国家的"雁行产业发展形态说"。该学说认为,伴随着发达国家技术和产业发展的推动作用,发展中国家的产业结构的演变规律为由进口到国内生产,再到出口。其经历的"进口—当地生产—开拓出口—出口增长"四个阶段呈周期循环规律。某一产业随着进口的不断增加,国内生产和出口的形成,其图形就如三只大雁展翅翱翔。人们常以此表述后进国家工业化、重工业化和高加工度化发展过程,并称之为"雁行产业发展形态"。

新西兰经济学家费夏在1935年首次提出三次产业划分方法,他以属性的不同作为产业结构划分的依据:第一次产业是指农林渔等直接以自然资源为生产原料的产业;第二次产业为以自然资源的生产物为加工原料的加工业;第三次产业是从事有形物质财富生产活动之上的无形财富生产活动的服务业。这标志着产业结构理论初具雏形。

英国经济学家科林·克拉克(C. Clark)在吸收并继承配第、费夏等人的观点的基础上,建立了完整、系统的理论框架。他在1940年出版的《经济发展条件》一书中,通过对40多个国家和地区不同时期三次产业劳动投入和总产出的资料的整理和比较,总结了劳动力在三次产业中的结构变化与人均国民收入的提高存在的规律性:劳动人口从农业向制造业,进而从制造业向商业及服务业移动,这就是克拉克法则。其理论前提是以经济在时间推移中的变化为依据。这种时间序列意味着经济发展,而经济发展在此是以不断提高的国民收入来体现。

美国经济学家库兹涅茨在1941年的著作《国民收入及其构成》中阐述了国民收入与产业结构之间的重要联系。通过对大量历史经济资料进行研究,他认为产业结构和劳动力的部门结构将趋于下降;政府消费在国民生产总值中的比重趋于上升,个人消费比重趋于下降,这便是库兹涅茨的产业结构论。在理论前提上,他把克拉克单纯的"时间序列"转变为直接的"经济增长"概念,即"在不存在人均产品的明显减少(即人均产品一定或增加)的情况下产生的人口的持续增加"。同时,"人口与人均产品双方的增加缺一不可",而"所谓持续增加,指不会因短期的变动而消失的大幅度提高"。而后,他将产业结构重新划分为"农业部门"、"工业部门"和"服务部门",并使用了产业的相对国民收入这一概念来进一步分析产业结构。由此,克拉克法则的地位在现代经济社会更趋稳固。

这些经济学家和学者对产业结构的研究从最初的实证分析逐步转向理论研究,促进了产业结构理论的形成。

产业结构理论在20世纪五六十年代得到了较快的发展。这一时期对产业结构理论研究做出突出贡献的代表人物包括里昂惕夫、库兹涅茨、刘易斯、赫希曼、罗斯托、钱纳里、霍夫曼、希金斯等以及一批日本学者。

(一)欧美学者对产业结构的研究

里昂惕夫、库兹涅茨、霍夫曼和丁伯根分别沿着主流经济学经济增长理论的研究思路,分析了经济增长中的产业结构问题。

里昂惕夫对产业结构进行了更加深入的研究。他于1953年和1966年分别出版了《美国经济结构研究》和《投入产出经济学》两书,建立了投入产出分析体系,并利用这一体系分析了经济的结构与各部门在生产中的关系和国内各地区间的经济关系以及各种经济政策所产生的影响。另外,在《现代经济增长》和《各国经济增长》中,他还深入研究了经济增长与产业结构关系的问题。

丁伯根关于制定经济的理论包含了丰富的产业结构理论。例如他认为,经济结构就是有意识地运用一些手段达到某种目的,其中就包含了调整结构的手段。将经济政策区分为数量政策、性质政策和改革政策三种。其中,性质政策是改变结构(投入产出表)中的一些元素,改革政策是改变基础(投入产出表)中的一些元素。又如在他的发展计划理论中所采用的大型联立方程式体系,就是凯恩斯、哈罗德、多马以及里昂惕夫等人多种模型的混合物;另外,他所采用的部分投入产出法,也是一种产业关联方法,它直接从投资计划项目开始,把微观计划简单地加总成为宏观计划。

刘易斯、赫希曼、罗斯托、钱纳里和希金斯的产业结构理论则是发展经济学研究的进一步延伸,其中存在两种思路:

(1) 二元结构分析思路。刘易斯于1954年发表的《劳动无限供给条件下的经济发展》一文中,提出了用以解释发展中国家经济问题的理论模型,即刘易斯理论(二元经济结构模型)。拉尼斯与费景汉把二元经济结构的演变分为三个阶段,他们认为不仅收入分配发生变化,与之相对应的规模以及储蓄、教育、劳动力市场等有关因素之间也存在着直接的联系。希金斯分析了二元素结构中先进部门和原有部门的生产函数差异。原有部门的生产函数属于可替代型的,而先进部门存在固定投入系数型的生产函数,采取的是资本密集型的技术。

(2) 不平衡发展战略分析思路。赫希曼在1958年出版的《经济发展战略》中提出了一个不平衡增长模型,突出了早期发展经济学家限于直接生产部门和基础设施部门发展次序的狭义讨论。其中关联效应理论和最有效次序理论,已经成为发展经济学中的重要分析工具。

罗斯托提出了著名的主导产业扩散效应理论和经济成长阶段理论。他认为,产业结构的变化对经济增长具有重大的影响,在经济发展中应重视发挥主导产业的扩散效应。罗斯托的主要著作有《经济成长的过程》和《经济成长的阶段》等。

钱纳里对产业结构理论的发展贡献颇多。他认为,经济发展中资本与劳动的替代弹性是不变的,从而发展了柯布-道格拉斯的生产函数学说,指出在经济发展中产业结构会发生变化,对外贸易中初级产品出口将会减少,逐步实现进口替代和出口替代。

(二) 日本学者对产业结构的研究

欧美学者的产业结构研究及提出的理论模型具有一般意义,形成了该研究领域的主流。但作为应用经济理论,各国在实践中形成了各具特色的理论概括。二战之后,立足本国国情,日本经济学家逐步发展形成了一套独特的产业结构理论,他们认为产业结构变动与周边国家或世界相关联。在日本,对产业结构理论有比较深入研究的学者有筱原三代平、马场正雄、宫泽健一、小宫隆太郎、池田胜彦、佐贯利雄、筑井甚吉等人。其中筱原三代平是日本研究经济周期理论和产业结构问题的著名专家。他的研究成果包括《日本经济的成长和循环》、《收入分配和工资结构》、《消费函数》、《日本经济之谜——成长率和增长率》、《产业构成论》和《现代产业论(产业构造)》。

筱原三代平(1955)提出了"动态比较费用论",其核心思想强调:后起国的幼稚产业经过扶持,其产品的比较成本是可以转化的,原来处于劣势的产品有可能转化为优势产品,即形成动态比较优势。因为与国际贸易理论密切相关,因而这个理论只能成为战后日本产业结构理论研究的起点。在实践中,一些日本学者提出各种理论假设和模型来研究实现产业结构优化升级的具体途径,其中最著名的是赤松要等人提出的产业发展"雁形态论"。

赤松要(1936,1957,1965)在战前研究日本棉纺工业史后提出了"雁形态论"最初的基本模型,战后与小岛清(1937)等人进一步拓展和深化了该理论假说,用三个相联系的模型阐明了完整内容。

关满博(1993)提出产业的"技术群体结构"概念并构建了一个三角形模型,并用该模型分别对日本与东亚各国和地区的产业技术结构做了比较研究。其核心思想是:日本应放弃从明治维新后经百余年奋斗形成的"齐全型产业结构",促使东亚形成网络型国际分工,而日本也只有在参与东亚国际分工和国际合作中对其产业进行调整才能保持领先地位。

日本学者的产业结构研究实际上触及了东亚区域产业结构循环演进的问题,并且已经明确意识到一国产业结构变动与所在国际区域的周边国家或世界相关联,但这些研究仍以单个国家为立足点,仅涉及国际区域的一个特例,没有上升到一般理论。

产业结构理论的基本体系包括产业结构形成理论、主导产业的选择理论、产业结构演变理论、产业结构影响因素理论、产业结构效应理论、产业结构优化理论、产业结构分析理论、产业结构政策理论、产业结构研究方法论以及产业关联理论等几部分。本节主要探讨产业结构影响因素理论。

第二节 产业结构高度化综述

一、产业结构高度化的含义

经济发展的实质在于产业结构高度的提升。从威廉·配第到科林·克拉克,经济学家已经认识到产业结构的演进是一个从低级向高级发展的动态过程。到了20世纪中后期,库兹涅茨、钱纳里、塞尔奎因等人通过投入产出分析和实证方法,总结出了工业化进程中不同阶段产业结构高度的典型特征和测度产业结构高度的标准。目前产业结构高度的界定基本比较统一。一般来说,产业结构高度化就是产业结构合理基础上的高级化过程。具体来看,主要体现在三个转移上,即三大产业重心的转移(第一产业—第二产业、第三产业)、要素密集度的转移(劳动密集型—资本密集型、技术密集型)和产品形态的转移(初级产品—中间产品、最终产品)。产业结构高度的演进必须是在符合经济和社会发展规律的前提下进行的,并且伴随着产业结构的协调化和合理化。人为的提升往往会导致"虚高度化",等到想把这种错误纠正过来的时候社会将付出巨大的代价。所以我们应该在源头上制止这种现象的出现,合理地推进产业结构高度化的过程。

二、产业结构高度化的表现形式

产业结构的高度化有赖于各产业的成长。而产业也同其他事物一样,有着产生、成长、发展和衰亡的过程，或者说有着自己的生命周期。处于生命周期曲线中不同阶段的产业，对产业结构高度化的影响和作用显然是不同的。处于生长期的产业具有很强的生命力，能够突破较为稳定的产业结构的束缚，往往代表产业结构新的发展方向，对产业结构高度化进程的影响最大。成熟期的产业决定着现有的产业结构高度化的程度。衰退期产业的规模和退出速度也会影响产业结构的升级进程。

对于一个能够在原有的相对稳定的产业结构中异军突起，取得自己的一席之地，并迅速成长的新产业，创新发挥重要的作用。熊彼特认为，创新就像引入一种新的生产函数，能大大提高社会的潜在生产能力。而这种新的生产函数，可以归纳为五个方面：一是推出一种新的产品，二是应用一项新的技术，三是开辟一个新的市场，四是采用一种新的生产要素，五是实行一种新的生产组织形式。对于一个产业的形成和成长而言，这五种类型的创新，都对新产业的成长具有推动作用。从生产要素配置的角度看，创新对产业结构高度化的影响主要通过两个方面完成：一方面，当某产业的创新带来新的需求时，一般会引起生产要素向该产业的流入，促进该产业部门的成长和发展，从而导致产业结构的升级；另一方面，当某产业的创新带来生产效率的提高，但没有创造出新的需求时，则往往造成生产要素从该产业流出，从而加速了该产业的萎缩和退出过程，这样也促进了整个产业结构的高度化。

三、产业结构高度化的发展模式

由于资源是稀缺的，人们在进行生产活动时，就会受到资源的约束，这就产生了对生产要素投入方向的决策问题，也就带来了经济发展和产业结构高度化进程中的发展模式问题。

关于产业结构高度化的发展模式主要有两种观点，一种是平衡发展，另一种是非平衡发展。平衡发展的理论认为，经济的发展和投资的流向应使各产业保持平衡，不能因某一产业的停滞而阻碍其他产业的发展，因而应在各产业之间同时进行大规模的投资，使各产业得到平衡的、全面的发展。平衡发展理论的支持者以罗森斯坦·罗丹、纳克斯等人为代表。

非平衡发展理论的原始思想可以追溯到亚当·斯密。在《国富论》中，亚当·斯密指出"进步社会的投资,首先是大部分投在农业上,其次投在工业上,最后投在国际贸易上"。赫希曼等人将非平衡发展的思想系统化,形成了影响较大的非平衡发展理论。非平衡发展理论的主要思想是:由于资金短缺等方面的原因,发展中国家不可能在所有的产业部门同时投资,而应当选择合适的重点产业进行投资,然后通过关联效应和诱发型投资等作用,带动其他产业的发展,最后达到经济发展和产业结构升级的目标。罗斯托认为,"近代经济增长实质上是一个部门的过程"。发展就是充当"领头羊"的主导部门首先获得增长,再通过回顾效应、旁侧效应和前瞻效应,对其他产业部门施以诱发作用,最终带动整个经济的增长和产业结构的成长。

平衡发展与非平衡发展两种模式之间的关系,不应当是完全对立的,而应当是互补的。从增长目标来说,一个经济系统总以各产业的协调发展,也就是以平衡增长为最终目的。但由于资源稀缺性等,在发展道路的选择上,却不得不进行非平衡的增长,以非平衡发展来达到平衡发展的目的。在短期内经济结构的成长总是表现出非平衡的特点,一些产业在某个特定的时期发展得快些,另一些产业则成长得较慢。但从长期看,产业结构的演进总是呈现出一定的规律性,总是以协调和平衡的发展为标志。

四、产业结构高度化测度

产业结构水平是对产业结构由低级向高级演变程度的一种衡量,通过将产业结构水平综合化为一项定量指标,来表明该国家或地区产业结构的高度。对于产业结构水平的测度,国内外的众多学者从不同角度进行了研究,并形成了大量的研究成果。

国外对产业结构水平测度主要是从国家层面进行的,测度方法一般有两种:一是通过建立"标准结构"来进行比较。"标准结构"是在收集众多国家产业结构演进的具体数据基础上,通过建立模型并运用统计分析的方法,对样本国家影响和反映产业结构的主要因素进行回归分析而得到的。在利用"标准结构"对产业结构水平进行实证研究的过程中,库兹涅茨、钱纳里、塞尔奎因等人都提出过相关的"标准",这些"标准"常常被用来衡量某些特定国家的产业结构发展水平。二是相对比较判别方法,即在对一个产业结构水平进行判别时,用另一个产业结构作为参照系来评价和判别。这种方法又分为三种类型:第一种是相似判别法,即比较两个产业结构系统的相似程度,根据两者的"接近程度"对产业结构水平进行衡量;第二种是距离判别法,即度量两个产业结构之间的差距,以两者的"利差程度"对产业结构水平进行判别;第三种是经济发展阶段判别法,在理论和实践数据分析的基础上,将经济发展过程划分为若干个阶段,然后,根据比较国的经济特征,判别该国经济处于哪一个阶段,衡量其相应的产业结构水平。这方面较为经典的理论有霍夫曼的工业化阶段学说、罗斯托的经济成长阶段学说与钱纳里、塞尔奎因的经济发展阶段说等。

国内学者对于产业结构水平测度的研究也形成了若干成果,这些研究成果提供了衡量产业结构水平的直观指标。潘文卿等(1994)认为,产业结构高度化水平的实质就是当时各产业的经济技术水平及其结构关联水平,它最终反映在结构关联技术矩阵的水平上。因此,可以把结构关联经济技术矩阵水平作为产业结构高度化水平的综合性衡量指标,他们将其结构关联经济技术矩阵最大特征的倒数定义为产业结构水平的测算指标。

白雪梅等(1995)在分析地区产业结构时,提出用范数来作为描述地区产业结构的指标,并通过增加一定的权数,对范数指标进行了纠正,变多值映射为单值映射。

陈静等(2003)认为,产业结构的优化意味着产业结构的合理化和高度化,它主要体现在产业的高附加值化、高技术化、高集约化和高加工度化,尤其是高科技含量的产业在国民经济中的比重上升,各产业之间按比例协调发展。他们用第三产业占国民生产总值的比重和人均国民生产总值两个指标来粗略地反映产业结构的优化程度。第三产业占国民生产总值的比重越高,说明第三产业对整个国民经济发展发挥的作用越大,产业高附加值化、高技术化、高集约化、高加工度化程度越高,产业结构越优化。而人均国民生产总值则从人均水平上衡量了一国经济的发展状况,该指标的值越高,表明该国经济发展水平越高,经济的整体素质越好,产业结构也越好。由于两个指标之间的相关性较高,因此作者通过因子分析把两个指标复合为一个单一的因变量,并将其命名为产业结构系数来综合代表产业结构水平。

靖学青(2005)在对长三角地区的实证研究中指出,产业结构升级是指随着经济不断增长、产业界结构相应地发生规律性变化的过程。产业结构升级体现

中国经济增长的产业结构效应和驱动机制

在两个不同年份产业结构水平的比较中,而产业结构水平可以用产业结构层次系数来定量测度和刻画。

第三节 结构变迁与经济增长的综述

有关结构变迁(structural change)和经济增长的关系的研究历史悠久,卷帙浩繁,最早可以追溯至20世纪30年代,如费希尔(1931)、克拉克(1940)等,而库兹涅茨(Kuznets,1957)较早就从实证角度分析和度量了三次产业的产值结构和劳动力结构对经济增长的影响。但是,关于产业结构变迁和经济增长之间联系的研究甚少。20世纪七八十年代以来,当代最著名的关于结构变迁和经济增长的关系的研究主要来自于发展经济学家,尤其是钱纳里(1977,1979,1985)、塞尔奎因(Syrquin,1984)等结构主义学派,钱纳里、塞尔奎因等用计量实证方法和投入产出分析方法建构了工业化进程中经济结构变迁的标准模型,为后来的研究者分析和度量结构变迁和经济增长的相互关系提供了可视的尺度。他们在20世纪七八十年代从发达国家的工业化和经济成长历史中挖掘出很多关于经济结构和经济发展的相互关系的有价值研究,在研究方法上有很多新的进展和突破;而20世纪90年代以及新世纪初叶的最新研究主要出自对转型经济(中国、俄罗斯、东欧等)、新兴工业经济(新加坡、韩国、中国台湾等)和不发达经济感兴趣的经济学家。我们注意到,Pilat(1993),Fagerberg(2000),Timmer(2000),Peneder(2003)等都尝试了用新的方法测度在东亚经济的发展过程中结构变迁究竟在多大程度上推动了劳动生产率的提升。在他们的研究中,有的证明了结构效应十分显著,有的发现结构效应并不显著,对此,Timmer(2000)认为这可能是因为结构效应发生在更微观的领域,宏观的度量方法不一定适用。

无论是在理论研究上,还是在实证分析上,国内的相关文献都是汗牛充栋。在实证分析上,国内相关研究主要是用投入产出方法和经济计量方法研究经济结构(主要是产业结构)和经济增长的相互关系,最新的研究中以计量方法为主,刘伟、李绍荣(2002),朱慧明、韩玉启(2003)和陈华(2005)先后用经典最小二乘法、格兰杰(Granger)因果检验和协整检验等静态和动态计量方法研究了中国的产业结构对经济增长的影响。尽管方法层出不穷,但这些研究都认为产业结构优化确实促进了经济增长,然而由于数据和计量方法的差异,产业结构对经济增长的影响程度没有一致的结论,差异很大,尚需进一步的探讨。国内相关研究中首先量化测度结构变迁对经济增长的贡献率的学者有樊胜根等(2002),他们创新性地引入"结构调整"作为除了要素投入和技术进步以外的第三个经济增长因素,用效率指数(实际 GDP 和有效配置 GDP 的比值)表示配置效率,效率指数增长率和 GDP 增长率的比值就是结构调整的贡献率。通过这一新古典的方法,樊胜根等得出了有益的结论,但他们没有详述该文中最重要的基础指标"有效配置 GDP"和"效率指数"是如何计算的。

第四节 中国产业结构与经济增长综述

一、传统经济增长理论与结构主义

传统经济增长理论观点认为,经济总量的增长是在竞争均衡的假设条件下资本积累、劳动力增加和技术变化长期作用的结果。需求的变化和资源在产业部门之间的流动被看成是相对不重要的,因为所有部门的资本和劳动都能带来同样的边际收益。

古典增长理论究其增长模型本身来说是完全将结构因素排斥在外的。基于凯恩斯理论的哈罗德-多马模型(Harrod-Domar model)没有将技术进步因素和结构变化因素考虑进去,从而也排斥了结构因素在经济增长中所起的重要作用。新古典增长模型对于解释经济增长的源泉比以往的增长模型前进了一大步,它非常清楚地显示了技术进步因素对经济增长的巨大作用。丹尼森和肯德里克等也对经济增长源泉进行过深入研究,但他们同样没有把结构因素作为一个变量放进他们的模型。

这些模型的假设前提是均衡竞争,即经济制度有足够的灵活性以维持均衡价格,从而无论从生产者的观点还是从消费者的观点来看,资源都存在着长期的有效配置,即达到了帕累托最优(资源配置最优)状态。这就意味着各个部门的要素收益率都等于要素的边际生产率。这样,在任何的时点上,部门之间资本和劳动的转移都不可能增加总产出,资源的重新配置仅仅发生在经济扩张时期。

为了修正这些模型,结构主义应运而生。结构主义者认为没有资源配置最优的假设前提,而认为资本和劳动在不同部门的使用,其收益可能出现系统的差别。结构主义属于"次优论"的范畴。由于种种原因,帕累托最优状态是无法获得的,结构主义的观点是放弃追求最优化的企图,转而追求"次优"。

经济增长的结构主义观点为,经济增长是生产结构转变的一个方面,生产结构的变化应适应需求结构变化;资本和劳动从生产率较低的部门向生产率较高的部门转移能够加速经济增长。

产业结构演进与经济增长的内在联系(后面会继续展开)已经被许多专家、学者所认同。但对于如何分析和研究这一内在联系的方法却有以下两种角度。

一是从经济总量的角度出发,把产业结构置于总量框架之内,从总量的变化过程来研究产业结构的变化趋势。代表人物为库茨涅茨。

库茨涅茨认为经济增长是一个总量过程;部门变化和总量变化是互为关联的,它们只有在被纳入总量框架之中才能得到恰当的衡量;缺乏所需的总量变化,就会大大限制内含的战略部门变化的可能性。该理论强调:在结构变化与经济增长的关系中,首要的问题是经济总量的增长,只有总量的高速增长才能导致结构的快速演变。没有总量足够的变化,结构变化的可能性就会大大受到限制。所以经济总量的高增长率引起消费者需求结构的高变化率,消费者需求结构的高变化率又拉动了生产结构的高转换率。

二是从部门的角度出发,强调部门结构变化对经济总量增长的作用,从部门的变化过程来分析经济总量增长的规律。代表人物为罗斯托。

罗斯托认为现代经济增长本质上是一个部门的过程。现代经济增长根植于现代技术所提供的生产函数和累计扩散之中,这些发生在技术和组织中的变化只能从部门角度加以研究。各个部门当然是相互紧密联系的;收入流动的变化也是有意义的;总量指标跟其他任何指标一样,不过是部门活动的总结罢了。所以部门分析是解释现代经济增长原因的关键。

二、产业结构演进与经济增长内在联系

上述所提到的产业结构演进与经济增长的内在联系,主要表现在两个方面:

一是产业结构对经济增长的影响;二是经济增长对产业结构的影响。

(一)产业结构对经济增长的影响

学者们认为产业结构对经济增长的影响主要通过以下两个渠道。

第一是通过产业结构红利(structure bonus)。经济增长除了受技术进步、资本和劳动影响之外,还有新的源泉,即产业结构红利。产业结构红利是指由于国民经济中各个产业的劳动生产率不同,当劳动等资源由生产率低的产业向生产率高的产业转移时,国民经济就会从中享受到益处,从而获得发展。比如,Vittorio Valli 和 Donatella Saccone(2009)认为,国民经济的增长有两方面的动力,一是行业内部劳动生产率的提高(productivity effect,也有人称之为 inter-sector effect),这是经济增长的主要动力;二是资源在行业之间的再分配(reallocation effect,也有人称之为 intra-sector effect)。

对于产业结构红利假说,也有学者提出相反的观点,即认为不是产业结构红利,而是产业结构负担(structure burden hypothesis)。Baumol(1967)提出的非均衡发展理论(unbalanced growth)是其中的代表。Baumol 在模型中将国民经济分为两个部分:先进的(progressive)行业与非先进的(non-progressive)行业,这两个行业的区别在于先进的行业的劳动生产率以一定的速度复合增长,而非先进的行业的劳动生产率保持不变。他最终得出当各个行业生产率不同时,如果计划使各行业均衡发展,最终会使经济的增长率降为零的结论。

第二是通过各行业的外部性。Michael Peneder(2003)将行业的外部性分为"生产者相关溢出"(producer related spillovers)和"使用者相关溢出"(user related spillovers)。其中,前者是指生产的知识和技能从行业的领域内溢出,而后者是指在使用特定的产品和服务时产生外部性。各个行业的外部性并不相同,当外部性较高的行业在国民经济中所占份额较大时,就会有助于经济的高速增长;反之,经济的增长就会放缓。不仅如此,一些行业的发展会推动另一些行业的发展,比如,计算机和医药等高科技含量的行业会推动科学和教育的发展,从而带来整个经济的繁荣。

(二)经济增长对产业结构的影响

虽然产业结构会影响经济增长,但是随着自身的发展,经济增长也会反作用于产业结构。经济增长对于产业结构的影响可以从如下两个方面解释。

第一是各行业的收入需求弹性不同。一般经济增长都会伴随着国民收入的增加,而各个行业的收入需求弹性不同。随着经济的增长,各个行业面临的需求状况在不断地改变,从而推动了产业结构的变化。经济理论中的必需品和奢侈品是一个很好的例子,必需品是日常生活所必需的产品,收入需求弹性小于1,比如粮食、普通衣服等,大多集中在第一产业;而奢侈品是指超出日常生活需要的产品,收入需求弹性大于1,比如音乐会、珠宝等,基本集中在第三产业。随着经济的发展,收入的提高,人们对于奢侈品的需求会增加,而对于必需品的需求增加得不多,甚至在支出比重上会减少,从而推动了生产奢侈品行业的发展以及生产必需品行业的相对萎缩,即经济增长影响了产业结构的变化。

第二是Schmookler的需求推动科技进步理论(demand-driven technological progress)。经济的增长会导致资本积累加速,生产更加先进的机械,促进先进科技的应用以及缩短新知识的运用间隔,这些都会导致经济的进一步发展。但是,Schmookler认为这些进步并非在行业间均匀发生,而是更加倾向于发生于扩张性的行业(expanding sector),从而推动了某些行业的发展。简言之,经济发展带来的生产率提高在各个行业间的不均匀分配导致了经济增长会对产业结构产生影响。

第五节　产业结构与经济波动综述

经济增长波动和结构变动是经济系统动态演化的两种形式。不仅经济在周期波动和结构变动中实现着自身的增长,而且这两种变动形式之间也存在着某些内在的联系。

在经济增长的周期波动中,产业结构的变动主要通过两种形式表现出来:一种是各个产业的净产值占国民收入的比重的变动;一种是各个产业净产值的增长率的波动。

经济稳定增长的一个重要的前提是各个产业维持相对稳定的平衡。假设这种相对的平衡意味着各个产业的净产值增长率(g_i)一致,均等于国民经济的增长率g。然而现有的经济事实证明,各个产业的净产值增长率相等是不可能实现的。钱纳里等在《工业化和经济增长的比较研究中》述说,在工业化进程中,劳动生产率在几乎所有的生产部门都有所增长,但增长率是不平衡的。制造业部门的生产率增长要比其他部门高,重工业部门的生产率增长通常又要比轻工业部门高。

根据经济是否稳定可以将经济时期划分为工业经济时代和信息技术时代。工业经济时代经济周期波动不平稳;信息技术时代经济周期波动平稳。

一、工业经济时代的产业结构与经济增长波动

在工业经济时代,关于产业结构与经济增长波动之间的关系,相关文献中主要有三种观点。

(一)经济增长波动决定产业结构

主流经济学认为经济增长波动决定产业结构。他们认为这其中的机制为:整体经济增长波动水平变化影响消费者收入水平变化,收入水平变化影响消费者偏好变化,偏好变化影响消费者需求结构变化,需求结构变化影响消费品价格的变化和生产要素的变化。所以,经济增长波动本身决定产业结构的形成与演进。

(二)产业结构决定经济增长波动

对于主流经济学的观点,也有学者提出了反对意见。刘易斯在"两部门剩余劳动"模型中指出,经济体由传统农业与现代工业两个部分构成,在现代工业部门增长波动的初始阶段,由于其吸收能力有限,大量的劳动仍然停留在传统的农业部门。但是在土地有限的条件下,过多的劳动力的存在也就意味着农业劳动力的边际产量很低,只能维持简单的再生产。刘易斯的上述分析实际上概括了二元经济结构调整的机制:劳动力分布状况的差异导致了两部分积累率的差异,工业部门的积累率高而农业部门的积累率较低,而积累率的差异又通过影响劳动力的边际生产力对劳动力需求造成不同的影响。在工资水平和技术水平保持不变的条件下,积累率较高的工业部门对劳动力的需求相对持续增长,其后果必定是伴随着整体经济的增长,现代工业部门不断增长,而农业部门的增长相对缓慢。刘易斯的分析表明,经济欠发达的经济体应重点发展具有高积累率的现代工业部门,使国内产业结构由以传统农业为主转变为现代化、城市化、多样化和柔性化的制造业和服务业经济,从而实现经济体在良性耦合的产业结构下的

平稳、快速发展。

（三）经济增长波动与产业结构互相影响

许多国内外学者的研究都认为经济增长波动与产业结构是相互影响的。钱纳里(1960)利用51个国家的经验数据说明,当一个国家的经济规模发生变化时,农业和服务业变化最小,制造业变化最大。库兹涅茨(1946)在论述国民收入的度量问题时提出,一个国家的收入的度量必须从产业结构的角度去进行,并在用50个国家的检验数据比较分析后,得出了制造业部门的增加会伴随人均国民收入的增长的结论。库兹涅茨(1971)指出结构变动是现代经济增长波动中的一个重要事实。随后在1989年进一步指出产业结构变动、技术创新的不同影响和不同国内需求收入弹性是经济增长周期的三大主要驱动力。

二、信息技术时代的产业结构与经济周期

前文中提到,信息技术时代相对于工业经济时代一个较大的特点便是经济周期波动平稳化。

Stock and Watson(2002)用时间序列方法分析了1961年到2001年22个主要机构及指标(国内生产总值、消费、投资、物价、国债收益率等)的波动率,发现从20世纪80年代中期开始,波动率下降的现象遍及整个美国经济。Blanchard and Simon(2001)通过研究发现,美国的这种经济周期的平稳化趋势在除日本以外的七国集团中都存在。经济周期平稳化的原因,是经济的全球化和贸易的自由化能够对平滑经济周期产生积极的影响。信息时代中,随着信息产业的发展,通信成本和数据处理成本持续降低,这使得分割各国市场的时间和空间的障碍不断减少,从而促进了经济的全球化和自由化。市场的开放,一方面增加了市场的竞争力,抑制了工资和物价的剧烈变化;另一方面增加了市场的有效需求,延长了经济的增长期;此外,实现了资源的全球配置,减少了经济增长的束缚。Cecchetti等(2006)利用计量经济模型对25个国家的经济周期波动进行了跨国比较研究,其结论是金融深化、央行通货膨胀目标制有助于缓冲经济周期波动。

下文主要讨论的是,在新的经济环境下,产业结构是否对经济周期的平稳性做出贡献。对于这个问题的解答,目前已有的文献的观点主要有两方面:一是承认产业结构变动对经济周期平稳化波动做出贡献;二是否认产业结构变动对经

济和周期平稳化做出贡献。

(一)承认产业结构变动对经济周期平稳化波动做出贡献

Burns(1960)在预测美国经济周期稳定化方面提到产业结构变动对经济周期波动的影响,他认为美国的就业结构变得越来越稳定,管理人员、工程师、科研人员、财务(金融)等现代白领行业的就业比重加大,与制造、建筑业运输等传统行业相比,现代白领行业受经济衰退的冲击较小,有助于增强经济周期波动的平稳化,从而使得美国经济周期波动呈现出"微波化"趋势。Gordon(1986)通过分析1950年至2005年美国国内生产总值支出结构中的11个主要变量的波动率及其在总支出结构中的份额变化后,得出结论,支出结构的变化可以解释产出波动率变化的20%,从而肯定了经济结构变动对经济周期平稳化的作用。Eggers and Ioannides(2006)认为美国产业结构发生了重大变化。金融服务业净产值占国民收入比重增加,同时农业和制造业所占比重减小。金融服务业具有相当的稳定性,这一结构转变会导致经济的平稳发展。他们还利用方差分解法表明,产业结构演进对经济稳定贡献的比率高达50%,产生这个结果的原因是波动性较大的制造业比例显著下降,而波动性较小的行业比例有所上升。

(二)否认产业结构变动对经济周期平稳化波动做出贡献

Blanchard and Simon(2001)认为整个经济波动的平稳是由构成经济的每个部分自身波动减小造成的,从而否认产业结构变动对经济周期平稳化波动做出贡献。

第六节 产业结构优化综述

前文已经述及,产业结构会对经济增长产生影响,而且产业结构与经济周期有密切的关系,说明产业结构在国民经济中占有举足轻重的地位。那么,最优的产业结构是什么,就是非常有意义的问题。而且,产业结构的优化是实现最优产业结构的方法,所以研究产业结构的优化路径也是十分必要的。

在现有的文献中,对于最优产业结构的研究主要分为两种思路:第一种是直接研究最优的产业结构,而第二种是把最优的产业结构分为产业结构的高度化和产业结构的合理化两个方面,分别进行研究。利用第一种思路进行研究的学者较少,彭宜钟、李少林(2011)认为,最优产业结构就是能够同时实现以下目标的结构:各个产业在生产过程中都对生产要素进行了充分有效的配置;各个产业对生产要素的需求和使用量都达到了利润最大化目标所要求的最大限度;各个产业所选择的产量都能实现自身利润的最大化;代表性行为人按照跨期效用最大化原则来安排每一种产品的消费和投资;每一个产业的产出在被用于消费和再生产之后没有剩余。

而第二种思路则是从产业结构的高度化和合理化的角度进行分析。其中,产业结构高度化也称产业结构高级化,指一国经济发展重点或产业结构重心由第一产业向第二产业和第三产业逐次转移的过程,标志着一国经济发展水平的高低和发展的阶段与方向。而产业结构均衡化就是指一个产业结构系统中各个产业之间达到相互协调和谐的状态。产业结构高度化和产业结构均衡化两者的关系可以由大道定理来描述。李博、胡进(2008)利用大道定理对产业结构高度化和产业结构均衡化的关系做了详细的描述。作者认为,产业结构优化升级的最优路径应该与大道定理描述的经济增长的最优路径相似,即产业结构高度化过程对应于经济的非均衡增长过程(弯曲大道),作用是通过产业间技术结构的提升来提高经济的潜在增长速度(可能达到的最快速度)。而产业结构合理化则对应于经济均衡增长的过程(诺伊曼大道),作用是通过提高产业协调程度使经济的潜在增长速度尽可能发挥出来。另外,作者还指出,技术进步不一定能提高产业结构的高度化水平,只有当各产业所使用的技术能很好地衔接时,技术进步才能带动产业结构升级。在理想情况下,产业结构优化升级的最优路径除了应尽可能保持产业均衡增长之外,还应满足一个重要条件,就是产业结构的转换应在尽可能短的时间内完成,即处于弯曲大道上的时间越短越好。另外,李惠媛(2010)认为,产业结构优化的实质,就是合理化基础上的高级化。产业结构高度化需要以产业结构的均衡化为基础,如果没有产业间的均衡发展,产业结构高度化对经济发展的意义不大,只是虚高度化。刘艺圣、陈燕(2006)也认为,产业结构优化调整是产业结构合理化与产业结构高度化的有机统一。产业结构的合理化是为了协调产业结构关系,产业结构的高度化是为了提高产业结构的技术水平。

对于产业结构均衡化的评价标准,不同学者有不同的见解。比如,姜涛

(2008)提出了产业结构均衡化的五个标准,即各产业的产出能力趋向协调,产业的相对地位趋向协调,各产业的联系方式趋向协调,各产业的增长速度趋向协调以及各产业的空间布局趋向协调。徐德云(2011)认为产业均衡结构实现的条件是各产业的相对劳动—收入比都等于1,其经济特征是:(1)劳动力市场和产品市场都出清;(2)产业之间没有营业利润,收入公平;(3)要素、产品结构供求一致,经济总量达到最大值,实现了生产和交换的帕累托最优状态。另外,他通过一般均衡理论的分析框架,得出产业结构均衡状态下的经济表现为:供求结构一致,劳动力市场、产品市场都出清,经济实现充分就业,社会福利最大;实现了生产和交换的社会帕累托最优;产业之间没有营业利润,收入公平;产业均衡结构具有稳定性;等等。

而对于产业结构高度化的问题,学者一般是设计指标进行衡量,并在其基础上做进一步的回归或者其他分析。比如付凌晖(2010)认为产业结构高度化是指随着经济不断增长,产业结构相应地发生规律性变化的过程,主要表现为三次产业比重沿着第一、二、三产业的顺序不断上升,然后构造产业结构高度化值 W,并且与不变价 GDP 一起,进行平稳性检验、协整检验和格兰杰因果检验,得出我国经济增长明显带动产业结构升级,而产业结构升级并没有明显促进经济增长的结论。

另外,徐德云(2008)从需求的心理体验规律的角度,借助边际效用的观点,分析了产业需求结构的决定因素。作者借鉴了王海明的观点,认为第一产业的需要强烈而短暂,第三产业的需要淡泊且持久,而第二产业居其间,进而得出在起点时,对第一产业需要的欲望最强烈,但边际效应下降速度最快,对第二产业和第三产业的初始欲望较低,下降速度较慢的结论。在此基础上,假设经济福利最大化的条件是三次产业需求的边际效用都相等,从而得出产业需求结构演进表现的形态是需求重心经过三个阶段,第一阶段第一产业的需求比重最大,第二阶段第二产业比重最大,第三阶段第三产业比重最大,其中第一、二产业的需求比重不断下降。

第七节 本章小结

本章梳理了关于产业结构的文献综述。

产业结构理论的思想渊源可以追溯到17世纪。1691年,威廉·配第根据当时英国的实际情况指出:工业往往比农业利润多得多,因此劳动力必然由农转工,而后再由工转商。这成为产业结构理论的思想来源之一。

在此之后,产业结构理论在20世纪三四十年代形成,并在20世纪五六十年代得到快速发展。许许多多的经济学家都为产业结构的理论形成和发展做出巨大贡献,包括里昂惕夫、克拉克、库兹涅茨、钱纳里、霍夫曼等。

至于关于产业政策的记载可以追溯到中国的春秋战国时期,同时,二战后的日本为产业政策的蓬勃发展做出了突出贡献。日本政府通过使用产业政策,使日本在短短二十多年的时间里,从经济濒临崩溃的状态一跃成为世界经济强国。

产业结构是指产业间的技术联系与其他联系方式。它与许多因素相关,例如经济增长、经济波动等。

有关产业结构变迁和经济增长关系的研究历史可以追溯至20世纪30年代,如费希尔(1931)、克拉克(1940)等,而库兹涅茨(Kuznets,1957)较早地从实证角度分析和度量了三次产业的产值结构和劳动力结构对经济增长的影响。二者之间的内在联系,主要表现在两个方面:一是产业结构对经济增长的影响;二是经济增长对产业结构的影响。

产业结构通过产业结构红利和各行业的外部性对经济增长产生影响。产业结构红利是指由于国民经济中各个产业的劳动生产率不同,当劳动等资源由生产率低的产业向生产率高的产业转移时,国民经济就会从中享受到益处,从而获得发展。而行业的外部性为"生产者相关溢出"(producer related spillovers)和"使用者相关溢出"(user related spillovers)。

产业结构在影响经济增长的同时,随着自身的发展,经济增长也会反作用于产业结构。经济发展带来的生产率的提高在各个行业间的不均匀分配会导致经济增长对产业结构产生影响,同时各行业收入需求弹性不同也会造成经济增长对不同行业产生不同影响,从而影响产业结构。

产业结构演进与经济增长的内在联系,已经被许多专家、学者所认同。分析方法有两种,一是从经济总量的角度出发,把产业结构置于总量框架之内,从总量的变化过程来研究产业结构的变化趋势;二是从部门的角度出发,强调部门结构变化对经济总量增长的作用,从部门的变化过程来分析经济总量增长的规律。

产业结构与经济增长理论的基础在于资源配置最优的状态无法实现,资本和劳动在不同部门的使用,其收益会出现系统的差别。不同于传统经济增长理论认为的经济增长是在竞争均衡的假设条件下资本积累、劳动力增加和技术变化长期作用的结果,资源配置存在着帕累托最优状态的观点,结构主义认为,帕累托最优状态是无法获得的,因而这种观点放弃了追求最优化的企图,转而追求"次优"。

至于产业结构与经济波动之间的关系,主流经济学家认为经济增长决定产业结构。他们认为,整体经济增长波动水平变化影响消费者收入水平变化,收入水平变化影响消费者偏好变化,偏好变化影响消费者需求结构变化,需求结构变化影响消费品价格的变化和生产要素的变化。所以,经济增长波动本身决定产业结构的形成与演进。

同样也有学者提出反对意见,认为部门的差异导致了积累率的差异,在工资水平和技术水平保持不变的条件下,积累率较高的工业部门对劳动力的需求持续相对增长,其后果必定是伴随着整体经济的增长。同时指出,经济欠发达的经济体应重点发展具有高积累率的现代工业部门,使国内产业结构由以传统农业为主的经济,转变为现代化、城市化、多样化和柔性化的制造业和服务业经济,从而实现该经济的快速发展。

此外,还有许多国内外学者的研究都认为经济增长波动与产业结构是相互影响的。

随着技术的进步,经济已进入信息技术时代,经济周期波动平稳便是这个时代的一大特征。学者们通过实证以及理论分析,普遍认为产业结构成为经济周期波动平稳的影响因素。

通过上面的阐述,人们不禁会提出疑问,什么样的产业结构才是最优的产业结构呢?如何实现最优的产业结构?只有当产业结构的演进能使得各个产业的劳动生产率都提高至更高的水平时,这样的产业结构演进才是有意义的,也就是所谓"结构效益"的提升,否则,我们只能将这样的产业结构演进称为产业结构倒退或者说是"虚高度"。

在现有的文献中,对于最优产业结构的研究分为两种思路:第一种是直接研究最优的产业结构,即同时实现各个产业在生产过程中都对生产要素进行了充分有效的配置、各个产业对生产要素的需求和使用量都达到了利润最大化目标所要求的最大限度、各个产业所选择的产量都能实现自身利润的最大化、代表性行为人按照跨期效用最大化原则来安排每一种产品的消费和投资、每一个产业的产出在被用于消费和再生产之后没有剩余这几个目标的产业结构。

第二种是把最优的产业结构分为产业结构的高度化和产业结构的合理化两个方面,分别进行研究。其中,产业结构高度化也称产业结构高级化,指一国经济发展重点或产业结构重心由第一产业向第二产业和第三产业逐次转移的过程,标志着一国经济发展水平的高低与发展的阶段和方向。产业结构均衡化就是指一个产业结构系统中各个产业之间达到相互协调和谐的状态。

第二章 产业结构高度与工业化进程

产业结构的演变,特别是产业结构高度的提升,是一国经济发展取得实质性进展的重要体现。产业结构的转变方式可以区分为市场导向和政府导向两种基本类型,对于落后的发展中国家而言,实现结构升级的体制关键在于,如何在推进市场化体制进程的同时,把产业结构演进统一于市场导向和政府导向的有机结合中。对于由传统计划经济向社会主义市场经济体制转型的我国而言,产业结构高度的推进,关键在于如何在深入改革和完善竞争性市场机制的基础上,使政府的宏观调控有效地通过市场机制来实现其结构发展目标。从另一方面说,体制变迁对于发展的积极效应,重点在体制变迁过程中,产业结构是否发生了深刻的变化,而这种变化是否真正推动了增长并体现着长期发展的意义。

本章认为,产业结构高度表面上是不同产业的份额和比例关系的一种度量,但若仅仅是一种份额和比例关系的度量,则有可能在一定时期发生"虚高度",即通过有悖经济成长逻辑的方式超越经济发展的客观约束,以严重损害资源配置效率为代价,提升所谓产业结构高度,因此产业结构高度的度量本质上必须同时是一种劳动生产率的衡量。只有一个国家或地区的劳动生产率较高的产业所占的份额较大,才能表明这个国家或地区的产业结构高度较高。

第一节 中国产业结构高度与工业化进程和地区差异的考察

一、引言:产业结构高度的内涵

(一)产业结构高度与"虚高度"

如果说经济结构变迁是工业化的基本内涵,那么产业结构高度化则是工化进程中供给结构转变的基本要素,与之相对应的是,工业化的结构转变还包含需求结构的变迁。

一般而言,产业结构高度化是根据经济发展的历史和逻辑序列顺向演进的过程,它包括三个方面的内容:(1)在整个三大产业结构中,由第一产业占优势逐渐向第二产业、第三产业占优势演进;(2)在部门结构中由劳动密集型产业占优势逐渐向资本密集型、技术(知识)密集型产业占优势演进;(3)在产品结构中由制造初级产品的产业占优势逐渐向制造中间产品、最终产品的产业占优势演进(周林等,1987;刘伟,1995)。相应地在国民经济投入产出表中,无论是从供给还是从需求方面考察,国民经济的产值、就业、资产等方面的结构均会发生变化。

产业结构高度化是工业化进程中一种定向的、有规律的份额变化,那么产业结构高度是不是就是一种用份额来度量的指标呢?已有的相关研究大多是将几种份额——比如就业份额、资本份额、霍夫曼比值等——按照某种设定的权重加总所得之和作为产业结构高度的度量指标。不能否认这样的指标有一定的参考价值,但是,这样的指标适用性并不强,它们并不适用于工业化进程中的农业经济和城市经济。农业经济以新西兰为例,在其经济发展过程中工业的产值比重没有显著的上升,因为农业在其经济中一直占有显著的比重。城市经济以中国香港为例,在其经济发展过程中,第三产业一直占有绝对的比重。这两种经济都没有呈现显著的、定向的份额变化。如果单纯用份额度量产业结构高度,以份额变化模拟产业结构高度化,我们将发现,在从不发达到发达的经济发展过程中,这些经济体的产业结构高度几乎没有显著提升,甚至是下降的。显然,产业间份额的转变并不是产业结构高度化的本质。

本节认为,只有当产业结构的演进能使得各个产业的劳动生产率都提高至更高的水平时,这样的产业结构演进才是有意义的,也就是所谓"结构效益"的提升,否则,我们只能将这样的产业结构演进称为产业结构倒退或者说是"虚高度"。产业结构高度化是这样一个过程:原有要素和资源从劳动生产率较低的产业部门向劳动生产率较高的产业部门转移,新增的要素和资源也被配置到劳动生产率较高的产业部门,导致劳动生产率较高的产业部门的份额不断上升,使得不同产业部门的劳动生产率共同提高。因此,产业结构高度化实际上包含了两个内涵:一是比例关系的演进;二是劳动生产率的提高。前者是产业结构高度化的量的内涵,后者才是产业结构高度化的质的内涵。经济学家对经济史的探索和研究已经表明这样一个客观的规律:从供给来看,产业之间的比例关系呈现一种规律性的变化,这种规律性的变化实际上伴随着不同产业的劳动生产率的共同提高,因此,产业结构高度化的量的内涵是服从于质的内涵,长期来看,量的内涵绝不会违背质的内涵;在短期内即使人为地违背质的要求以"虚高度"的方式提升产业结构的高度,最终也会被经济发展强制纠正过来,当然这种纠正会伴随着支付巨大的代价。

产业结构高度的测度表面上是不同产业的份额和比例关系的度量,本质上是劳动生产率的衡量。因此,一个经济体的产业结构高度较高,表明这个经济体中劳动生产率较高的产业所占的份额较大。有人可能会怀疑,劳动生产率是不是涵盖了产业结构高度的全部内涵,产业结构高度是不是还应该包括资本积累的高度(人均资本)、技术进步的高度。新增长理论对技术进步的研究表明,资本积累和技术进步的成果完全可以体现在劳动生产率的增长之上。例如 Kumar 和 Russell(2002)认为劳动生产率的增长可以分解为技术效率的增长、技术进步的增长和资本积累的增长。产业结构高度是产业结构演进的成果的体现,只需将这样的成果的指标抽象出来即可。

(二) 产业结构高度的指标及比较

现有的测度产业结构高度的方法主要有以下三类。

1. 静态直观比较方法

这一方法是指将所考察经济的产业比例关系与发达国家的产业结构或者是所谓"标准结构"的产业比例关系相比较,判定所考察经济的产业结构所处的高度。库兹涅茨、钱纳里、塞尔奎因等通过研究多国产业结构演进的经验事实,利用投入产出分析法和计量实证方法,总结出工业化进程中不同阶段的产业结构高度的典型特征。他们都提出了不同人均收入下产业结构高度的标准,这些"标准"常常被用来衡量所考察经济的产业结构高度。

2. 动态比较判别方法

这一方法通过建构某些特定的量化指标,用另一个经济的产业结构系统作为参照系对所考察经济的产业结构高度进行判别。这一方法和第一种方法相似,仍用比较的方法测度所考察经济的产业结构高度,区别在于动态比较判别方法运用统计方法能够动态地判定两个经济的产业结构高度的相似性(离差)。

这一类方法以结构相似性系数和结构变化值最为典型,分别代表着动态比较判别方法的两种类型:一种是相似判别法,即比较两个产业结构系统的相似程度,根据两者的"接近程度"衡量所考察经济的产业结构高度,包括结构相似性系数(又叫夹角余弦法)、相关系数法(统计学中的相关系数);另一种是距离判别法,即度量两个产业结构之间的差距,根据两者的"离差程度"判定所考察经济的产业结构高度,包括结构变化值(海明距离法)、欧式距离法和兰氏距离法。

3. 指标法

这一类方法通过建构一种或多种指标判定一个经济的产业结构高度。前两种方法都是比较的(相对的)、定性的、离散的,只能用于定性地、离散地判断。指标法恰恰纠正了前两者的缺点,它可被用于横截面数据和时间序列的连续的、定量的分析,霍夫曼比值也可以被归为这一类,因为它提供了一种测度工业内部结构的指标——消费品工业产值和资本品工业产值的比值,这一比值既有时间序列上的延承(从5降至小于1的数),也可以用于横向比较。例如,周昌林等(2007)将各产业劳动生产率的平方根的加权平均值作为测度产业结构水平的指标。

指标法适用性较强,既可用于截面数据和时间序列的连续分析,也可作为计量实证研究的基础数据。

为了和前文所阐释的产业结构高度的内涵保持一致,本节的产业结构高度指标至少要包括两个部分:比例关系和劳动生产率。因此,本节将比例关系和劳动生产率的乘积作为产业结构高度的测度指标,即产业结构高度 H 为:

$$H = \sum v_{it} \times \mathrm{LP}_{it} \quad (1)$$

这里 i 处于一个开放的集合中,它可以为 $1,2,3$,代表第一、二、三产业,也可以为 $1,2,\cdots,m$,即随着产业门类不断被细分(细分至 m 种产业),i 的集合可以不断增大。其中,v_{it} 是 t 时间内产业 i 的产值在 GDP 中所占的比重,LP_{it} 是 t 时间内产业 i 的劳动生产率。显然这一公式符合前文所阐释的产业结构高度的内涵:一个经济中劳动生产率较高的产业所占的份额较大,它的产业结构高度值 H 较大。

但是,一般说来,劳动生产率是一个有量纲的数值,而产业的产值比重则是一个没有量纲的数值。因此,我们必须将"劳动生产率"指标标准化。为了使得

我们的产业结构高度指标不仅可用于判断工业化的进程,还可用于国际比较,劳动生产率的标准化公式为:

$$LP_{it}^N = \frac{LP_{it} - LP_{ib}}{LP_{if} - LP_{ib}} \tag{2}$$

其中,LP_{it}^N是标准化的产业 i 的劳动生产率;LP_{if}是工业化完成时产业 i 的劳动生产率;LP_{ib}是工业化开始时产业 i 的劳动生产率;LP_{it}是原始的、直接计算的产业 i 的劳动生产率,其公式为 $LP_{it} = VA_i/L_i$,即产业 i 的增加值与就业人数的比值。

在这里,我们将钱纳里(Chenery,1986)的标准结构模型中的人均收入 706 美元作为工业化的起点,而将人均收入 10 584 美元作为工业化的终点(原文以 1970 年美元计算,工业化起点是 140 美元,而终点是 2 100 美元,本节将它折算成 2005 年美元;通过美国的 CPI 数据可知,1970 年美元换算成 2005 年美元的换算因子为 5.04,本节中所有其他美元数据都以 2005 年美元计算),在这一时点之后,经济将跨入发达经济阶段(世界银行 2005 年划分的发达和不发达国家的人均收入的标准是 10 725 美元,与本节 10 584 美元的差异很小,可以忽略)(见表 2-1)。

表 2-1 工业化进程中劳动生产率的标准

	劳动生产率 (1970 年美元)	劳动生产率 (2005 年美元)	劳动生产率 (2005 年人民币)
工业化起点:人均收入为 706 美元(2005 年美元)			
第一产业	70	352	2 570
第二产业	292	1 473	10 755
第三产业	340	1 714	12 509
工业化终点:人均收入为 10 584 美元(2005 年美元)			
第一产业	1 442	7 268	53 058
第二产业	3 833	19 320	141 036
第三产业	1 344	6 773	49 441

产业 i 标准化的劳动生产率表明产业 i 的劳动生产率与发达经济产业 i 的劳动生产率的趋近程度,将各个产业标准化的劳动生产率加权平均求和所得之产业结构高度,就是表明了产业结构与工业化完成状态的产业结构高度的离差,成为一种既可用于横向比较也可用于纵向比较的指标。如果将发达国家的产业

基础数据代入公式(1),由于美国已经处于后工业化时代,其各个产业的劳动生产率都显著高于工业化完成时各产业的劳动生产率,我们将发现发达经济的产业结构高度值 H 显著地大于1。

二、横截面数据下产业结构高度的比较——国际和国内比较

(一) 国际比较

我们运用公式(1)和(2)计算2010年世界典型国家的产业结构高度,结果见表2-2。

表2-2 2010年世界典型国家的产业结构高度

	第一产业的 LP_{1t}^N	第二产业的 LP_{2t}^N	第三产业的 LP_{3t}^N	产业结构高度 H
中国	0.147	0.462	1.015	0.666
德国	6.149	4.145	16.556	13.184
法国	8.247	3.840	17.174	14.480
英国	6.565	3.826	12.340	10.503
美国	11.226	5.183	16.671	14.147
新加坡	-0.057	3.420	8.513	7.071
日本	4.164	4.126	14.825	11.669
韩国	2.011	2.812	5.971	4.718
泰国	0.196	0.590	0.803	0.633
巴西	0.329	0.364	1.161	0.904
印度尼西亚	0.295	0.709	0.576	0.596

表2-2显示,英国、美国、德国、法国等发达经济的产业结构高度显著地大于1,而中国、泰国、巴西、印度尼西亚等发展中国家的产业结构高度则低于1。表2-2对各国产业结构高度的测度验证了效率意义上的产业结构高度与经济发展阶段、发展水平的一致性。从产业结构高度的视角来看,中国的工业化进程大约走完了三分之二。但是,产业之间并不是均衡的,第三产业的现代化进程明显快于第二产业,更快于第一产业,第一产业和第二、三产业之间的距离正在拉大。

(二) 国内比较

我们将2010年我国典型地区的三次产业数据代入公式(1)和公式(2),结

果见表 2-3(这里只选取了一些典型地区的结果)。

表 2-3　2010 年中国典型地区的产业结构高度

	第一产业的 LP_{1t}^N	第二产业的 LP_{2t}^N	第三产业的 LP_{3t}^N	产业结构高度 H
上海	0.485	1.292	3.905	2.783
北京	0.275	0.730	2.194	1.826
天津	0.277	0.830	1.769	1.253
江苏	0.440	0.589	2.005	1.166
广东	0.212	0.672	1.786	1.151
山东	0.255	0.681	1.511	0.946
浙江	0.316	0.412	1.615	0.931
福建	0.315	0.528	1.535	0.908
辽宁	0.347	0.700	1.342	0.907
陕西	0.146	0.656	1.077	0.760
河北	0.247	0.479	1.231	0.713
青海	0.136	0.659	0.715	0.626
湖北	0.347	0.484	0.758	0.569
河南	0.154	0.417	0.640	0.443
四川	0.147	0.415	0.488	0.402
贵州	0.039	0.335	0.211	0.236

表 2-3 的结果显示,各省份的产业结构高度呈现明显的层次性。中国各地区的产业结构高度和经济发展水平基本相一致,和 GDP 水平并不完全一致,和人均 GDP 的水平相关性较高,东部地区的产业结构高度显著地大于中西部地区。上海、北京、天津、江苏、广东等省份的产业结构高度大于 1,山东、浙江、福建、辽宁等东部沿海地区的产业结构高度接近于 1,河南、湖北、陕西、四川、贵州等中西部地区的产业结构高度则显著地低于 1。根据上文对产业结构高度的定义,一个经济的产业结构高度值和 1 越接近,表明其越接近工业化完成时期的产业结构高度。从平均的视角来看,上海、北京、天津、江苏、广东等省份已经完成了工业化,但是,这主要是由第三产业的非均衡增长造成的,除了上海以外,北京、天津、江苏、广东的第二产业距离完成工业化仍有一段距离,而第一产业的劳动生产率距离完成工业化更是遥遥无期。因此,需慎言北京、上海、天津、江苏和广东等国内发达地区已完成工业化。中国典型省区的数据普遍显示,第三产业

的增长对产业结构高度的带动一般都很大;从效率意义上来说(除了个别地区以外),第一、二产业距离完成工业化还有一段距离。

三、时间序列下产业结构高度的比较

本小节将1978—2010年全国的宏观数据代入公式(1)和公式(2),结果见表2-4(以2005年不变价格计算)。

表2-4 1978—2010年中国的产业结构高度演进

年份	第一产业的 LP_{1t}^N	第二产业的 LP_{2t}^N	第三产业的 LP_{3t}^N	产业结构高度 H
1978	-0.015	0.015	-0.095	-0.020
1979	-0.007	0.018	-0.112	-0.018
1980	-0.008	0.018	-0.118	-0.019
1981	-0.004	0.014	-0.119	-0.021
1982	-0.001	0.014	-0.111	-0.018
1983	0.003	0.018	-0.102	-0.014
1984	0.011	0.022	-0.076	-0.006
1985	**0.010**	**0.025**	**-0.025**	**0.006**
1986	0.011	0.025	-0.016	0.009
1987	0.014	0.028	-0.007	0.014
1988	0.012	0.029	-0.005	0.014
1989	0.007	0.025	-0.004	0.011
1990	0.007	0.014	-0.037	-0.004
1991	0.007	0.025	0.007	0.015
1992	0.009	0.042	0.045	0.036
1993	0.012	0.062	0.051	0.048
1994	0.020	0.071	0.048	0.053
1995	0.028	0.082	0.037	0.056
1996	0.035	0.090	0.041	0.063
1997	0.035	0.099	0.075	0.079
1998	**0.037**	**0.107**	**0.122**	**0.100**
1999	0.036	0.122	0.170	0.126
2000	0.036	0.145	0.220	0.158
2001	0.039	0.162	0.284	0.194

(续表)

年份	第一产业的 LP_{1t}^N	第二产业的 LP_{2t}^N	第三产业的 LP_{3t}^N	产业结构高度 H
2002	0.043	0.195	0.340	0.234
2003	0.048	0.230	0.391	0.273
2004	0.071	0.258	0.433	0.304
2005	0.084	0.288	0.498	0.346
2006	0.095	0.321	0.620	0.418
2007	0.107	0.352	0.762	0.498
2008	0.119	0.386	0.843	0.552
2009	0.133	0.420	0.918	0.603
2010	0.147	0.462	1.015	0.666

从产业结构高度的视角来审视中国改革开放的历程和工业化的进程是十分有意义的。表2-4的最后一列显示,1985年之前,中国的产业结构高度一直在徘徊,尽管第二产业的劳动生产率一直显著提升,但是经济总体明显处于工业化起飞前的准备阶段。我们可以认为,从1985年开始,中国才开始真正进入工业化时期。除了1989—1991年间出现短暂的波动以外,产业结构高度一直稳步推进。从1998年开始,产业结构高度出现加速提升(年均约为4.7个百分点,此前年均增长约为0.6个百分点),表明中国经济开始步入健康、稳态的发展阶段。但这种增长主要是由第三产业的劳动生产率提升所推动的,第三产业不仅劳动生产率增速较快,而且它在总产值中的份额也不断增长,这种趋势仍在持续。2005年之后,由于人口红利临近消失转折点,劳动生产率增长进一步加快,产业结构高度也出现进一步加速提升态势(2005—2010年产业结构高度年均提升6.4个百分点)。

四、结论

本节在深入探讨产业结构高度基本内涵的基础上,设立了一种既可用于横截面数据比较,也可用于时间序列比较的产业结构高度指标。本节认为,产业结构高度表面上是不同产业的份额和比例关系的一种度量,本质上是一种劳动生产率的衡量。一个国家或地区的劳动生产率较高的产业所占的份额较大,表明这个国家或地区的产业结构高度较高。本节通过国际比较、国内各地区比较、全国数据时序比较发现：

首先,对产业结构高度的国际比较发现,产业结构高度的演进和经济发展水平的提升呈现明显的相关性,发达经济的产业结构高度显著地大于1,发展中国家的产业结构高度则低于1。一个经济的产业结构高度值越接近1,表明其离完成工业化的终点越近。从产业结构高度的视角来看,至2010年,中国的工业化进程大约走完了三分之二。但是,产业之间并不是均衡的,第三产业的现代化进程明显快于第一、二产业,第一产业和第二、三产业之间的距离正在拉大。

其次,对国内各地区的产业结构高度的研究发现,根据产业结构高度的水平值,各省份可以分为三个阶梯,上海、北京、天津、江苏、广东等省份的产业结构高度大于1,处于第一阶梯；山东、浙江、福建、辽宁等东部沿海地区的产业结构高度接近于1,处于第二阶梯；河南、湖北、陕西、四川、贵州等中西部地区的产业结构高度则显著地低于1,处于第三阶梯。从平均的视角来看,上海、北京、天津、江苏、广东等省份已经完成了工业化,但是,这主要是由第三产业的非均衡增长造成的,除了上海第二产业已完成工业化之外,北京、天津、江苏、广东按第二产业计算,距离完成工业化尚有一段距离。中国各省份的数据普遍显示,第三产业的增长对产业结构高度的带动很大,第一、二产业距离完成工业化还有一段距离。

最后,对产业结构高度进行时序比较发现,从1985年开始,中国开始真正进入工业化时期。除了1989—1991年间出现短暂的波动以外,产业结构高度一直稳步推进。从1998年开始,产业结构高度进入加速提升阶段,中国经济也逐渐走入优化产业结构、转变增长方式的良性发展轨道,在此过程中,第三产业的推动作用最大。2005年之后,由于人口红利临近消失转折点,劳动生产率增长进一步加快,产业结构高度也出现进一步加速提升态势。

第二节 北京市产业结构高度的测度和比较

根据公式(1)和公式(2),我们用相关数据计算北京市的产业结构高度。在此基础上,先进行北京市产业结构高度的时序数据比较,然后将2007年的北京市产业结构高度和其他中国东部的主要经济发达地区进行比较。在时序数据比较中,我们主要用到《北京市统计年鉴2008》,在各地区数据横向比较中,我们使用《中国统计年鉴2008》。其中,将统计年鉴中的"地区生产总值"作为经济总体和三次产业的增加值,将"三次产业从业人员"作为经济总体和三次产业的劳动力投入的数据,由此计算出经济总体和三大产业的劳动生产率和产业结构高度。

标准化中的基准数据来自钱纳里(Chenery,1986)的标准结构模型。和上文类似,我们使用如表2-5所示的基准数据,和上文表2-1相比,由于GDP平减指数和汇率的不同,具体数值上略有不同。在这里,我们将钱纳里的标准结构模型中的人均收入748美元作为工业化的起点,而将人均收入11 214美元作为工业化的终点(原文以1970年美元计算,本节将它折算成2007年美元;通过美国的CPI数据可知,1970年美元换算成2007年美元的换算因子为5.34),在这一时点之后,经济将跨入发达经济阶段。

表2-5 工业化进程中产业结构高度的标准

	劳动生产率 (1970年美元)	劳动生产率 (2007年美元)	劳动生产率 (2007年人民币)
工业化起点:人均收入为748美元(2007年美元)			
第一产业	70	374	2 542
第二产业	292	1 559	10 603
第三产业	340	1 816	12 346
工业化终点:人均收入为11 214美元(2007年美元)			
第一产业	1 442	7 700	52 362
第二产业	3 833	20 468	139 184
第三产业	1 344	7 177	48 803

产业i标准化的劳动生产率表明产业i的劳动生产率与发达经济产业i的劳动生产率的趋近程度,将各个产业标准化的劳动生产率加权平均求和所得之产业结构高度,就是表明了产业结构与工业化完成状态的产业结构高度的离差,成为一种既可用于横向比较也可用于纵向比较的指标。如果将发达国家的产业基础数据代入公式(1),由于美国已经处于后工业化时代,其各个产业的劳动生产率都显著高于工业化完成时各产业的劳动生产率,我们将发现发达经济的产业结构高度值H显著地大于1。

一、北京市的产业结构和产业结构高度

产业结构最基本的含义是 GDP 中三大产业的份额构成。但这只是产业结构在量的层面上的含义。例如,1978 年,北京的三大产业构成为 5∶71∶24(见表2-6)。表面上看,此时北京市的工业部门产值在 GDP 中占到 71%,已经占有绝对优势,工业化已经达到一定水平,工业产值的份额甚至超过美国、德国等发达国家完成工业化时的工业产值份额。但事实上,此时北京市的产业结构呈现一个"虚高度"状态,工业化水平距离工业化完成尚有一段距离。在计划经济体制下,由于资源的计划配置,国家的大多数生产资源主要投向工业部门,这是工业部门产值份额较高的主要原因。而区别真实的产业结构高度和虚高度状态的主要指标就是劳动生产率水平。本节的产业结构高度指标就是这样一个用来度量一个发展中经济的真实工业化水平的指标。

表 2-6 改革开放以来北京市的 GDP 构成(%)

年份	第一产业	第二产业	第三产业
1978	5.2	71.1	23.7
1986	6.7	58.2	35.1
1990	8.8	52.4	38.8
1995	4.9	42.8	52.3
2000	2.5	32.7	64.8
2005	1.4	29.5	69.1
2007	1.1	26.8	72.1

表 2-7 呈现的就是改革开放 30 年以来北京市产业结构高度。表 2-7 的最后一列显示,1987 年之前,北京的产业结构高度一直在徘徊,尽管三大产业的劳动生产率一直显著提升,但是经济总体明显处于工业化起飞前的准备阶段。我们可以认为,从 1987 年开始,北京才开始真正进入工业化时期。1978—1993 年的 15 年间,北京产业结构总体高度由 -0.033 提升到 0.102,即提升了 10 个百分点以上,年均提升 0.9 个百分点,该时段可以认为是北京工业化加速增长期到来前的预热阶段;而 1993—2007 年的 14 年间,北京总体产业结构高度从 0.102 提升到 1.242,年均增加 8.1 个百分点。由此可见,从 1994 年开始北京即进入工业化加速发展时期,按此计算年均工业化提升速度是 1994 年之前的 9 倍。2006

年,北京市的总体产业结构高度超过1,达到工业化完成时的水平。但是此时第二产业的产业结构高度还没有达到工业化完成时的水平,而第一产业的产业结构高度一直处于滞后状态。及至2007年,北京的第一产业和第二产业的产业结构高度尚没有达到工业化完成时的水平,尤其是农业部门的产业结构高度有待提高。

表2-7 改革开放30年以来北京市产业结构高度

年份	第一产业的产业结构高度	第二产业的产业结构高度	第三产业的产业结构高度	总体产业结构高度
1978	-0.045	-0.033	-0.030	-0.033
1979	-0.045	-0.032	-0.029	-0.032
1980	-0.044	-0.030	-0.023	-0.029
1986	-0.024	-0.015	0.003	-0.009
1987	-0.016	-0.010	0.013	0.000
1988	0.004	0.002	0.037	0.015
1989	0.004	0.013	0.042	0.023
1990	0.012	0.012	0.051	0.027
1991	0.015	0.022	0.083	0.048
1992	0.025	0.038	0.099	0.064
1993	0.057	0.063	0.147	0.102
1994	0.069	0.098	0.189	0.141
1995	0.085	0.141	0.283	0.213
1996	0.084	0.174	0.369	0.279
1997	0.088	0.200	0.463	0.350
1998	0.089	0.261	0.570	0.445
1999	0.084	0.303	0.663	0.525
2000	0.090	0.372	0.788	0.635
2001	0.097	0.401	0.958	0.768
2002	0.111	0.403	1.053	0.847
2003	0.136	0.517	1.102	0.911
2004	0.152	0.639	0.967	0.854
2005	0.155	0.712	1.079	0.957
2006	0.141	0.797	1.170	1.054
2007	0.166	0.911	1.381	1.242

注:由于北京市2002年及其之后的统计年鉴(按照2002年开始执行的新行业分类标准)缺失1981—1985年的具体数据,在这里,我们没有计算1981—1985年的产业结构高度。

从三大产业的产业结构高度和总体产业结构高度的趋势来看,第一产业的产业结构高度提升比较缓慢,第二产业和第三产业的产业结构高度与总体产业结构高度的趋势比较接近。如图 2-1 所示,第三产业的产业结构高度大体上高于总体产业结构高度(图 2-1 中,第三产业的产业结构高度的点处于总体产业结构高度的曲线上方),但是第三产业的产业结构高度略有波动,而且导致了总体产业结构高度的波动。第一产业和第二产业的产业结构高度基本上低于总体产业结构高度(图 2-1 中,第一产业和第二产业的产业结构高度的点处于总体产业结构高度的曲线下方)。这表明,北京的第三产业是引领北京提升总体产业结构高度的主要力量,而第二产业的产业结构高度虽然和总体产业结构高度在趋势上接近,但是速度较慢,而第一产业的产业结构高度提升速度则更慢。由于第一产业的权重小,第一产业的产业结构高度对总体的产业结构高度的变动没有产生大的影响,但是第一产业的产业结构高度提升空间很大。从 1994 年开始,北京市的第二产业的产业结构高度出现加速提升,从年均增加 0.01 变为 0.05。

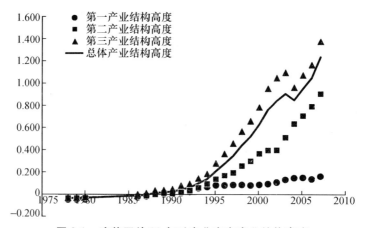

图 2-1 改革开放 30 年以来北京市产业结构高度

二、产业结构高度的横向比较

把北京市 2007 年的产业结构高度和其他东部发达地区相比较,我们可以发现,北京的总体产业结构高度处于全国第二位(见表 2-8)。其中,上海市的总体产业结构高度最高,上海的第一产业、第二产业和第三产业的产业结构高度都处于东部地区最高水平。从总体产业结构高度上看,北京和上海都已经达到工业化完成时的水平,但是北京的第一产业的产业结构高度数值较低,而且提升缓慢,而第二产业的产业结构高度也没有达到工业化完成时的水平,低于上海。因此,北京的第一产业的产业结构高度提升空间很大。另外,由于第二产业的产值份额较大,其产业结构高度的提升将对总体产业结构高度产生重要影响。

表2-8 2007年东部各地区的产业结构高度(降序排列)

地区	第一产业的产业结构高度	第二产业的产业结构高度	第三产业的产业结构高度	总体产业结构高度
上海	0.196	1.092	1.450	1.273
北京	0.151	0.805	1.132	1.034
天津	0.134	0.783	0.930	0.829
广东	0.092	0.730	0.895	0.767
吉林	0.148	0.961	0.709	0.744
辽宁	0.159	0.925	0.611	0.731
江苏	0.198	0.626	0.893	0.696
黑龙江	0.103	0.847	0.593	0.662
山东	0.116	0.695	0.709	0.644
浙江	0.135	0.477	0.784	0.584
福建	0.151	0.504	0.743	0.561
河北	0.107	0.491	0.643	0.492

注:此处计算的北京产业结构高度与表2-7不同,主要是因为《中国统计年鉴2008》和《北京统计年鉴2008》在就业人口统计上有差异。在这里,为了便于与横向省市的比较,我们统一采用《中国统计年鉴2008》的数据。

第三节 本章小结

本章在深入探讨产业结构高度基本内涵的基础上,设立了一种既可用于横截面数据比较,也可用于时间序列比较的产业结构高度指标。本章认为,产业结构高度表面上是不同产业的份额和比例关系的一种度量,本质上是一种劳动生产率的衡量。一个国家或地区的劳动生产率较高的产业所占的份额较大,表明这个国家或地区的产业结构高度较高。本章通过国际比较、国内各地区比较、全国数据时序比较发现：

首先，对产业结构高度的国际比较发现，产业结构高度的演进和经济发展水平的提升呈现明显的相关性，发达经济的产业结构高度显著地大于1，发展中国家的产业结构高度则显著地低于1。一个经济的产业结构高度值越接近1，表明其离完成工业化的终点越近。从产业结构高度的视角来看，至2007年，中国的工业化进程大约走完了二分之一。但是，产业之间并不是均衡的，第三产业的现代化进程明显快于第一、二产业，第一产业和第二、三产业之间的距离正在拉大。

其次，对国内各地区的产业结构高度的研究发现，根据产业结构高度的水平值，各省份可以分为三个阶梯，上海、北京、天津三个直辖市的产业结构高度大于1，处于第一阶梯；广东、江苏、浙江、山东、辽宁等东部沿海地区的产业结构高度在0.5和1之间，处于第二阶梯；河北、河南、湖北、陕西、四川、贵州等中西部地区的产业结构高度则在0和0.5之间，处于第三阶梯。从平均的视角来看，上海、北京、天津三个直辖市已经基本完成了工业化，但是，这主要是由城市化和第三产业的非均衡增长造成的，除了上海较接近以外，北京、天津距离完成工业化尚有一段距离。中国各省份的数据普遍显示，第三产业的增长对产业结构高度的带动很大，第一、二产业距离完成工业化还有相当一段距离。

最后，对产业结构高度进行时序比较发现，从1985年开始，中国开始真正进入工业化时期。除了1989—1991年出现短暂的波动以外，产业结构高度一直稳步推进。从1998年开始，产业结构高度进入加速提升阶段，中国经济也逐渐走入优化产业结构、转变增长方式的良性发展轨道。在此过程中，第三产业的推动作用最大。

本章第二节通过计算北京的产业结构高度比较发现：

首先，1987年之前，北京的产业结构高度一直在徘徊，尽管各产业的劳动生产率一直显著提升，但是经济总体明显处于工业化起飞前的准备阶段。我们可以认为，从1987年开始，北京才开始真正进入工业化时期。及至2006年，北京市的总体产业结构高度超过1，达到工业化完成时的水平。但是此时第二产业的产业结构高度还没有达到工业化完成时的水平，而第一产业的产业结构高度一直处于滞后状态。及至2007年，北京的第一产业和第二产业的产业结构高度尚没有达到工业化完成时的水平，尤其是第一产业的产业结构高度有待提高。

其次,第三产业是引领总体产业结构高度提升的主要力量,而且第三产业的产业结构高度的波动影响着总体产业结构高度的波动。第一产业和第二产业的产业结构高度滞后于总体产业结构高度。第二产业的产业结构高度提升很快,按照目前的发展速度,我们预计还需要 3 年时间,第二产业的产业结构高度达到工业化完成时的水平。第一产业的产业结构高度提升较慢,需要重点关注。

最后,将北京市 2007 年的产业结构高度和其他东部发达地区相比较,我们可以发现,北京的总体产业结构高度处于全国第二位。北京和上海都已经达到工业化完成时的水平,但是北京的第一产业的产业结构高度提升较慢,而且第二产业的产业结构高度也没有达到工业化完成时的水平,滞后于上海。

第三章 中国经济增长中的结构变迁

第一节 中国经济增长中的结构变迁——基于劳动生产率的部门分解

一、经济增长中的结构效应

结构变迁在经济增长中的作用尚存争议,信奉新古典经济学一般均衡理论的经济学家往往对结构变迁的作用不屑一顾,但发展经济学家在研究各国的经济史的过程中发现,经济结构的变迁呈现规律性,结构变迁对经济增长具有显著的推动作用。

结构之所以会发生变化,是因为经济是非均衡的,有的产业(或地区)资源配置效率较高,边际报酬较大,而有的产业资源配置效率较低,边际报酬较少,劳动、资本等要素在利益最大化目标的驱动下,流向资源配置效率更高、边际报酬较高的产业。如果我们承认经济的非均衡是普遍的,而均衡是暂时的,那么市场机制有一种向心的引力,将劳动、资本等要素的非效率配置引向均衡的、有效率的配置。在从非均衡走向均衡、从非效率资源配置走向有效率配置的过程中,就出现了一般均衡理论中潜在生产能力增长之外的经济增长和产出效率提升,我们把结构变迁对经济增长的这种作用称为结构效应[①]。在工业化经济、转型经济和不发达经济中,经济的非均衡、资源的非效率配置则是普遍现象,因而这些经济中的结构效应也备受关注。

[①] 一般来说,产业结构对经济增长的作用最直接,而消费结构、技术结构等往往通过产业结构间接地影响经济增长,较多地在理论模型中剖析。在实证中,所谓结构效应就是指产业结构变迁对经济增长的影响。

本节认为,经济总体的劳动生产率增长率至少可以分解为两个因素:(1) 结构效应:资源(要素)在产业间的优化配置导致了劳动生产率增长,其中结构效应可以分为静态结构效应和动态结构效应;(2) 产业内增长效应:这是指第一、二、三产业内部的劳动生产率的增长,又可以分解技术效率的提高、技术进步的增长等。[①] 如果说,结构效应是由宏观经济体制改革所推动,即由市场化改革所推动,那么技术效率的提高是由微观制度变革(农业制度创新、国企改革等)所推动,技术进步则取决于微观经济主体的创新能力。为了度量结构效应发挥了多大作用,首先要从劳动生产率的增长率中分别提炼出结构效应和产业内增长效应。

二、库兹涅茨的局部分解

库兹涅茨(Kuznets,1957)最早在结构效应的实证研究上做出尝试,他将劳动生产率分解为:

$$y = \frac{Y}{L} = \sum \frac{Y_i}{L_i} \frac{L_i}{L} = \sum y_i \gamma_i \tag{1}$$

其中,$i = 1,2,3$,分别代表第一产业、第二产业和第三产业[②],$\gamma_i = L_i/L$,$Y = \sum Y_i$,因此

$$G(y) = \sum \rho_i G(y_i) + \sum \rho_i G(\gamma_i) \tag{2}$$

其中,$\rho_i = Y_i/Y$;而 $G(x) = (dx/dt)/x = \dot{x}/x$,表示 x 的增长率。从公式(2)中可以看出,劳动生产率的增长率 $G(y)$ 被分解为两项。公式(2)右边的第一项 $\sum \rho_i G(y_i)$ 是各个产业部门劳动生产率增长率的加权平均值,分别以三次产业的产值份额为权重,被称为生产率效应(productivity effect),其度量的是各个产业内部的劳动生产率提高引起的经济总体劳动生产率的增长幅度。公式(2)右边的第二项 $\sum \rho_i G(\gamma_i)$ 是各个产业部门的劳动就业份额的增长率的加权平均

[①] Kumar and Russell(2002)认为劳动生产率的增长可以分解为技术效率的增长、技术进步的增长和资本积累的增长。本小节暂时不考虑资本积累。
[②] 第一、二、三产业是按照国际上的 ICSC 标准,第一产业是指农林牧副渔业,第二产业是指工业,第三产业是指广义的服务业。

值,也以各产业的产值份额为权重①,这一项表明的是结构效应(structural effect),度量了各个产业因结构性变化提高资源配置效率而导致经济总体的劳动生产率增长的幅度。

我们运用库兹涅茨的分解式度量中国1978—2006年的结构效应(见表3-1):

表3-1 应用库兹涅茨分解式的结果

	劳动生产率的增长率	Ⅰ 生产率效应	Ⅱ 结构效应	结构效应所占比例
1978—2006	4.98	4.32	0.66	13%

库兹涅茨利用其分解式研究20世纪上半叶发达国家的数据发现,这些国家的结构效应是显著的,结构效应对劳动生产率增长率的贡献度为10%—30%。库兹涅茨的分解式具有开创性意义,但库兹涅茨的分解式是基于连续函数的推导,但在实际测算中,我们使用离散变量的数据。而且在下文中将会看到,库兹涅茨的分解式实际上忽略了动态结构效应(微分中数值较小的交叉项②),一定程度上低估了结构效应。因此,下文将基于离散函数推导劳动生产率的分解式。

三、全面分解中的结构效应

在这里,我们将使用一种被称为"转换份额分析"(shift-share analysis)的方法。最近将这一方法应用于新兴工业经济和转型经济的结构效应的研究主要有Fagerberg(2000)、Timmer(2000)和Peneder(2003)等。

令经济总体的劳动生产率为LP^t,其中LP_i^t是指各个产业部门的劳动生产率,上标t表示时期,下标i表示不同的产业部门,$i=1,2,3$,分别代表第一产业、第二产业和第三产业,LP_i^t表示产业i的t期劳动生产率,S_i^t是t期产业i的劳动所占份额。

总体劳动生产率可以表示成:

$$LP^t = \frac{Y^t}{L^t} = \sum_{i=1}^{n} \frac{Y_i^t L_i^t}{L_i^t L^t} = \sum_{i=1}^{n} LP_i^t S_i^t \tag{3}$$

---

① 在离散的固定权重的计算中,一般使用Tornqvist-Theil数量指数,即公式(2)中的权重取基期和末期的产值份额的均值。

② 公式(4)的右边第二项。

根据公式(3)，可以推知 t 期的总体劳动生产率相对于 0 期的增长率为：

$$\frac{LP^t - LP^0}{LP^0} = \frac{\sum_{i=1}^{n}(S_i^t - S_i^0)LP_i^0 + \sum_{i=1}^{n}(LP_i^t - LP_i^0)(S_i^t - S_i^0) + \sum_{i=1}^{n}(LP_i^t - LP_i^0)S_i^0}{LP^0}$$

(4)

公式(4)分解成如下三项：

Ⅰ. $\dfrac{\sum_{i=1}^{n}(S_i^t - S_i^0)LP_i^0}{LP^0}$，这一项被称为静态结构效应，它度量的是劳动要素从劳动生产率较高的产业流向劳动生产率较低的产业所引起的总体劳动生产率的净提升。如果劳动要素流向相对劳动生产率$\left(\dfrac{LP_i^0}{LP^0}\right)$较高的产业 i，则该产业在 t 期内的份额变化值$(S_i^t - S_i^0) > 0$，我们对其赋予的权重$\dfrac{LP_i^0}{LP^0}$也较大，因此产业 i 的静态结构效应$\dfrac{(S_i^t - S_i^0)LP_i^0}{LP^0}$较大。

Ⅱ. $\dfrac{\sum_{i=1}^{n}(LP_i^t - LP_i^0)(S_i^t - S_i^0)}{LP^0}$，第二项被称为动态结构效应，它和第一项有所不同，它表现了劳动要素移动引起的动态效应，度量的是从劳动生产率增长较快的产业流向劳动生产率较慢的产业所引起的总体劳动生产率的净提升。如果劳动要素流向劳动生产率$\left(\dfrac{LP_i^t - LP_i^0}{LP^0}\right)$较高的产业 i，则该产业在 t 期内的份额变化值$(S_i^t - S_i^0) > 0$，我们对其赋予的权重$\dfrac{LP_i^t - LP_i^0}{LP^0}$也较大，因此产业 i 的动态结构效应$\dfrac{(S_i^t - S_i^0)(LP_i^t - LP_i^0)}{LP^0}$也较大。

其中静态结构效应$\dfrac{\sum_{i=1}^{n}(S_i^t - S_i^0)LP_i^0}{LP^0}$和动态结构效应$\dfrac{\sum_{i=1}^{n}(LP_i^t - LP_i^0)(S_i^t - S_i^0)}{LP^0}$

之和就是结构变迁的总效应 $\dfrac{\sum_{i=1}^{n}(S_i^t - S_i^0)\text{LP}_i^t}{\text{LP}^0}$，和库兹涅茨的分解式相比，这里的结构效应实际上多了一个交叉项——动态结构效应，但事实上动态结构效应在很多情形下是不可忽视的。

Ⅲ．$\dfrac{\sum_{i=1}^{n}(\text{LP}_i^t - \text{LP}_i^0)S_i^0}{\text{LP}^0}$，最后一项被称为产业内增长效应，它是由各个产业内部的技术效率变化和技术进步等因素导致的各个产业内劳动生产率的增长。技术效率是指在既定的技术水平和要素投入下，现有产出和最大产出（生产可能性边界）之间的差距，也就是表明投入要素和资源是否被充分利用了，而技术进步则是指生产可能性边界往前推移。如果说，结构效应是由宏观经济体制改革所推动，即由市场化改革所推动，那么技术效率的提高是由微观制度变革（农业制度创新、国企改革等）所推动，而技术进步则取决于微观经济主体的创新能力。

我们根据公式（4）计算出经济总体和三次产业的静态结构效应、动态结构效应和产业内增长效应。

表 3-2 中的数值只具有相对意义，我们将表 3-2 换算成百分比形式（分母都是总体的劳动生产率增长率），就更易于理解了（见表 3-3）。

表 3-2　应用转换份额分析的结构变迁效应矩阵

1978—2011 年	列加总		Ⅰ 静态结构变迁效应	Ⅱ 动态结构变迁效应	Ⅲ 产业内增长效应
行加总	11.13	=	0.66	3.90	6.58
			=	=	=
第一产业	0.94		−0.14	−1.11	2.19
第二产业	5.17		0.34	2.00	2.83
第三产业	5.02		0.46	3.01	1.56

表 3-3　应用转换份额分析的结构变迁效应矩阵（百分比形式）①

1978—2011 年	列加总		Ⅰ 静态结构变迁效应	Ⅱ 动态结构变迁效应	Ⅲ 产业内增长效应
行加总	100	=	5.9(e_1)	35.0(e_2)	59.1(e_3)
			=	=	=
第一次产业	8.4(p_1)		-1.3(x_{11})	-10.0(x_{12})	19.7(x_{13})
第二次产业	46.5(p_2)		3.1(x_{21})	18.0(x_{22})	25.5(x_{23})
第三次产业	45.1(p_3)		4.1(x_{31})	27.0(x_{32})	14.0(x_{33})

结论是显而易见的，从表 3-3 中可以看到，结构变迁效应之和在劳动生产率增长率中占到 40.9%，但分别从三次产业来看，则又各不相同。

第一产业的结构变迁效应是负值，因为农村劳动力不断从农业部门迁移出来，劳动份额呈现负向变化。不过，与结构变迁效应相比，第一产业的生产率增长效应更显著（$x_{13} > |x_{11} + x_{12}|$），即第一产业的劳动份额下降 1%，而导致整体经济的劳动生产率的增长大于 1%。这说明第一产业内部制度变革和技术进步共同推动了劳动生产率的提升。

第二产业的结构变迁效应是正值，但低于第二产业生产率增长效应（$x_{23} > x_{21} + x_{22}$），这说明第二产业的劳动生产率增长更大程度上取决于产业内技术效率变化和技术进步等因素，而不是产业间要素优化配置。换句话说，对于第二产业而言，产业内的技术效率变化、技术进步导致的劳动生产率的增长大于因为结构变迁导致资源配置效率提高而引起的劳动生产率的提升。

第三产业的结构变迁效应最显著。因为，第三产业吸纳了大量从农村和农业流出的剩余劳动力，从 1978 年的约 0.5 亿的就业人口增加到 2011 年的约 2.7 亿的就业人口，劳动人口份额也从 12% 上升到 35.7%。农村剩余劳动力从劳动生产率较低、人均产值较低的农业部门流向城市中的第三产业，这种劳动力产业间迁移极大地解放了生产力。相对于剩余劳动力滞留于农村而言，农村剩余劳动力与第三产业的结合极大地提升和优化了我国资源配置效率，农村剩余劳动力劳动生产率的提高也连锁地引起了经济总体劳动生产率的提升。从第三产业的三种效应的横向对比来看，生产率增长效应低于结构变迁效应，这表明在 33 年（1978—2011 年）的改革开放历程中，第三产业劳动生产率增长主要依赖于结

---

① 数值后括号内的变量是用以指代该数值的矩阵变量。

构变迁效应导致的资源配置效率的提高,而不是依靠各产业的技术效率变化和技术进步。

四、结构效应的波动性及其原因

第三部分分析了1978—2006年的中国产业结构变迁对劳动生产率增长率的累积效应,但累积效应掩盖了结构效应在这28年中的波动和趋势。为了深入研究结构效应在长期经济增长中的波动和趋势,需要勾画出结构效应的长期曲线。

我们分别计算了1978—2006年中前后相邻两年(1978—1979年,1979—1980年,……,2005—2006年)的结构效应,并将其绘成散点图(见图3-1):

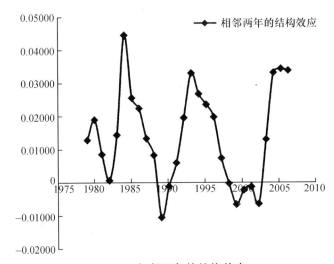

图 3-1　相邻两年的结构效应

从图3-1中可以看出,结构效应由于受到宏观经济形势的影响而呈现明显的波动趋势。例如,1988—1991年,由于政治因素的影响,经济遭受重创,人均产值急转直下,结构效应是负值;1998—2002年,中国经济陷于通货紧缩的泥潭中,结构效应也是负值;而1991—1998年、2002—2006年是我国经济的高速增长时期,这两个时间段中的结构变迁都有显著的正效应。

概括而言,对于经济总体而言,结构变迁具有一定的放大效应,当经济高速增长时,结构变迁在产业内增长效应提升的基础之上进一步放大了劳动生产率;

当经济处于低迷时期,结构变迁呈现一定程度的负效应,但负效应并不显著。

令人困惑的是,结构变迁作为一种供给层面(要素)的变动,在新古典经济学中应该是一种缓慢的外生变化,却呈现一种需求层面的波动趋势。这对于二元经济特征明显的中国而言并不难解释,因为劳动要素结构的变迁完全受到需求的牵引。正如发展经济学家刘易斯所说,农村剩余劳动力呈现无限供给的状态,只要有效需求(主要是城市部门的需求)不断扩大,推动非农产业部门扩大生产规模,农村剩余劳动力可以源源不断地流入城市,丝毫不会在供给层面形成制约。而当有效需求跌落时(例如中国1998—2002年的通货紧缩时期),结构变迁则可能停滞甚至出现逆向变化。

结构效应的波动性也验证了另一种观点:产业结构变迁是由需求结构的变化推动(钱纳里,1986)。[①] 如果,对于经济成熟而稳定的发达国家而言,技术结构是推动产业结构变迁的主要因素,那么对于二元经济特征明显的发展中国家来说,需求结构是推动产业结构变迁的最重要影响因素。

五、结构效应的贡献度及其趋势

为了分析结构变迁效应的贡献率,需要平滑结构变迁效应的波动,我们使用的方法是将1978—2011年分割成1978—1985年、1985—1988年、1988—1991年、1991—1998年、1998—2002年、2002—2006年、2006—2011年七个时段[②],这些时段表示若干个经济波动周期,本节在每一个经济波动周期内计算结构变迁效应的贡献率。在经济波动周期之内计算结构变迁效应平滑了结构变迁效应的波动性,使得结构变迁效应的贡献率可以被度量。我们不仅计算了经济总体的结构变迁效应的贡献率,还分别计算了第一产业、第二产业和第三产业结构变迁效应的贡献率。

(一)经济总体和第一产业的结构效应的贡献度

图3-2展示了经济总体结构变迁效应贡献率的波动趋势。尽管结构变迁效应的贡献率受到宏观经济的影响而呈现明显的波动性,但从长期来看,经济总体

---

① 另外一种观点是,技术进步推动了产业结构的转变。
② 之所以要划分成这样的七个时间间隔,是基于我们对1978—2011年中经济周期性波动的判断,我们尽量把经济周期包含于这些时间段之内,以便我们分析结构变迁效应和生产率增长效应的相对贡献率。

结构变迁效应的贡献率呈现下降的趋势。1990年之前,结构变迁效应的贡献率为35%—50%;1990年以后,结构变迁效应的贡献率则低于30%。在第五个时段(1998—2002年)中,结构变迁效应甚至趋向于零。

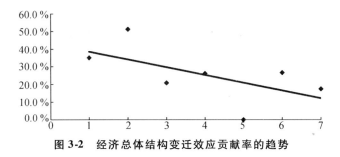

图3-2 经济总体结构变迁效应贡献率的趋势

表3-4显示了七个时段中第一产业的结构变迁效应和生产率增长效应的数据。表3-4显示,20世纪80年代,第一产业的劳动生产率的增长主要是由于1978—1985年农业的制度变革(家庭联产承包责任制)将农业的劳动生产力在原有计划经济体制的藩篱中充分地释放出来,生产率增长效应达到0.195。在1985—1988年和1988—1991年两个时段中,第一产业的劳动生产率在原有制度变革导致增长的基础之上没有进一步的增长,生产率增长效应分别只有0.010和-0.020。在整个20世纪80年代中后期,第一产业结构变迁效应的负值表明了工业化进程中第一产业部门就业份额的降低,农业剩余劳动力持续地向第二产业和第三产业转移。

表3-4 第一产业的结构变迁效应的长期趋势

周期	劳动生产率增长率	结构变迁效应	生产率增长效应
1978—1985	0.140	-0.055	0.195
1985—1988	-0.004	-0.014	0.010
1988—1991	-0.019	0.001	-0.020
1991—1998	0.062	-0.061	0.123
1998—2002	0.014	0.001	0.013
2002—2006	0.047	-0.032	0.079
2006—2011	0.09	-0.046	0.132

在经济的低迷期1988—1991年和1998—2002年中,第一产业结构变迁效应是正数,表明了第一产业的就业份额非但没有下降,而且在上升。所幸的是,

1991年以后,第一产业内部的劳动生产率仍然是显著增长的,尤其是1991—1998年、2002—2006年和2006—2011年,第一产业的生产率增长效应基本达到甚至超过了经济总体的增长率水平。

由于第一产业的结构变迁效应和生产率增长效应的正负号不相同,我们难以计算第一产业的结构变迁效应和生产率增长效应的贡献率。在正常经济增长的情形(1978—1985年、1991—1998年、2002—2006年、2006—2011年)中,第一产业的劳动生产率增长率大于零,结构变迁效应为负,生产率增长效应为正,这表明对于第一产业而言,由于技术进步引起的劳动生产率增长大于结构变迁导致的劳动生产率的降低。和第二、三产业不同,如果第一产业的劳动生产率大于零,就表明生产率增长效应大于结构变迁效应,也表明第一产业内出现技术进步和技术效率的变化。

(二)第二、三产业的结构效应贡献度的趋势

同样地,我们分别计算了1978—1985年、1985—1988年、1988—1991年、1991—1998年、1998—2002年、2002—2006年、2006—2011年的七个时段中第二、三产业的结构变迁效应和生产率增长效应,以及它们对劳动生产率增长的贡献率,并绘成柱状图。图3-3是第二产业结构变迁效应的贡献率,图3-4是第三产业结构变迁效应的贡献率。

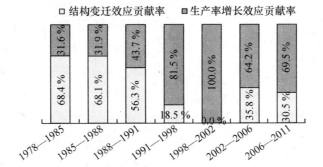

图3-3 第二产业的结构变迁效应贡献率①

图3-3和图3-4显示,在1978—2011年,第二、三产业的结构变迁效应的贡

---

① 结构变迁效应(深色柱)和生产率增长效应(灰色柱)之和就是劳动生产率的增长率,黑色柱在柱形中所占比例表示了结构变迁效应的相对重要性。

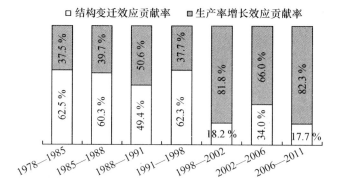

图 3-4 第三产业的结构变迁效应贡献率

献率都是逐渐降低的。

图 3-3 展示第二产业的结构变迁效应贡献率的波动。如果一个产业的结构变迁效应的贡献率大于 50%，表明这个产业内的劳动生产率增长主要不是由于产业内技术进步和技术效率变化而导致的，主要是因为资源的优化配置而导致的。1991 年之前（1978—1985 年、1985—1988 年、1988—1991 年），第二产业的结构变迁效应贡献率大于 50%，这表明改革开放的前期，由于我国市场刚刚放开，劳动生产率由于制度变革引致资源优化配置出现快速增长，加之我国正处于短缺经济时代，因此此时的经济增长基本上就是典型的短缺经济下由需求驱动的粗放式增长。当中国经济步入 20 世纪 90 年代以后，结构变迁效应贡献率明显下降，第二产业尤其是工业的资本积累、技术研发、产业升级被提上日程，这主要是供不应求的经济状况有所改变，最终，需求逐渐被满足，而市场竞争越来越激烈，使得企业在原有的完全粗放的增长中不再有广阔的利润空间，企业不得不另谋发展路径。这种情形最典型的例子就出现在 1998—2002 年的通货紧缩期间，第二产业的结构变迁效应几乎为零，而产业内生产率增长效应占据几乎全部份额。这表明，在此期间受到有效需求萎缩的影响，第二产业的劳动生产率增长几乎完全依赖于产业内的生产率提升。

1991—1998 年和 2002—2006 年相比，其结构变迁效应贡献率较低，这和我们的直觉可能并不相符。如果不受经济周期的影响，那么结构变迁效应的贡献率应该是递减的。对此，我们有两点解释：首先，1991—1998 年是第二产业尤其是工业的资本积累和技术创新的基础时段，资本积累和技术创新的边际报酬是递减的，因此，1991—1998年，第二产业的生产率增长效应贡献率为82%，而2002—2006年，第二产业的生产率增长效应贡献率为64%，前者比后者高18个百分点。其次，结构变迁效应可能受到需求波动的影响，1991—1998年的经济波动性较大，如1994年出现通货膨胀，1998年则已经出现通货紧缩的苗头，而2002—2006年则被认为是相对平稳而健康的增长，因此2002—2006年的结构变迁效应贡献率较高。

图3-4展示了第三产业结构变迁效应的贡献率的波动情况。第三产业的结构变迁效应的贡献率的波动和第二产业类似。在1991年之前，除了1988—1991年，结构变迁效应和生产率增长效应几乎相等以外，其他时段中第三产业的结构变迁效应大于60%。与第二产业不同的是，1991—1998年，第二产业的结构变迁效应小于生产率增长效应，而第三产业结构变迁效应大于生产率增长效应。我们可以推断，第三产业增长方式的转变是从1998年开始的，在1998年之前第三产业主要处于粗放式增长阶段，而1998年之后进入以生产率增长为主的增长阶段。

从1998—2002年的情形来看，通货紧缩对于经济增长的影响并不都是负面的。有效需求的萎缩和供过于求的状况，使得企业只有降低生产成本、提高技术效率、加速技术进步才能在剧烈的市场竞争中生存下来。因此，1998年可能是第三产业提高产业内技术效率、加快技术进步、转变经济增长方式的起点。表3-5显示，1998—2002年，第三产业的生产率增长效应贡献率为82%，这是1978—2011年的七个时段中生产率增长效应贡献率最大的一个值，它表明了1998—2002年是33年（1978—2011年）中第三产业生产率增长最快的时段（见表3-5）。

表3-5 第三产业的生产率增长效应和结构变迁效应

年份	劳动生产率增长率	生产率增长效应	第三产业的结构变迁效应
1978—1985	0.186	0.070	0.116
1985—1988	0.046	0.018	0.028
1988—1991	0.022	0.011	0.011
1991—1998	0.297	0.112	0.185
1998—2002	0.209	0.171	0.038
2002—2006	0.204	0.135	0.070
2006—2011	0.486	0.400	0.086

(三) 结构效应贡献度下降的原因

结构效应的贡献度为什么是下降的呢？第一种可能的原因是结构效应随着三次产业的劳动生产率的差距的减少而降低。如果把结构效应比作资源非效率配置和资源有效率配置之间的落差[①]——我们称之为结构落差——形成的势能,势能的做功主体就是市场这只"看不见的手"。随着结构落差的回落,结构变迁过程中释放的势能——结构效应——也将逐渐减小。1978年,第一产业和第二、三产业的比较劳动生产率[②]的差距为2.04,2006年,第一产业和第二、三产业的比较劳动生产率的差距为1.26,差距减少近一半。这表明三次产业之间的劳动生产率差距正在不断减少。这种差距导致资源配置不合理的落差也在缩小,因而结构效应降低了。第二种可能的原因是技术进步导致劳动生产率增长的作用在加速,逐渐超过了结构效应发挥的作用。这种加速主要表现在第二、第三产业内部。第一、二次工业革命带来经济的爆发式增长展现了技术进步推动劳动生产率的加速增长是可能的,这主要是因为技术有显著的溢出效应(spillover effect)。

(四) 结构效应的持续性

既然结构效应贡献度是逐渐下降的,那么结构效应[③]是否会趋向于零呢？它还能持续吗？

从新古典经济学理论的视角来看,结构变迁是一个资源再配置的过程,是一个经济从非均衡到均衡的调整过程。这个调整过程在有效的市场经济(完全竞争的产品市场,信息充分、自由流动的要素市场)中是短暂的,新古典经济学家甚至认为这种调整是瞬时的,因此所谓结构效应的持续时间也是十分短暂的。

但是,我们认为,对于尚在体制转轨中的、市场经济体制尚未完全成熟的中国而言,结构效应不会很快趋向于零。这主要是基于以下几个原因:(1)城乡二元经济结构的持续存在,农村剩余劳动力呈现"无限供给"的状态,劳动价格保持在较低的水平上;但另一方面,社会需求由于受到人均收入增长的限制而缓慢

---

① 这种落差可能是计划经济体制造成的,比如计划经济体制下重工业和轻工业比例的失调,也可能是历史原因造成,比如发达国家工业革命之前农业劳动生产率和工业劳动生产率的差距。
② 产业i比较劳动生产率 = 产业i的产值份额/产业i的就业份额。
③ 讨论结构效应贡献度是否趋向于零,实际上我们只需讨论其分子(结构效应)是否趋向于零即可。

增长,在一个较低的劳动价格水平上消化几乎无限量的农村剩余劳动力尚需一个漫长的过程,因此就业结构的变迁会持续存在,这对于所有正处于城市化和工业化进程中的国家而言都是相同的。(2)我国的市场化改革是一个渐进式改革,这使得市场机制逐渐释放它的巨大作用。在改革开放的进程中,先放开了产品市场,再放开要素市场,产品先被允许自由流动,然后要素才被允许自由流动,这使得市场机制的优化配置功能是分阶段、逐步发挥作用的。即便是市场完全放开了,但完全充分有效的市场也只是在理论上存在,现实中的市场总有各种缺陷和障碍。(3)许多因素比如技术进步将导致新的结构落差产生。实际上,相对于第二产业和第三产业,第一产业的劳动生产率增长缓慢得多,第一产业和第二、三产业之间一边在缩小劳动生产率的差距,一边又在扩大差距。

基于以上三点认识,我们认为,中国经济的结构效应将会持续存在,尽管它的贡献度会不断下降,让位于技术效率提升和技术进步。

六、细分产业的结构效应

上文根据按三次产业分解的劳动生产率公式,分析了三次产业之间的结构变迁及其对劳动生产率的影响。按三次产业分解的劳动生产率公式在分析结构效应中尚存两个缺陷:(1)只考虑了劳动要素的结构性变化,没有考虑资本要素的结构性变化;(2)只分析了三次产业之间的结构效应,没有分析三次产业内部细分产业之间的结构效应。如果要同时分析劳动和资本要素的结构性变化,我们需要在另外的框架中分析,不在目前的劳动生产率分解式的考察范围之内。下文将进一步深入分析三次产业内部细分产业之间的结构效应。

如果说三次产业之间有结构性变化,不难想到三次产业内部产业之间也会有结构变迁引致的劳动要素优化配置。如果在三次产业内部也有结构效应,那么我们前文计算的产业内增长效应可能部分地包含了三次产业内部产业之间的结构效应,结构效应可能比我们此前估计的数值还要大。对此,我们可以进行验证。

我们进一步将第二产业分为工业、建筑业,第三产业分为交通运输、仓储和邮政业、批发和零售业、住宿和餐饮业、金融业、房地产业、其他第三产业。我们分析了 21 世纪以来九个产业之间的结构效应,结果如表 3-6 所示。

表 3-6 2000—2006 年的细分产业的结构效应

2000—2006 年	就业份额变化	2000 年劳动生产率	2006 年劳动生产率	劳动生产率的增长率	结构效应	结构效应的贡献度
经济总体		1.58	2.81	0.787	0.234	29.7%
农林牧渔业	-9.81%	0.45	0.77	0.059	-0.048	—
工业	3.69%	4.49	6.83	0.370	0.160	43.1%
建筑业	1.88%	1.55	2.10	0.045	0.025	56.0%
交通运输、仓储和邮政业	0.44%	3.04	4.39	0.040	0.012	30.6%
批发和零售业	2.81%	2.35	2.43	0.046	0.043	93.8%
住宿和餐饮业	0.20%	1.76	3.02	0.019	0.004	19.8%
金融业	0.01%	12.50	19.03	0.023	0.002	7.0%
房地产业	0.06%	41.33	56.76	0.039	0.023	59.5%
其他第三产业	0.72%	1.40	2.72	0.146	0.012	8.6%

表 3-6 显示,细分的九个产业之间的结构效应值为 0.234,而用相同的数据计算的三次产业之间的结构效应值为 0.239,细分的九个产业之间的结构效应值并没有显著地大于反而微量小于三次产业之间的结构效应值,这表明细分产业之间的结构性变化不总是有效率的,劳动要素并不总是被分配至最有效率的产业部门。尽管如此,表 3-6 的结果还是可以给我们很多有益的启示。

结构效应值的公式 $\dfrac{\sum_{i=1}^{n}(S_i^t - S_i^0)\mathrm{LP}_i^t}{\mathrm{LP}^0}$ 告诉我们,只有当劳动要素流向高于基期平均劳动生产率 $\left(\dfrac{\mathrm{LP}_i^t}{\mathrm{LP}^0}\right)$①的产业,结构效应才会最显著,表 3-6 显示的结果差强人意。

结构效应值最大的产业是工业,就业份额增加量为 3.69%,也是所有产业中就业份额变化最大的产业,这是中国作为工业化过程中国家的显著特征②。

结构效应位居第二、第三的是批发和零售业和建筑业。2006 年,批发和零

---

① 分母是基期的经济总体平均的劳动生产率,而分子是末期的产业 i 的劳动生产率。
② 工业化的另外一个特征是,只有农业的就业份额变化是负数,劳动力从农业部门迁出,而流向第二、三次产业。

售业的相对劳动生产率(相对于2000年的经济总体的劳动生产率)位列倒数第三,建筑业的相对劳动生产率位列倒数第二(仅高于农林牧渔业),但两个产业的份额共增加了4.69%。这一现象是违背资源配置效率原则的,展露了中国当前经济增长中的非效率现象的冰山一角。其中,批发和零售业的结构效应在劳动生产率增长中占到93.8%,建筑业的结构效应在劳动生产率增长中占到56%,可以认为该两个产业尤其是批发和零售业的内部没有显著的技术效率提升和技术进步,人均产值的增长完全依赖于要素投入规模的简单放大。

金融业、房地产业这些劳动生产率极高的产业部门的劳动份额没有发生显著的变化,并不表明劳动要素配置的非效率性,而是在这些部门的资本要素发挥着更大的作用。我们需要在其他的理论框架中加以分析。

七、小结

在从非均衡走向均衡、从非效率资源配置走向有效率配置的过程中,出现了一般均衡理论中潜在生产能力增长之外的经济增长,结构变迁对经济增长的这种作用称为结构效应。我们利用劳动生产率的分解式实证研究了改革开放以来累积的结构效应、结构效应的波动性、结构效应对劳动生产率增长的贡献度及其趋势,以及细分产业之间的结构效应。上文的实证分析表明了以下几个结论:

第一,在33年(1978—2011年)的改革开放历程中,三次产业的结构效应对总体劳动生产率增长的累积的贡献度最大。第一产业的结构效应是负的,但第一产业的产业内增长效应更显著,因为第一产业有内生的技术进步和技术效率提升。第二产业的结构变迁起到正面效应,但低于第二产业的产业内增长效应,说明第二产业的劳动生产率提高更大程度上取决于产业内的技术效率提升和技术进步。在三次产业中,第三产业的结构效应最显著。第三产业极大地解放了农村剩余劳动力的劳动生产力,提高了经济总体的劳动生产率,但第三产业的结构效应大于产业内增长效应,表明第三次产业的劳动生产率的增长主要依赖于结构效应导致的资源配置效率的改善,而不是技术效率变化和技术进步。

第二,结构效应受到宏观经济和有效需求的影响而呈现波动性。当经济处

中国经济增长的产业结构效应和驱动机制

于繁荣时期,结构效应进一步放大了劳动生产率的增长;当经济处于低迷时期,结构效应呈现负值。结构效应的波动性表明产业结构的变迁是由需求结构的变化而推动的,这一特征对于二元经济特征明显的发展中国家尤其明显。

第三,在1978—2011年期间,第二、三产业的结构效应的贡献度是逐渐降低的。1991年之前,第二、三产业的结构效应的贡献度都大于50%。从1991年开始,第二产业的劳动生产率的增长开始摆脱依赖结构效应的状态,资本积累、技术进步和组织效率提高等导致的产业内增长效应开始在第二产业的劳动生产率增长中占据主导地位。1998年之前,第三产业依赖于粗放式的增长,1998—2002年的通货紧缩对第三产业则是因祸得福,有效需求的萎缩和供过于求的状况促进优胜劣汰,逼迫企业在剧烈的市场竞争中降低生产成本、提高技术效率、加快技术进步,因此1998年是中国第三产业提高产业内技术效率、加快技术进步、转变经济增长方式的起点。

第四,结构效应的贡献度呈现下降的趋势,主要是因为资源非效率配置和资源有效率配置之间的落差——即不同产业的劳动生产率的差距——不断减少。但结构效应并不会趋向于零,它仍会持续存在,仍将是未来中国经济增长中不可或缺的一个因素。

第五,九个细分产业的结构效应研究表明,三次产业内部的各个产业并不是完全按照效率原则配置资源的。尽管工业部门的劳动份额变化和结构效应都很显著,展现了中国经济显著的工业化特征,但批发和零售业、建筑业等劳动生产率较低的产业也成为劳动要素配置的主要方向,这表明了我国经济中部分产业的资源配置非效率、增长低效率的现状。

第二节 中国经济增长中的结构变迁——基于全要素生产率的解析

一、引言

经济结构之所以会发生变迁是因为经济是非均衡的,有的产业要素边际报酬较高,而有的产业要素边际报酬较低,劳动、资本等要素在利益最大化目标的驱动下流向要素边际报酬较高的产业。塞尔奎因(Syrquin,1984)指出,不同产业部门的要素边际报酬不相等是一个经济中最主要的非均衡现象之一,市场这只"看不见的手"按照效率原则配置资源,将资源从生产率较低的产业转移到生产率较高的产业,使得一个经济从非均衡走向均衡,但是现实经济中高昂的调整成本、外生冲击、技术进步甚至政府政策等因素都可能阻碍市场机制正常发挥作用,从而经济中的非均衡状态可能持续存在。

在全要素生产率的分解式中,本节分析了结构变迁推动经济增长的内在机理,度量了结构变迁对经济增长的贡献程度。结构变迁推动经济增长的作用机理是结构变迁过程中资源(要素)的再配置提高了生产率,即资本和劳动要素的再配置提高了各个产业部门的资源配置效率,从而推动了经济增长,这种推动作用在非均衡的、处于工业化进程中的中国经济尤其明显。我们通过实证分析证明了结构变迁对中国经济的全要素生产率增长的贡献度为43.5%,这表明中国经济的资源配置效率正在显著提高,扣除投入增长因素之后,中国经济增长很大部分是由结构变迁和资源配置效率提高所推动的。

二、结构效应的推导和测算

(一)全要素生产率分解式中的结构效应

在一个非均衡的经济(非均衡是指不同产业部门的要素边际产出不相等)中,不同产业部门的要素边际生产率不相等,结构变迁提升资源配置效率、推动经济增长的作用将会表现在经济总体的全要素生产率(TFP)的增长。经济总体的总产出增长在扣除要素投入增长之后的部分可以分成两个部分:各个产业部门的平均全要素生产率增长和结构变迁导致的增长。

因此,计算结构效应的基本方法就是对照总量水平(aggregate level)的 TFP 增长率和部门水平(sectorial level)的 TFP 增长率的差异。假定生产函数是规模报酬不变和技术进步中性的可微函数:

$$Y_i = f^i(K_i, L_i, t) \tag{5}$$

其中 $i=1,2,3$,分别表示第一、二、三产业,则各个产业部门的总产出增长率可以分解为:

$$G(Y_i) = \alpha_i G(K_i) + \beta_i G(L_i) + G(A_i) \qquad (6)$$

其中 $G(X) = (dX/dt)/X = \dot{X}/X$,$G(A_i)$ 就是 i 产业的全要素生产率 TFP 的增长率（在新古典生产函数中，一般用 t 的某个函数表示技术进步。即常写成 $Y_i = f^i(K_i, L_i, A(t))$,其实质与公式(5) $Y_i = f^i(K_i, L_i, t)$ 相同,因此 $G(A)$ 就是指技术进步的增长率）,$\alpha_i = f(K_i)K_i/Y_i$ 是 i 产业的资本产出弹性,$\beta_i = f(L_i)L_i/Y_i$ 是 i 产业的劳动产出弹性。因此,用部门变量表示的总产出增长率 $G(Y)$ 表示为:

$$G(Y) = \frac{d\left(\sum_i Y_i\right)}{Y} = \sum \rho_i G(Y_i)$$
$$= \sum \rho_i \alpha_i G(K_i) + \sum \rho_i \beta_i G(L_i) + \sum \rho_i G(A_i) \qquad (7)$$

其中 $\rho_i = Y_i/Y$,表示各个产业产值在总产值中所占的份额。然而,经济总量 Y 的增长率也可以用总量变量来表示:

$$G(Y) = \alpha G(K) + \beta G(L) + G(A) \qquad (8)$$

其中 $Y = \sum Y_i, K = \sum K_i, L = \sum L_i, \alpha = \sum \rho_i \alpha_i, \beta = \sum \rho_i \beta_i$,而 $G(A)$ 就是总量水平的 TFP 的增长率。总量水平的 TFP 增长率 $G(A)$ 和部门水平的 TFP 增长率加权平均值 $\sum \rho_i G(A_i)$ 之间的差异就是结构变迁对经济增长的贡献——结构效应。因此,结构总效应 TSE(Total Structural Effect) 等于:

$$\text{TSE} = G(A) - \sum \rho_i G(A_i) = \sum \rho_i \alpha_i G(k_i) + \sum \rho_i \beta_i G(l_i) \qquad (9)$$

其中 $k_i = K_i/K, l_i = L_i/L$ 分别表示各产业部门的资本、劳动在资本、劳动投入总量中所占的份额。公式(9)中右边第一项表明各产业部门的劳动要素的结构变迁对全要素生产率的贡献,第二项表明各产业部门的资本要素的结构变迁对全要素生产率的贡献。在非均衡的经济中,结构变迁对全要素生产率的贡献可以表示为（由于 $f(K_i)$ 和 $f(L_i)$ 分别表示 i 产业部门的资本和劳动的边际产出,因此可将 $\alpha_i = f(K_i)K_i/Y_i, \beta_i = f(L_i)L_i/Y_i$ 等式子代入公式(10);另外再代入 $G(k_i) = \frac{\dot{K}_i}{K_i} - \frac{\dot{K}}{K}$ 和 $G(l_i) = \frac{\dot{L}_i}{L_i} - \frac{\dot{L}}{K}$):

$$\text{TSE} = \frac{1}{Y}\sum \dot{K}_i[f(K_i) - f(K)] + \frac{1}{Y}\sum \dot{L}_i[f(L_i) - f(L)]$$
$$= A(f_K) + A(f_L) \qquad (10)$$

其中 $f(K_i)$ 和 $f(L_i)$ 分别表示 i 产业部门的资本和劳动的边际产出，而 $f(K)$ 和 $f(L)$ 分别表示经济总体的资本和劳动的边际产出。这里非均衡经济就是指假定各部门的 $f(K_i)$、$f(L_i)$ 和经济总体的 $f(K)$、$f(L)$ 不相等，即 $f(K_i) - f(K)$ 和 $f(L_i) - f(L)$ 均不等于零。

公式(10)中的 $A(f_K)$ 和 $A(f_L)$ 分别表示资本和劳动要素市场的非均衡导致的结构效应。公式(10)的含义简单明了：如果资本(劳动)要素在那些可以取得高于平均水平的边际报酬($f(K_i) - f(K) > 0$，或 $f(L_i) - f(L) > 0$)的产业中的份额增长较快，则资本(劳动)的结构效应较大，反之，资本(劳动)要素在那些取得低于平均水平的边际报酬($f(K_i) - f(K) < 0$，或 $f(L_i) - f(L) < 0$)的产业中的份额增长较快，资本(劳动)的结构效应较小。

当一个经济中不同产业部门的资本和劳动要素的边际产出都趋同时，$A(f_K)$ 和 $A(f_L)$ 才会同时趋向于零，结构总效应 TSE 才会消失。此时，如公式(3)和(4)所示，总量视角下投入的贡献和不同产业部门投入的加权平均的贡献才会相等，而总量视角下的 TFP 增长率 $G(A)$ 和各产业的 TFP 增长率的加权平均值 $\sum \rho_i G(A_i)$ 才会相等。而当不同产业的要素边际报酬不相等，那些要素边际报酬高于平均水平的产业提高了资本(劳动)要素的份额，则用公式(7)估计各个产业的全要素生产率的贡献就会出现低估，公式(8)和公式(7)之间的差异就是结构效应 TSE。

(二) 数据说明

为了计算结构效应在 TFP 增长率中的贡献度，不仅要计算结构效应的数值，即根据公式(10)计算 TSE，而且要计算 TFP 增长率，即根据公式(8)计算 $G(A)$。公式(10)和公式(8)的意义是简单明了的，但由于数据的局限性，计算结构效应的贡献度并不那么容易。前者要求我们知道经济总体和各个产业的资本、劳动的存量变化量以及它们的边际报酬，后者要求我们知道经济总体和各个产业的资本、劳动的存量增长率以及它们的产出弹性。因此我们面临三个任务：一是计算经济总体和各产业的资本和劳动的边际报酬；二是计算经济总体和各个产业的资本和劳动的产出弹性；三是计算总体和各个产业的资本和劳动的存量及其变化。资本和劳动的产出弹性可以通过统计回归的方法直接估算，也可以通过产出弹性的公式($\alpha_i = f(K_i)K_i/Y_i$ 是资本的产出弹性，$\beta_i = f(L_i)L_i/Y_i$ 是劳动的产出弹性)计算得到。① 要素产出弹性两种方法各有利弊,本部分为了保持方法和数据的一致性,使用弹性公式直接计算要素产出弹性。因此,三个任务就变成两个任务:一是计算经济总体和各产业的资本和劳动的边际报酬;二是计算总体和各个产业的资本和劳动的存量及其变化。

我们可以在收入法国内生产总值中找到资本和劳动的报酬:其中"劳动者报酬"就是收入法国内生产总值中的劳动的总报酬,"劳动者报酬"在收入法国内生产总值中所占的比例就是劳动的产出弹性;"生产税净额"、"营业盈余"和"固定资产折旧"三项之和就是收入法国内生产总值中的资本总所得②,"生产税净额"、"营业盈余"和"固定资产折旧"三项之和在收入法国内生产总值中所占的比例就是资本的产出弹性。遗憾的是,中国统计年鉴中只有各地区收入法国内生产总值的数据表,没有全国收入法国内生产总值的表项,也没有全国分行业的收入法国内生产总值。唯一的数据来源是国家统计局公布的全国投入产出表(共有1987年、1990年、1992年、1995年、1997年、2002年、2007年七张表)。我们可以在这些投入产出表上找到分析所需的绝大部分数据。

但是我们仍缺少两项数据:劳动的存量及增量、资本的存量及增量。其中劳动的存量、劳动的增量、资本的增量(资本形成总额)很容易在中国统计年鉴上找到,或者通过简单演算得到。但是,资本存量的计算却是一个很大的问题。在这里,我们引用薛俊波(2007)的结论,这不仅是因为薛俊波(2007)的文章是目前国内外文献中对中国的全国分行业资本存量的最前沿的估算,而且该文在投入产出表的基础上估算资本存量,与本部分所用的数据口径一致。③

(三) 结构效应的演算

全国投入产出表的"初始投入表"中有"劳动者报酬"、"生产税净额"、"营业盈余"和"固定资产折旧"四项。其中第一项就是劳动的总报酬 $f(L_i)L_i$,而后三项之和就是资本的总报酬 $f(K_i)K_i$,再引入资本存量 K_i 和劳动力存量 L_i 的数

---

① 如果知道资本的边际报酬 $f(K_i)$ 和资本存量 K_i,我们就可以计算出资本的产出弹性。
② Johansen(1961)认为可以用毛利(gross margins)衡量资本所得,毛利包括企业税、折旧和净盈余三项。显然,中国的收入法国内生产总值将"营业盈余"和"固定资产折旧"单列出来,"营业盈余"是企业扣除固定资产折旧之后的净盈余。
③ 薛俊波(2007)估算资本存量至2000年,在他的基础上,我们通过永续盘存法计算了2001年和2002年的资本存量。

据,我们就能计算得出资本边际报酬 $f(K_i)$ 和劳动边际报酬 $f(L_i)$。利用这些数据,可以计算出如表 3-7 所示的各项结果。

表 3-7 各个因素对经济增长率的贡献率(百分比)

年份	劳动增长的贡献率	资本增长的贡献率	全要素生产率增长贡献率	其中	
				产业结构变迁效应	净技术进步效应
1986—1990①	10.7	84.2	5.1	—	—
1990—1992	9.1	79.5	11.4	58.2	41.8
1992—1995	5.9	80.4	13.7	42.3	57.7
1995—1997	5.6	74.3	20.1	34.9	65.1
1997—2002	3.5	68.0	28.5	11.3	88.7
2002—2007	1.2	59.9	38.9	10.8	89.2

表 3-7 清楚地表明了经济增长的各个因素的贡献。正如克鲁格曼(1994)在《亚洲奇迹的神话》一文中所说的,大部分东亚国家和地区的经济增长主要依靠增加投资。不少学者对克鲁格曼的研究提出了质疑,我们认为在跨国数据比较中,虽然传统的全要素生产率计算方法不能充分地度量资源配置效率提升和技术进步,但是在时序数据对比中,仍然能表现出要素投入增长和全要素生产率增长对一国经济增长贡献份额的波动规律,也不妨碍我们解释产业结构变迁和技术进步对经济增长的影响规律。刘伟、蔡志洲(2008)通过对中国投入产出表中直接消耗系数矩阵的动态对比分析,研究了 1992—2005 年技术进步和产业结构对以中间消耗率反映的经济增长效率的影响,研究结论表明,20 世纪 90 年代中期以后,产业结构变化对以中间消耗率反映的经济增长效率没有做出显著贡献。这也从另外一个角度佐证本部分的观点:包括中国在内的许多亚洲新兴市场国家一般都处于这样一个较多地依赖要素投入增加和人均资本存量增长的工业化早期发展阶段;随着工业化的深入,中国经济的增长将更多地依赖全要素生产效率的提高,表 3-7 中我国经济增长中劳动、资本增长贡献率总体呈现下降趋势和全要素生产率贡献率总体呈现上升趋势的动态变化过程

---

① 由于数据缺乏,我们没有利用 1987 年的投入产出表,只计算了 1990—2002 年的结构效应。1986—1990 年的结果,我们借用张军扩(1991)的结论,放在这里作为参照。但张军扩的文章中没有计算产业结构变迁效应和净技术进步效应。

也有力地显现了我国经济持续高速增长的内在根源。只要在未来的经济增长中能够在新技术和新产业占领一席之地,新兴市场化国家的经济增长仍然是可持续的。

在 1990—2007 年间,我们可以看到两个趋势:(1) 要素投入增长的贡献率和全要素生产率增长的贡献率呈现此消彼长的趋势(虽然资本投入的贡献不是一直上升的);(2) 在全要素生产率内部,产业结构变迁效应和净技术进步效应呈现此消彼长的关系。前者和钱纳里(1986)对所有工业化国家的研究有着相似的结论;后者则得出了与劳动生产率分解式分析中相似的结论,也是本部分最重要的一个结论:产业结构变迁所代表的市场化的力量对我国长期经济增长的贡献正在逐渐地让位于技术进步的力量。

(四) 结构变迁和经济增长的分解

为了分析结构变迁在经济增长中的相对重要性,我们将公式(9)代入公式(8)可得:

$$G(Y) = \alpha G(K) + \beta G(L) + \sum \rho_i G(A_i) + \text{TSE} \qquad (11)$$

式中,GDP 增长被分成四个部分:资本投入增长的贡献 $\alpha G(K)$,劳动投入增长的贡献 $\beta G(L)$,各产业的技术进步的加权平均值 $\sum \rho_i G(A_i)$ (我们称之为"净技术进步"),结构效应 TSE。其中净技术进步和结构效应两个部分为全要素生产率。

表 3-8 和图 3-5 清楚地表明了经济增长的各个部分的贡献。正如 Krugman(1994)在他著名的文章《亚洲奇迹的神话》中所说的,大部分东亚国家和地区的经济增长主要依靠增加投资。在 1992—2002 年的 GDP 增长中,资本存量的增长率为 223%,资本投入对经济增长的贡献度为 80%。① 这说明中国的经济增长仍处于依赖增加生产要素投入的早期阶段。

---

① 虽然我们静态地估计资本投入增长的贡献,但下文将会表明 1992—2002 年资本的边际报酬显著下降,因此我们假定生产函数并没有随着时间往外推进。

表 3-8　经济增长的分解

	数值	在 GDP 增长率中的比例
GDP 增长	1.512	100.0%
资本投入	1.214	80.0%
劳动投入	0.053	3.5%
全要素增长率	0.245	16.5%
其中	数值	在 TFP 增长率中的比例
净技术进步	0.139	56.5%
结构效应	0.107	43.5%
其中	数值	在 TFP 增长率中的比例
资本结构效应	0.050	20.2%
劳动结构效应	0.057	23.3%

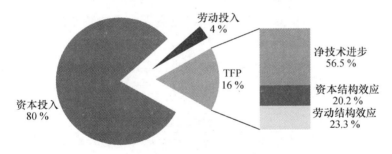

图 3-5　中国经济增长的分解

在全要素生产率增长率中，结构效应占到 43.5%，其中资本结构效应占到 20.2%，劳动结构效应占到 23.3%。这表明，即便在扣除资本和劳动投入的贡献之后，"索洛剩余"的将近一半来自资本和劳动的结构变迁：资本和劳动要素在部门之间的重新配置提高经济效率，从而促进经济增长。正因为资本要素（主要是增量）和劳动要素（包括存量和增量）流向边际产出较高的第二、三产业，并在生产率较高的产业中被重新组合在一起，产出由于要素的优化配置出现了高速增长。

如果只把净技术进步推动的增长视作内涵式增长，那么中国的外延式增长占到了 90%。随着市场化的深入和资源配置效率的提高，结构效应和外延式增长将逐渐缩小，因为资源非效率配置的落差不断缩小，未来经济可持续增长仍依赖于全要素生产率的提高。

三、中国经济增长中的要素结构变迁

这一部分将详细剖析资本和劳动要素的结构变迁,我们发现,要素在不断被优化配置和推动增长的同时,出现了"过度配置"的现象,导致了一定的效率损失。

(一)资本要素的结构变迁

从表 3-9 中可以看出,第一产业、第三产业的资本份额都在下降,而第二产业的资本份额在上升(第 3 列和第 4 列),这表明资本都向第二产业(主要是工业)集中,新增资本主要在第二产业中形成,甚至一部分旧有资本向第二产业移动。另一方面,经济总体和三大产业的资本边际报酬普遍都在下降,由于这里资本的边际报酬近似于毛利润率,可以认为资本的毛利润率普遍在下降,这和最近一些研究的结论[①]是一致的。其中,第二产业的毛利润率下降最快,而且从 1992 年的毛利润率的第一名降至第二名,第一产业的资本边际报酬也有显著下降,但相对较慢,而第三产业的毛利润率下降幅度最小,几乎持平,但一直低于第一、二产业的毛利润率。

表 3-9 资本的结构变迁

	资本投入变化(亿元)	1992 年资本投入所占份额(%)	2007 年资本投入所占份额(%)	1992 年资本边际报酬(元/1 元资本)	2007 年资本边际报酬(元/1 元资本)
经济总体	184 015.5	100	100	0.336	0.293
第一产业	6 530.5	5.1	3.8	0.413	0.072
第二产业	93 731.5	38.9	48.7	0.498	0.341
第三产业	83 753.6	56.0	47.4	0.217	0.262

表 3-9 显示,从资本份额的变化来看,第一产业、第三产业的资本份额都在下降,而第二产业的资本投入份额在上升(第 3 列和第 4 列),这表明资本都向第二产业(主要是工业)集中,新增资本主要在第二产业中形成,甚至一部分旧有资本也在向第二产业转移。另外,经济总体和三大产业的资本边际报酬普遍都

---

① 唐志宏(1999)研究发现,中国的平均利润率的增长率为 -0.5%,即资本的平均利润率不断下降。虽然唐志宏(1999)计算的是净利润率,但如果折旧率和税率没有显著变化,毛利润率也是下降的。

在下降,由于这里资本的边际报酬近似于毛利润率,可以认为资本的毛利润率普遍在下降,这和一些研究的结论①是一致的。其中,第一产业的毛利润率下降最快,而且从 1992 年的毛利润率的第二名降至第三名,第二产业的资本边际报酬也有显著下降,但相对较慢,而第三产业的毛利润率略有上升,但一直低于第二产业的毛利润率。

(二) 劳动要素的结构变迁

从表 3-10 中可以看出,第一产业的劳动份额显著下降,这自然是中国城市化和工业化的显著特征。而第三产业的劳动份额正在上升,第二产业的劳动份额微幅下降。这表明劳动要素正在从农村流向城市的第二、三产业部门。另一方面,劳动的边际报酬普遍都在上升,其中第二产业的劳动边际报酬增长至原来的三倍,第三产业的劳动边际报酬也翻了一番,而第一产业的劳动边际报酬上升幅度相对较小。

表 3-10 劳动要素的结构变迁

	劳动投入变化(万人)	1992 年劳动投入所占份额(%)	2007 年劳动投入所占份额(%)	1992 年劳动的边际报酬(元/人)	2007 年劳动的边际报酬(元/人)
经济总体	9 169	100.0	100.0	1 712	6 408
第一产业	-7 968	58.5	40.8	1 197	3 879
第二产业	5 831	21.7	26.8	2 462	9 993
第三产业	11 306	19.8	32.4	2 412	6 627

表 3-10 显示的结果令人欢喜令人忧,它至少反映了三个问题:

首先,第二、三产业成为推动劳动边际报酬——工资率——整体上涨的主导部门,尽管它们各自的劳动份额只有 1/4,但它们的合力大于第一产业。从经济总体层面来看,结论令人可喜,由于工业部门和服务业部门的迅猛发展,劳动工资和人均收入不断提高。

其次,另一方面,我们却发现城乡之间、不同行业之间的劳动收入差距在扩大。由于资本深化、技术进步不断推进,第二、三产业的劳动边际报酬提高很快;而由于资本积累严重不足,劳动力过剩,第一产业的劳动边际报酬上升幅度很

---

① 唐志宏(1999)研究发现,中国的平均利润率的增长率为 -0.5%,即资本的平均利润率不断下降。虽然唐志宏(1999)计算的是净利润率,但如果折旧率和税率没有显著变化,毛利润率也是下降的。

小。发展农业、增加农民收入仍是未来提高全国平均的劳动收入水平的必经之路。

最后,第二产业的劳动收入上涨两倍多,但其劳动份额却略有下降(虽然就业份额下降,但劳动就业绝对量仍在上升,这说明就业的增长率在下降),这部分地印证了上文的发现:第二产业的资本深化速度较快,即资本劳动比率(K/L)上升速率较大导致资本的边际报酬很快下降,而劳动的边际报酬快速上升。表面上看,劳动的边际报酬快速上升推动了劳动工资水平的增长,但实际上,其中潜伏了阻碍平均工资水平长期增长的因素:由于工业化资本深化速度过快,过早地进入了重化工阶段,工业发展所能带动的劳动就业的增长率正在下降。从理论上来说,农业和非农业部门的工资水平的巨大差距能进一步推动农业劳动力迁往城市的非农部门,但是如果非农部门劳动需求的增长率在递减,那么工业化和城市化所吸纳的就业人口增长必然减速。

(三) 资本劳动比、资本产出比和劳动生产率的比较

表3-11显示,1992—2007年,第三产业的资本劳动比从高于第二产业变为低于第二产业,表明第三产业吸纳劳动的能力很强。如果说第二产业的资本挤出了劳动,那么第三产业劳动相对地"挤出"了资本。1992—2007年,第三产业的就业弹性为0.079,而第二产业的就业弹性为0.042,第三产业创造就业的能力大约是第二产业的两倍。

表3-11 资本劳动比和劳动生产率

	资本劳动比率(万元/人)		劳动生产率(元/人)	
	1992年	2007年	1992年	2007年
经济总体	0.62	3.03	3 786	15 478
第一产业	0.05	0.28	1 421	4 086
第二产业	1.11	5.50	7 964	27 340
第三产业	1.74	4.43	6 191	20 013

另一方面,表3-9显示第三产业的劳动生产率增长速度较慢,其增长速度显著慢于第二产业。结合第二部分的分析可知,第三产业的劳动生产率增长过多地依赖于规模扩张,其技术密集度和资本密集度都有待提高。

当然,出现要素的反效率配置的原因十分复杂,主要是因为我国的市场制度还有待完善。首先,从宏观层面来看,尽管普通商品的价格可以自由定价,但是

资本和劳动要素的自由定价目前还受到相当程度的限制;其次,从微观层面来看,产权改革还在深化过程中。

四、小结

通过全要素生产率的分解,我们不仅度量了结构变迁的作用,及其在经济增长中的相对重要性,而且还分析了资本和劳动要素在三次产业之间的结构变迁,可以得出以下结论:

第一,1992—2002年,结构效应对GDP增长的贡献度为7%,对全要素生产率的贡献度为43.5%。但是,经济增长的分解表明中国的经济增长仍是一种"外延式的增长",一方面依靠增加生产要素投入,另一方面依靠资源配置效率的提高——结构效应,这两者对经济增长的贡献度大于90%。中国经济增长能否持续取决于能否实现内涵式增长——提高全要素生产率。

第二,资本结构变迁的分析表明中国经济出现资本深化过快的现象,资本劳动比增长远快于资本产出比,但更致命的是,资本边际报酬呈现下降的趋势,这对于依赖投资推动经济增长的中国经济而言是一个危险信号,因为投资增速可能下降,经济增长则会减速。

第三,劳动结构变迁的分析显示单位资本所能带动的劳动正在减少,这从另外一个角度说明了资本正在迅速地替代劳动。这一方面可能导致资本边际报酬的下降,另一方面则限制了劳动就业规模的进一步扩大和农村剩余劳动力的转移,同时也加大了城市的第二、三产业与农村的第一产业的劳动收入差距。

第四,对三次产业的比较研究发现,第一产业的资本和劳动边际报酬上升很慢,中国的工业化和城市化的道路仍很漫长。

第二产业快速的资本存量积累是出现资本深化过快和资本边际报酬递减的恶劣后果的主要原因。工业部门(第二产业的主体)资本深化速度过快,过早地进入了重化工阶段,这一方面导致资本边际报酬递减过快以及投资需求的增长趋缓,产出增长率可能会下降,另一方面,随之而来的是工业化所能带动的劳动就业增长率下降,这不利于劳动工资水平和人均收入水平的提高。

与第二产业相比,第三产业的资本深化速度比较合理,资本和劳动要素的组合比例也在一个合理的范围内,而且第三产业创造就业的能力远大于第二产业,约为第二产业的四倍。尽管如此,第三产业的技术效率并不高,依然以外延式的增长为主,提高经济效率的任务仍很艰巨。

第三节 北京产业结构变迁对经济增长贡献的实证研究

改革开放以来,产业结构变迁对中国经济增长的影响一度十分显著,但是,随着我国市场化程度的提高,产业结构变迁对经济增长的推动作用正在不断减弱。20世纪80年代,结构变迁效应的贡献率一直大于50%,产业结构变迁对经济增长的贡献甚至超过了技术进步的贡献;20世纪90年代初期和中期,产业结构变迁对经济增长的贡献和技术进步的贡献基本持平;1998年以后,产业结构变迁对经济增长的贡献变得越来越不显著,逐渐让位于技术进步,即产业结构变迁所代表的市场化的力量已经逐步让位于技术进步的力量。这样,克鲁格曼(1994)所指出的不可持续的东亚增长模式与我国1998年之前的经济增长模式是比较类似的。不过1998年之后我国经济增长过程中,一方面要素投入增长的贡献率逐步降低而全要素生产率增长的贡献率则不断提升;另一方面,在全要素生产率内部,产业结构变迁效应和净技术进步效应也呈现出此消彼长的关系。由此可见,1998年之后我国经济增长模式已经越来越体现出其自身的可持续性。从1998年开始,落实科学发展观,转变增长方式,提升技术创新能力对于中国而言也就已经越来越不再是一个简单的口号,而是实现中国长期经济持续增长的必由之路。此外,研究也发现,产业结构变迁对中国经济增长贡献的减弱并不表明市场化改革带来的收益将会归零。这一实证结论的潜在含义是产业结构变迁对经济增长的贡献是因经济结构的不同而有所不同的,当不同产业的资源配置效率的差距较小时,产业结构变迁对经济增长的贡献可能会较少。当然,若干发展和制度的因素还会导致市场机制难以充分有效地发挥作用,这些发展和体制的因素既表明未来中国经济增长的潜力仍然是十分巨大的,也表明中国完善市场机制的工作仍然会持续下去。

改革开放以来,与全国经济高速增长趋势一样,北京地方经济发展也十分迅速。和所有工业化进程中的经济一样,产业结构往往沿着一个有规律的、历史一致的路径向前演进,产业结构变迁是这一高速增长过程的一个显著特征。和全国经济相比,北京经济的产业结构变迁有四个特点:一是北京产业结构高度在全国仅次于上海,属于基本完成工业化的地区(刘伟、张辉、黄泽华,2008);二是北京市产业结构比例一直优于全国水平;三是北京市的三大产业的资源配置效率(劳动生产率或全要素生产率)的差距也较小;四是产业结构变迁主要发生于第一、二产业和第三产业之间,资源从第一、二产业向第三产业转移,而全国的产业结构变迁主要发生于第一产业和第二、三产业之间。那么,北京市产业结构变迁对经济增长的贡献和全国有什么不同呢?其结构变迁对全国欠发达地区发展又有什么启示呢?北京市的经济增长主要归功于产业结构变迁还是各个产业内的技术进步呢?北京这种独特的产业结构变迁又与北京都市圈异于长江三角洲和珠江三角洲都市连绵区的经济景观有什么内在联系呢?上述问题的回答,也是本研究之所以选择北京作为比较对象的重要原因所在。

对比北京和全国的情形,并结合现有文献中有关结构效应的实证结果的争论,本节试图从理论上解释为什么会出现这些相互冲突的实证结论。我们发现,产业结构变迁对经济增长的贡献既和不同产业之间的资源配置效率的差距有关,也和资源在产业之间转移的方向和幅度有关。当不同产业之间的资源配置效率的差距越大,产业结构变迁对经济增长的贡献越大。另外,制造业(或第一产业、第三产业)内部各行业的结构变迁对制造业(或第一产业、第三产业)的产出增长的贡献并不显著,因为工业化进程中资源转移往往发生于农业和非农产业之间,较少发生于制造业(或第一产业、第三产业)内部的各行业之间。

一、产业结构变迁对经济增长的影响的新古典理论模型

在实证测度产业结构变迁对经济增长的贡献之前,我们首先要从经典理论上界定产业结构变迁在经济增长中的作用(萨缪尔森、诺德豪斯,1999)。我们利用图 3-6 和图 3-7 来演示产业结构变迁在中国经济转型中所处的位置。图 3-6 为生产可能性边界曲线,商品 A 表示农业产品,商品 I 表示工业产品,我们用商品 A 和 I 分别表示两种产业,图 3-7 则为工业产品的等产量曲线。从计划经济向市场经济转轨过程中的经济增长可分为 5 个步骤。

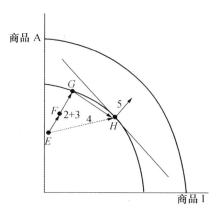

图 3-6 生产可能性边界

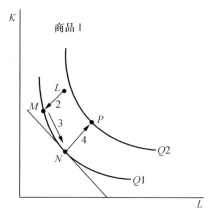

图 3-7 工业产品的等产量曲线

第 1 步：图 3-6 中从点 E 到点 F（图 3-7 中无法表现该步），这表示经济转轨的初期，经济从设备闲置和生产能力低利用状态中恢复过来，因此，经济从离生产可能性边界较远的 E 点移动至离生产可能性边界较近的 F 点，生产效率 (technical efficiency) 提升带动要素生产率显著提高。

第 2 步：图 3-6 中从点 F 到点 G（图 3-6 中第 2 步和第 3 步同时进行），图 3-7 中从点 L 到点 M。这是表示在已有技术和要素总量条件下，由于生产效率提升，要素无效和低效使用的状态被消除，实际生产点向生产可能性边界更加靠近的情形。

第 3 步：图 3-6 中从点 F 到点 G，图 3-7 中从点 M 到点 N。这表示劳动要素和资本要素在企业内部按照最优比例进行配置的过程。这在图3-6中也表现为向生产可能性边界更加靠近。

第4步:图3-6中从点 G 到点 H,图3-7中从点 N 到点 P。这表示资源在不同产业部门之间的再配置,这一步骤即为产业结构变迁。在市场这只看不见的手的指引下,资源从一种产业转移至另一种产业,使得生产符合最优转换比率。

第5步:图3-6中从点 H 向右上方移动(图3-7中无法表现该步)。这是指当经济已经位于最优均衡点 H 之上时,如果假定要素和资源总量是既定的,长期经济增长只能依靠技术进步,即生产可能性边界向外推进。如果假定资源总量是不断增长的,要素投入的增加和技术进步可能同时推动长期经济增长。

如果我们将生产效率的变化和技术进步都归结为技术进步,那么推动长期经济增长的因素主要有三个:(1)要素投入的增长;(2)技术进步;(3)产业结构变迁——我们将产业结构变迁对经济增长的促进作用称为"结构效应"。在新古典的理论模型中,只有当经济处于非均衡状态,资源才会在不同产业之间进行重新再配置。如果我们将现有的资源配置效率状态和最佳的资源配置效率状态之间的差距称为资源配置效率的落差,那么这种落差将随着市场化的深入而不断缩小。

刘伟、张辉(2008)对全国数据的分析表明,在改革开放以来的30年中,虽然产业结构变迁对中国经济增长的贡献一度十分显著,但是随着市场化程度的提高,产业结构变迁对经济增长的贡献呈现不断降低的趋势,逐渐让位于技术进步。和全国的情形不同,自改革开放以来,北京市不同产业的资源配置效率差距不大,尤其是第一产业和第二、三产业之间的资源配置效率差距不大。在这种情形下,北京市产业结构变迁对经济增长的贡献和全国是否有什么不同?下文将从实证角度检验这些问题。我们将分别利用劳动生产率分解式和全要素生产率分解式,将"结构变迁效应"从所有推动经济增长的因素中分解出来,以便分析产业结构变迁对经济增长的贡献。

二、产业结构变迁对劳动生产率的贡献

和 Fagerberg(2000),Timmer and Szirmai(2000),Peneder(2003),刘伟、张辉

(2008)一样,本部分将使用"转换份额分析"(shift-share analysis)的方法,把结构效应从劳动生产率增长中分解出来。

经济总体 t 期的劳动生产率为 y^t,y_i^t 是 t 期产业 i 的劳动生产率,γ_i^t 是 t 期产业 i 的劳动投入量所占份额。q^t 和 n^t 分别为 t 期经济总体的总产出和劳动投入,q_i^t 和 n_i^t 分别为 t 期产业 i 的总产出和劳动投入。t 期经济总体的劳动生产率可以表示成:

$$y^t = \frac{q^t}{n^t} = \sum_{i=1}^{n} \frac{q_i^t n_i^t}{n_i^t n^t} = \sum_{i=1}^{n} y_i^t \gamma_i^t \quad (12)$$

根据公式(12),可以推知 t 期的总体劳动生产率的增长率为:

$$(y^t - y^0)/y^0 = \left[\sum_{i=1}^{n} (\gamma_i^t - \gamma_i^0) y_i^0 + \sum_{i=1}^{n} (y_i^t - y_i^0)(\gamma_i^t - \gamma_i^0) + \sum_{i=1}^{n} (y_i^t - y_i^0) \gamma_i^0 \right] / y^0 \quad (13)$$

公式(13)分解成如下三项:公式(13)右边第一项被称为静态结构变迁效应,它度量的是劳动要素从劳动生产率较低的产业流向劳动生产率较高的产业所引起的劳动生产率增长;公式(13)右边第二项被称为动态结构变迁效应,度量的是从劳动生产率增长较慢的产业流向劳动生产率增长较快的产业所引起的劳动生产率增长;公式(13)右边第三项被称为生产率增长效应,它是由于各个产业内部的技术进步导致的劳动生产率增长。

根据《北京市统计年鉴2008》中有关"国内生产总值"和"从业人员数"的数据,我们通过公式(13)计算出1986—2007年的经济总体和三次产业的静态结构效应、动态结构效应和产业内增长效应。

表3-12中的数值只具有相对意义,我们将表3-12换算成表3-13中的百分比形式(在劳动生产率增长率中所占比例)。从表3-13中可以看到,静态结构效应所占份额为负值,动态结构效应所占份额为7.35%,静态结构效应和动态结构效应之和所占份额为7.12%。和全国的情形相比,北京市的产业结构效应很不显著。如果分别从三次产业来看,我们又能得出另外一些结论:

表 3-12　应用转换份额分析的结构效应矩阵

1986—2007 年	列加总		静态结构效应	动态结构效应	产业内增长效应
行加总	19.547	=	-0.045	1.437	18.156
			=	=	=
第一产业	0.155		-0.040	-0.263	0.258
第二产业	4.931		-0.283	-4.295	6.014
第三产业	14.461		0.478	9.489	8.190

注：由于 1986 年之前数据的缺乏，我们只能把 1986 年作为基期。

表 3-13　应用转换份额分析的结构效应矩阵（%）

1986—2007 年	列加总		静态结构效应	动态结构效应	产业内增长效应
行加总	100	=	-0.23	7.35	92.88
			=	=	=
第一产业	0.79		-0.20	-1.35	1.32
第二产业	25.23		-1.45	-21.97	30.77
第三产业	73.98		2.45	48.54	41.90

注：由于 1986 年之前数据的缺乏，我们只能把 1986 年作为基期。

第一产业和第二产业的结构效应是负值，这说明在改革开放 30 年中，北京市的第一、二产业的劳动力资源呈现净流出，资源的主要转移方向是从第一、二产业到第三产业，产业结构变迁导致的资源再配置对第一、二产业的劳动生产率增长没有显著的贡献，第一、二产业的劳动生产率增长更大程度上取决于技术进步导致的产业内增长效应。

第三产业的结构效应十分显著。从结构效应的正负号可以看出，第一、二产业的结构效应为负，而第三产业的结构效应为正，这说明北京市的产业结构变迁主要发生于第一、二产业和第三产业之间。其中，第二产业和第三产业之间的产业结构变迁和资源再配置最显著，也就是说，劳动力资源主要是从第二产业转移至第三产业。而全国的情形则不同，劳动力主要是从第一产业转移至第二、三产业（刘伟、张辉，2008）。

三、产业结构变迁对全要素生产率的贡献

（一）全要素生产率中的结构效应

在一个经济中，如果不同产业部门的要素边际产出不相等，产业结构变

迁——即资本和劳动要素在不同产业之间进行重新配置——将导致经济总体的全要素生产率(TFP)的增长。根据塞尔奎因(1984),刘伟、张辉(2008),计算结构效应的基本方法就是比较总量水平(aggregate level)的 TFP 增长率和部门水平(sectoral level)的 TFP 增长率的差异。假定生产函数是规模报酬不变和技术进步中性的连续可导函数:

$$Y_i = A_i \cdot f(K_i, L_i) \tag{14}$$

其中,A_i 为产业 i 的技术进步。因此,产业 i 的产出增长率可以分解为:

$$G(Y_i) = \alpha_i G(K_i) + \beta_i G(L_i) + G(A_i) \tag{15}$$

其中,$G(X) = (dX/dt)/X = \dot{X}/X$,$G(A_i)$ 是产业 i 的全要素生产率的增长率,α_i 和 β_i 是产业 i 的资本产出弹性和劳动产出弹性,即 $\alpha_i = f(K_i)K_i/Y_i, \beta_i = f(L_i)L_i/Y_i$。因此,由部门水平的变量表示的经济总体的产出增长率 $G(Y)$ 可以表示为:

$$G(Y) = d\left(\sum_i Y_i\right)/Y = \sum \rho_i G(Y_i)$$

$$= \sum \rho_i \alpha_i G(K_i) + \sum \rho_i \beta_i G(L_i) + \sum \rho_i G(A_i) \tag{16}$$

其中,$\rho_i = Y_i/Y$ 表示各个产业的产值在总产值中所占的份额。然而,经济总体的产出增长率也可以用总量水平的变量来表示:

$$G(Y) = \alpha G(K) + \beta G(L) + G(A) \tag{17}$$

其中,α 和 β 是经济总体的资本产出弹性和劳动产出弹性,$G(A)$ 是经济总体的 TFP 增长率。总量水平的 TFP 增长率 $G(A)$ 和部门水平的 TFP 增长率加权平均值 $\sum \rho_i G(A_i)$ 之差就是结构效应:

$$TSE = G(A) - \sum \rho_i G(A_i) = \sum \rho_i \alpha_i G(k_i) + \sum \rho_i \beta_i G(l_i) \tag{18}$$

其中,$k_i = K_i/K, l_i = L_i/L$ 分别表示产业 i 的资本和劳动在资本和劳动总投入量中的份额。由于公式(18)的计算方式比较复杂,我们可以把公式(18)变为下面的式子:

$$TSE = \frac{1}{Y}\sum \dot{K}_i[f(K_i) - f(K)] + \frac{1}{Y}\sum \dot{L}_i[f(L_i) - f(L)]$$

$$= A(f_K) + A(f_L) \tag{19}$$

式中的 $A(f_K)$ 和 $A(f_L)$ 分别表示资本要素再配置和劳动要素再配置对全要素生产率增长的贡献。其中,$f(K_i)$ 和 $f(L_i)$ 分别表示产业 i 的资本要素和劳动要素的边际产出,而 $f(K)$ 和 $f(L)$ 分别表示经济总体的资本和劳动的边际产出。公式(19)把产业结构变迁对全要素生产率增长的贡献的理论含义非常直接地表达出来:当产业 i 的资本(或劳动)边际产出 $f(K_i)$ 大于平均水平 $f(K)$ 时,表明经济处于非均衡状态——不同产业的资源配置效率有差距,此时如果产业 i 的资本投入量有显著增加($\dot{K}_i>0$),表明资本要素向资源配置效率较高的产业发生显著转移,这时就产生显著的结构效应。公式(19)还表明,如果那些资本(或劳动)边际产出较大的产业的资本(或劳动)投入量增长越快,则产业结构变迁对全要素生产率增长的贡献越大。当产业 i 的资本(或劳动)边际产出 $f(K_i)$ 和平均水平 $f(K)$ 十分接近时,或者产业 i 的资本投入量没有显著增加($\dot{K}_i\approx 0$),结构效应就会不显著。

(二)数据说明

为了计算公式(19),我们需要知道资本的变化量 $\dot{K}_i$ 和劳动的变化量 $\dot{L}_i$,经济总体的资本边际报酬 $f(K)$ 和劳动边际报酬 $f(L)$,以及产业 i 的资本边际报酬 $f(K_i)$ 和劳动边际报酬 $f(L_i)$。从北京市统计年鉴中,我们能知道劳动投入的变化量,从北京市目前已公布的9张投入产出表(1985年、1987年、1990年、1992年、1995年、1997年、2000年、2002年和2005年)中,我们能知道经济总体和各产业的资本和劳动边际报酬。另外,对于北京资本存量的数据,我们使用徐现祥等(2007)对各省区三次产业的资本存量的估计。徐现祥等(2007)的资本存量估计包括1985年、1990年、1995年、2000年、2002年等年份。由于资本存量数据的缺乏,我们只能计算表3-14中的4个时间段的结构效应。结构效应的计算结果出现在表3-14的第5列,以结构效应在全要素生产率增长中所占比例的百分比形式表示。

表3-14 各个因素对产出增长率的贡献率(百分比)

年份	资本增长的贡献率	劳动增长的贡献率	全要素生产率增长贡献率	其中	
				产业结构变迁效应(TSE)	净技术进步效应
1985—1990	91.2	5.3	3.5	2.1	97.9
1990—1995	30.1	1.0	69.0	-0.3	100.3
1995—2000	70.3	-4.3	34.0	-2.9	102.9
2000—2002	1.1	0.4	98.6	0.1	99.9

注:表中第2、3、4列中的数据以这些因素在产出 Y 增长率中所占比例的百分比表示,而第5列和第6列则以这两个因素在全要素生产率增长中所占比例的百分比表示。

(三) 结构效应的测算

通过公式(19),我们能计算出表 3-14 中 4 个时间段的结构效应。另外,结合公式(16)、(6)、(7),我们能得出下列式子:

$$G(Y) = \alpha G(K) + \beta G(L) + \sum \rho_i G(A_i) + \text{TSE} \tag{20}$$

在公式(9)中,产业 Y 的增长率被分成四个部分:资本投入增长的贡献 $\alpha G(K)$;劳动投入增长的贡献 $\beta G(L)$;各产业的技术进步的贡献 $\sum \rho_i G(A_i)$,我们称之为"净技术进步效应";产业结构变迁效应 TSE。其中"净技术进步效应"和"产业结构变迁效应"两个部分为全要素生产率增长率。

表 3-14 的实证结果表明,1985—2002 年,北京市的全要素生产率增长对产出增长的贡献越来越大。从上述研究结果来看,克鲁格曼(Krugman,1994)所指出的不可持续的东亚增长模式与北京 1990 年之前的经济增长模式是比较相似的,不过 1990 年之后北京经济增长模式已经越来越体现出了其自身的可持续性。例如,在 2000—2002 年,全要素生产率增长对北京产业增长的贡献甚至达到 98.6%。同时,在全要素生产率增长中,产业结构变迁对全要素生产率增长的贡献很不显著,而各产业内的净技术进步效应对全要素生产率增长的贡献较大,甚至占到 100%。这也在一定程度上说明,首先,北京作为全国高校、科研院所最为密集的知识区,其产业区与知识区之间的互动发展是普遍存在的;其次,北京在全国发展技术型生产者服务业是有很大的竞争优势的;最后,北京中心城区相对较高的技术高度与周边地区形成了相当大的技术落差,过大的技术梯度差也在很大程度上约束了北京中心城市向周边区县和邻近省市地区的扩散辐射作用。

四、有关结构效应的争论

最新的一些文献(Fagerberg,2000;Timmer and Szirmai,2000;Peneder,2003)对制造业内各产业的结构变迁对制造业产出增长的影响做了实证分析,这些分析表明,制造业内各行业的产业结构变迁对制造业产出的增长没有显著影响。但是,众所周知,20 世纪下半叶以来,以库兹涅茨、钱纳里和塞尔奎因为主要代表的一部分经济学家从经济结构的视角研究了工业化进行中的国家(或是发达国家进行工业化的历史阶段)的经济增长问题。他们的研究表明,产业结构变迁对经济总体的产出增长产生了显著影响。库兹涅茨(Kuznets,1957)利用他自己提出的一种劳动生产率分解式研究发达国家的经济增长,实证分析结果表明,产业结构变迁及其导致的劳动力资源的再配置对发达国家的劳动生产率增长率的贡献率为10%—30%。钱纳里和塞尔奎因(Chenery and Syrquin,1986)利用世界银行的多国数据研究了世界上101个国家的1950—1970年的结构变迁和经济增长的相关关系,实证结果表明产业结构变迁导致的资本和劳动要素的再配置对全要素生产率增长有着显著影响。有关制造业内产业结构变迁对制造业产出增长的影响的研究为什么和库兹涅茨等所做的产业结构变迁对经济总体产出增长的影响的研究不一致?本节所做的北京市产业结构变迁对经济增长的影响为什么不如全国的产业结构变迁对经济增长的影响那么显著?本部分试图从理论上对此加以说明。

从理论上来看,当不同产业的资源配置效率(劳动生产率或全要素生产率)的差距较小时,产业结构变迁对经济增长的贡献就会较少。同时,只有当那些资源配置效率较高的产业的资本投入量增长较多时,结构效应才会显著,这些从公式(13)和公式(19)就能看出来。公式(13)表明,如果那些劳动生产率较高(或劳动生产率增长较快)的产业的就业份额增加较多,则经济总体的结构效应就较大。公式(19)表明,如果那些资本(或劳动)边际产出较大的产业的资本(或劳动)投入量增长越快,则产业结构变迁对全要素生产率增长的贡献越大。

由公式(13)出发,我们可以把结构效应(静态结构效应和动态结构效应之和)表示为:

$$\text{TSE} = \sum_{i=1}^{n}(\gamma_i^t - \gamma_i^0) \cdot \frac{y_i^t}{y^0}$$

上式可以分解为两项的乘积,一是产业 i 就业份额的变化,即 $(\gamma_i^t - \gamma_i^0)$;二是产业 i 的劳动生产率的相对增长率,即 $\frac{y_i^t}{y^0}$。

同样地,对于公式(19),以劳动的结构效应为例,我们也能得到类似的分解:

$$A(f_L) = \frac{1}{Y}\sum \dot{L}_i[f(L_i) - f(L)]$$

上式也能分解为两项的乘积:一项是产业 i 的劳动投入量的变化,即 $\dot{L}_i$;另

一项是产业 i 的劳动边际产出的相对值,即 $[f(L_i)-f(L)]$。资本的结构效应与此同理。

公式(13)和公式(19)都表明,结构效应显著有两个基本条件:不同产业之间的资源配置效率差距较大;资源配置效率较高的产业的劳动或资本投入量有了显著增加。

从公式(13)和公式(19)出发,我们就能回答上述的第一个问题:有关制造业内产业结构变迁对经济增长的影响的研究为什么和经济总体产业结构变迁对经济增长的影响的研究不一致?工业化进程中的产业结构变迁往往发生于第一产业和第二、三产业之间,即资本或劳动要素由农业向非农产业转移。当分析制造业内部的产业结构变迁时,我们考察的是资源在制造业内各产业之间的转移,如果没有观测到制造业内各产业之间的资源转移,制造业内产业结构变迁对制造业产出增长的影响就会不显著。历史事实证明,在工业化进程中,资源转移早期主要发生于农业部门和工业部门之间,后期可能发生于第一、二产业和第三产业之间。因此,我们观测到的制造业各产业的资源转移都是从第一产业净流入,或者向第三产业净流出,制造业内部各行业之间的资源转移很少发生,这是制造业内部结构变迁效应不显著的主要原因。当分析产业结构变迁对经济总体产出增长的影响时,我们测度的是第一、二、三产业之间的资源再配置,此时结构效应很显著。当分析产业结构变迁对制造业产出增长的影响时,我们观测的是制造业内各行业之间的资源转移,这种资源转移不明显导致结构效应也不显著。

同样地,我们也能回答第二个问题:北京市产业结构变迁对经济增长的影响为什么不如全国的产业结构变迁对经济增长的影响那么显著呢?本部分认为主要有三个方面的因素:首先,北京市产业结构比例一直优于全国水平,产业结构调整的空间不大。其次,北京市三大产业之间的资源配置效率的差距并不大。在改革开放以前,北京市的第二产业已经达到了相当水平;同时由于北京市的农业剩余劳动力较少,农业劳动生产率较高;另外,首都的城市经济特征导致其第三产业也较为发达。因此,第一、二、三产业的劳动生产率的差距不大,此时无法由市场力量对资源在产业之间的再配置进行有效驱动,从而结构效应就不显著。最后,北京市的产业结构变迁主要发生于第一、二产业和第三产业之间,尤其发生于第二产业和第三产业之间。1978 年,北京市三大产业的产值份额分别为 5%、71%、24%,全国三大产业的产值份额分别为 28%、48%、24%。及至 2007

年,北京市三大产业的产值份额分别为1%、27%、72%,全国三大产业的产值份额分别为12%、49%、39%。资源从第二产业这样的劳动生产率较高的产业向第三产业转移,导致产业结构变迁对经济增长的贡献不显著。

另外,根据上文的理论分析,我们也能很好地解释以下三个方面在文献中常常被提起、似乎相互矛盾的现象:第一,发展中国家(或工业化进程中的国家)的结构效应可能比发达国家(或工业化完成国家)的结构效应更显著,因为发达国家的经济发展更成熟,不同产业的资源配置效率差距较小;第二,同样地,发达国家早期经济增长的结构效应可能比后期经济增长的结构效应更显著,因为早期经济增长中不同产业的资源配置效率的差距较大;第三,经济总体的结构效应比制造业内部的结构效应更显著,主要是因为资源再配置主要发生于第一、二、三产业之间,而在第二产业内部和制造业内部的各行业之间的资源转移并不显著。当然我们也能得出更一般的结论:由于工业化进程中资源转移往往发生于第一、二、三产业之间,较少发生于第一、二、三产业内部的各行业之间,第一、二、三产业内部的产业结构变迁对第一、二、三产业各自的产出增长的贡献并不显著。

五、结论

本节首先以北京市为例,实证分析了产业结构变迁对劳动生产率增长和全要素生产率增长的贡献。对北京市的时间序列数据的分析表明,北京市产业结构变迁对经济增长的贡献并不显著。1986—2007年,结构效应对劳动生产率增长的贡献率只有7.12%,结构效应对全要素生产率增长的贡献率只有0.1%—2%,这和全国经济的结构效应的显著性相差甚远。对比北京和全国的情形,本节分析了导致北京产业结构变迁对经济增长的贡献不显著的原因,主要有三个方面的原因:一是北京市产业结构比例一直优于全国水平,产业结构调整的空间不大;二是北京市的三大产业的资源配置效率的差距较小;三是产业结构变迁主要发生于第一、二产业和第三产业之间。

结合对现有文献中有关结构效应的争论的分析,本节在产业结构变迁对经济增长的贡献方面得出了一个一般性结论:产业结构变迁对经济增长的贡献既和不同产业之间的资源配置效率的差距有关,也和资源在产业之间转移的方向有关。当不同产业之间的资源配置效率的差距较大时,产业结构变迁对经济增长的贡献较大,这导致了这样一些现象:发展中国家(或工业化进程中的国家)的结构效应可能比发达国家(或工业化完成国家)的结构效应更显著;发达国家早期经济增长的结构效应可能比后期经济增长的结构效应更显著;对于中国经济或是北京经济,随着经济发展水平的提高和市场化的深入,产业结构变迁对经济增长的贡献可能越来越不显著。

同时,结构效应的显著性也和资源的转移方向有关。由于资源转移主要发生于第一、二、三产业之间,较少发生于第一、二、三产业内部的各行业之间,第一、二、三产业内部的产业结构变迁对第一、二、三产业各自的产出增长的贡献并不显著,这就解释了文献(Fagerberg,2000;Timmer and Szirmai,2000;Peneder,2003)中有关制造业内部的结构效应不显著的原因。

第四节 本章小结

经济有两种状态:均衡与非均衡。在均衡状态下,正如新古典经济学家所认为的一样,结构变迁对于经济增长的作用可以忽略不计;而在非均衡状态下,资本、劳动等要素在利益最大化目标的驱动下向效率更高的产业流动,促使市场资源实现有效配置,从而促进经济发展,结构变迁的作用会得到充分的体现。实际情况中,经济往往是非均衡的,中国尤为如此:在计划经济时代,由于行政指令的干预,资源配置被严重地扭曲,经济非均衡现象十分明显,经济中蕴藏巨大的结构效应。改革开放以来,中国的经济经历了广泛而深刻的变革,实现了持续的高速增长,经济由非均衡状态向均衡状态过渡。在这三十余年的高增长中,结构效应的贡献如何值得关注,这也是本章主要研究的问题。

在本章的第一节中,从劳动生产率部门分解的角度研究了我国经济增长中的结构变迁。采用的主要方法是库兹涅茨的局部分解和"转换份额分析"(又称为偏离份额法)的全面分解,研究了经济总体的结构效应、三大产业的结构效应以及细分产业的结构效应,并且给出了解释。研究发现,1978—2006 年,三次产业的结构效应对总体劳动生产率增长的累积贡献度为 38.5%,第一产业的结构效应为负,第二和第三产业的结构效应为正;结构效应受到宏观经济和有效需求的影响而呈现波动性;结构效应的贡献度呈现下降的趋势,但是其仍将是未来中国经济增长中不可或缺的一个因素;三次产业内部的各个产业并不是完全按照效率原则配置资源的。

本章第二节从全要素生产率分解的角度研究了经济增长中的结构变迁。研究显示,1992—2002年,结构效应对于GDP和全要素生产率有较大贡献,但是中国经济增长依然是依靠增加生产要素投入和结构效应的"外延式增长",并没有实现依靠提高全要素生产率的"内延式增长";中国经济出现资本深化过快的现象,而且资本边际报酬呈现下降的趋势;单位资本所能带动的劳动正在减少,资本正在迅速替代劳动;第一产业的资本和劳动边际报酬上升很慢,中国的工业化和城市化的道路仍很漫长。这些结论具有很强的理论和现实意义。

本章第三节研究了北京市产业结构变迁对经济增长的贡献。之所以选择北京,是因为其具有特殊性:首先,北京产业结构高度在全国仅次于上海,属于基本完成工业化的地区;其次,北京市产业结构比例一直优于全国水平;最后,北京市的三大产业的资源配置效率(劳动生产率或全要素生产率)的差距也较小。基于以上考虑,研究北京市产业结构变迁对于经济增长的贡献具有重要意义。研究结果显示,1986—2007年,结构效应对劳动生产率增长的贡献率只有7.12%,结构效应对全要素生产率增长的贡献率只有0.1%—2%,这和全国经济的结构效应的显著性相差甚远。产生差异的原因主要有北京市产业结构比例一直优于全国水平,产业结构调整的空间不大;北京市的三大产业的资源配置效率的差距较小;等等。

总体来看,本章从劳动生产率的部门分解和全要素生产率分解的角度研究了我国经济增长中的结构变迁,并且以北京为特例研究了北京市结构变迁与经济增长的关系,得到了一系列有意义的结论,研究具有很强的理论和现实意义。

第四章 中国产业结构与经济增长研究

第一节 中国产业结构与经济增长研究

实现产业结构的优化升级与劳动力的充分就业是我国经济发展追求的两个重要目标,两者同时影响到我国经济发展的速度和质量。全要素生产率是指各要素(如资本和劳动等)投入之外的技术进步和能力实现等导致的产出增加,是政府制定长期可持续增长政策的重要依据。

对于产业结构和经济增长的研究,库兹涅茨(1949)对于产业结构和经济增长做了规范的定义,即国家的产业结构定义为其资源和最终产品在不同产业之间的分配,国民收入定义为国家该年度生产系统生产的、流向消费者或者国家资本积累的产品和服务的净产出,从而为以后的研究界定了范围。库兹涅茨(1957)对美国等18个国家的经济增长率和各个产业劳动力比例的关系进行了分析,得出劳动力从农业向生产率更高的行业转移有助于经济增长的结论,初步分析了产业结构与经济增长的关系。塞尔奎因(1994)分析了产业结构变化的原因,进一步探讨经济增长的根源。Peneder(2003)运用实证方法研究了工业结构对国民经济总收入和经济增长的影响。Valli and Saccone(2009)认为,国民经济的增长有两方面的动力,一是行业内部劳动生产率的提高(productivity effect),这是经济增长的主要动力,二是资源在行业之间的再分配(reallocation effect);接下来,作者计算了中印两国经济增长中行业内部生产率提高和行业间再分配分别对于经济增长的贡献,发现印度产业结构对于经济增长的贡献较大,大约占30%,而中国产业结构对于经济增长的贡献很小,有的时期甚至出现了负值。

近年来,研究产业结构和经济增长的文献较多,干春晖、郑若谷、余典范

(2011)在测度产业结构合理化和产业结构高级化的基础上,构建了关于产业结构变迁与经济增长的计量经济模型,进而探讨了二者对经济波动的影响。他们研究发现,产业结构合理化和高级化进程对经济增长的影响均有明显的阶段性特征。刘伟、李绍荣(2002)研究发现,在一定的技术条件下,一个经济通过专业化和社会分工会形成一定的产业结构,而产业结构在一定意义上又决定了经济的增长方式。但是,在通过计算全要素生产率来评价分析经济增长的文献中,计算三次产业全要素生产率的文献较少。时春红(2011)使用 DEA-Malmquist 指数方法计算出 1990—2009 年 28 个省份工业、服务业的全要素生产率。陈宏伟、李桂芹、陈红(2010)参考比较前人研究成果选择资本产出弹性 α 为 0.4、劳动产出弹性 β 为 0.6,代入公式 $\frac{\dot{A}_t}{A_t} = \frac{\dot{Y}_t}{Y_t} - \alpha \frac{\dot{K}_t}{K_t} - \beta \frac{\dot{L}_t}{L_t}$,计算出 1979—2007 年三次产业全要素生产率增长率。

本节对第三产业使用超越对数生产函数,第一、二产业使用包含时间项的柯布-道格拉斯函数(因为超越对数生产函数回归结果不理想)计算出 1990—2010 年三次产业资本和劳动产出弹性,然后使用几何平均法计算 TFP 增长率。郭庆旺、贾俊雪(2005)使用三种方法估算 1979—2004 年我国全要素生产率增长率,比较分析三种计算结果,得出"索洛残差法本身比较粗糙"的结论,此外段文斌、尹向飞(2009)以及其他相关文献均提到参数估计中可能存在的问题,本节使用的几何平均法能够较好地回避此问题。最后,本节对经济增长与资本使用效率、三次产业劳动力之间的关系进行了研究。

一、三次产业全要素生产率测算

(一) 样本数据

1990—2010 年三次产业产值数据为经过以 1990 年为基期的三次产业产值指数缩减后的实际产值,分别用 Y_1、Y_2、Y_3 表示。考虑到兼顾劳动力数量和质量的数据不可得,本部分使用三次产业就业人数作为劳动力投入数据,分别用 L_1、L_2、L_3 表示。资本存量是采用永续盘存法对于实际资本存量的估算,估算公式为:$K_t = \frac{I_t}{P_t} + K_{t-1}(1 - \delta_t)$。

使用固定资产投资完成额作为当年新增投资,固定资本形成总额的折旧率为9.6%,1990年资本存量采用杨东亮(2011)使用的数据,为35942.89亿元,固定资产投资价格指数以1990年为基期。

计算三次产业资本存量时,陈宏伟、李桂芹、陈红(2010)使用各次产业在全社会新增固定资产累计总额中的比重作为各次产业资本存量在全社会资本总额中的比重。因为当年新增投资采用固定资产投资额数据,所以使用三次产业固定资产投资占全社会固定资产投资总额比重作为三次产业资本存量比例比较妥当,使之分别乘以全社会总资本存量得到各产业资本存量(分别用K_1、K_2、K_3表示)。本节数据来自2005—2012年《中国统计年鉴》,各年《中国固定资产投资统计年鉴》,其中1991年、1992年三次产业固定资产投资比重采用移动平均法获得。

(二)全要素生产率及其增长率测算

隐性变量法将全要素生产率从索洛残差中分离出来,将其视为一个独立的状态变量,从而剔除掉一些测算误差对全要素生产率估算的影响,因此优于索洛残差法。本节首先采用隐性变量法计算各产业全要素生产率,但是得到的结论和赵志耘、杨朝峰(2011)一样,即因为隐性变量法假设全要素生产率的增长率遵循一阶自回归,使得到的全要素增长率波动很小,与实际情况有很大的差异。

因此我们采用几何平均法计算中国全要素生产率,其特点前文已描述。首先要计算出资本和劳动产出弹性。因为超越对数生产函数不受替代弹性不变这一假设的约束,同其他生产函数相比更具一般性,在进行参数估计以及要素产出弹性的计算时更具灵活性。因此我们优先使用超越对数函数:

$$\ln Y_{it} = a_0 + a_K \ln K_{it} + a_L \ln L_{it} + \frac{1}{2}\beta_{KK}\ln^2 K_{it} + \beta_{KL}\ln K_{it}\ln L_{it} + \frac{1}{2}\beta_{LL}\ln^2 L_{it}$$
$$(i = 1,2,3) \qquad (1)$$

对三次产业进行回归。

首先对Y_1、Y_2、Y_3、L_1、L_2、L_3、K_1、K_2、K_3进行ADF平稳性检验,发现序列都是平稳的,然后用模型(1)进行实证分析,结果显示对第一产业回归结果很好(见表4-1),用参数估计值得到第三产业资本产出弹性和劳动产出弹性分别为:

$$a_{3t} = \frac{\partial \ln Y_{3t}}{\partial \ln K_{3t}} = a_K + \beta_{KK}\ln K_{3t} + \beta_{KL}\ln L_{3t}$$

$$\beta_{3t} = \frac{\partial \ln Y_{3t}}{\partial \ln L_{3t}} = a_L + \beta_{LL}\ln L_{3t} + \beta_{KL}\ln L_{3t}$$

但是第一、二产业得到的结果不理想,所以采用使用包含时间项的生产函数,为表述方便,将此生产函数写成:

$$\ln Y_{it} = \ln A_{i0} + \gamma_t t + a_{it}\ln K_{it} + \beta_{it}\ln L_{it} \quad (i=1,2) \tag{2}$$

应注意到,$a_{it},\beta_{it}(i=1,2)$ 的参数估计值不随时间变化。对模型(2)回归得到第一、二产业的资本产出弹性 a_{1t},a_{2t} 和劳动产出弹性 β_{1t},β_{2t}。

以上得到的三次产业资本和劳动产出弹性分别经过正规化得到:

$$a_{it}^* = a_{it}/(a_{it}+\beta_{it}), \quad a_{it}^* = \beta_{it}/(a_{it}+\beta_{it}) \quad (i=1,2,3)$$

由 $Y_{it} = (A_t K_{it}^{a_{it}-a_{it}^*} L_{it}^{\beta_{it}-\beta_{it}^*}) K_{it}^{a_{it}^*} L_{it}^{\beta_{it}^*}$ ($i=1,2,3$) 得到全要素生产率(除资本和劳动投入之外的部分):$\text{TFP}_{it} = \frac{Y_{it}}{K_{it}^{a_{it}^*} L_{it}^{\beta_{it}^*}}$ ($i=1,2,3$),第 t 年的 TFP 增长率为 $\text{tfp}_{it} = \frac{\text{TFP}_{it}}{\text{TFP}_{i(t-1)}} - 1$。我们的结果见表 4-1、图 4-1 及图 4-2。

表 4-1 超越对数生产函数回归结果

变量	系数估计值	概率 P 值		
C	-256.8250	0.0114	拟合优度	0.998893
LOG(K3)	-39.09318	0.0004		
LOG(L3)	95.62604	0.0034	调整后的拟合优度	0.998547
0.5*(LOG(K3)^2)	-1.873773	0.0001	F 统计量	2 886.853
LOG(K3)*LOG(L3)	6.089615	0.0002	Prob(F-statistic)	0.000000
0.5*(LOG(L3)^2)	-16.32312	0.0014		

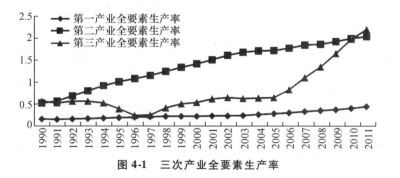

图 4-1 三次产业全要素生产率

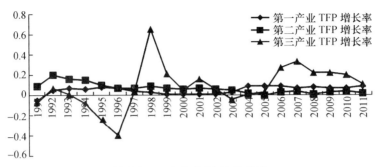

图 4-2 三次产业 TFP 增长率

从图 4-1 可以看出第一产业全要素生产率长期以来保持在较低的水平,第二产业全要素生产率对中国经济增长促进作用最大,而 2009 年以后第三产业全要素生产率开始超越第二产业,说明第三产业技术进步、资源配置效率的提高(主要体现为体制的不断完善)带动中国经济呈效率型增长。从图 4-2 也可以看出这一点,2000 年以前我国第三产业全要素生产率增长率呈现涨跌互现的波动情形且波动较为剧烈,1996 年处于最低点,1998 年上升至最高点,此后变化较为缓和;2005 年以后第三产业全要素生产率增长率开始遥遥领先于第一、二产业,带动第三产业全要素生产率的提高。

二、三次产业投资效率

第二产业全要素生产率常年保持较高水平与其获得了较高的投资有关。然而经济增长不仅取决于资本投入量的增加,更取决于资本效率的提高。此外投资在三次产业间的配置决定了产业之间资本存量的对比,以致影响到产业结构的调整。本部分通过计算产业间资本边际产出比率,进而分析中国三次产业资本配置效率问题。

假定整个经济的实际产出由三个产业部门的实际产出构成,它们均为各产业资本的函数。

$$Y = Y(I_1, I_2, I_3) = Y_1(I_1) + Y_2(I_2) + Y_3(I_3) \qquad (3)$$

其中,Y 为国内生产总值,I_1、I_2、I_3 分别为第一、第二和第三产业的资本存量。方程(3)满足产出最大化的一阶条件为三次产业资本的边际产出相等。将式(1)对时间 t 求导,得到:

$$Y'_t = \frac{\partial Y_{I_1}}{\partial I_1}\frac{\partial I_1}{\partial t} + \frac{\partial Y_{I_2}}{\partial I_2}\frac{\partial I_2}{\partial t} + \frac{\partial Y_{I_3}}{\partial I_3}\frac{\partial I_3}{\partial t} \tag{4}$$

由方程(2)可得到计量经济模型：

$$\ln Y = a_0 + a_1 \ln I_1 + a_2 \ln I_2 + a_3 \ln I_3 \tag{5}$$

其中，a_1、a_2、a_3分别为第一、第二和第三产业资本产出弹性。可以看出，三次产业资本的边际产出比值等于产出弹性的比值除以资本的比值，即

$$\frac{Y'_{I_1}}{Y'_{I_2}} = \frac{a_1 I_2}{a_2 I_1}, \quad \frac{Y'_{I_2}}{Y'_{I_3}} = \frac{a_2 I_3}{a_3 I_2}, \quad \frac{Y'_{I_1}}{Y'_{I_3}} = \frac{a_1 I_3}{a_3 I_1}$$

如果资本在各个产业部门处于最优配置，则以上三式比值等于1，否则，资本在各个产业部门的配置未处于最优状态。首先对Y、I_1、I_2、I_3进行ADF单位根检验，发现各数据均平稳，然后运用模型(3)对中国经济增长中产业间资本配置的效率进行实证分析得到表4-2。

表4-2 三次产业资本的边际产出比值

年份	第一产业与第二产业资本边际产出之比	第二产业与第三产业资本边际产出之比	第一产业与第三产业资本边际产出之比
1990	18.21	0.74	1.35
1991	18.43	0.86	1.59
1992	18.68	1.00	1.87
1993	18.98	1.16	2.21
1994	15.83	1.39	2.19
1995	15.21	1.48	2.25
1996	14.62	1.50	2.20
1997	13.82	1.61	2.23
1998	13.09	1.96	2.57
1999	12.63	2.10	2.65
2000	12.05	1.99	2.40
2001	10.32	2.11	2.18
2002	9.13	1.99	1.82
2003	11.94	1.63	1.95
2004	14.05	1.48	2.08
2005	15.45	1.31	2.03
2006	16.29	1.30	2.11
2007	16.61	1.27	2.11
2008	14.04	1.26	1.77

（续表）

年份	第一产业与第二产业资本边际产出之比	第二产业与第三产业资本边际产出之比	第一产业与第三产业资本边际产出之比
2009	12.90	1.35	1.74
2010	13.78	1.38	1.90
2011	18.00	1.32	2.37

可以看出,第一产业资本的边际产出高于第二产业,表明相对于第二产业投资而言,第一产业的资本严重不足。第一、二产业资本边际产出均高于第三产业,说明相对于第三产业,第一、二产业投资不足,为提高资本配置效率,我们应当调整投资在产业间的分配。

三、产业结构与三次产业劳动力关系研究

充分就业是宏观经济的一大目标,而劳动力在三次产业的分布又影响着产业结构的优化升级。本部分通过建立 1952—2011 年第一、三产业产值占 GDP 比重自然对数(LG1、LG3)、各年三次产业劳动力人数自然对数值(LL1、LL2、LL3)的 VAR 模型分析产业结构与就业之间的关系,数据来自中经网经济数据库。首先使用 EViews 软件对时间序列 LG1、LG3、LL1、LL2、LL3 进行 ADF 单位根检验,结果见表 4-3,其中 dLG1、dLG3、dLL1、dLL2、dLL3 分别为 LG1、LG3、LL1、LL2、LL3 的一阶差分。

表 4-3 各时间序列的 ADF 检验结果

变量	检验类型(c,t,k)	ADF 值	5%临界值	P 值	结论
lg1	(c,0,0)	−0.093646	−2.911730	0.9449	不平稳
lg3	(c,0,1)	−0.332445	−2.912631	0.9131	不平稳
ll1	(c,0,1)	−1.897659	−2.912631	0.3312	不平稳
ll2	(0,0,0)	−1.245810	−2.912631	0.6486	不平稳
ll3	(c,0,0)	−0.405334	−2.911730	0.9010	不平稳
dlg1	(c,0,0)	−6.238481	−2.912631	0.0000	平稳
dlg3	(c,0,0)	−6.013158	−2.912631	0.0000	平稳
dll1	(c,0,0)	−5.903933	−2.912631	0.0000	平稳
dll2	(c,0,0)	−8.159946	−2.912631	0.0000	平稳
dll3	(c,0,0)	−5.407849	−2.912631	0.0000	平稳

注:c 和 t 表示带有常数和趋势项;n 表示所采用的滞后阶数,滞后期的选择标准参考 AIC 和 SC 准则。

可以看出各时间序列均为一阶单整,进一步对 LG1、LG3、LL1、LL2、LL3 进行 Johansen 协整检验,结果见表4-4,发现四个变量存在一个协整关系。本部分 VAR 模型最大滞后期由对数似然值和 AIC 与 SC 信息量决定,结果表明滞后阶数取 2 时最好。VAR(2)模型的估计结果见表4-5,其稳定性检验结果见图4-3,全部根都在单位圆以内,满足模型的稳定性条件,所以据此进行脉冲响应函数分析和方差分解的结果是稳健和可靠的。

表 4-4　Johansen 协整检验结果

原假设	特征值	最大特征值统计量	临界值(5%)	P 值
0 个协整向量	0.362863	71.50923	69.81889	0.0364
至多 1 个协整向量	0.280699	45.36458	47.85613	0.0841
至多 2 个协整向量	0.213119	26.25502	29.79707	0.1212
至多 3 个协整向量	0.135407	12.3537	15.49471	0.1407
至多 4 个协整向量	0.065271	3.914912	3.841466	0.0479

表 4-5　VAR(2)模型估计结果

	方程 LL1	方程 LL2	方程 LL3	方程 LG1	方程 LG3
LL1(-1)	1.202318	-0.256078	-0.52463	0.059511	0.171959
LL1(-2)	-0.388385	1.075343	0.876252	-0.220086	-0.282281
LL2(-1)	0.152497	0.221131	-0.209904	-0.110251	0.006848
LL2(-2)	-0.161176	0.652891	0.338855	0.06596	-0.036737
LL3(-1)	-0.225187	1.096322	1.459044	-0.202031	0.262214
LL3(-2)	0.345335	-1.414197	-0.725085	0.258957	-0.128411
LG1(-1)	-0.06569	0.289376	0.312511	0.786999	0.036734
LG1(-2)	0.165788	-0.479425	-0.244741	0.068032	0.039808
LG3(-1)	-0.128184	0.735051	0.153856	-0.248743	0.942481
LG3(-2)	-0.038117	-0.197635	0.283026	-0.073887	-0.095953
C	1.166824	-5.637286	-4.051677	3.085076	0.478261

产业结构与就业问题是否构成因果关系以及因果关系的方向如何,还需对模型的相关变量进行 Granger 因果关系检验,由以上建立的 VAR 模型可知,此 Granger 检验滞后期为 2,检验结果见表4-6。检验结果表明在 5% 的水平上第三产业就业人数是第三产业产值占 GDP 比重的 Granger 原因,提高第三产业就业

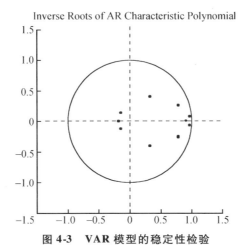

图 4-3　VAR 模型的稳定性检验

人数能够促进第三产业产值比重的增加。我国目前存在结构性失业,同时第三产业从业人数不足,需要改善劳动者素质,提高劳动者教育水平,将大量剩余劳动力吸收到第三产业中去。

表 4-6　Granger 因果关系检验结果

原假设	概率 P 值	原假设	概率 P 值
ll2 不是 ll1 的 Granger 原因	0.0672	lg1 不是 ll3 的 Granger 原因	0.4248
ll3 不是 ll1 的 Granger 原因	0.0184	lg3 不是 ll3 的 Granger 原因	0.0555
lg1 不是 ll1 的 Granger 原因	0.1436	ll1 不是 lg1 的 Granger 原因	0.3113
lg3 不是 ll1 的 Granger 原因	0.1369	ll2 不是 lg1 的 Granger 原因	0.6739
ll1 不是 ll2 的 Granger 原因	0.0014	ll3 不是 lg1 的 Granger 原因	0.5259
ll3 不是 ll2 的 Granger 原因	0.0154	lg3 不是 lg1 的 Granger 原因	0.0936
lg1 不是 ll2 的 Granger 原因	0.4562	ll1 不是 lg3 的 Granger 原因	0.063
lg3 不是 ll2 的 Granger 原因	0.2020	ll2 不是 lg3 的 Granger 原因	0.6783
ll1 不是 ll3 的 Granger 原因	0.0172	ll3 不是 lg3 的 Granger 原因	0.007
ll2 不是 ll3 的 Granger 原因	0.075	lg1 不是 lg3 的 Granger 原因	0.3299

为分析三次产业就业人数对第一、三产业产值比重的冲击动态影响过程,本部分进一步生成基于 VAR(2) 模型的脉冲响应函数,结果见图 4-4。可以看出,第一产业产值比重受到第一产业就业人数一个正向冲击后上升至第二期,然后下降。只有第三产业就业人数的正向冲击使得第一产业产值比重在第 3 期以后

上升,且上升的趋势非常缓慢。第三产业产值比重受到第一产业就业人数一个标准差的变动后下降。第二产业就业人数的一个标准差变动正向影响第三产业产值比重。第三产业产值比重比受第三产业就业人数一个正向冲击后上升,在第三期达到最高值,随后又缓慢下降。

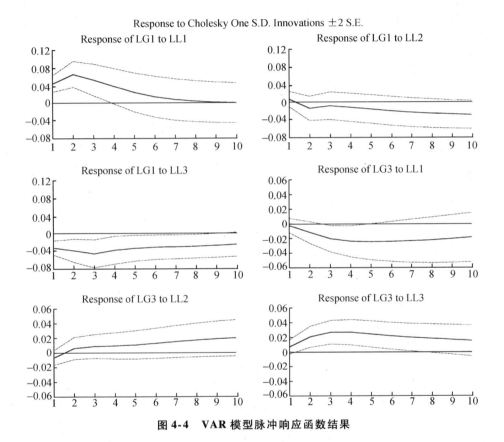

图 4-4　VAR 模型脉冲响应函数结果

随后我们对 LG3 进行方差分解,结果见图 4-5。可以看出第三产业产值比重变动方差由第一和第三产业就业人数变动解释的部分都在第十期达到峰值(20%);由第二产业就业人数、第一产业产值比重变动解释的部分都非常小。在第 10 期,第三产业就业人数变动能解释 40% 的 LG3 变动方差。

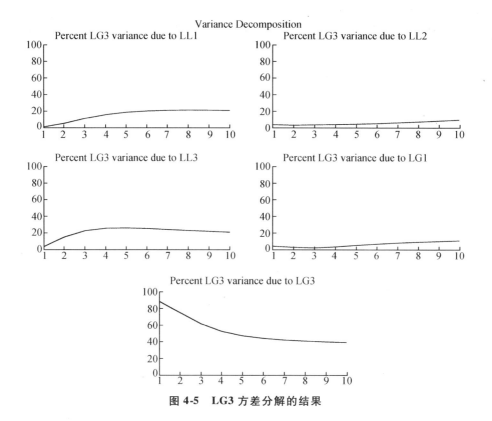

图 4-5 LG3 方差分解的结果

本部门进一步建立变量间的 VEC 模型：

$$\Delta Y_{t-1} = \begin{bmatrix} -0.07 \\ 0.15 \\ 0.19 \\ -0.22 \\ -0.03 \end{bmatrix} \text{Coint EQ}_{t-1} + \begin{bmatrix} 0.53 & 0.14 & -0.21 & -0.15 & 0.02 \\ -0.41 & -0.46 & 1.03 & 0.42 & 0.23 \\ -0.59 & -0.11 & 0.61 & 0.47 & 0.02 \\ 0.31 & -0.17 & -0.20 & -0.31 & -0.17 \\ 0.15 & 0.01 & 0.23 & 0.07 & 0.30 \end{bmatrix} \Delta Y_{t-1}$$

$$+ \begin{bmatrix} 0.20 & -0.10 & 0.19 & -0.02 & 0.01 \\ 0.64 & 0.61 & -1.10 & -0.23 & -0.03 \\ -0.08 & 0.42 & -0.42 & 0.26 & -0.02 \\ 0.58 & -0.21 & 0.10 & -0.44 & 0.09 \\ -0.10 & 0.02 & -0.04 & 0.00 & -0.09 \end{bmatrix} \Delta Y_{t-2} + \begin{bmatrix} -0.00 \\ 0.04 \\ 0.05 \\ -0.03 \\ -0.00 \end{bmatrix}$$

其中

$$\Delta Y = \begin{bmatrix} d(ll1) \\ d(ll2) \\ d(ll3) \\ d(lg1) \\ d(lg3) \end{bmatrix}$$

由模型结果可以看出,在 LL2、LL3、LG1、LG3 不变的情况下,LL1 在第 t 期的变化可以消除前一期 7% 的非均衡误差;在 LL1、LL2、LL3、LG3 不变的情况下,LG1 在第 t 期的变化可以消除前一期 22% 的非均衡误差;在 LL1、LL2、LL3、LG1 不变的情况下,LG3 在第 t 期的变化可以消除前一期 3% 的非均衡误差。

四、小结

通过上述分析,本节得出如下主要结论:(1)三次产业全要素生产率中,第一产业一直处于较低的水平,第二产业最高,但是 2009 年以后第三产业全要素生产率开始超越第二产业。从全要素生产率增长率来看,第一、二产业都保持在较低的水平,第三产业在 2000 年以前处于剧烈变动,2005 年以后开始遥遥领先于第一、二产业,带动第三产业全要素生产率的提高。(2)相对于第二产业资本存量而言,第一产业的投资严重不足。同时第一、二产业资本边际产出均高于第三产业,说明相对于第一、二产业,第三产业投资过剩,为提高资本配置效率,我们应当调整投资在产业间的分配。(3)我国第一产业存在剩余劳动力,同时第三产业就业人员又不足,考虑到第三产业就业人数的增加能够促进第三产业产值比重的增加,我们应该改善劳动者素质,提高劳动者教育水平,改善结构性失业问题。

产业结构、资本配置、劳动者素质相互影响,相互制约,同时又都影响着我国经济总量增长和质量提高。政府一方面应继续加大公共教育和科技等投入,提升全要素生产率和劳动力产业结构配置;另一方面还应通过各种政策优化资本配置,提升资本效率,从而促进经济增长方式转变,提高效率型经济增长。

第二节 以北京市为例,探究产业结构与经济增长的关系

一、北京市产业结构简介

自1949年以来,北京经济持续高速增长,产业结构发生了巨大的变化。作为新中国的首都,北京在政治、地理等方面有与众不同的特点。

首先,由于北京的农产品主要依靠从河北等省份的进口,同时北京地域较小,人口密度较大,可以利用的耕地面积不足,因此北京的第一产业在国民经济中处于不重要的地位。尤其是从1971年开始,北京市第一产业的比重持续低于10%,2011年甚至不足1%,说明北京的产业结构以第二产业和第三产业为主,第一产业的影响较小。

其次,从第二产业和第三产业份额的比重变化来看,大致可以分为以下几个阶段:在新中国成立初期,第二产业和第三产业的比重相差不大,可以说呈"二、三、一"的结构或者"三、二、一"的结构。从1956年社会主义改造基本完成开始,由于我国大力发展重工业,作为新中国的首都,北京成为我国重要的工业基地,出现了首钢等重工业企业。一方面为促进经济和社会的发展做出了重要贡献,但是同时也造成了资源消耗过度、环境污染等问题。改革开放以来,为了完善首都功能,北京实施推进产业结构调整,产业结构优化升级的思路,提高第三产业的比重,在各产业份额比重变化上反映为第二产业比重的持续下降和第三产业比重的持续上升。从1994年第三产业比重超过第二产业以来,两者的差距越来越大,北京产业结构也呈现出明显的"三、二、一"特点。

北京产业结构历年变化趋势如图4-6所示:

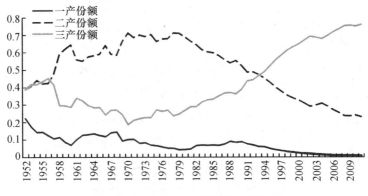

图4-6 北京市产业结构历年变化图

二、北京市产业结构与经济增长实证分析

(一) 变量与方法的选择

为了研究北京市产业结构与经济增长的关系,首先要选择恰当的指标,以分别衡量产业结构和经济增长。产业结构的衡量方法有许多种,比如有简单比例法(以劳动力为基准,分析三大产业从业人员的比例关系;以总产值为基准,分析三大产业一定时期内总产值的比例关系;以各个产业产值的增长率为基准,计算此增长率占当年国内生产总值增长率的比例;等等)、产业结构偏离度的度量(利用某产业产值占GDP的比重除以该产业吸纳就业人口占就业总人口的比重,再减1,如果结果等于零,就表明产业结构和就业结构均为均衡状态,如果大于零,说明该行业的生产率较高,反之,说明生产率较低)、产业不对称程度的衡量等。但是这些方法都是对各个产业分别进行衡量,不利于整体反映产业结构的变动情况。为此,本小节选择了Moore结构变动值指标,即

$$M = \frac{\sum_{i=1}^{n} W_{i,t} W_{i,t+1}}{\sqrt{\sum_{i=1}^{n} W_{i,t}^2} \sqrt{\sum_{i=1}^{n} W_{i,t+1}^2}}$$

其中,$W_{i,t}$表示t时刻第i个行业在国民经济所占的比重;$W_{i,t+1}$表示$t+1$时刻第i个行业在国民经济所占的比重。将整个国民经济的每一个产业当作一个空间向量,那么,当某一个产业在国民经济中的份额发生变化时,与其他产业的夹角就

会发生变化,把所有夹角变化量累计,就可以得到整个经济系统中各产业结构的变化情况。对于经济增长的衡量,采用较为公认的方法,即采用地区生产总值的增长率进行反映。所有的数据均来自《新中国五十年统计资料汇编》和北京历年的统计年鉴。地区生产总值的增长率采用可比价格计算。

为了完整地反映北京市经济增长与产业结构之间的关系,本小节选择的样本区间为1952—2011年。同时,考虑到较长的数据期间内经济关系可能产生变化,本小节将整个的样本区间分为1952—1978年和1979—2011年两个子区间,分别进行研究。本小节采用的统计软件为EViews 6.0。

如前所述,理论上讲,产业结构与经济增长之间存在双向的影响关系,较为成熟的方法是格兰杰因果检验。而格兰杰因果检验的前提是时间序列具有平稳性,或者具有同阶单整且协整的关系。所以,在格兰杰因果检验之前需要对时间序列的平稳性进行检验,采用的方法是ADF单位根检验。在格兰杰因果检验之后,对于比较显著的因果关系,进一步进行方差分解,以期获得产业结构对于经济增长或者经济增长对于产业结构的解释能力。

(二)实证分析

1. 数据的初步分析

利用北京市历年三大产业产值的比重,根据Moore值的公式,计算出历年北京市产业结构变动的Moore值。同时,计算出可比价格下GDP的增长率,做出两者趋势的变动图如图4-7所示。

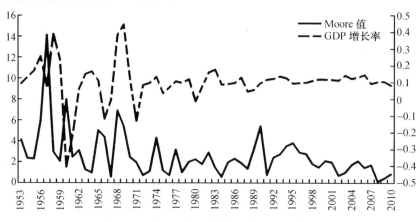

图4-7 北京市产业结构变动与经济增长

从图中看出,北京市产业结构变动的 Moore 值变动最大的年份出现在 1957 年,即社会主义改造基本完成,重工业化开始的时间。而经济增长的最大值出现在 1969 年,最小值则是 1960 年和 1961 年,即我国遭受严重自然灾害的时期。同时,可以明显地看出,反映北京市产业结构变动的 Moore 值以及 GDP 的增长率均呈现出早期波动剧烈、近年来趋于平稳的特点。说明在 1978 年以前,尤其是新中国成立初期,北京市的产业结构变化较快,经济增长的波动也较大。而随着经济的发展与成熟,产业结构的变化趋于平缓,经济增长也趋于稳定。两者之间波动关系的一致性说明两者之间可能存在双向因果关系。

2. 数据的平稳性分析

如前所述,在进行格兰杰因果检验之前,需要对数据的平稳性进行检验。选择的时间序列为 Moore 值和 GDP 增长率。样本期为 1952—2011 年、1952—1978 年以及 1979—2011 年。选择的检验方法为 ADF 单位根检验,滞后阶数的选择标准是 AIC 准则。检验结果如表 4-7 所示。

表 4-7 平稳性检验结果表

样本期	时间序列	检验形式	检验统计量	P 值	检验结论
1952—2011 年	Moore 值	(C,T,0)	-6.8906	0.0000	平稳
	GDP 增长率	(C,T,1)	-7.7766	0.0000	平稳
1952—1978 年	Moore 值	(C,T,0)	-4.8644	0.0034	平稳
	GDP 增长率	(C,T,1)	-4.9013	0.0033	平稳
1979—2011 年	Moore 值	(C,T,0)	-4.1882	0.0122	平稳
	GDP 增长率	(C,T,0)	-4.2969	0.0095	平稳

检验结果显示,在选择的三个样本期内,Moore 值和 GDP 增长率均为平稳序列,可以直接进行格兰杰因果检验。

3. 格兰杰因果检验

在三个样本期内,分别进行格兰杰因果检验。对于格兰杰因果检验的滞后阶数,本小节对于 1952—2011 年的样本期,选择 2—6 阶;而 1952—1978 年和 1979—2011 年由于时间序列较短,选择 2—4 阶。检验结果如表 4-8 所示。

表 4-8 格兰杰因果检验结果

样本期	原假设	滞后阶数					检验结论
		2 阶	3 阶	4 阶	5 阶	6 阶	
1952—2011 年	Moore 不是 GDP 格兰杰原因	0.2853	0.0092	0.0114	0.0023	0.0039	拒绝原假设
	GDP 不是 Moore 格兰杰原因	0.1994	0.3647	0.2210	0.0001	0.6528	不能拒绝原假设
1952—1978 年	Moore 不是 GDP 格兰杰原因	0.5056	0.1665	0.2617	N.A	N.A.	不能拒绝原假设
	GDP 不是 Moore 格兰杰原因	0.3040	0.6009	0.5748	N.A	N.A.	不能拒绝原假设
1979—2011 年	Moore 不是 GDP 格兰杰原因	0.8847	0.9522	0.8096	N.A	N.A.	不能拒绝原假设
	GDP 不是 Moore 格兰杰原因	0.2884	0.1978	0.2740	N.A	N.A.	不能拒绝原假设

从检验结果可以看出，在 1952—2011 年这个样本期，对于 Moore 不是 GDP 的格兰杰原因的原假设，只有在 2 阶滞后时才不能拒绝，其余阶数均可以拒绝原假设；对于 GDP 不是 Moore 的格兰杰原因的原假设，只有在 5 阶滞后时才可以拒绝原假设，其余阶数均不能拒绝原假设。说明从整体来看，在 1952—2011 年这个样本期，产业结构的变化可以引起经济增长，但是经济增长不能引起产业结构的变化。而在 1952—1978 年和 1979—2011 年这两个样本期，所有的原假设均不能拒绝，说明经济增长不能影响产业结构，而产业结构也不能影响经济增长。

4. 方差分解

上一阶段的分析得到了只有在 1952—2011 年这个样本期，产业结构是经济增长的原因，而在这个样本期内经济增长不能影响产业结构；在剩下的两个子样本期内经济增长和产业结构不能相互影响。因此，在本部分，仅仅关注 1952—2011 年产业结构对于经济增长的解释力度，即对经济增长进行方差分解。

方差分解基于 VAR 模型。建立 VAR 模型并且进行稳定性检验之后，对于经济增长方差分解的结果如表 4-9 所示。

表 4-9 方差分解结果表

期数	产业结构	经济增长	期数	产业结构	经济增长
1	0.8005	99.1995	6	28.0113	71.9889
2	6.6128	93.3872	7	28.9844	71.0156
3	12.6391	87.3609	8	28.9311	71.0689
4	19.0621	80.9379	9	29.0404	70.9596
5	28.2074	71.7926	10	29.2564	70.7436

从方差分解的结果比较理想:从第 5 期开始,产业结构对于经济增长的解释能力趋于稳定,大约能够解释 30% 的经济增长。说明产业结构对于经济增长的解释能力较强。

(三) 实证分析结果

本小节使用 Moore 结构变动值反映产业结构的变化,GDP 增长率反映经济增长,主要选择格兰杰因果检验的方法,在 1952—2011 年、1952—1978 年和 1979—2011 年三个阶段,分别检验了北京市产业结构变动与经济增长之间的关系。检验结果显示,在 1952—2011 年这个样本期内,产业结构的变动能够促进经济的增长,但是经济增长不能促进产业结构的变动;在 1952—1978 年和 1979—2011 年两个样本期内,产业结构变动和经济增长之间没有明显的因果关系。同时,北京市产业结构的变动大约能够解释 30% 的经济增长。

对于本小节的结论,可以作以下解释:

首先,在 1952—2011 年产业结构的变动能够促进经济的增长,但是在两个子区间内,产业结构变动与经济增长之间没有明显的因果关系。原因是产业结构变化与经济增长之间是一个长期的关系,其因果关系在新中国成立至今这一较长的时间段内可以明显地体现出来。但是两个子区间的时间均只有三十年左右,不足以反映经济变量之间的长期趋势,所以出现了两者长期存在因果关系,但是在两个子区间内没有明显的因果关系的情况。

其次,产业结构能够促进经济的增长。产业结构对于经济增长最主要的影响是结构红利。新中国成立初期,由于之前连年的战乱,北京市的产业结构并不合理,各种资源不能得到有效的配置。而随着社会主义基本经济制度的建立,尤其是改革开放以来社会主义市场化的发展,为资源的有效配置、向最优状态靠拢提供了有利的条件,蕴藏在不合理的产业结构之中的结构红利逐渐得到释放,促进了经济的发展。从全国范围来看,在改革开放初期到 2000 年左右,产业结构红利的释放是经济增长最主要的动力之一。而在北京,其经济增长同样享受到了产业结构红利的益处,所以从长期来看产业结构能够引起经济的增长。

最后,经济增长对于产业结构变动的影响并不明显。从检验的结果可以看出,无论是 1952—2011 年、1952—1978 年还是 1979—2011 年,北京市的经济增长对于产业结构变动的作用均不显著,即经济的增长不会推动产业结构的变动。具体的原因将在后文进行分析。

三、对实证结果的原因分析

(一)产业结构与经济增长相互影响的原因

如前文所述,产业结构与经济增长之间有相互影响的关系。在产业结构影响经济增长的方面,最主要的理论是产业结构红利假说,即由于国民经济中各个产业的劳动生产率不同,当劳动等资源由生产率低的行业向生产率高的产业转移时,国民经济就会从中享受到益处,从而获得发展。经济增长主要是通过收入需求弹性影响产业结构。各行业的收入需求弹性不同:国民收入的增长是经济发展最重要的指标之一,一般经济增长都会伴随着国民收入的增加。而各个行业的收入需求弹性是不同的,随着经济的增长,各个行业面临的需求状况在不断地改变,从而推动了产业结构的变化。以上是产业结构与经济增长之间相互影响的理论依据,但是理论在北京市是否适用,需要进行具体的检验。限于数据的可获得性,本部分的样本量为 1978—2011 年,即仅研究上文得出的北京市 1978—2011 年的样本区间,产业结构与经济增长之间没有明显因果关系的原因。

(二)产业结构红利假说

1. 趋势分析

在本部分,主要研究北京市是否存在产业结构红利。用某产业的总产值除以该产业的从业人员,得到各产业的劳动生产率。北京市各产业 1978 年以来劳动生产率的变化如图 4-8 所示。

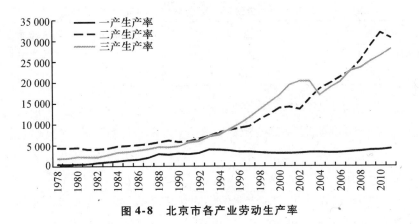

图 4-8　北京市各产业劳动生产率

从图中看出,北京市第二产业的生产率和第三产业的生产率大致相仿,均远远超过第一产业。如果存在产业结构红利,那么第一产业的份额应当持续下降,第二产业和第三产业的份额应该逐渐上升。

再考虑三大产业之间劳动力份额的变化,如图 4-9 所示。

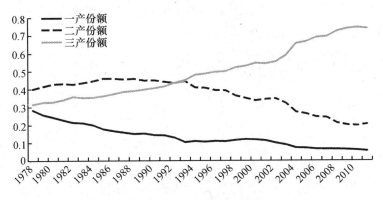

图 4-9　各产业劳动力份额变化

从图 4-9 中可以看出,北京市第一产业的份额的确呈下降趋势。但是,这种趋势在 20 世纪 90 年代初以来变得不明显。第三产业的份额呈上升趋势,但是这种上升主要是以第二产业份额下降为代价的。总结三大产业的实际变化与结构红利的变化,如表 4-10 所示。

表 4-10 北京市劳动力份额实际变化与结构红利变化对比表

不同情况	第一产业份额	第二产业份额	第三产业份额
结构红利情况	逐步下降	逐步上升	逐步上升
实际情况	下降并平稳	逐步下降	逐步上升

从表中可以更加明显地看出,北京市三大产业份额的实际变化情况与理论变化情况不一致,说明北京市产业结构的变化并没有对经济增长起到促进的作用。

2. 偏离份额法

在上一部分,通过分析三大产业份额的变化趋势,得出北京市产业结构的变化没有产生产业结构红利的结论。在本部分,将采用偏离份额法研究北京市产业结构变化对经济增长的关系。

偏离份额法的基本原理是把经济的某个组成部分的变化看成一个动态的过程,以其所在或者整个国家的经济发展为参考,将自身经济总量在某一时期的变动分解为三个分量,以分析结构变化对于经济增长的贡献率。由于在表达式中显著地包含了结构变化的贡献,因此偏离份额法被广泛用于分析产业结构对于经济增长的影响。其基本形式为:

$$LP^T - LP^0 = \sum_{t=1}^{n} (LP_t^T - LP_t^T) S_t^0 + \sum_{t=1}^{n} (S_t^T - S_t^0) LP_t^0 + \sum_{t=1}^{n} (S_t^T - S_t^0)(LP_t^T - LP_t^0)$$

这是将劳动生产率分解的公式,反映了从 0 时刻到 T 时刻,构成劳动生产率变化的各个部分。两端同除以 LP^0,即可以得到劳动生产率的变化率。其中,在产业结构影响经济增长这个大背景下,右端的第一项被称为行业内生产率增长(intra-branch productivity growth),反映的是在假设产业结构不变的前提下各行业内部生产率的提高;第二项被称为静态影响(static effect),反映的是在期初劳动生产率的情况下,劳动力向高效率行业转移带来的生产率的提高;第三项被称为动态影响(dynamic effect),反映的是劳动力向更具有活力的行业转移带来的生产率的提高。而产业结构对于经济增长的贡献包括第二项和第三项。

具体的分解过程在第三章第三节中已经有了详细的分析,这里不再赘述。可以参照前文得出结论,即由于北京市产业结构比例一直优于全国水平,产业结构调整的空间不大,而且北京市的三大产业的资源配置效率的差距较小,所以北京市的产业结构红利并不显著,结构变迁很难再对经济增长起到明显的作用。

(三)产业需求弹性假说

在本部分,主要研究经济增长是否会对不同的产业产生不同的影响。选择 GDP 作为经济增长的指标,选择各产业的增加值作为衡量其需求的指标。分别对其取对数差分,即获得各个指标的增长率 DGDP、DIND1、DIND2 和 DIND3。分别以各个产业增加值的增长率为因变量,选择 GDP 增长率为自变量,进行一元线性回归,得到如在表 4-11 所示的结果。

表 4-11 线性回归结果

因变量	自变量系数	P 值	R^2	D.W. 检验值
DIND1	0.463	0.2404	0.044	1.18
DIND2	0.928	0.0000	0.712	1.59
DIND3	1.028	0.0000	0.747	1.53

检验结果显示,北京市经济增长对于第一产业的发展影响不大,自变量的系数只有 0.463,而且并不显著。北京市经济增长对于第二和第三产业的发展有明显的影响。经济增长的指示变量 DGDP 在两个回归中的系数均十分显著,R^2 较高,而且通过了 D.W. 检验。但是,DGDP 在两个回归中系数的差别不大,这说明经济增长对于第二产业和第三产业影响能力基本相仿,经济增长影响产业结构的需求收入弹性假说在北京并不成立。这也解释了为什么北京市的经济增长对于其产业结构的变化并没有明显的影响。

(四)实证结论及原因

上述论述表明,在 1978—2011 年经济增长与产业结构之间没有明显关系。针对这一现象,在本节中从产业结构红利/负担理论和行业收入需求弹性理论的角度出发,研究经济增长与产业结构之间没有明显关系的原因。

首先研究的是北京市产业结构的变动不会影响经济增长,采用的方法是趋势分析法和偏离份额法。理论上讲,为了达到最优,各产业的劳动力应当向生产率较高的产业转移。通过分析发现,北京市第二和第三产业的生产率相仿,均远高于第一产业,劳动力应当从第一产业向第二和第三产业转移。但是实际情况与此相悖,尤其是 20 世纪 90 年代中期以来,第一产业劳动力份额基本不变,第

中国经济增长的产业结构效应和驱动机制

三产业劳动力的增加主要是以第二产业劳动力减少为代价的,这表明北京市的三大产业的资源并没有向最优的配置流动。进一步利用偏离份额法分析发现,北京市产业结构变动对于经济增长的贡献仅为4%左右,也说明了产业结构对于经济增长的贡献很小。

其次研究了北京市的经济增长不会导致产业结构变化的原因。主要分析的角度是三大产业对于收入的需求弹性。通过回归发现,北京市经济增长对于第一产业的影响能力不大,对于第二和第三产业都有显著的影响,但是其影响能力相仿。考虑到第一产业的份额很小,可以得出北京市各产业对于经济增长的需求收入弹性相似的结论,也就说明了北京市经济增长对产业结构的变化没有明显影响的原因。

四、北京市产业结构与经济增长的关系——区县视角

(一)北京市区县的划分

在2009年以前,北京市有十八个区县;在2009年以后,由于崇文、宣武区与东城、西城区的合并,北京市只剩下十六个区县。但是无论是哪种行政区划划分方法,北京市各个区县之间相差很大。比如属于首都功能核心区的东城区与属于城市涵养发展区的房山区之间有明显的差别。东城区为各大国家机关、金融机构、国有企业等聚集区,而房山区则属于北京的旅游景区聚集地。从三大产业结构的比例分布来看,2011年年底,东城区三大产业产值的比重约为 0∶6∶94,而房山区的三产产值比重约为 6∶59∶35,两个区之间产业结构的差别很大。所以说,如果将北京十几个区县作为一个整体,研究产业结构与经济增长的关系,会忽视掉各区县之间的差异,得出的结论可能并不准确。而如果将北京十几个区县分别进行研究,又显得琐碎。所以,在本小节中,先将十几个区县进行恰当的划分,然后在各个区域中研究产业结构与经济增长的关系。

对于北京市区县的划分,比较官方的说法是分为首都功能核心区、城市功能拓展区、城市发展新区和生态涵养发展区四大区域。但是,这种划分综合了政治、经济、文化、环境等因素,不利于清晰地研究产业结构与经济增长的关系。而本小节选择分析历年来各区域产业结构的变化情况,将产业结构相似的区域合并在一起,作为一个整体进行研究。

本小节选择的样本期间是1996—2011年,共16年;样本为东城区、西城区、朝阳区、海淀区等北京十八个区县。其中,2010年和2011年崇文区和宣武区的统计数据不可得,由于崇文区并入了东城区,宣武区并入了西城区,因此本小节根据2009年崇文区与东城区GDP以及三产产值的比例,将东城区2010年和2011年的数据拆分成崇文区和东城区,对宣武区和西城区也进行了相同的处理。

对于北京市的每个区县,分别计算出各产业历年产值之和之间的比例,作为衡量各区县历年产业结构特点的指标(见表4-12)。

表4-12 北京市各区县三大产业产值比重

区县	一产比重	二产比重	三产比重	区县	一产比重	二产比重	三产比重
东城区	0	5%	95%	门头沟	2%	53%	45%
西城区	0	11%	89%	通州区	8%	47%	45%
崇文区	0	19%	81%	大兴	10%	40%	50%
宣武区	0	19%	81%	怀柔区	6%	59%	35%
朝阳区	0	17%	83%	密云县	14%	45%	41%
海淀区	0	20%	80%	昌平区	3%	48%	49%
丰台区	0	28%	72%	顺义区	6%	47%	47%
石景山	0	58%	42%	延庆县	19%	28%	53%
房山区	6%	59%	35%	平谷区	15%	43%	42%

根据各区县产业结构的特点,可以将其大致分为以下四类(见表4-13)。

表4-13 北京市区县分类表

类别	区县	特点
第一类	东城、西城、崇文、宣武、朝阳	明显的三、二、一,第一产业基本不存在,第二产业比重小于20%
第二类	海淀、丰台、大兴、延庆	明显的三、二、一,第一产业不存在或比重较小,第二产业比重在20%到40%之间
第三类	通州、昌平、顺义、平谷	三、二、一或者二、三、一,第一产业比重较小,第二与第三产业比重相似
第四类	石景山、房山、门头沟、怀柔、密云	呈明显的二、三、一结构

在下文中,将根据此分类,对北京市产业结构与经济增长的关系进行深入的分析。

(二)实证分析

本部分依然选择 Moore 值作为产业结构变动的衡量指标,选择 GDP 的增长率作为经济增长的衡量指标。

与时间序列数据相似,在对面板数据进行格兰杰因果检验之前,需要对数据进行平稳性检验。检验采用的软件是 EViews 7,结果如表 4-14 所示。

表 4-14 平稳性检验

区域类	变量	L.L.C(P 值)	IPS(P 值)	ADF(P 值)	PP(P 值)	检验结论
第一类	MOORE	0.0000	0.0000	0.0000	0.0000	平稳
	GDP	0.0000	0.0000	0.0000	0.0000	平稳
第二类	MOORE	0.0000	0.0002	0.0009	0.0000	平稳
	GDP	0.0000	0.0000	0.0000	0.0000	平稳
第三类	MOORE	0.0343	0.0000	0.0002	0.0001	平稳
	GDP	0.0000	0.0000	0.0000	0.0000	平稳
第四类	MOORE	0.0034	0.0042	0.0059	0.0000	平稳
	GDP	0.0000	0.0000	0.0000	0.0000	平稳

检验结果显示,各个区域的 Moore 值和 GDP 增长率均为平稳序列,可以进行深入的分析。

同时,为了研究各区域 Moore 值和 GDP 增长率之间是否存在长期稳定的关系,对其进行协整检验,即基于面板数据的协整检验,选择的方法是 Johansen Fisher 面板协整检验,结果如表 4-15 所示。

表 4-15 协整检验

区域类	原假设	迹统计量	P 值	最大特征统计量	P 值	检验结论
第一类	没有长期稳定关系	58.39	0.000	41.19	0.000	拒绝
第二类	没有长期稳定关系	31.83	0.000	23.13	0.003	拒绝
第三类	没有长期稳定关系	22.12	0.005	13.53	0.095	拒绝
第四类	没有长期稳定关系	41.06	0.000	29.71	0.001	拒绝

检验结构显示,各个区域的 Moore 值和 GDP 增长率之间没有长期稳定关系的原假设均被拒绝,说明各个区域的 Moore 值和 GDP 增长率之间存在长期稳定的关系,即各区域的产业结构与经济增长是同步的。

(三) 结果分析

在本小节中,研究了北京市各个区域的经济增长与产业结构的关系,采用的方法是基于面板数据的协整检验。协整检验研究的是变量间是否存在长期稳定的关系,各个区域的经济增长与产业结构均通过了协整检验,说明其均存在长期稳定的关系。对于此结果,可以做出如下的解释:

从研究产业结构与经济增长的经典理论配第-克拉克定理的角度来看,随着一个地区以人均 GDP[①] 衡量的经济发展水平的提高,其第三产业的比重会逐渐上升。考察本小节的四大地区产业结构特点与人均 GDP 的关系,如表 4-16 所示。

表 4-16　各区域产业结构特点与人均 GDP 关系表

类别	区县	产业结构特点	人均 GDP(元)
第一类	东城、西城、崇文、宣武、朝阳	明显的三、二、一,第一产业基本不存在,第二产业比重小于 20%	120 052.3
第二类	海淀、丰台、大兴、延庆	明显的三、二、一,第一产业不存在或比重较小,第二产业比重在 20% 到 40% 之间	59 684.7
第三类	通州、昌平、顺义、平谷	三、二、一或者二、三、一,第一产业比重较小,第二与第三产业比重相似	46 444.8
第四类	石景山、房山、门头沟、怀柔、密云	呈明显的二、三、一结构	42 788.8

从表中可以看出,四大地区产业结构特点与经济发展水平的关系与配第-克拉克定理描述的相同,即经济发展水平越高的地区,第三产业产值的比重越大,这说明从区县的角度来看,北京市产业结构的演变是符合经济规律的。

另外需要说明的是,从区县的角度来看,北京市的产业结构演变与经济发展基本一致,但是从整体来看,北京市的产业结构与经济增长没有明显的关系。这可能是因为在本小节划分的四大区域中,各个区域内部产业结构比较协调,但是各大区域之间的关系并非十分理想。鉴于此,北京市应当适当调整各区县产业结构的布局,以实现各区县的协调发展。

---

① 地区总人口以该地区常住人口计。

(四)实证结论及原因

本节主要研究了北京市产业结构与经济增长之间的关系。产业结构与经济增长的关系最早可以追溯到配第-克拉克定理,即随着经济的发展,人均国民收入水平的提高,第一产业国民收入和劳动力的相对比重逐渐下降;第二产业国民收入和劳动力的相对比重上升,经济进一步发展,第三产业国民收入和劳动力的相对比重也开始上升。在此之后,罗斯托、钱纳里等丰富了产业结构与经济增长之间关系的理论。最近一段时间以来,国内外学者在此领域做了大量的研究,形成了较为成熟的理论体系。

本节主要研究了三个方面的问题:从总体上看北京市产业结构与经济增长之间是否有明显的关系,产生这种关系的原因以及从区县的角度来看北京市产业结构与经济增长的关系。研究发现,在 1952—2011 年这个样本期内,产业结构的变动能够促进经济的增长,但是经济增长不能促进产业结构的变动;在 1952—1978 年和 1979—2011 年两个样本期内,产业结构变动和经济增长之间没有明显的因果关系。同时,北京市产业结构的变动大约能够解释 30% 的经济增长。接下来,本节从产业结构红利和需求收入弹性两个角度分析了这种关系产生的原因。分析产业结构红利采用了两种方法,即趋势法和偏离份额法,两种方法都显示,北京市的产业结构对经济增长的贡献较低,而且通过调整结构促进经济增长的空间不大。同时,采用线性回归分析了各产业的需求收入弹性,研究发现,北京市二产和三产的需求收入弹性相差不大,这也证明了为什么北京市经济的增长不能促进产业结构的变迁。由于北京市各区县之间产业结构特点和经济发展水平参差不齐,之后,本节从区县角度分析了北京市产业结构与经济增长的关系。选择产业结构的特点为标准将北京市十八个区县(依然包括崇文和宣武两区)分为四大区域,在每一部分中采用了面板数据的协整检验。检验发现,北京市的产业结构与经济增长之间存在长期稳定的关系。另外通过计算各大区域产业结构特点与经济发展水平的关系,为此结论提供了解释。

通过本节的分析,建议北京市将生产率的提高作为经济发展的动力,同时应当统筹各区县之间的协调发展,以促进北京市经济实现又好又快的增长。

第三节 本章小结

与第三章相比,本章的研究既有相同又有不同之处:相同之处在于,研究的都是产业结构与经济增长的关系,而且都是先关注中国,再研究北京;不同之处在于第三章侧重于从数理推导的角度研究产业结构对于经济增长的贡献,而本章则多用计量的方法分析产业结构与经济增长的关系。

在第一节中,研究了全国产业结构与经济增长的关系,主要得出如下主要结论:(1)三次产业全要素生产率中,第一产业一直处于较低的水平,第二产业最高,但是从 2009 年以后第三产业全要素生产率开始超越第二产业。从全要素生产率增长率来看,第一、二产业都保持在较低的水平,第三产业在 2000 年以前剧烈波动,2005 年以后开始遥遥领先于第一、二产业,带动第三产业全要素生产率的显著提高。(2)相对于第二产业资本存量而言,第一产业的投资严重不足。同时第一、二产业资本边际产出均高于第三产业,说明相对于第一、二产业,第三产业投资过剩,为提高资本配置效率,我们应当调整投资在产业间的分配。(3)我国第一产业存在剩余劳动力,同时第三产业就业人员又不足,考虑到第三产业就业人数的增加能够促进第三产业产值比重的增加,我们应该改善劳动者素质,提高劳动者教育水平,改善结构性失业问题。

产业结构、资本配置、劳动者素质相互影响,相互制约,同时又都影响着我国经济总量增长和质量提高。政府一方面应继续加大公共教育和科技等投入,提升全要素生产率和劳动力产业结构配置;另一方面还应通过各种政策优化资本配置,提升资本效率,从而促进经济增长方式转变,提高效率型经济增长。

在第二节中,主要关注的是北京市产业结构与经济增长的关系。首先,使用 Moore 结构变动值以及格兰杰因果检验方法,探究产业结构与经济增长的关系。实证检验的结果显示,在 1952—2011 年这个样本期内,产业结构的变动能够促进经济的增长,但是经济增长不能促进产业结构的变动;在 1952—1978 年和 1979—2011 年两个样本期内,产业结构变动和经济增长之间没有明显的因果关系。同时,1952 年至今,北京市产业结构的变动大约能够解释 30% 的经济增长。

其次，针对1978—2011年，经济增长与产业结构之间没有明显关系的结论，本节从产业结构红利/负担理论和行业收入需求弹性理论的角度出发，研究经济增长与产业结构之间没有明显关系的原因：第一，理论上讲，北京市第二和第三产业的生产率相仿，均远高于第一产业，劳动力应当从第一产业向第二和第三产业转移，但是实际情况与此相悖。进一步利用偏离份额法分析发现，北京市产业结构变动对于经济增长的贡献低于10%，也说明了产业结构对于经济增长的贡献很小。第二，通过回归发现，北京市经济增长对于第一产业的影响能力不大，对于第二和第三产业都有显著的影响，但是其影响能力相仿。考虑到第一产业的份额很小，可以得出北京市各产业对于经济增长的需求收入弹性相似的结论，也就说明了北京市经济增长对产业结构的变化没有明显影响的原因。

最后，本节采用基于面板数据的协整检验方法，探究北京市各个区域的经济增长与产业结构的关系，发现各个区域的经济增长与产业结构均存在长期稳定的关系。从研究产业结构与经济增长的经典理论配第-克拉克定理的角度来看，随着一个地区以人均GDP①衡量的经济发展水平的提高，其第三产业的比重会逐渐上升。考察四大地区产业结构特点与人均GDP的关系，发现从区县的角度来看，北京市产业结构的演变是符合经济规律的。

另外需要说明的是，从区县的角度来看，北京市的产业结构演变与经济发展基本一致，但是从整体来看，北京市的产业结构与经济增长没有明显的关系。这可能是因为在本小节划分的四大区域中，各个区域内部产业结构比较协调，但是各大区域之间的关系并非十分理想。鉴于此，北京市应当适当调整各区县产业结构的布局，以实现各区县的协调发展。

总体来看，本章从计量的角度，分析了全国以及工业化先行城市——北京产业结构与经济增长的关系，与第三章侧重数理的分析和第五章对于美国产业结构与经济增长关系的分析一起，构成了产业结构与经济增长较为完整的研究框架。

---

① 地区总人口以该地区常住人口计。

第五章 美国产业结构、全要素生产率与经济增长关系研究

美国的产业体系是当代最先进的产业体系,其经济发展、产业结构变化为经济理论提供了实践证明和支持。回顾美国经济发展历程,1776—1884 年美国经济处于工业化前期阶段,19 世纪末到 20 世纪初完成第二次产业革命的工业化早期发展阶段,到 20 世纪 50 年代美国经济和产业结构开始向工业化后期阶段发展。其现阶段的服务业主导型产业结构被认为是后工业化阶段的最优产业结构。其产业结构的演变,也是许多发展中国家研究和效仿的经典案例。

第一节 文献综述

外国学者对美国以及其他地区产业结构和经济增长与波动关系的研究由来已久。对于产业结构和经济增长的关系,最初要追寻到克拉克的观点。配第-克拉克定理是有关经济发展中就业人口在三次产业中分布结构变化的理论。其表述为:随着经济的发展,人均国民收入水平的提高,第一产业国民收入和劳动力的相对比重逐渐下降;第二产业国民收入和劳动力的相对比重上升,经济进一步发展,第三产业国民收入和劳动力的相对比重也开始上升。Kuznets(1971)指出结构变化的过程是经济增长的基本特点,也是衡量总体经济增长速度和方向的重要因素。Kuznets(1989)指出了左右结构转变的三个决定性因素:技术革新的不同影响、国内收入需求弹性的不同以及基于国际贸易比较优势转移的选择机制。Montobbio(2002)指出要理解结构变化必须建立在宏观经济的优化选择理论上。部门的产出增长取决于市场特有的制度特点,取决于部门在整体经济中的地位(以产品特点和其可替代性衡量),还取决于其产出增长速度和其他可替代部门的单位产出成本。此外,选择优化的过程和制度的设定以及部门收入的

弹性决定着整体生产力的发展方向。Hsieh and Klenow(2010)探讨了为什么TFP在各国间存在差异,并指出行业和产业间的资源与投入的不合理分配是一个重要原因。深入到部门间来看,Pasinetti(1981,1993)指出部门间收入需求弹性的不同会极大地影响结构变化和总体增长的结构。而且收入需求弹性并不会一成不变,因为它们取决于个人的恩格尔曲线和消费者收入、性别以及年龄的分布。从劳动力结构的角度来衡量产业结构和经济增长的关系,Baumol(1967,1985)在处理服务部门和工业部门之间不均衡劳动力增长的问题时指出了供给方生产力的不均衡。他强调生产力稳定的部门更能吸纳相对高比例的劳动力。Baumol(1967)在模型中将国民经济分为两个部分:先进的(progressive)行业与非先进的(non-progressive)行业,这两个行业的区别在于先进的行业的劳动生产率以一定的速度复合增长,而非先进的行业的劳动生产率保持不变。为了得出结论,作者又做出了一系列的假设:两个行业的工资率相同,同时以同比例增长;两个行业产出品的需求弹性相同;两个行业产出的比例保持不变;等等。最终得出当各个行业生产率不同时,如果计划使各行业均衡发展,最终会使经济的增长率降为零。Notarangelo(1999)将Baumol与Pasinetti的模型结合在一起,指出前者的模型是后者的一个特例。从行业结构的角度看,Peneder(2003)对行业的外部性问题进行了描述:作者将行业的外部性分为"生产者相关溢出"(producer-related spillovers)和"使用者相关溢出"(user-related spillovers)。其中,前者是指生产的知识和技能从行业的领域内溢出,而后者是指在使用特定的产品和服务时产生外部性。各个行业的外部性并不相同,当外部性较高的行业在国民经济中所占份额较大时,就会有助于经济的高速增长;反之,经济的增长就会放缓。不仅如此,一些行业的发展会推动另一些行业的发展,比如:计算机和医药等高科技含量的行业会推动科学和教育的发展,从而带来整个经济的繁荣。Peneder(2003)采用动态面板模型,研究了28个OECD成员国的数据,得出了在OECD成员国中,产业结构对于经济增长的影响不大,但是对于某些行业有利的产业结构变化会促进经济增长的结论。

在国内研究的方面,针对国内产业结构变化与经济增长关系的研究对于本部分也有一定借鉴价值。刘伟、李绍荣(2002)从产业间比例研究了产业结构变化对经济增长的作用,指出第一、第二产业比重的下降必须依靠其生产效率提高来弥补才能稳定经济的长期增长。张晓明(2009)以柯布-道格拉斯函数的为原型建立模型,分离出分产业产值对经济增长的影响项,通过计量分析得到中国三次产业产值占 GDP 的份额对中国经济增长变动的贡献率,并指出中国产业结构优化升级和经济增长具有正相关性,促进产业结构升级对实现经济增长有明显的推动作用。其所建立的模型对本部分具有重要的借鉴意义。徐建军、汪浩瀚(2009)构建了金融内生化和贸易的生产率增长模型,运用变参数分析方法分析了贸易和全要素生产率增长的相互关系,其模型对于本部分的研究具有借鉴意义。范海君(2012)通过构建包含 TFP、GDP 增长、资本增长和劳动力增长之间的 VAR 模型,衡量了各个要素的相互关系,并建议促进资本市场发展、提高劳动力教育水平、鼓励高新技术发展、完善产业结构优化与经济发展方式转向集约型。其构建的 VAR 模型对于今后的研究具有一定的借鉴意义。干春晖、郑若谷、余典范(2011)构建了产业结构高度化和合理化的指标,并构建了衡量经济增长和经济波动的变量,通过计量分析证明了产业结构高度化和合理化两者均能促进中国经济增长;而另一方面,把产业结构的高度化与其他因素共同考虑,其效应会加大经济波动,但在考虑产业结构合理化时却与该效应正好相反。从技术革命的角度看,黄茂兴、李军军(2009)从技术的角度探讨了产业结构升级的基础,构建了技术选择、产业结构升级与经济增长的关系模型,分析指出通过技术选择和合理资本深化,能加速产业结构优化升级,提升劳动生产率,实现经济平稳快速增长。刘伟、张辉(2010)将中国产业结构调整和技术进步对经济增长的作用进行了对比,研究得出产业结构调整的贡献率由改革开放初期的"十分显著"逐步下降,并将逐渐让位于技术进步。此外,研究还表明市场中仍有一部分因素阻碍着资源配置效率。针对美国产业结构的调整与经济增长,中国学者徐广军、张汉鹏(2006)研究了当前美国第五长波中产业演进的状态及其对经济发展的影响,分析指出美国经济的增长可归结于产业和技术两个层面的共同推进,在发展第五长波中新兴技术系统中的技术的同时调整优化产业结构,达到经济平稳增长的目的,并由此提出了我国应采取的产业演进模式,对我国今后的发展方针具有深刻的借鉴意义。杨蕙馨、吴炜峰(2010)通过研究经济全球化,特别是以美国为代表的企业扩张,指出中国企业在挑战中的机遇,主动参与全球化的过程,并最大化产业结构转型的利益。吕炜(2010)建立了美国 1987—2007 年 60 个产业的面板数据分析了产业结构变动、资本收益率变动和人均劳动者报酬变动之间的关系,以及资本收益率变动、人均劳动者报酬变动和产业技术水平变动之间的相互作用,结果表明产业资本收益率与人均劳动者报酬的变化是产业结构变化的直接原因,而前两者的变化又是由产业技术进步直接引起的。

第二节　美国产业结构与经济发展情况

美国三次产业体系中第三产业包括政府部门,图 5-1 为 1975—2011 年美国国内生产总值,第二、三产业产值数据,它们均为 2005 年不变价,单位为百万美元(因为美国第一产业产值占 GDP 的比重保持在 1% 左右,在图中几乎贴近横轴所以省去)。

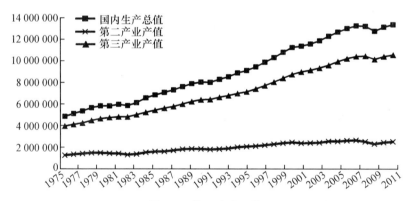

图 5-1　美国生产总值

数据来源:美国经济分析局(www.bea.gov)。

在美国不变价 GDP 中,第二产业所占比重的变化呈现缓慢的下降趋势,1975 年比重为 26.83%,2008 年降为 19.36%,2010 年比重为 19.00%。第三产业比重在三十多年间保持在 80% 左右,是美国国内生产总值中非常重要的组成部分。

根据克拉克的理论,产业结构与劳动力就业之间有密切的关系。人均国民收入越高的国家,农业劳动力在全部劳动力中所占的比重越小,图 5-2 为 1975—2010 年美国就业人数的产业构成,单位为千人。美国第一产业(农林渔猎)部门劳动力占全国劳动力的比重从1975年的1.88%下降至2010年的0.9%,就业人口比例与GDP贡献份额基本相当。第二产业就业人数占比下降相对明显,从1975年的26.32%下降至2010年的13.57%。第三产业就业人数占全国劳动力比重呈明显上升趋势。

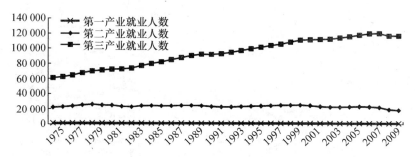

图5-2 美国三次产业就业人数

数据来源:美国经济分析局(www.bea.gov)。

根据美国北美产业分类体系(North American Industry Classification System, NAICS),美国经济共有22个产业组(industry groups),细分为65个行业(detailed industries),为简化分析的目的,本节只考察22个产业组层面。图5-3为1975—2011年美国主要产业组增加值,均为2005年不变价,单位为百万美元。从1975—2011年的行业增长率来看,电力、建筑、艺术娱乐业、住宿餐饮业等增长率约为6%,教育、医疗社会救助、金融保险、地产租赁、信息服务业不变价GDP增长率在3.0%左右,其中地产租赁业不仅增长速度较快,而且对总量经济贡献最大。从图中可以看出知识型服务业成为拉动经济增长的主导产业。

美国的产业结构演进最显著的特点就是其呈现"软化"的趋势,即由工业时代传统的以物质生产为关联的硬件产业结构向以技术、知识生产为关联的软件产业结构转变。在经济发展过程中,软产业(主要指第三产业)的比重不断上升,即出现"经济服务化"现象;另一方面,经济增长对信息、服务、技术和知识等"软要素"的依赖程度加深。对定量分析美国产业结构、全要素生产率与经济增长的关系,本节将建立模型进行实证分析。

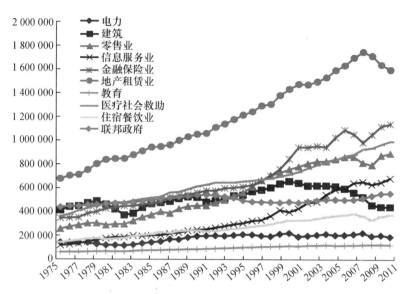

图 5-3 美国主要行业总量增长态势

数据来源:美国经济分析局(www.bea.gov)。

第三节 对美国产业结构、全要素生产率、经济增长的实证分析

一、样本数据

本节首先分析 22 个产业组层面与三次产业层面上产业结构对经济增长的作用,然后分析美国全要素生产率、要素投入与经济增长的关系。

本节的样本数据为 1975—2011 年的美国国内生产总值、各行业增加值、资本存量、就业人数;样本数据来自美国经济分析局网站(www.bea.gov)。为了使数据具有可比性,美国国内生产总值、各行业增加值、资本存量均经过 1975—2011 年相应指数缩减,为 2005 年不变价。

二、产业结构对经济增长的贡献

为了定量研究美国产业结构对经济增长的贡献,本小节采用刘伟、李绍荣(2002)建立的包含各产业以及制度技术水平的生产函数模型:$Y = F(X_1, X_2, \cdots, X_{22}, A)$,其中 Y 为总产出,即国内生产总值,$X_i, i = 1, 2, \cdots, 22$,表示第 i 产业增加值,A 表示经济制度技术水平。对以上公式变形可以得到:

$$\frac{\mathrm{d}Y}{Y} = \frac{X_1}{Y}\frac{\partial Y}{\partial X_1}\frac{\mathrm{d}X_1}{X_1} + \frac{X_2}{Y}\frac{\partial Y}{\partial X_2}\frac{\mathrm{d}X_2}{X_2} + \cdots + \frac{X_{22}}{Y}\frac{\partial Y}{\partial X_{22}}\frac{\mathrm{d}X_{22}}{X_{22}} + \frac{A}{Y}\frac{\partial Y}{\partial A}\frac{\mathrm{d}A}{A} \quad (1)$$

公式(1)可进一步写成:

$$\frac{\mathrm{d}Y}{Y} = \beta_0 + \beta_1 \frac{\mathrm{d}X_1}{X_1} + \beta_2 \frac{\mathrm{d}X_2}{X_2} + \cdots + \beta_{22}\frac{\mathrm{d}X_{22}}{X_{22}} \quad (2)$$

其中,$\frac{X_i}{Y}\frac{\partial Y}{\partial X_i}$ 表示第 i 产业的总产出弹性,$\beta_0 = \frac{A}{Y}\frac{\partial Y}{\partial A}\frac{\mathrm{d}A}{A}$ 表示制度变迁技术进步对总产出的贡献。因此可利用以下计量模型实证研究产业结构对经济增长的贡献:

$$\log Y = \beta_0 + \beta_1 \log X_1 + \beta_2 \log X_2 + \cdots + \beta_{22} \log X_{22} + \varepsilon \quad (3)$$

运用 EViews 软件对 1975—2011 年美国不变价 GDP(用 Y 表示)、22 个产业组增加值(分别用 $X_1, X_2, \cdots, X_{22}$ 表示)进行 ADF 单位根检验,发现数据全为平稳序列(因篇幅所限不详细列出检验结果),然后对模型(3)进行逐步回归得

$\log Y = \quad 2.12 \quad + 0.02\log X_1 + 0.02\log X_2 + 0.05\log X_3 + 0.04\log X_4$
  $\quad (0.000) \quad\quad (0.009) \quad\quad (0.009) \quad\quad (0.000) \quad\quad (0.000)$

  $+ 0.13\log X_5 + 0.05\log X_6 + 0.04\log X_7 + 0.14\log X_8 + 0.05\log X_{10}$
  $\quad (0.000) \quad\quad (0.000) \quad\quad (0.01) \quad\quad (0.000) \quad\quad (0.015)$

  $+ 0.04\log X_{11} + 0.22\log X_{12} + 0.04\log X_6 + 0.04\log X_{17} + 0.07\log X_{21}$
  $\quad (0.002) \quad\quad (0.000) \quad\quad (0.000) \quad\quad (0.000) \quad\quad (0.017)$

括号内为系数估计值的概率 P 值,该回归方程的判决系数为 0.999967,调整后的判决系数为 0.999946,F 统计量概率 P 值为 0.000000,D-W 统计量为 2.363095,说明方程模型效果非常好,残差不存在自相关。

从方程可知第一产业 X_1 增长 1% 会导致国内生产总值增长 0.02%,矿业 X_2 增长 1% 会导致国内生产总值增长 0.02%,电力 X_3 增长 1% 会导致国内总产值增长 0.05%,建筑业 X_4 增长 1% 会导致国内生产总值增长 0.04%,耐用品制造业 X_5 增长 1% 会导致国内生产总值增长 0.13%,非耐用品制造业 X_6 增长 1% 会导致国

内生产总值增长 0.05%,批发贸易 X_7 增长 1% 会导致国内生产总值增长 0.04%,零售业 X_8 增长 1% 会导致国内生产总值增长 0.14%,信息服务业 X_{10} 增长 1% 会导致国内生产总值增长 0.05%,金融保险业 X_{11} 增长 1% 会导致国内生产总值增长 0.04%,地产租赁业 X_{12} 增长 1% 会导致国内生产总值增长 0.22%,企业管理 X_{14} 增长 1% 会导致国内生产总值增长 0.04%,医疗社会救助 X_{17} 增长 1% 会导致国内生产总值增长 0.144%,联邦政府 X_{21} 增长 1% 会导致国内生产总值增长 0.07%。

22 个行业组中最能有效地拉动经济增长的是地产租赁业,这和图 5-3 的数据相吻合;其次是零售业、医疗社会救助、耐用品制造业;电力、建筑业、非耐用品制造业、批发贸易、信息服务业、金融保险业、企业管理对经济增长的影响为 0.04% 左右。可以看出美国第三产业对经济增长的促进作用十分明显,体现了美国产业结构的高级化、知识化特点。

三、产业结构的直接和间接影响率

由柯布-道格拉斯函数模型可得,把三次产业产值占 GDP 的比重作为对国内生产总值的影响项,并包含时间趋势的生产函数为:

$$Y = A \cdot k^{a_1 x_1 + a_2 x_2 + a_3 x_3} \cdot L^{\beta_1 x_1 + \beta_2 x_2 + \beta_3 x_3} \cdot e^{\gamma_1 x_1 + \gamma_2 x_2 + \gamma_3 x_3} \cdot e^t \quad (4)$$

其中 Y 表示总产出,A 表示技术进步,K 表示资本使用量,L 表示劳动投入量,x_1,x_2,x_3 分别表示第一产业、第二产业和第三产业的产值占国内生产总值的比重。对(4)式两端同时取对数可得计量模型:

$$\log(Y) = \log(A) + (a_1 x_1 + a_2 x_2 + a_3 x_3) \log(K) + (\beta_1 x_1 + \beta_2 x_2 + \beta_3 x_3) \log(L) + \gamma_1 x_1 + \gamma_2 x_2 + \gamma_3 x_3 + t + \varepsilon \quad (5)$$

其中,a_1,a_2,a_3 分别表示三次产业产值占国内生产总值的比重变化对资本存量产生的影响;β_1,β_2,β_3 分别表示三次产业产值占国内生产总值的比重对劳动力产生的影响,它们都是影响 GDP 的间接因素;γ_1,γ_2,γ_3 分别表示各产业产值占国内生产总值的比重对 GDP 的边际影响,是直接影响率;t 为时间趋势项;ε 为残差。

首先对美国 1975—2010 年国内生产总值(Y)、资本存量(K)、从业人员(L),以及第一、二、二产业在总产值中的比重(x_1,x_2,x_3)进行 ADF 单位根检验,发现数据全为平稳序列,然后用这些数据对计量模型(5)进行回归可得:

$$\log(Y) = 16.49 + 5.05 x_2 \log(K) - 7.34 x_2 \log(L)$$
$$(0.000) \quad (0.000) \quad\quad\quad (0.000)$$

$$+ 2.13x_3\log(L) - 3.97x_1 - 25.82x_3$$
$$(0.000) \quad (0.091) \quad (0.000)$$

括号内为系数估计值的概率 P 值,该方程的判决系数为 0.999302,调整后的判决系数为 0.999186,F 统计量概率 P 值为 0.000000,说明方程拟合效果较好,但是 D-W 统计量显示残差有序列相关性。为此将各产业对经济增长的互动影响引入模型,并进行回归可得:

$$\log(Y) = 24.21 - 84.38x_1\log(K) + 3.15x_2\log(K) + 1.24x_3\log(K)$$
$$(0.000) \quad (0.000) \quad (0.033) \quad (0.000)$$
$$+ 190.54x_1\log(L) - 6.48x_2\log(L) - 1018.75x_1 - 31.62x_3$$
$$(0.000) \quad (0.003) \quad (0.007) \quad (0.000)$$
$$+ 26.77x_2x_3 + 308.15x_1x_3$$
$$(0.006) \quad (0.036)$$

该方程的判决系数为 0.999704,调整后的判决系数为 0.999557,F 统计量概率 P 值为 0.000000,D-W 统计量为 1.888437,方程很好地描述了美国的产业结构对经济的直接和间接影响。由方程可知,第一产业不仅影响经济的生产规模,还影响资本和劳动投入的生产效率。第一产业对 GDP 产生负作用,但随着第三产业的增加会减少它对经济规模的这种影响,第一产业总的作用为 $e^{-1018.75+308.15x_3}$,即第一产业在国内生产总值中的比例若增加 1%,则经济规模将下降至 $e^{(-1018.75+308.15x_3)\%}$;第一产业在国内生产总值中的比重增加 1%,则资本要素的产出弹性将减少 84.38%,劳动的产出弹性将增长 190.54%。第一产业在国内生产总值中的比重增加,无益于经济规模的扩大和资本产出弹性的增加,美国经济中第一产业产值比重在 1% 左右,说明了其产业体系的先进性。第二产业同样既影响经济的生产规模,又影响资本和劳动投入的生产效率。第二产业在国内生产总值中的比重增加 1%,则资本的产出弹性将增加 3.15%,而劳动的产出弹性将减少 6.48%。第三产业影响经济规模和资本效率,对劳动效率不产生影响。第三产业在国内生产总值中的比重增加 1%,则资本的产出弹性将增加 1.24%,经济规模将增至 $e^{(-31.62+26.77x_2+308.15x_1)\%}$。

四、全要素生产率

全要素生产率是分析经济增长源泉的重要工具,主要用来研究除资本和劳动投入之外的其他要素即广义技术进步所导致产出的增加部分。常见的应用柯布-道格拉斯生产函数计算全要素生产率一般采用如下模型：

$$\ln Y_t = \ln A_t + a\ln L_t + \beta\ln K_t + \varepsilon$$

其中包含的假设为随着经济增长，投入要素产出弹性不变。但是投入要素的产出弹性随时间变化而发生变化更符合经济增长事实。本小节在徐建军、汪浩瀚（2009）所建立状态方程基础上，采用如下包含两个时变参数的状态空间模型计算美国全要素生产率：

$$量测方程：\ln Y_t = \ln A_t + a_t\ln L_t + \beta_t\ln K_t + \varepsilon$$

假设 a_t,β_t 为隐性变量，遵循一阶自回归 AR(1) 过程，则有如下状态方程：

$$a_t = \theta a_{t-1} + \omega + \eta_t$$

$$\beta_t = \lambda\beta_{t-1} + \pi + \mu_t$$

其中，θ,λ 为自回归系数，η_t,μ_t 为白噪声。利用卡尔曼滤波方法将预测误差分解，通过极大似然估计法得到 a_t 和 β_t 值，对残差进行 ADF 检验，结果见表 5-1，表明残差平稳。将 a_t 和 β_t 代入 $Y_t = A_t L_t^{a_t} K_t^{\beta_t}$ 即可计算出 A_t，即全要素生产率 TFP，结果如图 5-4 和图 5-5 所示。

表 5-1 残差 ADF 检验

			t 统计量	P 值
ADF 统计量			-744.2886	0.0001
显著性水平	1%	检验临界值	-3.632900	
	5%		-2.948404	
	10%		-2.612874	

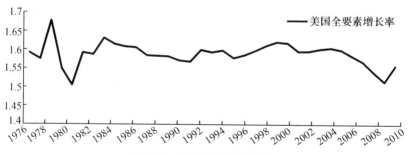

图 5-4 美国全要素增长率

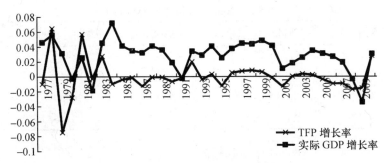

图 5-5 美国 TFP 与实际 GDP 增长率

五、全要素生产率、要素投入与经济增长

为进一步分析全要素生产率对中国经济增长的影响,参考范海君(2012)的方法,我们选择 1976—2010 年的美国 TFP、GDP 增长率、资本增长率和劳动力增长率构建 VAR 模型以及加入误差修正项的 VEC 模型。首先对时间序列 grate、lrate、krate、tfp 进行平稳性检验,使用 EViews 软件 ADF 单位根检验结果见表 5-2,其中 dgrate、dlrate、dkrate、dtfp 分别为 grate、lrate、krate、tfp 的一阶差分。

表 5-2 各时间序列的 ADF 检验结果

变量	检验类型(c,t,k)	ADF 值	5% 临界值	P 值	结论
grate	(0,0,0)	−2.410124	−2.632688(1% 临界值)	0.0174	不平稳
lrate	(c,0,0)	−3.047195	−3.639407(1% 临界值)	0.0405	不平稳
krate	(c,t,4)	−1.227224	−1.951000	0.1972	不平稳
tfp	(0,0,0)	−0.218175	−1.951000	0.6002	不平稳
dgrate	(c,0,0)	−7.796770	−2.951125	0.0000	平稳
dlrate	(c,0,0)	−5.721206	−2.954021	0.0000	平稳
dkrate	(c,0,0)	−3.832775	−2.951125	0.0061	平稳
dtfp	(c,0,0)	−7.570747	−2.954021	0.0000	平稳

注:c 和 t 表示带有常数项和趋势项;n 表示所采用的滞后阶数,滞后期的选择标准参考 AIC 和 SC 准则。

可以看出各时间序列均为一阶单整。进一步对 grate、lrate、krate、tfp 进行 Johansen 协整检验,结果见表 5-3,发现四个变量存在一个协整关系。

表 5-3　Johansen 协整检验结果

原假设	特征值	最大特征值统计量	临界值(5%)	P 值
0 个协整向量	0.630388	31.84969	27.58434	0.0133
至多 1 个协整向量	0.352909	13.92860	21.13162	0.3709
至多 2 个协整向量	0.242547	8.889391	14.26460	0.2955
至多 3 个协整向量	0.007090	0.227684	3.841466	0.6332

进而需要确定 VAR 模型最大滞后期,本小节采用对数似然值和 AIC 与 SC 信息量来决定滞后阶数,结果表明滞后阶数取 3 时最好。VAR(3)模型的估计结果表示如下:

$$Y_t = \begin{bmatrix} -0.16 & 2.36 & -1.14 & 0.64 \\ -0.02 & 1.27 & -0.21 & 0.13 \\ -0.18 & 1.14 & -0.02 & 0.40 \\ 0.33 & 4.47 & -2.31 & 0.63 \end{bmatrix} Y_{t-1} + \begin{bmatrix} -0.38 & -3.50 & 1.04 & 0.31 \\ -0.08 & -0.49 & 0.16 & 0.04 \\ -0.48 & -2.04 & 0.61 & 0.21 \\ 0.72 & -4.21 & 0.31 & -0.14 \end{bmatrix} Y_{t-2}$$

$$+ \begin{bmatrix} -1.31 & -0.82 & 1.25 & 0.59 \\ -0.27 & -0.31 & 0.26 & 0.11 \\ -0.51 & -0.65 & 0.58 & 0.34 \\ -1.80 & 0.25 & 1.54 & 0.55 \end{bmatrix} Y_{t-3} + \begin{bmatrix} -2.34 \\ -0.43 \\ -1.45 \\ -0.05 \end{bmatrix}$$

其中,

$$Y_t = \begin{bmatrix} \text{grate} \\ \text{krate} \\ \text{lrate} \\ \text{tfp} \end{bmatrix}$$

图 5-6 是建立的 VAR 模型的稳定性检验,全部根都在单位圆以内,因此满足模型的稳定性条件,依据其进行脉冲响应函数分析和方差分解,得到的结果是稳健和可靠的。

VAR 模型中每个系数只反映局部的动态关系,变量之间是否构成因果关系,还需进一步验证。本小节采用恩格尔和格兰杰提出的因果关系检验,由以上建立的 VAR 模型可知,此格兰杰因果检验滞后期为 3,检验结果见表 5-4。

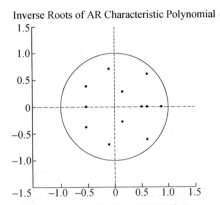

图 5-6 VAR 模型的稳定性检验

表 5-4 格兰杰因果关系检验结果

原假设	概率 P 值	原假设	概率 P 值
krate 不是 grate 的 Granger 原因	0.1263	grate 不是 lrate 的 Granger 原因	0.5634
lrate 不是 grate 的 Granger 原因	0.1004	krate 不是 lrate 的 Granger 原因	0.1882
tfp 不是 grate 的 Granger 原因	0.0689	tfp 不是 lrate 的 Granger 原因	0.2052
grate 不是 krate 的 Granger 原因	0.0686	grate 不是 tfp 的 Granger 原因	0.0346
lrate 不是 krate 的 Granger 原因	0.0428	krate 不是 tfp 的 Granger 原因	0.6238
tfp 不是 krate 的 Granger 原因	0.0311	lrate 不是 tfp 的 Granger 原因	0.0059

可以看出,劳动力增长率和全要素生产率是资本增长率的格兰杰原因,劳动力增长率是全要素生产率的格兰杰原因。经济增长率和全要素生产率互为格兰杰原因。

脉冲响应函数是描述一个内生变量对误差的反应,也即在扰动项上加一个标准差大小的冲击对内生变量的当前值和未来值的影响。图 5-7 是 VAR(3)模型的脉冲响应函数曲线,横轴表示滞后阶数,纵轴表示内生变量对冲击的响应程度。

图 5-7 左上是 grate 受到自身一个标准差的冲击后开始下降,从第二期开始缓慢上升,从第五期一直到第八期都是上升,其中第五期达到最低值。图右上是 grate 对 krate 一个标准差信息的响应,可以看出当 krate 在本期给 grate 一个标准差的冲击后,第二期达到最高点,第六期达到最低点,以后逐渐上升。图左下表明 grate 受到 lrate 一个标准差的冲击后立即下降,在第二期达到最低点,之后上升,在第七期达到最高点,之后又缓慢下降。图右下显示,grate 受到 tfp 一个标准差的冲击后在第二期达到最高点,第六期达到最低点,之后缓慢上升。

方差分解方法是将整个系统的预测均方差分解成系统中各变量冲击所作的

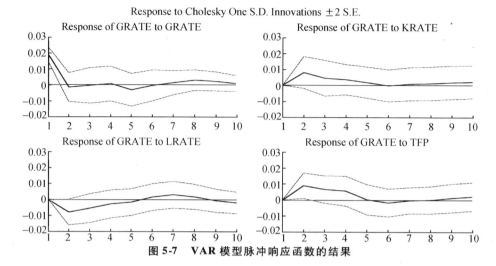

图 5-7 VAR 模型脉冲响应函数的结果

贡献,体现每一个变量冲击的相对重要性。本小节对实际 GDP 增长率方差分解的结果见图 5-8。

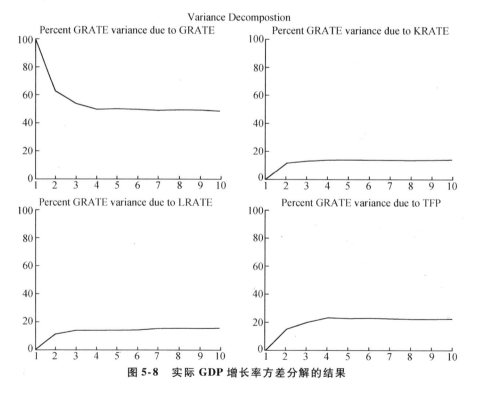

图 5-8 实际 GDP 增长率方差分解的结果

可以看出,随着期数增加,GDP 增长率变动方差由自身变动方差解释的部分逐渐下降,而由资本增长率、劳动力增长率、全要素生产率变动解释的部分逐渐增加,分别从第二期、第三期、第四期开始能够解释 20% 的 GDP 增长率变动方差。

本小节建立的协整方程为:

$$\text{grate} = -1.06\text{krate} + 0.73\text{irate} + 0.64\text{trp}$$

通过该协整关系式,可得到 grate、lrate、krate、tfp 之间的长期均衡关系:资本增长率每上升 1%,GDP 增长率下降 1.06%;劳动力投入每上升 1%,GDP 增长率上升 0.73%;全要素生产率每上升 1%,GDP 增长率上升 0.64%。

本小节建立的将短期波动与长期均衡联系在一起的 VEC 模型为:

$$\Delta Y_{t-1} = \begin{bmatrix} 0.45 \\ 0.08 \\ 0.42 \\ -0.13 \end{bmatrix} \text{Coint EQ}_{t-1} + \begin{bmatrix} -1.12 & 5.08 & -1.07 & 0.28 \\ -0.04 & 0.7 & -0.18 & 0.09 \\ -0.5 & 3.55 & -0.61 & 0.06 \\ -0.4 & 4.26 & -1.52 & 0.29 \end{bmatrix} \Delta Y_{t-1}$$

$$+ \begin{bmatrix} -1.12 & -0.14 & 0.56 & 0.11 \\ -0.05 & -0.02 & 0.09 & 0.03 \\ -0.86 & 0.81 & 0.26 & 0.02 \\ 0.23 & 0.44 & -0.78 & -0.26 \end{bmatrix} \Delta Y_{t-2}$$

$$+ \begin{bmatrix} -1.27 & -2.3 & 0.47 & 0.55 \\ -0.22 & -0.02 & 0.13 & 0.11 \\ -0.65 & -2 & 0.25 & 0.29 \\ -0.59 & -2.34 & -0.11 & 0.37 \end{bmatrix} \Delta Y_{t-3} + \begin{bmatrix} -0.002 \\ -0.0005 \\ -0.002 \\ -0.001 \end{bmatrix},$$

$$\Delta Y = \begin{bmatrix} \text{d(grate)} \\ \text{d(krate)} \\ \text{d(lrate)} \\ \text{d(trp)} \end{bmatrix}$$

由模型结果可以看出,在 grate、krate、lrate 不变的情况下,tfp 在第 t 期的变化可以消除前一期 13% 的非均衡误差。

第四节 本章小结

基于以上实证分析,本章可以就美国产业结构、全要素生产率以及经济增长的关系做出以下结论:

第一,在美国经济中最有效地拉动经济增长的产业,除耐用品制造业外全是第三产业的部门,其中最突出的是地产租赁业,其次是零售业、医疗社会救助。而在本章研究的期间内美国第三产业实际产值占 GDP 比重都在 80% 左右;此外第一产业产值比重仅为 1%,产业结构"软化"特征明显。

第二,通过产业结构对经济规模和要素效率的实证分析可知,对美国经济规模产生正效应的主要是第三产业。第二、三产业都对资本效率产生正影响,第二产业降低劳动效率,第三产业对劳动效率没有影响,所以随着第二、三产业发展,资本和劳动之间的收益差异将扩大。

第三,通过对美国全要素生产率的考察可以发现,美国全要素生产率对经济增长的促进作用巨大。此外,劳动力增长率和全要素生产率是资本增长率的格兰杰原因,劳动力增长率是全要素生产率的格兰杰原因。经济增长率和全要素生产率互为格兰杰原因。GDP 增长率随着劳动投入、全要素生产率的提高而提高,但是与资本增长率成反向关系。

综上所述,美国产业结构、全要素生产率对经济增长有巨大的正向影响,中国经济的高速增长势必也要依靠产业结构调整和技术进步。

第六章 产业结构与经济波动

中国经济的产业结构地区差异较大。东部沿海地区发展起步较早,由于政策的偏向和资源的集中,经过新中国成立以来六十余年,特别是改革开放以来三十余年的发展,其产业结构已经较为接近发达国家的"三、二、一"结构,资源配置在市场的调控下有条不紊地优化了产业结构,向着更高效和更合理的模式演进。中西部地区由于发展较晚,有部分地区仍处于"二、三、一"甚至"一、二、三"的产业结构时期,受制于资源的匮乏等客观因素和新中国成立初期政策对东部的偏斜,产业结构高度距离东部以及发达国家较远,发展尚需时日。

我国经济在市场机制引入前波动较为剧烈,原因在于行政指令不符合市场预期的干预导致整体经济在各个建设时期之间没有平缓的过度和缓冲,项目之间的承接性也各不相同,经济不断受到突然的刺激和降温;而在市场经济制度引入,特别是在20世纪90年代市场经济体制被广泛引入各个行业之后,经济波动大幅度缓和,市场这只"隐形的手"以更符合市场预期的手段引导着资源和资本在经济的各个领域、产业和行业间进行配置。由此看来,产业结构的变化与整体经济的增长和波动联系紧密,两者相互影响、相互作用,研究二者的关系可以厘清中国经济的历史轨迹和发展脉络。

产业结构的变动直接决定了生产总值的组成和层次,而各产业间的相互作用则决定了整体经济的运作效率和生产水平。由于产业结构优化调整与社会经济活动联系紧密,每次产业结构的变动都会造成宏观经济要素的一系列波动,比如劳动力、资本等。产业结构对经济波动的影响关系到国家的经济安全和政治稳定,历次产业结构调整中央和地方均高度重视、积极指导、严密监督并及时调控,力保经济增长又好又快。加强对产业结构调整的指导,即使在市场"隐形的手"无法调控的情况下,通过政府的干预,既达到产业结构优化升级的目的,又使其造成的经济波动最小化。本章将从定性和定量两个角度分别分析我国产业结构优化调整和经济波动之间的关系,尝试从不同层面探索经济波动的原因,并深入解释产业结构调整对经济波动的影响程度。

第一节 我国产业结构调整和经济波动

一、我国产业结构变动与经济波动的因果关系

(一) 数据

本节实证分析将对测算出的衡量我国产业结构变动和经济波动的指标,运用格兰杰因果检验定性分析我国产业结构变动和经济波动的格兰杰因果关系。本节采用1952—2011年国内生产总值(以1950年为基期的CPI调整)作为经济波动指标的数据源,并采用1952—2011年三次产业占国内生产总值的比重作为衡量产业结构变动的数据源。本节数据均来自《中国统计年鉴》和《新中国五十年统计资料汇编》。

(二) 衡量指标

1. 产业结构变动的度量

本节将采用Moore指数对产业结构的变动进行测量。用Moore指数测量产业结构变化大小是运用空间向量的测定方法,以向量在空间中的夹角为指标来反映产业内部结构变动的程度大小(Moore,1978)。Moore指数的计算公式如下:

$$M_t = \frac{\sum_{i=1}^{n}(W_{i,t} W_{i,t-1})}{\sqrt{\sum_{i=1}^{n} W_{i,t}^2} \sqrt{\sum_{i=1}^{n} W_{i,t-1}^2}} \qquad (1)$$

其中,$W_{i,t}$表示t时期i产业所占的比重,$W_{i,t-1}$表示$t-1$时期i产业所占的比重。定义不同时期产业向量之间变化的夹角为e,且令

$$e = \arccos M_t \qquad (2)$$

则$0 \leqslant e \leqslant \frac{\pi}{2}$,$e$值越大,代表产业结构变化越大。

根据1952—2011年三次产业占国内生产总值的比重可计算出研究时期内

的 Moore 值,如图 6-1 所示。

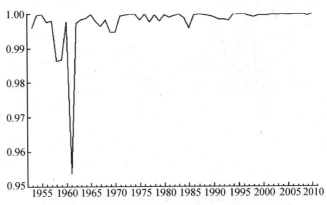

图 6-1　1953—2011 年产业结构变动的 Moore 值

2. 经济波动的度量

由于对经济波动含义的解释不同,主流经济学研究中衡量经济波动的方法不一,通常采用的指标包括经济增长率的标准差系数、GDP 增长率滚动方差、增长方程预测残差的标准差、HP 滤波所分离出的周期成分以及从政府角度度量的其他指标。本节将采用 HP 滤波所分离出的周期成分作为衡量指标进行实证分析。

HP 滤波算子可测量出产出的缺口,通过最小化

$$\sum_{t=1}^{T}(\text{Ln } Y_t - \text{Ln } Y_t^*)^2 + \lambda \sum_{t=2}^{T-1}[(\text{Ln } Y_{t+1}^* - \text{Ln } Y_t^*)^2 - (\text{Ln } Y_t^* - \text{Ln } Y_{t-1}^*)]^2 \quad (3)$$

分离出时间序列趋势成分 $\text{Ln } Y_t^*$,即潜在产出,周期成分 $\text{Ln } Y_t - \text{Ln } Y_t^*$,即产出缺口。由于本节均引用年度数据,故根据一般经验,取 λ 的值为 100。本节将由 HP 滤波分解出的周期成分直接表述为"经济波动"。

根据 1952—2011 年国内生产总值(以 1950 年为基期的 CPI 调整)可计算出 GDP 增长率和 GDP 增长率的周期成分,如图 6-2、图 6-3 所示。

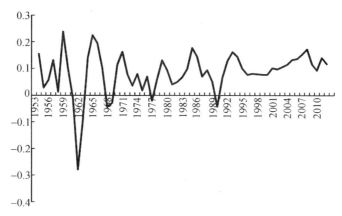

图 6-2　1953 年至 2011 年 GDP 增长率

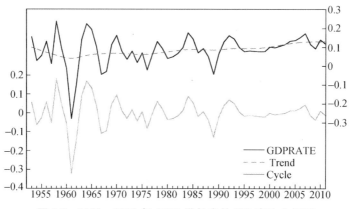

图 6-3　1953—2011 年 GDP 增长率的 HP 滤波分解图

（三）格兰杰因果检验

1. 中国发展的两个主要阶段

中国经济发展中主要的转变是从政府主导的计划经济向市场经济的转变，在两个阶段中中国经济的行为和模式有着很大的差异，经济波动和产业结构变化的相互作用以及产业结构内部的影响都不适合直接把整个研究阶段当作连续的来研究，而数据所携带的信息直接反映了这些变化。考虑到历史阶段的"断层"，为了使研究结果具有科学性和合理性，本节将把数据划分为 1952—1977 年和 1978—2011 年两大部分分别进行研究分析，以便更准确地把握我国产业结构变迁和经济波动间的关系。

2. 变量的单位根检验

在进行格兰杰因果检验探讨各变量间的格兰杰因果关系之前,必须对时间序列变量做单位根检验以避免"伪回归"对实证结果准确性造成的偏差。运用统计软件 EViews 7.0 对所涉及的变量进行的单位根检验结果如表 6-1 所示。

表 6-1　变量单位根检验

检验变量		检验形式	检验统计量值	P 值	结论
1952—2011	经济波动	C,N,3	-6.445	0.0000*	平稳
	Moore 指数	C,N,8	-19.195	0.0001*	平稳
1952—1978	经济波动	C,N,2	-5.133	0.0005*	平稳
	Moore 指数	C,N,0	-4.624	0.0013*	平稳
1979—2011	经济波动	C,N,3	-5.631	0.0001*	平稳
	Moore 指数	C,N,0	-4.634	0.0008*	平稳

注:表中检验形式一栏第一个指标代表有无截距项(C 表示有,N 表示无),第二个指标代表有无时间趋势项(T 表示有,N 表示无),第三个指标为滞后阶数;表中*和**分别代表在1%和5%的显著水平下拒绝存在单位根的原假设。

经过单位根检验,各变量均在1%的显著性水平下平稳,可以继续进行格兰杰因果检验。

3. 格兰杰因果检验

利用统计软件 EViews 7.0 计算的格兰杰因果检验结果如表 6-2 所示。

表 6-2　格兰杰因果检验结果

年份	原假设	统计量(P 值)滞后 2 期	统计量(P 值)滞后 3 期	统计量(P 值)滞后 4 期	统计量(P 值)滞后 5 期	统计量(P 值)滞后 6 期
1952—2011	Moore 值不能 Granger 引起经济波动	0.22164　0.8020	0.81103　0.4939	0.63067　0.6431	1.31371　0.2763	1.31320　0.2737
	经济波动不能 Granger 引起 Moore 值	0.71636　0.4933	4.56934*　0.0067	4.51122*　0.0037	8.66193*　0.0001	6.95632*　0.0001
1952—1978	Moore 值不能 Granger 引起经济波动	0.19099　0.8278	0.72350　0.5535	0.43868　0.7784	0.90330　0.5188	1.62680　0.2846
	经济波动不能 Granger 引起 Moore 值	0.26797　0.7679	2.18406　0.1324	1.95907　0.1652	5.28009**　0.0154	3.13391***　0.0952

（续表）

年份	原假设	统计量（P值）滞后2期	统计量（P值）滞后3期	统计量（P值）滞后4期	统计量（P值）滞后5期	统计量（P值）滞后6期
1979—2011	Moore值不能Granger引起经济波动	1.68764 0.2039	1.24592 0.3151	1.51798 0.2331	2.02977 0.1228	2.22679*** 0.0977
	经济波动不能Granger引起Moore值	3.91974** 0.0320	2.27178 0.1060	3.57774** 0.0224	3.61923** 0.0193	3.54338** 0.0218

注：表中*、**和***分别代表在1％、5％和10％的显著水平下拒绝原假设。

由分析结果可知，就整个研究时期来看，产业结构变动不能格兰杰引起经济波动的原假设不能被拒绝，而经济波动不能格兰杰引起产业结构变动的原假设可以在滞后3至6期以1％的显著性水平拒绝，证明经济波动是产业结构变动的格兰杰原因。在1952—1977年，产业结构变动不能格兰杰引起经济波动的原假设不能被拒绝，而经济波动不能格兰杰引起产业结构变动的原假设仅能在之后5期和6期分别以5％和10％的显著性水平拒绝，不能充分说明经济波动是产业结构变动的格兰杰原因。在1978—2011年，产业结构变动不能格兰杰引起经济波动的原假设不能被拒绝，而经济波动不能格兰杰引起产业结构变动的原假设可以在滞后第2期和第3至6期以5％的显著性水平拒绝，即经济波动是产业结构变动的格兰杰原因。

由上文分析可知，在长期来看，经济波动能够格兰杰引起产业结构的变化，1978年之后的数据也支持这个结论，而1978年之前的分析结果却显示该论断不成立，即经济波动在1978年之后可以作为解释产业结构变化的格兰杰原因。新中国成立之后，计划经济一直把控着我国资源配置和经济运行的方向，经济和政治挂钩，供给和需求严重脱节，导致经济波动和产业结构的调整没有显著的关系。产业结构的调整都是行政命令的产物，是根据当时的军事和政治需要建立起来的，并不是根据人民群众的实际需要而调整和发展的。另一方面，产业结构也不能成为解释经济波动的格兰杰原因，潜在原因在于经济波动更多地来自各个产业内部产值的巨大波动。受制于当时的历史条件，每个产业内部在各个时期的发展极不均衡，起伏较为剧烈，相反产业之间的流动并不充分，由于户籍制度和劳动体制等的限制，劳动力和资源不会轻易流动到其他产业甚至其他行业，导致产业结构的调整不能解释经济波动。中国经济在1978年向市场经济制度转变之后,市场进入资源配置的中枢地位,"无形的手"将资源和资本配置到更有效率和更有前景的产业和行业中去,经济波动会导致市场参与者对未来期望的改变,从而通过市场的渠道间接地调整和优化产业结构,把稀缺资源投入到新兴的、高收益的行业中去。在资金和人力可以相对自由地流动的时代,经济的震荡在短期和长期都能左右市场的预期,落后的产业和行业面临淘汰,释放出来的自由劳动力、资金以及土地等生产要素会被转移到有投资价值的领域中,推动新的技术革命和产业革命。

二、产业结构调整对经济波动影响的定量分析

(一) 数据

本节实证分析将以 Eggers and Ioannides(2006) 构建的经济波动变化额分解式为理论基础,去掉原式中相邻两期产业结构不变的假设,定量地分析结构变动对研究时期内经济波动的贡献率。本节采用 1952—2011 年国内生产总值(以 1950 年为基期的 CPI 调整)作为经济波动指标的数据源,并采用 1952—2011 年三次产业占国内生产总值的比重作为衡量产业结构变动的数据源。本节数据均来自《中国统计年鉴》和《新中国五十年统计资料汇编》。

(二) 模型与指标

一般地,GDP 的增长率可分解为各产业比重与产业自身增长率乘积的和:

$$G_t = \frac{Y_t}{Y_{t-1}} = \frac{\sum_i X_{i,t}}{Y_{t-1}} = \frac{\sum_i \left(X_{i,t-1} \cdot \frac{X_{i,t}}{X_{i,t-1}} \right)}{Y_{t-1}} = \sum_i W_{i,t-1} \cdot g_{i,t} \quad (4)$$

式中,Y_t 和 Y_{t-1} 分别表示 t 时期和 $t-1$ 时期的 GDP,$X_{i,t}$ 和 $X_{i,t-1}$ 分别表示 t 时期和 $t-1$ 时期 i 产业的生产总值,$w_{i,t-1}$ 表示 i 产业在 $t-1$ 时期用 GDP 份额衡量的产业比重,$g_{i,t}$ 表示产业 i 产值从 $t-1$ 时期到 t 时期的增长率,G_t 表示总体 GDP 从 $t-1$ 时期到 t 时期的增长率。经济增长率的波动(用其方差衡量)可表示为:

$$\mathrm{Var}(G_t) = \sum_i w_{i,t-1}^2 \cdot \mathrm{Var}(g_{i,t}) + 2\sum_i \sum_i w_{i,t-1} \cdot \mathrm{Cov}(g_{i,t}, g_{i+1,t}) \quad (5)$$

将相邻两期的 GDP 增长率波动相减,得到经济波动的变化额,表示如下:

$$\Delta \text{Var}(G) = \text{Var}(G_t) - \text{Var}(G_{t-1}) \tag{6}$$

$$= \sum_i w_{i,t-1}^2 \cdot \text{Var}(g_{i,t}) + 2\sum_i\sum_i w_{i,t-1} \cdot w_{i+1,t-1} \cdot \text{Cov}(g_{i,t}, g_{i+1,t})$$

$$- \sum_i w_{i,t-2}^2 \cdot \text{Var}(g_{i,t-1}) + 2\sum_i\sum_i w_{i,t-2} \cdot w_{i+1,t-2} \cdot \text{Cov}(g_{i,t-1}, g_{i+1,t-1})$$

$$\tag{7}$$

一般地,如两变量相乘,再求其结果的相邻两期变化量,均可表示为:

$$A_t B_t - A_{t-1} B_{t-1} = (A_{t-1} + \Delta A)(B_{t-1} + \Delta B) - A_{t-1} B_{t-1}$$
$$= \Delta A B_{t-1} - A_{t-1} \Delta B + \Delta A \Delta B$$

由此,可将式(7)分解为:

$$\Delta \text{Var}(G) = \sum_i \Delta w_i^2 \cdot \text{Var}(g_{i,t-1}) + 2\sum_i\sum_i \Delta(w_i \cdot w_{i+1}) \cdot \text{Cov}(g_{i,t-1}, g_{i+1,t-1})$$

$$\tag{8}$$

$$+ \sum_i w_{i,t-2}^2 \cdot \Delta \text{Var}(g_i) + 2\sum_i\sum_i w_{i,t-2} \cdot w_{i+1,t-2} \cdot \Delta \text{Cov}(g_i, g_{i+1})$$

$$\tag{9}$$

$$+ \sum_i \Delta w_i^2 \cdot \Delta \text{Var}(g_i) + 2\sum_i\sum_i \Delta(w_i \cdot w_{i+1}) \cdot \Delta \text{Cov}(g_i, g_{i+1})$$

$$\tag{10}$$

式(8)表示经济波动变化额中的结构效应,反映了产业结构的变化导致的 GDP 增长率方差的变化。该式可表述为各产业比重变化(以该产业上期的方差和协方差为权重)之和。式(9)表示经济波动变化额中的自身波动效应,反映了产业内部自身产值的变化导致的 GDP 增长率方差的变化。该式可表述为各产业方差和协方差(以该产业上期比重为权重)之和。式(10)表示经济波动变化额中的交互效应,反映了方差和协方差的变化与产业比重变化的交互影响。

根据 1952 年至 2011 年三次产业占国内生产总值的比重的数据,三次产业和全国生产总值的 5 年期滚动方差如图 6-4 所示。

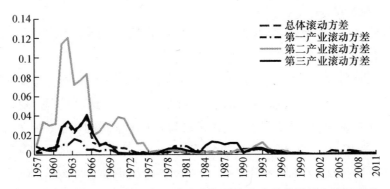

图 6-4 我国 1957—2011 年三次产业和国内生产总值增长率滚动方差

生产总值增长率的滚动方差可以衡量经济体波动的力度强弱,由图 6-4 可见,新中国成立之后,衡量我国经济波动的指标呈现了震荡下降的趋势,以 1978 年为分割点,两个时期的经济波动展现出差异较大的形态。1978 年之前第二产业、第三产业以及总体经济的波动都较为剧烈,而在 1978 年之后波动明显减缓。在新中国成立后的 25 年间,第二产业的波动向上偏离总体趋势的幅度十分明显,并在 1962 年达到峰值,超过了总体数据的 2 倍,之后迅速下降并有一次反弹,最后在零值附近趋于平稳,其原因在于行政命令对生产项目的严重干预。在军事和政治为先的体制背景下,工业和建筑业项目并没有应有的连续性和与第三产业的配套性,导致一旦第二产业的投入放缓或加大,其影响会直接体现在经济波动上,而没有传输渠道给予缓冲和疏导。在当时的背景条件下,大批生产项目的上马给予了经济较大的刺激,但是投入由于主观和客观的原因并没有持续性和前瞻性,部分建设项目缺乏充分的论证和调研,匆匆上马后又草草结束,引起了经济不必要的波动和冲击。由于第三产业在新中国成立初期没有得到足够的重视,其发展相对缓慢,只能依附于第一和第二产业发展,并没有体现出鲜明的发展个性,与总体经济的波动基本呈现出相同的趋势;在 1983—1990 年,第三产业的波动轨迹有异于其他产业,原因在于市场经济体制引入后第三产业发展遇到了第一个"春天",政策的支持导向和市场参与者积蓄已久的热情推动了第三产业比重在八年间上升了近 10 个百分点,呈现出显著的向上波动。第一产业的经济波动一直比较平稳,总体来说小于其余产业和总体经济的波动。由于我国机械化和集约化农业引入相对较晚,农业的生产水平一直停滞不前,第二和第三产业的快速发展使农业产值的比重逐年下降,其波动趋势也相对不明显。

(三)模型结果

图 6-5 和图 6-6 描绘了我国三次产业结构的"结构变动"对经济波动的贡献大小和贡献率,分别以绝对数值和百分比表示。就图 6-5 来看,产业内部的"波动效应"一直是导致整体经济波动的主要原因,其相对于零值的偏离较大且始终呈现震荡状态,体现出较明显的波动贡献。可以注意到的是,波动效应在 1978 年之前相对剧烈,特别是在 1970 年之前有 6 次明显的峰值(谷值);在 1978 年之后,仅在 1990 年和 1994 年有两个轻微的向下波动,其余时刻皆在零值附近波动不甚明显。以 1978 年为分割点,产业间的结构调整,即"结构效应"也呈现出不同的状态。在 1962 年,结构效应有一个较为剧烈的向下波动,在此之前和之后都有轻微但仍然明显的向上波动;而在 1978 年之后,从绝对值上来看,结构效应对经济波动基本没有贡献度。结构效应和波动效应的交互效应除了分析的最初 5 年一直都围绕零值波动,没有明显的贡献力度。

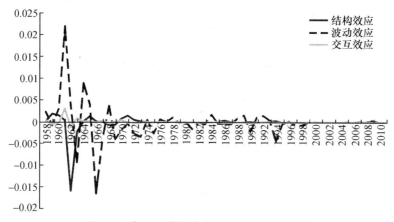

图 6-5 我国经济波动中的三种效应分解图

图 6-6 所描述的分解效应占总效应的比例也显示出了相似的结论,即以 1978 年为分界点,三种效应均呈现出"前强后弱"的形态。由此图更可以看出产业内部的波动效应对整体经济波动的贡献一直占有较高的比重,明显地偏离零值。事实上,根据测算的数据,总体来看,波动效应对经济波动的贡献达到了 82.19%,三次产业内部在不同时期间的波动是整体经济波动的最基本成因。结构效应在前期也体现出了若干个峰值,证明其对经济波动有一定贡献;在 1978 年之后,比重图体现出了绝对值图没有显示出的现象,结构效应在 1986 年和

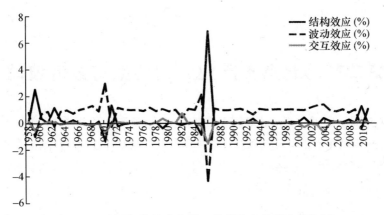

图 6-6 我国经济波动中的三种效应占总效应的比例

2010 年超过了 100% 达到峰值,其原因在于总效应接近零值从而每个效应单独以总效应的百分比展现后绝对值较大,而总效应被三种效应的正负抵消之后,呈现出不明显的形态,由此并不能说明某个超过 100% 的效应在现实中有巨大作用。总体来说,我国的经济波动呈现出逐步下降的趋势,特别是以 1978 年经济体制改革为转折点,各个刺激经济波动的成因都有不同程度的减弱,显示出我国经济逐步走向平稳的过程。

计算结果显示研究期间结构效应对经济波动的平均贡献度达到 22.59%,是导致经济波动的主要原因之一。1978 年之前较为明显的波动体现出计划经济背景下政府对经济和产业的直接干预导致市场对变化没有充分的预期,产业结构的突发性调整导致了生产水平的震荡,经济波动由此显现;市场经济体制引入之后市场起到了充分的平抑经济波动的作用,构建了充足的传导渠道和缓冲机制,让经济体进行缓和且渐进的转型,保证了国民经济的可持续发展。在大型的经济体中,各产业的生产资料都有一定程度的固化,部分生产资料如专业劳动力、专项资金等有着鲜明的产业个性,产业间的流动相对不易。而在各个产业、行业和企业内部之间的资源配置十分频繁,先进生产力不断取代落后的生产技术,高效的生产部门不断淘汰生产要素利用效率低的部门,导致产业内部的经济波动效应可以解释整体经济波动的 82.19%,成为最主要的因素。

中国经济增长的产业结构效应和驱动机制

第二节 北京市产业结构调整与经济波动

北京市作为我国首都,发挥着重要的政治与经济的领导与旗帜作用。研究北京市的产业结构调整与经济波动的关系可以把握住北京乃至中国经济发展的脉搏,从深层次理解产业结构变动的趋势和方向,以另一个角度审视一个区域中产业结构与经济波动的联动关系。

一、产业结构变化调整与经济波动的度量

(一) 产业结构变化的度量

通常在实证分析中计算产业结构比重的方法分为两种,一种方法为计算该产业产值占地区总产值的比例;另一种方法为计算该产业就业人数占地区总就业人数的比例,本节采用第一种方法。在本节的实证分析中,拟采用行业产值占总产值的比重对数差分的结果(即行业比重的变化率)对行业层面的变化进行度量,其公式如下:

$$\theta_{i,t} = \operatorname{Ln} \frac{G_{i,t}}{G_t} - \operatorname{Ln} \frac{G_{i,t-1}}{G_{t-1}} \tag{11}$$

其中,$i=1,2,\cdots,N$,代表 N 个不同行业,$t=1,2,\cdots,T$,分别对应不同的年份。

(二) 总体产业结构变动的度量

本节将采用 Moore 指数对整体产业结构的变化进行度量,其计算方法已在上节进行过详细阐述,在此不再赘述。

二、产业层面实证分析

(一) 北京市产业结构变动与经济波动的因果关系

1. 数据

本节实证分析拟通过计算衡量北京市经济波动和产业结构变动的指标,运用格兰杰因果检验从宏观上初步分析北京市产业结构变动和经济波动的格兰杰因果关系。本节采用 1952—2011 年北京市地区生产总值(以 1952 年为基期的

CPI调整)作为经济波动指标的数据源,并采用1952—2011年三次产业占地区生产总值的比重为衡量产业结构变动的数据源。本节数据均来自《北京统计年鉴》和《新中国五十年统计资料汇编》。

2. 北京市产业结构变化的两个阶段

在我国,产业结构的变化与宏观经济的改革和政策具有紧密联系,本节的实证分析将根据北京市三次产业的就业数量、增加值等指标,结合经济史专家对中国整体经济阶段的划分,以1978年为分割点把北京市产业结构调整划分为两个阶段。新中国成立初期到1978年北京市具有农业人口比重较大、工业发展速度快等特点(沈蕾,2009),第一产业的比重由1952年的22%迅速下降到1978年的5%,第二产业的比重在1978年左右达到了顶峰(71%),之后逐年下降,第三产业的比重由新中国成立初期的39%下降到1978年的24%,之后逐年快速上涨;在1978年之后,北京市产业结构大致经历过三个发展阶段(1979—1990年,1991—2000年,2001年至今),但是考虑到数据的有限,将后三个部分合为一个整体。综合上述信息,1978年作为中国改革进程中的重要时间点,以此划分北京市发展的两个阶段具有充分的理由。

3. 指标

本节衡量产业结构变化的指标采用 Moore 值,其计算公式已在前文给出,衡量经济波动的指标采用 GDP 增长率的周期成分(采用不变价 GDP 为源数据),在本节中均直接表述为"经济波动",由 EViews 7.0 进行 HP 滤波分解生成,其结果如图6-7所示。

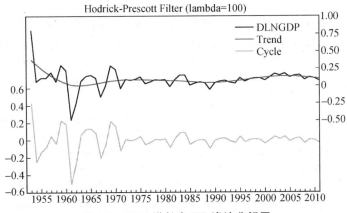

图6-7 GDP 增长率 HP 滤波分解图

4. 格兰杰因果检验

进行格兰杰因果检验的前提是变量平稳或者具有协整关系,本节采用 ADF 检验检测时间按序列是否含有单位根,采用 AIC 准则判断滞后阶数,EViews 7.0 输出的结果如表6-3 所示。

表 6-3　变量单位根检验

检验变量		检验形式	检验统计量值	P 值	结论
1952—2011	经济波动	C,N,10	-5.833	0.000*	平稳
	Moore 指数	C,N,10	-3.018	0.0402**	平稳
1952—1978	经济波动	C,N,3	-4.171	0.0041*	平稳
	Moore 指数	C,T,5	-4.342	0.0136**	平稳
1979—2011	经济波动	C,N,0	-5.274	0.0001*	平稳
	Moore 指数	C,N,0	-4.321	0.0018*	平稳

注:表中检验形式一栏第一个指标代表有无截距项(C 表示有,N 表示无),第二个指标代表有无时间趋势项(T 表示有,N 表示无),第三个指标为滞后阶数;表中 * 和 ** 分别代表在 1% 和 5% 的显著水平下拒绝存在单位根的原假设。

经过单位根检验,变量均在 1% 或者 5% 的显著性水平下拒绝有单位根的原假设,可以进行格兰杰因果检验,结果如表 6-4 所示。

表 6-4　格兰杰因果检验结果

年份	原假设	统计量(P 值) 滞后2期	统计量(P 值) 滞后3期	统计量(P 值) 滞后4期	统计量(P 值) 滞后5期	统计量(P 值) 滞后6期
1952—2011	Moore 值不能 Granger 引起经济波动	3.15359 0.0510	12.9013* 0.0000	7.52258* 0.0001	7.42089* 0.0000	6.99656* 0.0000
	经济波动不能 Granger 引起 Moore 值	1.08695 0.3448	0.80147 0.4991	1.88062 0.1299	7.28175* 0.0001	1.37655 0.2476
1952—1978	Moore 值不能 Granger 引起经济波动	1.66163 0.2163	5.18983** 0.0108	2.63280 0.0826	2.62904 0.0907	2.73207 0.1073
	经济波动不能 Granger 引起 Moore 值	0.60444 0.5566	0.28949 0.8323	0.50313 0.7342	2.29618 0.1233	0.34112 0.8944
1979—2011	Moore 值不能 Granger 引起经济波动	0.16032 0.8527	0.47154 0.7051	0.55845 0.6954	0.69411 0.6350	0.84495 0.5563
	经济波动不能 Granger 引起 Moore 值	7.16143* 0.0033	4.39733** 0.0138	2.96889** 0.0447	3.32070** 0.0284	2.38488 0.0846

注:表中 * 和 ** 分别代表在 1% 和 5% 的显著水平下拒绝原假设。

从 1952 年至今,"Moore 值(即产业结构变动)不能格兰杰引起经济波动"的原假设(除滞后 2 期)均被以 1% 的显著水平拒绝,而"经济波动不能格兰杰引起 Moore 值"的原假设只能在滞后 5 期时被拒绝,由此可以得出结论:北京市 1952—2011 年产业结构变动能够格兰杰引起经济波动,而期间的经济波动不能格兰杰引起北京市产业结构变动。

1979—2011 年,"经济波动不能格兰杰引起 Moore 值"的原假设在滞后 2—5 期均被拒绝,而其他的变量均不能显著地体现出格兰杰因果关系,由此可得出结论:北京市 1979—2011 年经济波动能够格兰杰引起产业结构的变化,而期间的产业机构变化不能格兰杰引起北京市经济波动。

综上,从长期来看,北京市产业结构的调整对于经济的冲击有较为明显的效应,而经济的波动没有明显地反作用于产业结构的变动。在 1978 年之前,两者的关系主要体现出了长期的因果关系,而在 1978 年之后,经济的波动显著地造成了产业结构的调整,这是长期分析中没有体现出来的。

产业结构变化造成经济波动的可能原因为新中国成立初期到 1978 年强调的工业发展和第三产业相对比重的下降造成了经济中的稳定成分缺失,工业项目的上马能极大地刺激短期内的地区生产总值上涨,而在当时缺乏系统性引导和规划的背景下,与工业相关的第三产业配套服务发展滞后,这种刺激极易转化成为经济的波动并且民众的生产生活水平并没有显著的提高。这也从另一方面证明了仅仅发展第二产业而忽视第三产业的发展不可能维持经济的高速增长和劳动力的就业需求。一个产业如果仅仅依靠建立一个项目或者工厂而没有形成从制造到销售的第二、三产业相结合的产业链条,贸然调整产业结构只能恶化经济形势。而在 1978 年之后,第三产业的比重大幅上升,同时第二产业比重大幅下降,经济被重新注入稳定剂,经济对于产业结构的调整有更合理的预期和更长的传导途径,其影响被逐级削弱,所以期间产业结构的变化没有对经济造成大的冲击,经济的变化形态从"大起大落"转变成"高位平缓",符合我国稳中求进、好中求快的发展战略,在原则上和方向上顺应了时代的潮流。

经济波动反向对产业结构变化的影响在 1978 年之前并不显著,其原因可能为经济波动对产业结构的作用是市场的选择,经济形势的好坏既能在短期又能在长期让市场做出投资、消费等经济行为的判断,从而影响产业结构的变化。在 1978 年之前,我国以计划经济为主,经济的波动并不能导致产业结构的改变,市场的力量受制于行政力量,没有表现出"隐形的手"的优化配置作用。而在1978年之后,市场机制被引入到经济运行中,特别是在90年代及以后,市场经济占主导的经济结构更能左右资金和人才的流向,经济的波动会造成资源从陈旧落后的行业和产业流向高预期的部门,投资者的预期受到宏观经济面的影响很大,反映出市场在配置资源中的效应,解释了1978年后经济波动格兰杰引起了产业结构的变化。

(二)产业层面具体实证分析

1. 数据

本节采用1952—2011年北京市地区生产总值(以1952年为基期的CPI调整)作为经济波动指标的数据源,并采用1952—2011年三次产业占地区生产总值的比重为衡量产业结构变动的数据源。本节数据均来自《北京统计年鉴》和《新中国五十年统计资料汇编》。

2. 模型与指标

本节将采用去掉相邻两期产业结构不变假设后的 Eggers and Ioannides (2006)构建的经济波动变化额分解式,其公式已在上节中进行过详细阐述,在此不再赘述。

本节实证分析将采用产业生产值占总体GDP的份额作为各产业比重的指标,采用各产业5年期GDP滚动方差和协方差作为产业内部产值波动的指标。三次产业和北京市生产总值的滚动方差如图6-8所示:

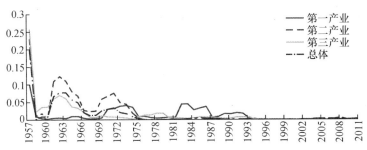

图6-8 北京市三次产业和总体生产总值增长率滚动方差

由图中可见以滚动方差衡量的经济增长波动大致成下降趋势,但是在1960—1975年第二产业与总体滚动方差均有两个明显的向上波动,第一次波动时第三产业也呈现出明显的向上波动,第二次波动时第一产业出现了向上波动。

此阶段的波动均与当时的政策和历史背景有莫大关系,市场的行为并不占主导地位,但仍然可以看出在政府的调控下,北京市的经济波动在震荡下降;而在市场进入参与后,资源被有效地配置到自身波动低、具有高稳定性的产业和行业,有力保障了经济的平稳运行。图中显示1993年之后经济波动不再明显,三次产业的合理比重、和谐发展促进了北京市整体经济的稳定与繁荣。

3. 模型结果

图6-9和图6-10描绘了1958—2011年北京市经济增长率滚动方差变化额被分解成的结构效应、自身波动效应和交互效应(分别以原值和百分比表示)。由计算结果可得,产业结构的变动在不同时期对北京市总体经济的波动有着不同程度的正向或负向影响。在分析期内,产业结构的变动平均对北京市总体经济的波动有16.11%的贡献率。

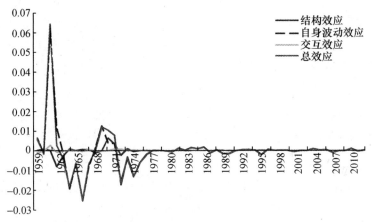

图6-9 北京市经济波动分解效应

期间,结构效应比重和自身波动效应比重出现了4个明显的峰值,分别在1962年、1968年、1982年和1996年,其原因是两个子效应的绝对值显著大于1,而正负值抵消后总体经济波动反而较小或接近于零导致分母较小。与图6-7结合来看,每次经济增长率剧烈波动前后的拐点均伴随着极端值的出现,充分证明了分解后的效应模型能更好地反映不同影响因素对经济波动的作用。由图可见,在1958—2011年,结构效应围绕零值有较大幅度波动;自身波动效应显著为正值且在前期(1990年之前)有比较明显的波动,是经济波动的主要原因;交互效应在期间围绕零值有较小的浮动。

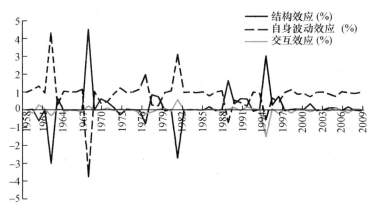

图 6-10 北京市经济波动分解效应比重

4. 结果的进一步分析

(1) 结构效应(比重)的负值。首先考虑结构效应比重的负值,即把三种效应加以对比。分解子效应比重(以百分数表示)的负值意味着其与总体效应的方向相反,即与经济增长率滚动方差的变化方向相反。结构效应比重的负值意味着产业结构的变动抵消掉了其他一些影响经济波动的因素。如果经济波动的变动是负向的(即经济波动减小),结构效应实际上抵消了一部分减小波动的自身波动效应和交互效应,如果经济波动的变动是正向的(即经济波动增大),结构效应实际上抵消了一部分增大波动的其他两种效应之和。

考虑结构效应的负值,其经济含义即为降低经济增长率的波动。结构效应在 1958—2011 年期间有 23 年起到了减小经济波动、稳定总体生产的作用,特别是在 2003 年之后,结构的调整均在一定程度上抑制了经济的波动,证明北京市产业结构调整取得了阶段性成果。21 世纪以来高科技、高附加值产业的快速发展给北京市注入了稳定剂,此类产业具有自身波动小的特点,提高此类产业在总体经济中的占有量十分有利于平稳经济增速。

(2) 结构效应比重超过 ±100% 的值。当三个子效应中出现一个或者两个与总值符号相反时,特别是在总体效应接近零值时,子效应的比重会显著地超过 100%。当结构效应比重绝对值超过 100% 时,表示产业结构变动对经济波动的影响部分地或全部地被其他因素抵消。

结构效应比重和自身波动效应比重的 4 对极值均体现出总体结构平稳的条

件下显著的内部波动。极值和经济波动前后拐点在时间上的重合表明在经济的拐点上各个子效应的作用会短时间放大。子效应之间的相互冲突正是经济在转型期的特点，一旦转型期过去，各个子效应会重新回复平衡，经济也进入一段新的平稳发展期。

（3）结构效应较强的波动。由模型结果可以观测出，产业结构波动对经济波动变化的影响在时期内波动强烈，原因在于新中国成立后，北京作为首都在60年的分析期内经济增长迅速，但是产业结构的变迁一直都由政府直接把控，特别是在1978年之前，产业结构可能因为政策和国防的发展需要在时间和空间上产生突然变化，导致其对经济波动的贡献率较大。在市场经济占据分配体系主导地位之后，市场有效地分配了资源，平稳了经济增长，产业结构调整的相对缓和导致结构效应不再对经济波动有剧烈影响。

三、行业层面实证分析

（一）数据

本节实证分析拟建立一个变量为各行业比重变化率和产品缺口的VAR模型，从行业层面考察产业结构变化对经济波动的影响。本节采用1983—2011年北京市地区生产总值（以1983年为基期的CPI调整）作为调整后的产品缺口标准差的数据源。本节根据数据的易获得性并参考国家标准《国民经济行业分类标准》，在对所得数据进行处理后，将北京市行业分为农业，工业，建筑业，交通运输业、仓储业和邮电通信业，批发和零售贸易、餐饮业和住宿业，金融业，房地产业和科教文卫事业及其他（模型中不包括）。本节数据均来自北京市统计年鉴，其中1983—1985年的房地产业总产值数据缺失，用移动平均法将其补全。

（二）变量

该模型中共包括8个变量，分别为7个行业比重的增长率和GDP增长率的周期成分，前一类变量计算相对简单，在此不做过多说明；GDP增长率的周期成分，采用不变价GDP为源数据，由EViews 7.0计算生成，其结果如图6-11所示。

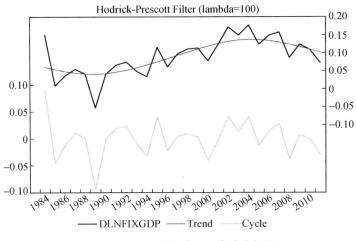

图 6-11 GDP 增长率 HP 滤波分解图

(三) VAR 模型

传统的计量方法建立在经济理论基础上来解释自变量和因变量的关系,不可避免地产生内生变量和无法刻画动态模型等问题。由于向量自回归模型(Vector Auto-regression)可以用非结构性的方法建立各个变量之间的关系,从而能够避免传统模型的缺点。一般地,P 阶非限制性向量自回归模型形式为:

$$y_t = A_1 y_{t-1} + A_2 y_{t-2} + \cdots + A_p y_{t-p} + B x_t + \varepsilon_t$$

其中,y_t 是 k 维内生变量列向量,x_t 是 d 维外生变量列向量,p 是滞后阶数,T 是样本个数,$k \times k$ 维矩阵和 $k \times d$ 维矩阵是待估计的系数矩阵,ε_t 是 k 维扰动列向量。VAR 模型拟合的系数通常没有特别的价值,建立 VAR 模型主要目的在于考察各变量之间的格兰杰因果关系,并通过脉冲响应函数考察内生变量对其他内生变量的冲击度,通过方差分解考察结构冲击对于每一个内生变量变化的贡献度。

在建立 VAR 模型之前,需要先对各变量的平稳性做检验,对于非平稳的时间序列还需要根据其是否具有协整关系判断能否建立 VAR 模型。本节采用 ADF 检验检测时间按序列是否含有单位根,采用 AIC 准则判断滞后阶数,EViews 7.0 输出的结果如表 6-5 所示。

表 6-5　变量单位根检验

检验变量	检验形式	检验统计量值	P 值	结论
经济波动	C,N,0	−6.953	0.000*	平稳
dln 农业比重	C,N,0	−4.618	0.001*	平稳
dln 工业比重	C,N,3	−2.996	0.0496**	平稳
dln 建筑业比重	C,N,1	−6.269	0.000*	平稳
dln 批发业等比重	C,N,0	−5.477	0.000*	平稳
dln 交通业等比重	C,N,0	−4.781	0.001*	平稳
dln 房地产业比重	C,N,0	−5.323	0.000*	平稳
dln 金融业比重	C,N,5	−3.925	0.007*	平稳

注：表中检验形式一栏第一个指标代表有无截距项（C 表示有，N 表示无），第二个指标代表有无时间趋势项（T 表示有，N 表示无），第三个指标为滞后阶数；表中 * 和 ** 分别代表在 1% 和 5% 的显著水平下拒绝存在单位根的原假设。

经过单位根检验，所有变量都平稳，可以直接建立 VAR 方程。根据本节所采用的数据特点，采用 VAR(2) 方程进行回归，即滞后阶数为 2。

（四）格兰杰因果检验

根据方程回归结果，首先进行格兰杰因果检验，部分检验结果如表 6-6 所示。

表 6-6　格兰杰因果检验结果

	原假设	χ^2 统计量	自由度	P 值
建筑业增长率方程	经济波动不能 Granger 引起建筑业增长率	14.57	2	0.0007*
	农业增长率不能 Granger 引起建筑业增长率	6.18	2	0.0455*
	批发零售业等增长率不能 Granger 引起建筑业增长率	12.71	2	0.0017*
	工业增长率不能 Granger 引起建筑业增长率	9.14	2	0.0104*
	所有变量不能同时 Granger 引起建筑业增长率	72.86	14	0.0000*
房地产业增长率方程	建筑业增长率不能 Granger 引起房地产业增长率	8.16	2	0.0169**
	所有变量不能同时 Granger 引起房地产业增长率	29.47	14	0.0090*
交通运输业等增长率方程	经济波动不能 Granger 引起交通运输业等增长率	6.18	2	0.0456**
	建筑业增长率不能 Granger 引起交通运输业等增长率	11.60	2	0.0030*
	所有变量不能同时 Granger 引起交通运输业等增长率	53.25	14	0.0000*

注：表中 * 和 ** 分别代表在 1% 和 5% 的显著水平下拒绝原假设。

表中显示项目均为能在 1% 或 5% 的显著水平下拒绝没有格兰杰因果的原假设的项目，其余检验结果都不能拒绝原假设。对于本节关注的产业结构对经济波动的影响问题，格兰杰检验并没有给出有意义的解释，仅说明经济的波动能够格兰杰引起建筑业增长率和交通运输业等增长率的变化。对此,本节将继续运用脉冲响应函数和方差分解的方法测量各个产业结构变量对经济波动的影响力度。

(五)脉冲响应函数

通过 VAR 方程,可以建立脉冲响应函数,分析当模型受到某种冲击时对系统的动态影响,其结果如图 6-12 所示。

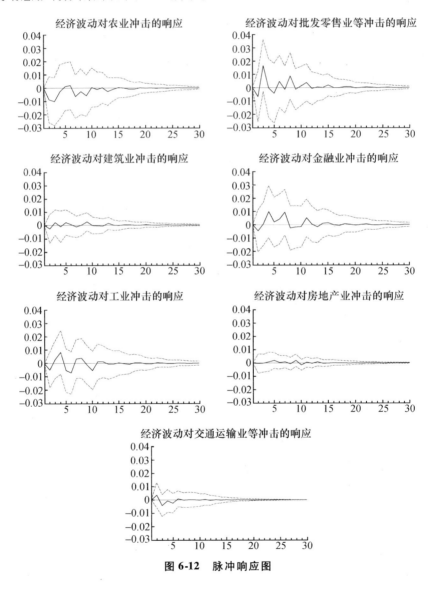

图 6-12 脉冲响应图

由上图可以看出,当给各个行业变动的条件标准差 1 个单位的冲击后,经济波动都呈现出不同程度的响应,其对批发零售等行业的响应最为剧烈,对房地产业的响应最为微弱。经济波动之所以对于批发零售业和餐饮住宿业的冲击有较大的响应可能在于这类行业均直接与居民的消费相联系,消费量的提高能够在短期内给经济一个正向的冲击,但是这种冲击不具有持久性,在两期之后就迅速下降,随后在零值附近震荡衰减,在 15 期后冲击效应基本消失。这种现象与消费的特性吻合(与投资对比),即在短期内能够拉动经济增长,但如果没有持续性,经济增长就会变成先扬后抑的经济波动。

经济波动对于工业的响应较为显著,在前 10 期正负交替达到峰值,说明工业结构的变化不能被迅速消化,该时期内工业比重的上升超出了市场和经济的正常预期,与北京市近年来工业外移的趋势相悖,相反建筑业对经济几乎没有冲击的分析结果与北京市近年来房地产业的高速发展有莫大关系,经济已经预期到该产业的发展。

前 10 期农业比重增长率的冲击对经济波动都有显著的负效应,说明农业产出拉动经济增长的效应已经非常微弱,如果加大其占总产值的比重会给经济带来明显的向下波动。考虑到农业所涉及的"三农"问题,在保护农业用地,提高农业科技水平,保障农民的收入同时,发展现代化、集约化农业是解决我国"农民真苦、农村真穷、农业真危险"的"三农"问题的根本路径,而不是简单地降低农业在国民经济中的比重。

虚拟经济的代表金融业作为近年来高度发展的行业,其对经济波动的作用不可小视。可以看到在给金融业变动的条件标准差 1 个单位的冲击后,经济波动第 2 期之后反映出较强的正向波动,第 8 期之后逐步下降为负效应并震荡收敛到零值。这与我国的金融业刚刚起步的现状吻合,其发展对经济的稳定冲击较大,与成熟的金融市场稳定宏观经济走势的作用还有一定距离。尽快建立起法律法规监管金融行业已势在必行,政府要逐步退出既扮演裁判员又扮演运动员的双重角色,努力推动金融行业的市场化,让金融行业真正成为支持新兴行业发展,稳定国民经济和保障民生的中坚力量。

交通运输业、仓储业和邮政业作为传统行业对经济波动的冲击不甚明显,只在前 5 期有轻微波动,说明其对经济的"刺激"作用已经不大,此类行业作为经济传送的纽带和桥梁对社会经济的发展起着举足轻重的作用,其创造的价值多为间接价值,对经济的影响也大多需要其他行业的传导,故对经济波动的脉冲作用不甚显著。

经济波动对于房地产业增长的冲击没有明显的响应,说明房地产业对稳定经济做出了一定的贡献。北京市房地产业近年来的高度发展已成为热门话题和研究焦点,政府管理层面和学界都对此问题密切关注。结合民生问题来看,近两年房地产业在北京乃至全国各地的发展都受到了政府的严格调控,让房价回归到合理的位置是政府工作的主题和重点之一,地方政府也谋求从"土地财政"中脱身,以高附加值的产业带动经济的发展。对房地产经济的调整其意义已经超越了经济层面而更侧重于社会层面。

(六)方差分解

通过已经建立的 VAR 模型,可以进行方差分解评估结构冲击对内生变量变化的贡献度,表 6-7 为用 EViews 7.0 计算的分解结果。

表 6-7 方差分解表

时期	DLNAGRI	DLNBUSI	DLNCONS	DLNFINA	DLNMANU	DLNREES	DLNTRAN
1	0.000000	0.000000	0.000000	0.000000	0.000000	0.000000	0.000000
2	7.447350	4.350797	0.722044	1.979902	2.290540	0.018691	1.236664
3	11.81843	20.70405	0.750704	1.378673	2.121613	0.013820	1.957483
4	10.66572	17.95507	0.715952	6.654905	5.701359	0.056783	1.728663
5	10.10896	17.85616	0.893962	6.492589	6.853147	0.244132	1.938238
6	9.723422	17.95494	0.852648	7.059413	9.015667	0.238627	1.864981
7	10.71293	16.44297	0.845520	10.44924	8.721547	0.257735	1.700635
8	10.48149	18.90600	0.802411	10.16871	8.914447	0.261163	1.614544
9	11.59584	18.40903	1.043327	9.977057	8.709948	0.419251	1.567681
10	11.29921	17.99753	1.019334	9.799909	9.657414	0.486447	1.527781
11	11.11590	18.20939	1.009787	10.66620	9.515235	0.491503	1.500412
12	11.08931	18.18322	1.021884	10.64446	9.553711	0.492944	1.500301
13	11.31633	18.07879	1.087441	10.67474	9.509055	0.519586	1.491420

注:表中第一列变量从左至右分别表示农业比重增长率、批发零售业等比重增长率、建筑业比重增长率、金融业比重增长率、工业比重增长率、房地产业比重增长率和交通运输业等比重增长率。

由表 6-7 和图 6-13 可见,对经济波动贡献最为明显的仍是批发零售业和餐饮住宿业,贡献最不明显的仍是房地产业。方差分解的结果验证了脉冲响应函数的结果,其理由已在上一部分给出,在此不再赘述。

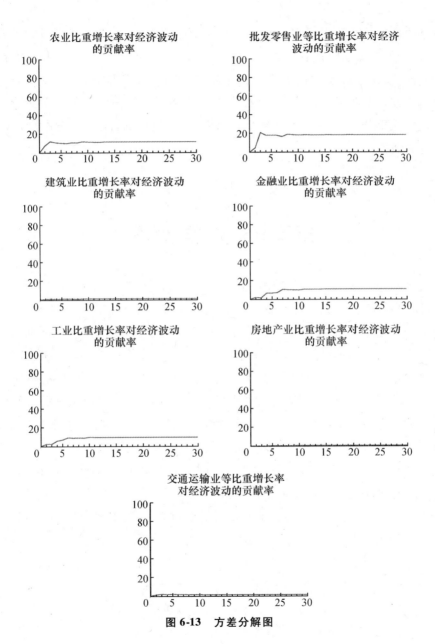

图 6-13 方差分解图

（七）小结

本节建立的以 7 个行业比重增长率和 GDP 增长率的周期趋势为变量的 VAR(2) 模型,超越以前建立的模型从行业层面上分析了各个行业对北京市经济波动的影响。北京市受到批发零售业和餐饮住宿业等面向直接消费的行业影响十分明显,在峰值时达到了20%(根据方差分解结果),工业、农业和金融业的影响其次,建筑业以及交通运输业、仓储业和邮政业的影响再次,房地产业的影响微弱。在本节所采用的变量中,批发零售业和餐饮住宿业以及金融业所占生产总值的比重分别达到了16.3%和14.5%,由此也可以看出高比重行业对经济波动的重要作用。

第三节 本章小结

我国产业结构的调整从新中国成立初期开始,持续六十余年并不断演进深化,现阶段政府所强调的产业结构优化升级便是这一历程的又一次改革与创新。我国的产业结构调整以1978年为分割点,两个阶段可以总结出明显不同的经济发展形态。由分析的结论可以看出市场经济体制的引入对于我国经济发展和平抑经济波动的巨大贡献,特别是进入20世纪90年代之后市场经济的发展步入正轨,中国经济也由此迈向高速增长的20年。现阶段,在坚持市场经济体制为最主要和最重要的资源配置手段的同时,需要进行一定的政府干预和调控,防止经济向过热的房地产等行业的投机,且要引导市场稀缺资源和资金投向具有发展前景和对整体经济具有巨大推动力的行业,如金融银行业等。政府在这个产业结构优化调整中的角色定位十分关键,直接决定了产业结构优化的走向和成败。首先,政府作为市场参与者不能凌驾于市场之上,其出台的政策和措施也应通过一定的传输渠道间接地影响实体和虚拟经济,而不是"指哪打哪","头疼医头、脚疼医脚",政府政策应该有预见性和深入性,把握到经济发展轨迹的动向。其次,政府作为监管者,应逐步退出市场性的竞争,制定好法律法规规范市场的行为,保证市场健康稳定的运行。再次,政府应多借鉴和吸收国外的成功经验,并结合中国实际情况应用到产业结构调整之中。最后,在执行政策和方案之前,需要进行充分的论证和试点,详细了解到经济实体的反应并制定相应的措施予以应对,对于及时发现的问题要给予高度的重视。本章对中国产业结构调整和经济波动的关系从定性和定量上进行了分析,对于今后的政府工作具有一定的借鉴和指导意义。

对北京市的研究是对中国整体经济研究的进一步深化和具体化,能够从一个典型代表上发现更为深层次的规律和问题。北京市作为我国首都,在新中国成立后的发展代表了全国较为先进的水平,在政策上和资源上均对其有较大的倾斜,使之成为60年来城镇发展水平的代表。北京市产业结构从"一、二、三"到"二、三、一"再到"三、二、一"的演进速度远高于全国的平均速度,体现出很强的示范作用和指导效应。通过对北京市产业结构对经济波动影响的研究,市场经济在稳定经济增长、保证充分就业方面具有不可替代的作用。对比1978年前后,政府对产业结构的直接调控对经济波动有着较为显著的直接或间接的影响,人为干预市场的方式阻碍了资源有效率的配置,产业结构调整与经济实体之间的通道没有被构建起来,而是以刺激的方式给市场注入不必要的"血液",导致资源的浪费和对经济体的恶性冲击。而在市场作为中介之后,产业结构和经济增长都融入到一起,市场作为通道连接了资源和产业,经济体对于市场有充分的预期,因此不易发生较大的经济波动。从行业层面来看,与消费者息息相关的批发零售与餐饮住宿业对经济波动的贡献率很大,也印证了消费是短期拉动经济增长的有效手段。对于新兴行业如金融服务业,政府应逐步退出市场直接参与者的角色,而转向监督者与惩罚者,尽快完善相关法律法规的制定,营造健康、自由的发展环境才是当务之急。金融业的发展必将推动小额信贷业的兴盛,将闲散资金配置到有需要的投资者和企业,特别是中小企业,能有力地促进三次产业全面的优化升级和技术进步,为创意型企业等代表着"第四次产业革命"的先进行业提供有力的资金和政策保障。此外,行业结构的优化升级必须考虑到民生问题,在兼顾效率的同时不能忽视公平。住房问题作为2004年之后民生的头号问题,以北京地区最为突出。房地产业对经济的稳定作用不可小视,但是调控房价和建设廉租房等民生措施刻不容缓且决不能放松。政府部门应多加强对宏观经济结构的预测,对于将出台的经济政策要给予充分的论证和调查,使得市场有充分的时间应对可能的冲击,达到缓和经济波动的目的。

第七章 中国产业结构优化研究

第一节 产业结构合理化、高度化与经济增长

一、引言

研究产业结构与经济增长的关系有重要的理论和现实意义。目前,我国学者在此方面的研究集中在产业结构变动对于经济增长的影响,或者仅仅研究产业结构合理化或产业结构的高度化对经济增长的影响,很少有学者将两者结合起来考虑。但是,产业结构合理化与高度化是相互促进、密不可分的,产业结构的合理化有助于资源达到最优配置,使在当前水平下的生产力得到充分的发挥,而产业结构的高度化可以将劳动生产力提升到一个新的层次,在更高的水平上配置资源。所以理论上讲,产业结构合理化与高度化一方的提高会增强另一方对于经济增长的贡献。本节将综合考虑产业结构合理化与高度化对于经济增长的影响,用实证的方法验证两者之间存在相互促进的作用,即产业结构的合理化有助于增强产业结构高度化对于经济增长的贡献,同样地,产业结构的高度化也有助于增强产业结构合理化对于经济增长的贡献。

二、产业结构合理化、高度化与经济增长——基于VAR模型的分析

(一)指标的设计

首先,需要设计恰当的指标,反映产业结构的合理化与高度化。

产业结构合理化是指一个产业结构系统中各个产业之间达到相互协调和和谐的状态。从经济学理论的角度分析,即三大产业的劳动生产率相同,在此情况

下资源配置达到最优,产业结构最合理。基于此,设计测量产业结构合理化的指标如下:

$$E = \sqrt{\sum_{i=1}^{3}\left(\frac{y_i}{l_i} - 1\right)^2} \quad (i = 1,2,3)$$

在上式中,E 代表产业结构偏离度。y_i 和 l_i 分别表示第 i 个产业的增加值和劳动力在三大产业中所占的比例,$i = 1,2,3$,表示国民经济中的三大产业。E 值越小,产业结构越合理。特别地,当 $y_1 = l_1$,$y_2 = l_2$,$y_3 = l_3$,即各个产业的劳动生产率相同时,E 值为零,此时产业结构达到最合理的状态。

产业结构高度化的定义略有争议,有学者认为,产业结构高度化是指一国经济发展重点或产业结构重心由第一产业向第二产业和第三产业逐次转移的过程,标志着一国经济发展水平的高低和发展阶段、方向。但是这种定义忽略了劳动生产率的问题,具体应用时可能有偏差。比如,新西兰的第一产业非常发达,如果仅仅从三大产业产值比例的角度出发,可能会得到新西兰产业结构水平较低的结论,但是这与新西兰较高的经济发展水平相悖。所以,本小节将三大产业间产值的比例与劳动生产率相结合,设计衡量产业结构高度化的指标如下:

$$H = \sum_{i=1}^{3} y_i \times \frac{LP_{it}}{LP_{i0}} \quad (i = 1,2,3)$$

上式中,H 代表产业结构的高度,y_i 表示第 i 个产业的增加值在三大产业中所占的比例。LP_{it} 和 LP_{i0} 分别表示第 i 个产业在第 t 期和第 0 期的劳动生产率,其中劳动生产率的定义是某产业的增加值除以该产业的从业人数。$i = 1,2,3$,表示三大产业。上式的含义是用各产业基期的劳动生产率将其第 t 期的劳动生产率标准化再乘以该产业在国民经济中的比重,将三大产业的乘积相加,即得到第 t 期的产业结构高度。特别地,基期的产业结构高度为 1。另外,本节采用 GDP 的增长率作为经济增长的衡量指标,记为 GDP。做出我国 1978 年以来产业结构合理化与高度化指标的趋势图如图 7-1 所示。

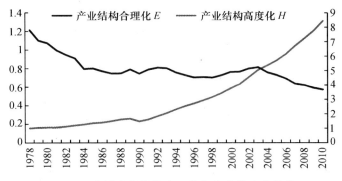

图 7-1 我国产业结构合理化与高度化变化趋势

从图中可以看出,我国产业结构合理化的指标 E 呈平稳下降的趋势,从 1978 年的约 1.2 下降到 2010 年的 0.6 左右,说明我国三大产业之间趋于合理;而我国产业结构高度化的指标 H 呈逐步上升的趋势,从基期(1978 年)的 1 上升到 2010 年的 8 以上,说明我国产业结构高度有了明显的提升。进一步分析 E 与 H 的变化趋势可以发现,我国产业结构合理化主要在 1978—1985 年和 2004 年以后,在这两个时间段内 E 值下降速度较快,而在 1986—2003 年 E 值基本保持不变。而衡量产业结构高度化的 H 值的变化大致可以分为两个阶段:1978—1991 年,属于我国改革开放的初期,主要属于完善制度、调整结构的阶段,产业结构高度化的速度并不快,H 值的年均复合增长率在 3.5% 左右。随着 1992 年党的十四大正式把建立社会主义市场经济体制作为经济体制改革的目标,社会的生产力得到了进一步的发展,1992 年以来 H 的年均复合增长率超过了 8.6%,这也与我国所处的工业化加速时期相符。总体来看,我国产业结构的高度在不断地提高,合理性在不断地增强,从趋势上来看两者配合得比较好。

接下来进行实证分析,为了保持数据处理的一致性,同样对衡量产业结构合理化与高度化的指标取对数差分,依然记为 E 和 H。选择的样本区间是 1978—2010 年,数据来源为历年中国统计年鉴和中经网统计数据库,所有数据均以 1978 年为基期进行了平减,采用的模型为 VAR 模型。

(二)实证分析

由于利用时间序列数据进行分析,需要首先进行平稳性检验,结果如表 7-1 所示。

表 7-1　平稳性检验结果表

序列	检验方法	检验统计量	P 值	检验结论
E	(C,T,0)	-4.376	0.0080	平稳
H	(C,T,0)	-4.337	0.0088	平稳
GDP	(C,N,3)	-3.617	0.0119	平稳

从检验结果可以看出,三个序列都是平稳序列,可以直接进行下一步的分析。

接下来,进行方差分解。考虑到本节目的,即研究产业结构的合理化是否会提高产业结构高度化对于经济增长的影响,产业结构的高度化是否会提高产业结构合理化对于经济增长的影响,进行如下的方差分解:首先利用 E 和 GDP 建立 VAR 模型 1,得出特定滞后期 E 对于 GDP 的解释能力 E_1;然后利用 H 和 GDP 建立 VAR 模型 2,得出特定滞后期 H 对于 GDP 的解释能力 H_1;最后利用 E、H 和 GDP 建立 VAR 模型 3,得出相同滞后期下 E 对于 GDP 的解释能力 E_2 和相同滞后期下 H 对于 GDP 的解释能力 H_2。这么做的意义在于,VAR 模型 1 和 VAR 模型 2 下 E 和 H 对于 GDP 的解释能力分别反映的是只有产业结构合理化和产业结构高度化的情况下,合理化和高度化对于经济增长的贡献程度。而 VAR 模型 3 综合了产业结构合理化与产业结构高度化,如果 E_2 大于 E_1,则说明产业结构高度化的存在可以提高产业结构合理化对于经济增长的贡献;如果 H_2 大于 H_1,则说明产业结构合理化的存在可以提高产业结构高度化对于经济增长的贡献。考虑到采用的是年度数据,所以滞后期统一选择为 3 期和 6 期,进行方差分解时一律 GDP 在后。另外,在 VAR 模型 3 中,由于有 E、H、GDP 和 H、E、GDP 两种分解顺序,分别将其分解求平均作为 E_2 和 H_2。分解的结果如表 7-2、表 7-3 所示。

表 7-2　滞后 3 期方差分解结果表(%)

滞后 3 期	VAR 模型 1	VAR 模型 2	VAR 模型 3 (E 在 H 前)	VAR 模型 3 (H 在 E 前)	VAR 模型 3 (平均)
E	31.54	N.A.	40.94	61.75	51.35
H	N.A.	16.50	31.68	10.87	21.27
GDP	68.46	83.50	27.38	27.38	27.38

表7-3 滞后6期方差分解结果表(%)

滞后6期	VAR模型1	VAR模型2	VAR模型3(E在H前)	VAR模型3(H在E前)	VAR模型3(平均)
E	32.13	N.A.	38.07	59.79	48.93
H	N.A.	19.49	37.23	15.11	26.17
GDP	67.87	80.51	24.70	24.70	24.70

从表中可以看出,在滞后3期时,$E_1=31.54,E_2=51.35,E_2>E_1$;$H_1=16.50,H_2=21.27,H_2>H_1$。而在滞后6期时,$E_1=32.13,E_2=48.93,E_2>E_1$;$H_1=19.49,H_2=26.17,H_2>H_1$,这说明产业结构的合理化的确能够提高产业结构高度化对于经济增长的贡献,而且产业结构的高度化也能提高产业结构合理化对于经济增长的贡献。

三、产业结构合理化、高度化与经济增长——基于横截面数据的分析

在上一部分,利用VAR模型证明了我国产业结构的合理化与高度化之间有相互促进的作用,一方的存在都能提高另一方对于经济增长的影响。但是上一部分利用的数据区间是1978—2010年,研究的是改革开放以来较长期间内产业结构合理化与高度化之间的相互关系。而在本部分中将采用横截面数据,研究近十年来两者之间的关系。采用的样本是我国除港澳台以外的31个省、自治区和直辖市,由于重庆某些数据不可得,因此将其并入四川。

选择与上一部分相同的指标衡量产业结构的合理化、高度化①和经济增长。各省产业结构合理化与高度化的计算结果如表7-4所示。

表7-4 各省产业结构合理化与高度化情况表

省份	2010年H	2010年E	省份	2010年H	2010年E
安徽	3.591	0.585	江西	5.163	0.611
北京	3.927	0.482	辽宁	5.988	0.744
福建	4.479	0.460	内蒙古	13.163	1.317
甘肃	4.250	1.331	宁夏	4.427	0.671

---

① 本部分各地区产业结构高度化的基准是1992年。

（续表）

省份	2010年 H	2010年 E	省份	2010年 H	2010年 E
广东	4.661	0.535	青海	3.601	0.942
广西	3.471	0.844	山东	4.344	0.582
贵州	2.740	1.397	山西	5.596	0.825
海南	3.275	0.809	陕西	5.510	0.809
河北	4.612	0.533	上海	5.266	0.485
河南	4.120	0.690	四川/重庆	2.675	0.747
黑龙江	5.601	1.009	天津	9.416	0.540
湖北	3.689	0.501	西藏	12.306	1.223
湖南	4.363	0.778	新疆	4.644	1.426
吉林	8.331	0.926	云南	2.326	1.413
江苏	4.848	0.407	浙江	3.858	0.418

从反映各省产业结构高度化的 H 值与反映产业结构合理化的 E 值中可以得出以下的信息：首先，各省的 H 值均大于 1，说明与基期 1992 年相比，各省产业结构都得到了升级。但是，各省的 H 值相差很大，说明其产业结构升级的情况是不同的。其中，内蒙古和西藏的 H 值均大于 10，天津的 H 值也超过了 9，这三个省份在近二十年中产业结构升级较快。前两者可能与其本身经济基础较差有关，而天津产业结构的迅速升级则为其经济的高度发展提供了动力。相反地，贵州、四川/重庆、云南这三个地区的 H 值均小于 3，说明其虽然也实现了产业结构的升级，但是升级速度较慢。其次，关注 2010 年的 E 值，全国范围内 E 值小于 0.5 的省份有北京、福建、江苏、上海和浙江，均为经济发展水平较高的地区；而甘肃、贵州、内蒙古、西藏、新疆、云南的 E 值都超过了 1，均为经济欠发达的地区。

接下来，进行回归分析。为了增强结论的可靠性，同时加入一些经济增长的因素作为解释变量，即社会固定资产投资总额，年末从业人员数，普通本、专科在校学生数和财政支出中的科技费用，分别用来衡量资本、劳动力、人力资本和科技水平。将指标取对数差分，分别记为 K、L、HUM 和 S，与上一部分中计算出的 E 和 H 一起作为解释变量，GDP 作为被解释变量进行横截面回归。回归的思路为，对于每一年的数据，首先以 E、K、L、HUM 和 S 作为解释变量，GDP 作为被解释变量进行回归，记为模型 1；然后以 H、K、L、HUM 和 S 作为解释变量，GDP 作为被解释变量进行回归，记为模型 2；最后以 E、H、K、L、HUM 和 S 作为解释变量,GDP作为被解释变量进行回归,记为模型3。观察模型3调整后的R^2是否大于模型1和模型2的R^2,模型3中E的显著性水平是否高于模型1中E的显著性水平而模型3中E的系数是否小于模型1中E的系数①,模型3中H的系数和显著性水平是否高于模型2中H的系数和显著性水平。本部分的样本区间是2001—2010年,由于2007年财政支出的统计口径发生了变化,该年度财政支出中的科技费用部分的增长率不可比,所以剔除掉2007年的数据,采用2008—2010年和2001—2006年共九年的横截面数据分别进行回归。所有数据来自中经网统计数据库、历年中国统计年鉴和各地区统计年鉴,回归结果如表7-5所示。②

表7-5 历年横截面回归结果表

年份	回归模型	E的系数	E的p值	H的系数	H的p值	(调整后的)R^2
2010	模型1	0.0068	0.9463	N.A.	N.A.	0.3825
	模型2	N.A.	N.A.	0.5325	0.0000	0.7634
	模型3	-0.3199	0.0000	0.7870	0.0000	0.9243
2009	模型1	0.0243	0.8856	N.A.	N.A.	0.1566
	模型2	N.A.	N.A.	0.8029	0.0000	0.7688
	模型3	-0.4604	0.0000	1.0770	0.0000	0.9545
2008	模型1	0.0989	0.2196	N.A.	N.A.	0.5586
	模型2	N.A.	N.A.	0.4664	0.0000	0.8438
	模型3	-0.2264	0.0000	0.6878	0.0000	0.9068
2006	模型1	-0.0071	0.8893	N.A.	N.A.	0.0594
	模型2	N.A.	N.A.	0.2449	0.0207	0.2503
	模型3	-0.1788	0.0032	0.5262	0.0002	0.3569
2005	模型1	0.0772	0.3429	N.A.	N.A.	0.3793
	模型2	N.A.	N.A.	0.4914	0.0000	0.7691
	模型3	-0.2307	0.0000	0.7238	0.0000	0.8646
2004	模型1	0.1470	0.2482	N.A.	N.A.	0.2675
	模型2	N.A.	N.A.	0.6514	0.0000	0.8276
	模型3	-0.2250	0.0000	0.7975	0.0000	0.8707

① E越小产业结构越合理,所以E应该与GDP成负相关的关系。
② 所有的回归均通过了异方差和多重共线性检验。

(续表)

年份	回归模型	E 的系数	E 的 p 值	H 的系数	H 的 p 值	（调整后的）R^2
2003	模型1	0.0590	0.4066	N.A.	N.A.	0.5191
	模型2	N.A.	N.A.	0.3660	0.0004	0.7073
	模型3	-0.4051	0.0000	0.9209	0.0000	0.8943
2002	模型1	0.0364	0.6636	N.A.	N.A.	0.4963
	模型2	N.A.	N.A.	0.4775	0.0000	0.7627
	模型3	-0.2132	0.0010	0.6798	0.0000	0.8535
2001	模型1	-0.2353	0.0561	N.A.	N.A.	0.3475
	模型2	N.A.	N.A.	0.7177	0.0000	0.8142
	模型3	-0.1598	0.0083	0.6866	0.0000	0.8280

以2010年为例，分析回归结果：2010年的模型1，即只有E和K、L、HUM、S作为解释变量的模型中，E的系数为正，与预期不符，同时p值显示E的系数不显著；模型2，即只有H和K、L、HUM、S作为解释变量的模型中，H的系数为0.5325，显著；而模型3，有E、H和K、L、HUM、S作为解释变量的模型中，E的系数为-0.3199，符号符合预期，p值显示系数显著，H的系数为0.7870，大于0.5325且显著，说明加入H后增强了E对于GDP的解释能力，而且加入E后增强了H对于GDP的解释能力。同时，模型3调整后的R^2为0.9243，模型1和模型2的R^2分别只有0.3825和0.7634，这说明加入E或加入H后对于GDP的解释能力整体上得到了提高。

总体分析历年的回归结果，在加入H前，E的系数都不显著，加入H后，E的系数都变得显著而且符号与预期一致，说明H的加入增强了E对于被解释变量GDP的解释能力；在加入E前，H的系数都显著而且与预期一致，加入E后，H的系数仍然显著而且除2001年以外都变大，说明E的加入增强了H对于被解释变量GDP的解释能力。而且加入H或E后，方程调整后的R^2都变大，说明对于GDP的解释能力得到了提高。从而说明我国产业结构的合理化有助于增强产业结构高度化对于经济增长的贡献，同样地，产业结构的高度化也有助于增强产业结构合理化对于经济增长的贡献。

四、小结

本节通过构造产业结构合理化与高度化的衡量指标，利用VAR模型和横截面回归等方法，研究了我国产业结构合理化、高度化与经济增长的关系。在构造产业结构合理化的衡量指标时,考虑了经济学意义上的最优情况,即各个产业的劳动生产率相等;在构造产业结构高度化的衡量指标时,不仅仅考虑了三大产业之间的结构,同时考虑了三大产业的劳动生产率情况,使得指标能够更加合理地反映产业结构高度化的情况。首先利用 VAR 模型和方差分解,研究了 1978 年以来我国产业结构合理化、高度化与经济增长的关系,研究发现,产业结构合理化(E)与高度化(H)的配合能够提高两者对于经济增长的贡献,即有 E 的存在会提高 H 对于经济增长的贡献,而 H 的存在也会提高 E 对于经济增长的贡献。接下来利用 30 个省级行政单位近十年来的相关数据进行了横截面回归,也得到了相同的结论,即 E 的存在会提高 H 对于经济增长的解释能力,H 的存在也会提高 E 对于经济增长的解释能力。综合两部分的分析可以得到产业结构合理化与高度化两者之间存在相互促进的作用,即产业结构的合理化有助于增强产业结构高度化对于经济增长的贡献,同样地,产业结构的高度化也有助于增强产业结构合理化对于经济增长的贡献。

本节的结论为我国的工业化进程提供了重要的借鉴意义,即产业结构的合理化与高度化同样重要,提高劳动生产率固然可以促进经济增长,但是只有在产业结构趋于合理的情况下,产业结构高度提升的益处才能得到充分的发挥;类似地,产业结构的合理化可以达到资源的最优配置,但是产业结构的高度化可以将劳动生产率提升到新的台阶,进一步地促进经济的发展。

第二节 北京市产业结构优化研究

一、引言

北京市产业结构自新中国成立以来经历了明显的调整,即从"一、二、三"的结构转移到"二、三、一"的结构再调整到"三、二、一"的结构。作为中国的政治中心和经济中心之一,北京市的产业结构调整是新中国发展以及改革开放的风向标和鲜明旗帜,标志着一个时代的开端和方向。改革开放之前,政府承担了调整产业结构的重任,拉动了北京市第二产业的高速发展;在 1978 年之后,北京市第三产业展现出空前的发展势头,进入 90 年代后其产业也超越了其他两次产业而跃居第一,市场的力量成功完成了产业结构的优化升级。本节通过实证分析的方法,试图探索现阶段北京市产业结构的高度化和合理化的关系,用定量的方式描述改革开放以来北京市产业结构的转变,并给出相应的结论与建议。

二、指标的设计

在本节,采用与上一节相同的指标衡量北京市的产业结构合理化与高度化,即

$$E = \sqrt{\sum_{i=1}^{3}\left(\frac{y_i}{l_i} - 1\right)^2} \quad (i = 1,2,3)$$

其中 E 代表产业结构偏离度。y_i 和 l_i 分别表示第 i 个产业的增加值和劳动力在三大产业中所占的比例,$i = 1,2,3$,表示国民经济中的三大产业。E 值越小,产业结构越合理。特别地,当 $y_1 = l_1, y_2 = l_2, y_3 = l_3$,即各个产业的劳动生产率相同时,$E$ 值为零,此时产业结构达到最合理的状态。

$$H = \sum_{i=1}^{3} y_i \times \frac{\mathrm{LP}_{it}}{\mathrm{LP}_{i0}} \quad (i = 1,2,3)$$

其中,H 代表产业结构的高度,y_i 表示第 i 个产业的增加值在三大产业中所占的比例。LP_{it} 和 LP_{i0} 分别表示第 i 个产业在第 t 期和第 0 期的劳动生产率,其中劳动生产率的定义是某产业的增加值除以该产业的从业人数。$i = 1,2,3$,表示三大产业,基期为 1978 年,所有的数据均来自《北京市统计年鉴》和《新中国五十年统计资料汇编》。北京市产业结构合理化与高度化指标的变化情况如图 7-2 所示。

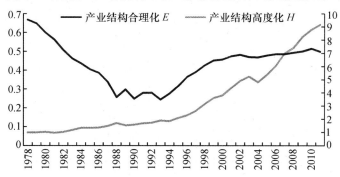

图 7-2 北京市产业结构合理化与高度化变化趋势

从图中可以看出以下几点:第一,北京市的产业结构比较合理,全国范围内产业结构合理化的 E 值在 1978 年约为 1.2,2010 年约为 0.6,而北京市的 E 值则从 0.7 左右降到了 0.5 左右,说明北京市产业结构之间比较协调合理;第二,北京市产业结构的 E 值呈现先下降后上升的 U 形,说明北京市在 1992 年左右产业结构最为合理,这一点是北京市与全国不同的地方;第三,北京市产业结构的 H 值逐步上升,与全国的情况类似,而且也是在 1992 年左右上升得较慢,1992 年以后开始加速上升。

采用的思路与上一节相同,是基于平稳性检验的 VAR 模型,关注加入 E 或加入 H 后是否能够增强 H 或者 E 对于 GDP 的解释能力。同样地,对 E 和 H 取差分,依然用 E 和 H 表示。

三、实证检验

利用上一部分计算出的 E 值、H 值和 GDP 实际增长率,对于北京市产业结构合理化与高度化的情况进行实证检验。同样,首先对时间序列数据进行平稳性检验如表 7-6 所示。

表 7-6 平稳性检验结果表

序列	检验方法	检验统计量	P 值	检验结论
E	(C,T,0)	-4.936	0.0003	平稳
H	(C,T,0)	-5.118	0.0002	平稳
GDP	(C,T,0)	-3.233	0.0272	平稳

检验结果显示,三个序列均为平稳序列,可以直接进行下一步的分析。

接下来,进行方差分解。方差分解的思路与前文一致,即首先利用 E 和 GDP 建立 VAR 模型 1,得出特定滞后期 E 对于 GDP 的解释能力 E_1;然后利用 H 和 GDP 建立 VAR 模型 2,得出特定滞后期 H 对于 GDP 的解释能力 H_1;最后利用 E、H 和 GDP 建立 VAR 模型 3,得出相同滞后期下 E 对于 GDP 的解释能力 E_2 和相同滞后期下 H 对于 GDP 的解释能力 H_2。滞后期统一选择为 3 期和 6 期,进行方差分解时一律 GDP 在后。另外,在 VAR 模型 3 中,由于有 E、H、GDP 和 H、E、GDP 两种分解顺序,依然分别将其分解求平均作为 E_2 和 H_2。分解的结果如表 7-7、表 7-8 所示。

表 7-7　滞后 3 期方差分解结果表(%)

滞后 3 期	VAR 模型 1	VAR 模型 2	VAR 模型 3 (E 在 H 前)	VAR 模型 3 (H 在 E 前)	VAR 模型 3 (平均)
E	13.21	N.A.	13.08	14.90	13.99
H	N.A.	27.84	21.17	19.35	20.26
GDP	86.79	72.16	65.75	65.75	65.75

表 7-8　滞后 6 期方差分解结果表(%)

滞后 6 期	VAR 模型 1	VAR 模型 2	VAR 模型 3 (E 在 H 前)	VAR 模型 3 (H 在 E 前)	VAR 模型 3 (平均)
E	14.12	N.A.	14.17	16.24	15.20
H	N.A.	27.21	21.10	19.03	20.07
GDP	85.88	72.79	64.73	64.73	64.73

北京市的结果并不理想,从加入 H 以后 E 的影响来看,滞后 3 期时,加入 H 后 E 对于 GDP 的解释能力为 13.99%,未加入 H 时解释能力为 13.21%;滞后 6 期时两个值分别为 15.2% 和 14.12%,说明产业结构高度化并没有提高产业结构合理化对于经济增长的贡献。而从加入 E 以后 H 的影响来看,滞后 3 期时,加入 E 后 H 对于 GDP 的解释能力为 20.26%,低于未加入时的 27.84%,6 期时的 20.07% 也低于 27.21%,说明北京市产业结构的合理化也没有提高产业结构高度化对于经济的贡献。

四、原因分析

本节在上一节的基础上分析了北京市产业结构合理化与高度化之间的关系,即研究北京市产业结构的合理化能否提高产业结构高度化对于经济的影响,产业结构高度化能否提高合理化对于经济的影响。通过实证检验,并没有得到理想的结论,即北京市产业结构的合理化与高度化都不能提高对方对于经济增长的贡献,这与第一节全国分析的结果相悖。主要原因如下:

理想的情况下,经济体的产业结构合理化与高度化应当是同时进行的(至少应当呈同步进行的趋势,比如在全国范围内,虽然产业结构的合理化的速度在 90 年代较慢,但是改革开放至今产业结构是呈现了合理化的趋势的,这与产业结构的高度化趋势一致),但是北京市却没有显示出这种情况。北京市从改革开放到 90 年代初产业结构合理化的步伐较快,一度居于全国首位,但是从 90 年代开始,北京市产业结构合理化出现倒退的趋势,E 值从 0.3 左右上升到将近 0.5,合理化程度被江苏、浙江等省份超过。与此同时,北京市的经济在持续发展,产业结构也不断实现高度化。产业结构合理化与高度化之间的不匹配是制约两者充分发挥对经济贡献程度的主要障碍。这也是前文得出北京市产业结构对经济增长贡献不大的一个重要原因。分析造成产业结构合理化与高度化不匹配的原因,可能是北京市自从 1978 年以来产业结构发生了显著的变化。1978 年第二产业产值比例约为 71%,第三产业约为 24%,而 2011 年第二产业产值比例约为 23%,第三产业约为 76%。在短短三十余年间第二产业和第三产业的地位对调,这是比较罕见的。改革开放以来,从污染等角度考虑,北京市抑制第二产业的发展,转而大力扶植第三产业,从而导致了以上的现象。但是转型速度过快,行政干预过多,使得北京市产业结构的合理化在 90 年代以后出现了倒退的情况,减少了产业结构的变化对于经济增长的贡献。

第三节 本 章 小 结

本章主要研究了产业结构优化的问题。国内外学者对于此问题的研究分为两种思路:第一种是直接研究最优的产业结构,进而提出产业结构优化的路径;第二种是把产业结构的优化分为产业结构高度化和产业结构合理化两个方面分别进行研究。本章采用的是第二种思路。学者普遍认为,产业结构优化的实质,就是合理化基础上的高度化,或者说产业结构优化调整是产业结构合理化与产业结构高度化的有机统一,前者是为了协调产业结构关系,后者是为了提高产业结构的技术水平,两者密不可分。目前,虽然采用第二种思路进行研究的学者较多,但是大多将产业结构合理化与高度化分开单独研究,这也违背了研究产业结构优化的初衷。本章的创新之处在于将两者相结合,实证分析产业结构合理化能否提高高度化对于经济增长的贡献;产业结构高度化能否提高合理化对于经济增长的贡献。

第一节从全国的角度研究了产业结构优化的问题。首先构造了衡量产业结构合理化与高度化的指标,在此基础上利用全国范围内的数据从时间序列的角度,以及利用各省级行政单位的数据从截面数据的角度,分别分析了产业结构合理化与高度化的相互促进关系。结果显示,在全国范围内看,产业结构的合理化能够提高高度化对于经济增长的贡献;而且产业结构的高度化也能提高合理化对于经济增长的贡献。本节得到的结论有较强的现实意义:即我国正处于工业化加速时期,在注重产业结构高度化的同时应当合理地分配资源,提高产业结构的合理化程度,从而尽可能地发挥产业结构对于经济增长的贡献作用。

第二节主要分析的是北京市产业结构优化的问题,采用的模型和思路与第一节一致,但是却得到了不同的结论,即在北京市的范围内,产业结构合理化与高度化并没有相互促进的作用。进而对此现象的原因进行了分析,发现北京市虽然产业结构合理化程度比较高,但是从 90 年代初开始,产业结构合理化的程度出现了倒退,这与产业结构的快速高度化并不一致,产业结构合理化的倒退一定程度上抑制了高度化对于经济增长的贡献。这也可以解释前文中得到的北京市产业结构对于经济增长贡献不大的结论。北京市产业结构合理化程度倒退,一方面是由于本身合理化程度较高,出现一定的反复在所难免,更主要的是北京市改革开放以来产业结构出现了明显的变化,调整的步伐可能过快,从而降低了产业结构的合理化程度。所以建议北京市不仅仅需要关注产业结构的高度化问题,同时也要关注三大产业之间是否协调,资源是否得到了有效的分配,争取提高产业结构的合理化,从而为北京市的经济发展提供新的动力。

第八章 最优产业结构测算

第一节 引 言

在现有的文献中,大多数学者对于最优产业结构的研究是从产业结构的高度化和合理化的角度进行分析的。李博、胡进(2008)利用大道定理对产业结构高度化和产业结构均衡化的关系做了详细的描述。李惠媛(2010)认为,产业结构优化的实质,就是合理化基础上的高级化。黄茂兴、李军军(2009)分析研究了技术选择、产业结构升级和经济增长三者之间的关系,建立了1991—2007年中国31个省市(区)的面板数据模型,实证研究表明合理的资本和技术选择有助于提升产业结构升级。Ju,Lin and Wang(2009)从理论角度分析了封闭经济中最优产业结构的动态变化,构建了一个可追溯的、无限期的一般均衡模型,分析认为资本的不断增长是推动产业结构变化的动力。此外,同产业结构相关的实证研究大多数揭示现实产业结构同其他经济变量之间的关系。比如,干春晖、郑若谷、余典范(2011)在测度产业结构合理化和高级化的基础上,从实证的角度探究了产业结构变迁与经济增长的关系,进而分析了二者对经济波动的影响。刘伟、李绍荣(2002)研究发现,在一定的技术条件下,一个经济通过专业化和社会分工会形成一定的产业结构,而产业结构在一定意义上又决定了经济的增长方式。此外,国外也有学者做了大量研究。塞尔奎因(1994)分析了产业结构变化的原因,进一步探讨经济增长的根源。Peneder(2003)运用实证方法研究了工业结构对国民经济总收入和经济增长的影响。Valli and Saccone(2009)认为,国民经济的增长有两方面的动力——行业内部劳动生产率的提高和资源在行业之间的再分配。

但是,我们发现只有少数学者不断尝试从另外的角度研究最优产业结构。

采用直接研究法的学者很少,比如从生产者和消费者的优化动机和市场均衡的角度直接定量分析最优产业结构。其中,彭宜钟、李少林(2011)认为,最优产业结构就是能够同时实现以下目标的结构:各个产业在生产过程中都对生产要素进行了充分有效的配置;各个产业对生产要素的需求和使用量都达到了利润最大化目标所要求的最大限度;各个产业所选择的产量都能实现自身利润的最大化;代表性行为人按照跨期效用最大化原则来安排每一种产品的消费和投资;每一个产业的产出在被用于消费和再生产之后没有剩余。他们的贡献在于开发出了一个能够付诸实证检验和应用,且能够很好地刻画我国各产业最优增长路径的理论模型。

我们研究发现,之前的研究存在一些局限性:其一,探讨产业结构内生性问题的模型大都基本停留在理论层面,很难有效地用于实证研究(比如 Ju, Lin and Wang(2009)的理论模型);其二,同产业结构相关的实证研究基本局限于揭示现实产业结构同其他经济变量之间的关系(比如,产业结构同经济增长、经济波动和经济周期等的关系);其三,通过构造统计学指标来刻画产业结构优化程度的研究基本都以某些主观认识(比如认为服务业和高附加值加工业产出所占比重越高越好等)作为隐含前提;其四,采用了均衡直接研究法的学者(彭宜钟、李少林(2011))只建立了两时期离散模型的均衡。

为了克服现有研究成果的上述局限性,我们在彭宜钟、李少林(2011)的基础上将模型扩展到连续无穷期,得到各产业最优增长路径、最优产出收敛速率,同时对全国和北京市的产业结构进行测算和实证分析。

第二节 理 论 模 型

一、产业结构的含义和产业分类

产业结构,是指各个产业的构成、联系及其比例关系。产业结构在国民经济中占举足轻重的地位,与经济增长、经济周期和资源利用效率均有密切的关系。各个产业部门的构成、联系和比例关系各不相同,对经济的贡献也不相同。

在经济研究中,对产业分类的常规方法有:两大领域、两大部类分类法,三次产业分类法,资源密集度分类法和国际标准产业分类。其中,按照两大领域、两大部类分类法可以将产业部门分为物质资料生产部门和非物质资料生产部门两大领域。按照三次产业分类法,根据社会生产活动历史发展的顺序可分为第一产业、第二产业和第三产业。其中,第一产业是指农业(包括种植业、林业、牧业和渔业);第二产业是指工业(包括采掘业,制造业,电力、煤气、水的生产和供应业)和建筑业;第三产业是指除第一、第二产业以外的其他各业。本节中,我们采用的是"三次产业"分类法进行研究。

在解释了产业和产业结构的划分之后,我们需要对最优产业结构的含义给出界定。这里,我们需要事先确定经济中的最优目标,因为任何所谓的最优产业结构都是与其需要到达的优化目标相对应的,这是一个相对"最优"的概念。

二、最优产业结构的定义界定

我们做如下定义,所谓的最优产业结构就是能够同时实现以下四个目标的产业结构:(1)在生产过程中,各个产业都对生产要素进行了充分、有效的配置;(2)各个产业都实现了其利润最大化的目标,此时,就业和产出也实现了最大化;(3)在消费过程中,代表性消费者按照跨期(无穷期)效用最大化原则来安排每一种产品的消费和投资(这意味着社会中不存在过度消费,也不存在过度投资);(4)各个产业都达到均衡状态,即产出在被用于消费和投资之后没有剩余,微观个体的储蓄总额等于全社会总投资需求。

基于上述定义,我们开始研究并提出一个关于最优产业结构实现机制的理论模型。

三、最优产业结构的理论模型

(一)生产者利润最大化

我们采用"三次产业"分类法进行研究,即划分为第一产业、第二产业和第三产业。在经济研究中,每个产业的生产过程都可以抽象为所对应的生产函数,而生产函数的相异性可以用生产函数中不同的参数(每个参数代表着生产函数的一个特征)来表示。本节中,我们假设所有产业的生产函数都服从柯布-道格拉斯形式,生产者使用劳动和资本两种要素进行生产。我们按照生产函数中 α 和 A 的相异程度①来区分三次产业——农业、工业和服务业。

每个产业都被视为一个独立的决策单元,都基于利润最大化原则对生产要素进行最优需求和配置。我们假设第一、二、三产业生产函数分别为:$Y_i = A_i L_i^{\alpha_i} K_i^{1-\alpha_i}(i=1,2,3)$。生产者就是要选择投入多少资本和劳动力,生产多少产出来最大化自身利润,即:

$$\max_{K_i, L_i} \pi_i = P_i Y_i - R_i K_i - W_i L_i$$

同时,我们定义人均产出和人均资本存量分别为:$y_i = Y_i/L_i, k_i = K_i/L_i$。

我们可以得到最优性条件②(F.O.C)为:

$$\begin{cases} \dfrac{\partial \pi_i}{\partial K_i} = (P_i + Y_i P_i') \mathrm{MPK}_i - R_i = 0 \\ \dfrac{\partial \pi_i}{\partial L_i} = (P_i + Y_i P_i') \mathrm{MPL}_i - W_i = 0 \end{cases}$$

其中,R_i 为资本的名义价格,W_i 为劳动力的名义价格,$P_i + Y_i P_i' = P_i \left(1 + P_i' \dfrac{Y_i}{P_i}\right)$,定义实际资本价格和实际工资分别为:$\gamma_{it} = \dfrac{R_{it}}{(1-N_{it})P_{it}}$、$\omega_{it} = \dfrac{w_{it}}{(1-N_{it})P_{it}}$,我们可以得到:

$$\begin{cases} \gamma_{it} = \mathrm{MPK}_i = f'(k_{it}) \\ \omega_{it} = \mathrm{MPL}_i = f(k_{it}) - f'(k_{it})k_{it} \end{cases}$$

(二) 消费者效用最大化

我们把各个产业作为单独的经济体,在每一个经济体中,单个主体既是生产者也是消费者,我们研究代表性消费者在连续、无限期里效用最大化的跨期消费行为。假设贴现率为正的常数,$0 < \rho < 1$,消费者所有效用的贴现和可以表示为 $U_i = \int_0^\infty U(C_i) \mathrm{e}^{-\rho_i t} \mathrm{d}t$。这里,需求是经济增长的持久动力,经济发展的最终目标是给消费者带来持久的最大化效用,满足以及全面提高总的社会福利水平。消

---

① 实际上,我们还可以用 α 的相异程度区分劳动密集型产业和资本密集型产业,用 A 的相异程度来区分传统产业和新型产业。

② 经验证,二阶条件也可满足,使得利润取最大值。

费者同时面临消费和投资的权衡,在时间 t,第 i 产业中消费者总收入为 $\gamma_{it}A_{it} + \omega_{it}L_{it}$,此时收入除了用来消费外,其余的用来储蓄以增加资产,记 t 时刻,消费者总消费为 C_{it},其面临的预算约束可表示为 $\dot{A}_{1t} = \gamma_{it}A_{it} + \omega_{it}L_{it} - C_{it}$。

各产业经济体中,消费者总量下的效用最大化问题为:

$$\max_{C_{it},A_{it}} U_i = \int_0^\infty U(C_i) e^{-\rho_i t} dt$$
$$\text{s.t.} \ \dot{A}_{1t} = \gamma_{it}A_{it} + \omega_{it}L_{it} - C_{it}$$
$$A_0 \text{ 已知}$$

对每个代表性消费者而言,其在自己的预算约束下选择消费路径、资本存量路径和劳动力供给路径来最大化效用水平,我们将上述总量最大化问题化为人均最大化效用问题(这里,人均化后的贴现率记为 $\beta_i = \rho_i - n_i$):

$$\max_{c_{it},a_{it}} u_i = \int_0^\infty u(c_i) e^{-\beta_i t} dt$$
$$\text{s.t.} \ \dot{a}_1 = (\gamma_i - n_i)a_i + \omega_i - c_i$$
$$a_0 \text{ 已知}$$

(三) 均衡求解

我们给出了三次产业的人均生产函数 $f(k_i) = A_i k_i^{\alpha_i} (i = 1,2,3)$,以及单个代表性消费者的效用函数 $u(c_i) = \dfrac{c_i^{1-\sigma}}{1-\sigma} (i = 1,2,3)$,此时假设效用函数是 CRRA 形式,消费者具有常数相对风险厌恶的偏好。将以上两式代入生产者利润最大化模型和消费者效用最大化模型中,用哈密尔顿方法联立求解,得到各个产业最优消费路径和最优资本积累路径:

$$\begin{cases} \dfrac{\dot{c}_1}{c_i} = \dfrac{1}{\sigma}(A_i \alpha_i k_i^{\alpha_i - 1} - n_i - \beta_i) \\ \dfrac{\dot{k}_1}{k_i} = A_i k_i^{\alpha_i - 1} - n_i - \dfrac{c_i}{k_i} \end{cases}$$

同时,令增长率为零,我们也可以得到每个产业作为一个经济体下的稳态,即经济向着此稳定状态收敛:

$$\begin{cases} c_i^* = \left(\dfrac{n_i + \beta_i}{A_i \alpha_i}\right)^{\frac{1}{\alpha_i - 1}} \left(\dfrac{n_i + \beta_i}{\alpha_i} - n_i\right) \\ k_i^* = \left(\dfrac{n_i + \beta_i}{A_i \alpha_i}\right)^{\frac{1}{\alpha_i - 1}} \end{cases}$$

(四) 三次产业经济增长最优路径的收敛性

收敛性是经济增长中非常重要的概念,因为经济可以自动向其稳定状态或稳定增长路径收敛,一旦受到某种干扰,虽然暂时偏离,但长期趋势下经济依然可以回复到稳定状态或稳定增长路径。我们把收敛速度定义为 ε,在稳定状态附近作一阶泰勒级数展开,然后解一阶线性微分方程组,得到特征向量的两个解,从而可以推导出三次产业经济增长最优路径的收敛速率公式:

$$\varepsilon_i = \frac{1}{2}\left[(\rho_i - n)^2 + 4\rho_i \frac{1-\alpha_i}{\sigma_i}\left(\frac{\rho_i}{\alpha_i} - n\right)\right]^{\frac{1}{2}} + \frac{1}{2}(\rho_i - n) \quad (i = 1,2,3)$$

同时,各个产业资本增长路径模拟模型为 $\log[k_i(t)] = (1 - e^{-\varepsilon_i t})\log[k_i^*(t)] + e^{-\varepsilon_i t}\log[k_i(0)]$[①],各个产业产出增长路径模拟为 $\log[y_i(t)] = (1 - e^{-\varepsilon_i t})\log[y_i^*(t)] + e^{-\varepsilon_i t}\log[y_i(0)]$[②]。

第三节 全国三次产业经济增长收敛速率的测算

一、基于柯布-道格拉斯生产函数的 SFA 模型

采用与北京市相同的估算方式,估计出各产业随机前沿的劳动产出弹性 (α_i),如表 8-1 所示。

表 8-1 三次产业的劳动产出弹性(α_i)

	α_1	α_2	α_3
估计值	0.9409	0.7691	0.5335

从 SFA 回归结果看出,第一产业的劳动产出弹性(α_1)是 0.9409,第二产业的劳动产出弹性(α_2)是 0.7691,第三产业的劳动产出弹性(α_3)是 0.5335。我们可以看到,第一、第二产业的劳动产出弹性远大于资本产出弹性,这是产业劳

---

① 此时 $k_i(0)$ 为各个产业经济初始时的人均资本存量。
② 此时 $y_i(0)$ 为各个产业经济初始时的人均产出量。

动密集度高的表现,劳动资本越高,资本产出弹性越小。而第三产业的资本产出弹性与劳动产出弹性大致相等,说明该产业正向着资本密集型转变。

二、全国三次产业经济增长收敛速度的模拟

我们测算出 1979—2009 年全国三次产业经济增长最优收敛速率。对比分析该最优的收敛速率与全国各产业实际经济增长率的相同趋势和差异,对比结果如表 8-2 和图 8-1 至图 8-3 所示。

表 8-2 三次产业实际产出增长率和最优实际产出收敛率比较

年份	第一产业		第二产业		第三产业	
	实际增长率(%)	最优收敛率(%)	实际增长率(%)	最优收敛率(%)	实际增长率(%)	最优收敛率(%)
1979	21.32	8.80	7.60	-0.07	-1.14	-0.13
1980	0.45	4.50	6.56	1.89	3.94	0.77
1981	10.93	3.92	0.39	0.03	6.96	0.39
1982	11.74	4.39	3.58	2.94	5.91	0.67
1983	9.13	3.02	8.87	2.50	12.80	4.62
1984	13.99	5.69	14.28	2.79	29.99	0.37
1985	1.30	7.72	13.91	-0.05	32.40	-0.09
1986	2.11	6.13	9.10	0.06	8.75	0.64
1987	8.04	6.58	8.94	0.10	11.26	2.27
1988	0.64	7.01	5.58	3.94	8.11	2.56
1989	-6.47	8.90	-6.37	7.31	0.59	5.80
1990	15.09	6.63	2.85	11.26	4.83	8.24
1979	2.07	-0.03	14.07	-0.08	20.51	-0.10
1991	3.21	6.85	20.80	6.29	19.86	4.48
1992	3.49	10.59	22.62	7.30	11.02	4.51
1993	10.77	13.02	9.92	6.33	9.42	3.31
1994	8.26	13.18	9.12	8.24	5.45	2.22
1995	6.64	11.02	8.93	5.92	7.81	0.90
1996	0.24	7.54	7.94	2.16	12.55	0.57
1979	3.43	4.45	4.73	2.47	14.22	2.05
1997	1.09	1.26	6.70	1.95	12.34	0.31
1998	0.78	0.56	10.58	3.35	13.83	0.65
1999	4.86	1.46	7.93	3.50	13.79	0.06
2000	5.63	0.98	9.73	1.91	13.39	0.49
2001	3.86	1.31	14.47	5.39	10.91	-0.01

(续表)

年份	第一产业		第二产业		第三产业	
	实际增长率（%）	最优收敛率（%）	实际增长率（%）	最优收敛率（%）	实际增长率（%）	最优收敛率（%）
2002	18.57	3.25	13.92	0.55	10.95	0.04
2003	2.85	5.86	16.43	-0.03	13.99	-0.03
2004	5.64	6.48	16.65	-0.03	16.45	0.15
2005	13.63	7.91	15.76	-0.03	19.98	0.84
2006	11.17	6.82	11.82	-0.04	11.38	2.14
2007	5.26	4.86	6.54	0.48	13.51	0.13
2008	21.32	8.80	7.60	-0.07	-1.14	-0.13
2009	0.45	4.50	6.56	1.89	3.94	0.77

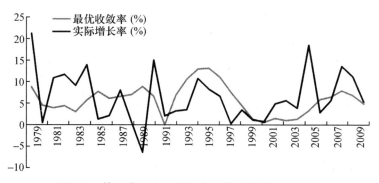

图 8-1　第一产业实际增长率和最优收敛速度比较

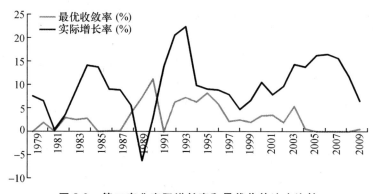

图 8-2　第二产业实际增长率和最优收敛速度比较

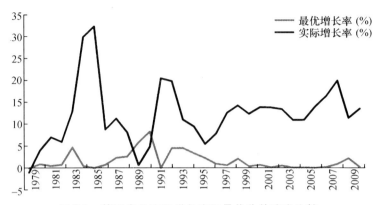

图 8-3 第三产业实际增长率和最优收敛速度比较

对以上图表进行分析可以得到,全国的三次产业实际增长率和最优收敛率之间大致保持着同向的走势,但是在不同年份也有很大的差异和波动。第一产业实际增长率在 1979—1988 年保持正值,但波动较大,在 1989 年前后增长明显减速,甚至一段时间持续在负增长,而在 1990 年后有大幅回升,之后保持了持续的增长;而第一产业的最优收敛率在 1979—1990 年间保持着稳定的正值,在 1991—1999 年先增长再回落,从 1991 年开始,实际增长率有向着最优收敛率靠拢的趋势,有较为同步的走势。第二产业实际增长率与最优收敛率在 1990—2003 年有很好的拟合走势,这说明在此期间全国第二产业发展态势良好,产业结构较优。在 2000 年之后,全国第二产业有了快速发展,房地产业等的高速度增长和新兴工业高速化进程带动了第二产业的再次腾飞。与第一、二产业不同,全国第三产业实际增长率始终保持高速的、正的增长率,在 1995 年之前波动较大,明显大于最优收敛率波动,说明此时第三产业发展不充分,结构存在不合理处。从 20 世纪 90 年代后期到 2009 年以来,第三产业以明显高于最优收敛率的趋势增长,尤其以金融业为代表保持了很长时间的飞速发展,一方面反映出全国第三产业逐步开始替代第一、二产业,成为全国经济的支柱和主导,另一方面经济有发展较热的趋势。此外,我们还发现,第二、三产业共同的趋势是在 1990—1997 年实际增长率总是快于最优增长率,这表明我国经济在当时持续过热。

第四节　北京市三次产业经济增长收敛速率的测算

一、基于柯布-道格拉斯生产函数的 SFA 模型

(一)各产业分类标准说明

我们按照中国国家统计局关于三次产业的划分标准提取各产业相关数据。第一产业包括农、林、牧、渔业,第二产业包括采矿业、制造业、电力、燃气及水的生产和供应业以及建筑业,第三产业包括交通运输、仓储和邮政业,信息传输、计算机服务和软件业,批发和零售业,住宿和餐饮业,金融业,房地产业,租赁和商务服务业,科学研究、技术服务和地质勘查业,水利、环境和公共设施管理业,居民服务和其他服务业,教育、卫生、社会保障和社会福利业,文化体育以及娱乐业。需要说明的是,我们没有将公共管理和社会组织包含在第三产业内。

(二)估计各产业随机前沿的劳动产出弹性(α_i)的计量模型

由于我们所采用的生产函数为两要素 C-D 生产函数,我们假设各个产业生产函数具有常数规模报酬,为了在参数估计过程中除去"劳动产出弹性与资本产出弹性之和为 1"的线性约束,我们对资本变量和产出变量均取人均指标。生产函数的解释变量(人均资本的自然对数)的参数估计值就是资本产出弹性估计值,从而,劳动产出弹性估计值就等于 1 减去资本产出弹性估计值。

建立如下计量模型,使用随机前沿方法(SFA)对各产业的劳动产出弹性 α_i ($i=1,2,3$)进行估算。

$$\ln y_{it} = b_{0i} + b_{1i}\ln k_{it} + v_{it} - u_{it}$$

$$\gamma_i = \frac{\sigma^2_{u_{it}}}{\sigma^2_{u_{it}} + \sigma^2_{v_{it}}}$$

$$TE_i = e^{-u_{it}}$$

其中,$i=1,2,3$ 分别表示北京市第一、二、三产业,t 表示年份,在此我们取

1979—2009 年共 30 年的历史数据。y_{it} 表示北京市各个产业的人均实际生产总值(实际 GDP)(单位:亿元人民币),k_{it} 表示北京市各个产业人均年均资本投入量(单位:亿元人民币)。b_{0i} 为截距项,b_{1i} 为待估计的参数,即资本产出弹性,从而 $(1 - b_{1i})$ 表示劳动产出弹性。误差项由两部分组成:第一部分 $v_{it} \in$ i.i.d. 并服从正态 $N(0, \sigma_v^2)$ 分布;第二部分 $u_{it} \in$ i.i.d. 并服从正半部正态分布 $N(\mu, \sigma_u^2)$,v_{it} 和 u_{it} 是相互独立的。$TE_i = e^{-u_{it}}$ 表示第 i 产业的技术效率水平,当 $u_{it} = 0$ 时,$TE_i = 1$,处于技术效率状态。

(三)数据说明

本节选择了北京市第一、二、三产业 1979—2009 年共 30 年的统计数据,相关数据来自国家统计局、《北京市统计年鉴》(1979—2009)。北京市各个产业的生产总值 Y_i 按照 1978 年的价格基准进行折算得出实际 GDP(单位:亿元人民币),K_i 为北京全社会固定资产投入量,也按照 1978 年的价格基准进行调整(单位:亿元人民币),L_i 为三次产业从业人员人数。基于此,我们算出了北京市各个年份人均生产总值 $y_i = Y_i/L_i$,人均资本存量 $k_i = K_i/L_i$。

(四)回归结果分析

我们用 Frontier(4.1)程序进行回归和分析,表 8-3 至表 8-5 分别给出了北京市第一、二、三产业随机前沿计量模型回归结果,表 8-6 给出了三次产业的劳动产出弹性(α_i)。

表 8-3 北京市第一产业 SFA 回归结果

	系数	是否显著(在 5% 显著性水平下)
b_{01}	-2.1072	显著
	(-10.9737)	
b_{11}	0.0685	显著
	(7.9275)	
γ_1	0.8136	显著
	(17.0422)	
log likelihood function	92.3460	
LR test of the onesided error	121.9376	显著

表 8-4　北京市第二产业 SFA 回归结果

	系数	是否显著（在 5% 显著性水平下）
b_{02}	1.3762 (25.2775)	显著
b_{12}	0.2698 (6.28611)	显著
γ_2	0.7962 (27.1272)	显著
log likelihood function	40.3460	
LR test of the onesided error	57.5536	显著

表 8-5　北京市第三产业 SFA 回归结果

	系数	是否显著（在 5% 显著性水平下）
b_{03}	1.3226 (35.2746)	显著
b_{13}	0.4731 (16.9285)	显著
γ_3	0.9931 (89.0422)	显著
log likelihood function	61.2840	
LR test of the onesided error	89.9376	显著

表 8-6　三次产业的劳动产出弹性（α_i）

	α_1	α_2	α_3
估计值	0.9315	0.7302	0.5269

二、三次产业经济增长收敛速度的模拟

（一）对主观效用贴现率 $\rho_i(i=1,2,3)$ 的估算

主观效用贴现率 $\rho_i(i=1,2,3)$ 在一定程度上表示着第一、二、三产业的发展程度,决定着人们对当前效用和未来效用的重视程度对比关系。由于无法获得分产业的消费者对效用的主观看法,我们这里用市场上一年期存款利率表示人们对当前和未来看法的不同。这种做法隐含了一个假设:人们对三次产业产品的主观效用贴现率相同。本小节中用 $\rho_i(i=1,2,3)$ 表示连续复利计算后的一年期存款利率。

(二) 人口增长率 $n_i(i=1,2,3)$ 和风险回避系数 $\sigma_i(i=1,2,3)$ 的估算

三次产业的人口增长率数据来自《北京市统计年鉴》(1979—2009)。而风险回避系数 $\sigma_i(i=1,2,3)$ 表示三次产业产品对消费者的效用，反映出了第一、二、三产业产品的特性，这里我们使用彭宜钟、李少林(2011)测算出来的消费者风险回避系数 $\sigma_i=14.9457$，同样，我们假设三次产业之间没有差别。

(三) 三次产业经济增长收敛速度的模拟

基于上述估计变量，代入公式 $\varepsilon_i = \frac{1}{2}\left[(\rho_i - n)^2 + 4\rho_i \frac{1-\alpha_i}{\alpha_i}\left(\frac{\rho_i}{\alpha_i} - n\right)\right]^{\frac{1}{2}} + \frac{1}{2}(\rho_i - n)(i=1,2,3)$ 中，我们能够测算出 1979—2009 年北京市三次产业经济增长最优收敛速率。之后，我们对比分析该最优的收敛速率与北京各产业实际经济增长率的相同趋势和差异，对比结果如表 8-7 和图 8-4 至图 8-6 所示。

表 8-7　三次产业实际产出增长率和最优实际产出收敛率比较

年份	第一产业		第二产业		第三产业	
	实际增长率 (%)	最优收敛率 (%)	实际增长率 (%)	最优收敛率 (%)	实际增长率 (%)	最优收敛率 (%)
1979	10.76	8.51	6.09	10.06	17.96	4.99
1980	7.50	8.43	-4.65	9.81	6.17	7.81
1981	53.66	6.31	5.95	9.84	9.99	5.05
1982	23.66	8.44	12.33	6.90	24.79	5.15
1983	13.08	4.91	13.53	8.19	23.79	10.37
1984	1.98	11.60	0.00	6.40	2.38	10.84
1985	0.41	16.43	0.94	8.00	9.38	8.07
1986	17.15	11.46	1.47	3.75	10.41	8.44
1987	26.46	10.94	0.66	3.41	5.22	7.96
1988	-11.22	12.56	-2.76	2.83	-7.20	11.89
1989	8.18	7.82	-1.29	-1.45	11.70	12.71
1990	-7.32	10.00	-0.71	5.82	20.30	8.00
1991	-1.87	14.26	7.96	3.21	9.16	6.12
1992	-8.09	32.54	1.94	-0.54	10.47	15.03
1993	0.64	-0.03	-1.24	-3.16	8.63	5.77
1994	-7.17	13.95	6.37	-1.03	19.98	14.46
1995	-8.57	5.34	-0.83	-2.19	13.60	12.28
1996	-2.25	7.61	3.88	3.40	15.74	10.95
1997	-1.46	-0.01	5.00	3.39	16.95	6.40
1998	0.04	4.39	7.29	4.03	15.38	5.08

（续表）

年份	第一产业		第二产业		第三产业	
	实际增长率（%）	最优收敛率（%）	实际增长率（%）	最优收敛率（%）	实际增长率（%）	最优收敛率（%）
1999	-2.27	4.57	10.04	10.02	7.55	6.33
2000	-1.17	7.03	7.23	10.03	16.94	4.95
2001	3.85	9.22	11.42	3.96	22.99	4.95
2002	1.86	3.97	18.74	10.01	15.33	4.94
2003	2.89	0.92	23.40	7.17	17.99	4.98
2004	-0.01	5.55	7.71	4.99	16.23	4.95
2005	-0.78	2.44	7.17	7.70	20.42	5.77
2006	11.40	-0.01	11.83	-2.14	19.28	4.95
2007	5.95	3.51	-0.42	3.97	12.67	5.03
2008	6.47	8.51	10.38	10.06	14.32	4.99
2009	2.69	8.43	15.88	9.81	10.22	7.81

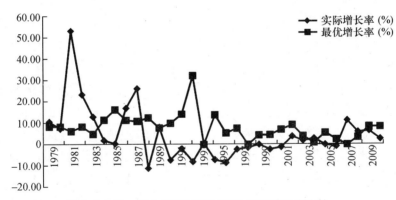

图 8-4 第一产业实际增长率和最优收敛速度比较

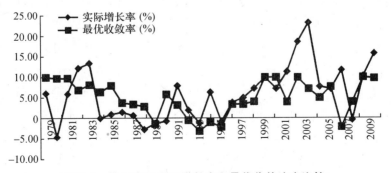

图 8-5 第二产业实际增长率和最优收敛速度比较

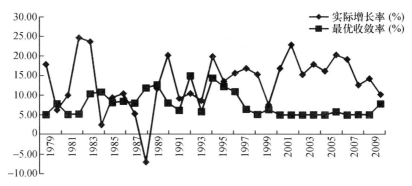

图 8-6 第三产业实际增长率和最优收敛速度比较

对以上图表进行分析可以得到,北京市的三次产业实际增长率和最优收敛率之间大致保持着同向的走势,但是在不同年份也有很大的差异和波动。农、林、牧、渔业等组成的第一产业实际增长率在 1979—1990 年发展较快的同时波动较大,在 1990—1999 年明显减速,甚至很长时间持续在负增长,而在 2000 年后有小幅回升,保持了一个较低、较平稳的增长;而第一产业最优收敛率在 1979—1990 年保持着稳定的较高值,实际增长率有向着最优收敛率靠拢的趋势,在 1999 年后到 2009 年,二者有较为同步的走势,以相对稳定的低速度增长,说明第一产业发展成熟,产值相对稳定。包括采矿业,制造业,电力、燃气及水的生产和供应业以及建筑业在内的第二产业实际增长率与最优收敛率有很好的拟合走势,这说明北京市第二产业发展态势良好,产业结构较优。在 1989—1999 年实际增长率波动大且水平低,但到了 2000 年之后,北京市第二产业又有了快速发展,比如房地产业等的高速度增长和新兴工业高速化进程带动了第二产业的再次腾飞。第三产业涵盖的领域很广,其中主要包括交通运输、仓储和邮政业,信息传输、计算机服务和软件业,批发和零售业,住宿和餐饮业,金融业,房地产业,租赁和商务服务业,科学研究、技术服务和地质勘查业,水利、环境和公共设施管理业,居民服务和其他服务业,教育、卫生、社会保障和社会福利业,文化体育以及娱乐业。与第一、二产业不同,北京第三产业实际增长率始终保持高速的、正的增长率,在 1997—1993 年波动较大,明显大于最优收敛率波动,说明此时第三产业发展不充分,结构存在不合理处。从 90 年代后期到 2009 年以来,第三产业以明显高于最优收敛率的趋势增长,尤其以金融业为代表保持了很长时间的飞速发展,一方面反映出北京市第三产业逐步开始替代第一、二产业,成为全市经济的支柱和主导,另一方面经济有发展较热的趋势。

第五节 本章小结

本章通过对无穷连续期中,生产者利润最大化和消费者跨期效用最大化目标联合求解,得出了三次产业最优收敛速率,同时对北京市和全国产业结构进行了测算和分析。三次产业最优收敛速率的估算公式中包括变量:三次产业资本产出弹性、主观效用贴现率、人口增长率和风险回避系数。我们分别基于1979—2009年北京市和全国三次产业产出、资本投入量和劳动力等数据,应用随机前沿分析(SFA)估计出了三次产业的劳动力弹性;我们用一年期存款利率表示了消费者主观效用贴现率。最后,我们测算出北京市和全国产业层面的最优收敛率,对比了三次产业实际增长率。结果表明,各个产业的实际增长率与最优收敛速率之间保持一定的同向变动关系,同时二者在不同时期也存在明显差距。

我们研究发现,北京市三次产业的实际增长率与最优收敛速率之间的相关关系和变化趋势能够清楚地反映出始于90年代北京市三次产业结构的调整政策,在此期间北京经济波动幅度加大,可能在于1978年开始建立的市场经济制度在80年代末、90年代初真正深入到行业间,私营企业对国有及集体所有制企业的冲击导致了企业、行业与产业结构间的资源重新分配,必然导致生产力和生产水平在一个时期内进入震荡调整期和适应期,该时期正是中国经济改革进程的一个缩影。进入2000年之后,新兴的经济体制已经初步适应了中国的经济环境,产业间相互协调和相互促进的巨大推动力开始显现,开启了北京市高速发展的10年,加上北京市作为全国的经济和政治中心,劳动力、资金等稀缺生产资料集中向首都汇聚,资金价格低、劳动力素质高等有利条件加速了北京市整体产业,特别是高新技术产业和金融业的高速发展,但不可忽视的是,同时期北京市土地资源作为生产资料之一,其价格也快速上涨,成为重要的民生问题之一。而全国的三次产业实际增长率与最优收敛速率之间的相关关系和变化趋势也清楚地反映出自1978年以来的经济制度的变迁和产业结构的调整。综上所述,各个产业的最优收敛率很好地刻画了经济发展的走势以及产业结构的变化。

第九章 我国产业结构高度化的产业驱动机制研究

根据前文研究,我国从20世纪80年代初开始步入工业化起步阶段,从1998年开始进入工业化加速提升阶段,那么就有必要回顾一下我国产业结构高度化进程的不同阶段,是哪些行业起到核心推动作用?我国产业结构加速高度化过程中原动力到底是不是第二产业。如果是,那么第二产业中哪些行业又是核心所在?由此,我们希望通过本章研究:(1)分析清楚我国改革开放以来经济高速增长的产业原动力变迁轨迹;(2)明确支撑我国经济高速增长的产业基本面是越来越健康和优化了,还是越来越脆弱了。

本章研究认为产业结构高度化是这样一个过程:原有要素和资源从劳动生产率较低的产业部门向劳动生产率较高的产业部门转移,新增的要素和资源也被配置到劳动生产率较高的产业部门,导致劳动生产率较高的产业部门的份额不断上升,使得不同产业部门的劳动生产率共同提高。有学者利用相依非线性回归方法对1850—2001年德国经济周期进行分析,研究发现三次产业由于各自生产率的差异性,以致资源特别是劳动力不断从低效率产业向高效率产业转移(Dietrich and Krüger,2010)。

钱纳里等(1977,1986)、塞尔奎因(1984)用计量实证方法和投入产出分析方法建构了工业化进程中经济结构变迁的标准模型,为后来的研究者分析、度量结构变迁和经济增长的相互关系提供了可视的尺度。20世纪90年代以及新世纪初叶以来Pilat(1993)、Fagerberg(2000)、Timmer(2000)和Peneder(2003)等都尝试了用新的方法测度在东亚经济的发展过程中产业变迁对经济增长的贡献。近来,关于产业结构高度化与经济增长之间关系的研究方面,有学者从印度1951—2007年时间序列分析来看,1988年之前产业结构变迁与经济增长之间没有格兰杰因果关系,而1988年之后产业结构变迁则与经济增长显示出明显的格兰杰因果关系(Cortuk and Singh,2011)。该类研究表明只有当产业结构达到一定高度的时候,才会通过产业结构变迁所带来的结构效应影响经济增长。在产业结构与经济周期研究方面,有研究对美国、日本和欧洲部分国家20世纪60年代以来近四十年数据运用VAR模型以及随机过程分析,发现这些国家的经济周期与结构变化都存在时间序列上的相关关系,并且各个国家的经济周期各有不同(Krolzig,2001)。

国内也有不少经济学家(刘伟、张辉,2008)曾使用计量经济学的方法验证了产业变迁对中国经济增长的贡献,确认了产业变化和经济增长之间的因果关系。张军等(2009)则比较系统地通过全要素生产率分解来研究工业行业结构调整对要素效率变化起到的主导作用。林毅夫(2011)从三个方面对结构经济学进行了思考:首先,经济结构的要素禀赋会从发展的一个阶段上升到另一个阶段;其次,经济发展的每一个阶段都是从低收入的农业经济到高收入的工业经济连续变化中的一个点;最后,在每一个发展阶段市场都是资源有效分配的基础性机制。干春晖等(2011)在测度产业结构合理化和产业结构高级化的基础上,构建了关于产业结构变迁与经济增长的计量经济模型,进而探讨了二者对经济波动的影响。这些研究确认了产业结构变迁和中国经济增长之间的相关性,而对经济增长、产业结构变迁之外的微观行业变化情况似有待进一步的研究。

本研究认为随着2007年美国次贷危机爆发,加之近来愈演愈烈的欧债危机,全球无论是发达经济体还是发展中国家或地区都在深刻反思产业空心化问题。产业结构的演变,特别是产业结构高度的提升,是一国经济发展取得实质性进展的重要体现。本研究从投入产出的角度分析1978—2007年支撑我国产业结构高度化进程的产业变迁规律和演化路径。由此研究驱动我国工业化进程的机制和原动力部门所在,进而判定我国经济高速增长的周期性和健康性。本研究认为,我国工业化加速周期基本上保持着一个12年左右的周期性,从波谷到波峰10年左右,从波峰到波谷2年左右。我国国民经济整体产业驱动力虽然短期有波动性,但中长期来看处于不断优化和改善之中。

第一节 投入产出结构系数争议和应用研究

投入产出分析中,影响力系数、感应度系数、直接消耗系数、完全消耗系数、完全需求系数、直接分配系数、完全分配系数、完全供给系数等结构系数对于解释经济问题有着重要作用:"可以定量地分析一定时期内国民经济各产业部门在社会再生产过程中所形成的直接和间接的相互依存、相互制约的技术经济联系。"(里昂惕夫,1936;钟契夫等,1993;中国投入产出学会课题组,2006)目前学术界对于这几个系数的应用进行了大量的研究,并且对其中部分系数也展开大量讨论(Jones,1976;刘起运,2002;中国投入产出学会课题组,2007;沈利生,2010)。

目前直接消耗系数、完全消耗系数、直接分配系数、完全分配系数的界定较为明确(国家统计局,2012;刘起运,2002)。里昂惕夫逆矩阵又称为完全需求系数,在美国的 Make-Use 表中大量使用,完全供给系数的计算与完全需求系数类似。完全消耗系数和完全需求系数的经济意义均较为明确,反映的都是产业间通过直接和间接作用产生的完全产业关联。

一、关于感应度和影响力的经济意义和权重

学术界对于影响力和感应度的争议较多,主要有两点:(1)计算过程的经济意义;(2)产业规模的影响(刘起运,2002)。大多数文献中使用的传统影响力和感应度系数如下(王岳平,2000)。

影响力:$F_j = \dfrac{\sum_i \bar{b}_{ij}}{\dfrac{1}{n}\sum_j \sum_i \bar{b}_{ij}}$;感应度:$E_i = \dfrac{\sum_j \bar{b}_{ij}}{\dfrac{1}{n}\sum_i \sum_j \bar{b}_{ij}}$;$\bar{B} = (I-A)^{-1}$,其元素为 $\bar{b}_{ij}$。

至于使用完全消耗系数还是完全需求系数并无大差,"只是后者不仅包括对中间产品的需求,还包括对最终产品自身的需求,因而反映了某部门的最终产品对经济活动总产出的影响作用"(中国投入产出学会课题组,2007)。

对于经济意义的讨论,刘起运(2002)的文章得到投入产出学会的广泛认同,在中国投入产出学会课题组(2007)研究中将其归纳为 4 个系数,明确了各种计算方法的经济意义。

一是改进的影响力系数:

$$F_j = \frac{\sum_i b_{ij}}{\sum_j \left(\sum_i b_{ij} \right) \alpha_j} \quad (j = 1,2,\cdots,n)$$

α_j 表示第 j 部门最终产品占国民经济最终产品总量的比例,称为"最终产出构成系数";b 为完全消耗系数或完全需求系数。

二是诱导系数:

$$E_i = \frac{\sum_j b_{ij}\alpha_j}{\frac{1}{n}\sum_i \left(\sum_j b_{ij} \right) \alpha_j} \quad (i,j = 1,2,\cdots,n)$$

三是推动力系数:

$$\bar{E}_i = \frac{\sum_j w_{ij}}{\sum_i \left(\sum_j w_{ij} \right) \eta_j} \quad (i = 1,2,\cdots,n)$$

η_i 表示第 i 部门产品的初始投入量占国民经济初始投入总量的比例,称为"初始投入构成系数";W 为完全分配系数或完全供给系数。

四是推动诱导系数:

$$\bar{F}_j = \frac{\sum_i w_{ij}\eta_i}{\sum_j \left(\sum_i w_{ij} \right) \eta_i} \quad (j = 1,2,\cdots,n)$$

陈锡康、刘起运及齐舒畅(中国投入产出学会课题组,2006)等皆认同传统的投入产出感应度和影响力计算存在商榷空间,"违背了列项加总原则,经济意义模糊",他们认为:B 矩阵不适用于行向加总,W 矩阵不适用于列项加总。这是由 B、W 矩阵的内涵决定的(王燕,2007)。目前国家统计局也采用完全分配系数计算"感应度"系数,实际上是上文研究中定义的推动力系数。中国投入产出学会课题组(2006)采用完全需求系数计算影响力、完全供给系数计算影响力和感应度系数。

对产业规模权重的讨论,刘起运等认为应以产出比重或者投入比重作为权重,准确衡量产业对国民经济的完全作用情况;用简单算术平均的方法则不合理(刘起运,2002;Jones,1976)。而王巧英(2010)等则认为算术平均计算更为合理,目前国家统计局仍然采用算术平均的方法计算系数。

另外,沈利生(2010)在文章中进一步提出了两个建议:(1)使用增加值计算影响力和感应度系数;(2)应用非竞争投入产出表计算。国家统计局应用的17行业投入产出表为竞争性投入产出表;投入产出学会等应用的42行业投入产出表为非竞争性投入产出表,包含了国内产品和进口产品。

二、关于重复计算

投入产出计算影响力过程中,$\sum_i \bar{b}_{ij}$ 表示第 j 部门生产一个最终产品对国民经济各部门的完全需求量,刘起运等认为是"具有很确定的、很实际的经济意义"(刘起运,2002;王巧英,2010)。该意义主要为衡量单个行业对国民经济各部门的需求量的比较,而非用于加总国民经济总需求。

在大量应用研究中证实,难以通过完全消耗系数计算全行业总需求。刘品等(2011)和肖强(2010)等计算所有各行业的总输出虚拟水量时,认为应采用直接消耗系数计算,完全消耗水系数存在行业间耗水重复计算问题。在完全消耗系数的计算中,已经考虑了行业之间的累加效应,因此不能用于计算总需求,否则将带来重复计算。例如,煤炭开采对金属压延的带动,进而产生金属压延对装备制造的带动,因此煤炭开采对装备制造的影响已经包含了部分金属压延对装备制造的影响。这样,用完全消耗系数计算总需求即产生重复计算问题。在比较行业对全行业的影响力时,完全消耗系数或者完全需求系数是有明确经济意义的。

三、投入产出的应用研究

投入产出的分析在各个领域都存在广泛的应用。

一是在水资源管理方面。刘品等(2011)和肖强(2010)等利用投入产出分析方法计算了水资源完全消耗系数;许健、陈锡康、杨翠红(2003)计算了完全用水系数,更有效地揭示出用水量发生的原因所在。

二是在国际经贸方面。在第九届国际投入产出技术会议上介绍了 Yusaku

Nakata 等编制的 1985 年国际投入产出表等情况：日美两国间投入产出表用来分析美日两国的经济联系。每个国家都分为 163 个部门，按生产者价格编制，其基础为日本 1985 年投入产出表和美国 1985 年投入产出表（陈锡康，1991）。Hummels, Ishii and Yi(2001)等利用非竞争型投入产出表计算了 OECD 成员国的垂直专门化率。沈利生、吴振宇(2004)运用非竞争型投入产出表，探讨了出口对中国国内经济的拉动作用，认为"外贸对 GDP 增长的贡献逐年上升，但贡献系数有下降趋势"（刘遵义，2007）。唐翔(2012)利用投入产出分析研究了人民币低估的根本原因即中国日益恶化的竞次（race to the bottom）发展模式。

三是在区域经济方面。沈正平等(2004)，Lloyd(1977)等使用投入产出分析工具和区域乘数衡量产业集群的区域经济效应。

四是在其他方面。陈锡康(1991)列举了投入产出分析的多方面用途，包括关键部门分析、生产率研究、兑换率变动对价格的影响、降低关税对国际贸易的影响、经济成分之间的联系、收入分配问题、能源平衡问题。古利平(2006)等研究了中国创新的投入产出关系。

第二节 驱动产业结构高度化的主导产业集

虽然各个产业对国民经济的健康持续发展都十分重要，但只有主导产业才是国民经济发展的核心，直接决定着国民经济的发展方向、速度、性质和规模等。目前关于主导产业选择的细化指标有十一项之多（魏后凯，2006）。限于数据的可获得性，本研究从投入产出分析的产业关联效应出发，界定驱动产业结构高度化的主导产业群。

产业关联效应指标是界定主导产业的关键指标。罗斯托(1988)认为应该选择具有扩散效应（前向、后向和旁侧）的部门作为主导产业部门，将主导产业的产业优势辐射传递到产业链的各产业中，以带动和促进区域经济的全面发展；美国经济学家赫希曼(1991)在《经济发展战略》一书中，主张不均衡发展战略，提出将产业关联效应作为主导产业选择的基准即产业关联基准，发展政策的目标应挑选和集中力量发展那些在技术上相互依赖、产业关联效应强烈的"战略部门",即主导产业部门。这种产业是前向和后向联系的有机结合。对中国产业结构高度化的研究(张辉,2009;陈和、隋广军,2010;张辉、任抒杨,2010)发现:无论是全国还是地方经济,在产业结构高度化加速进程中,都明显受到几大产业的推动。因此,进一步加深对主导产业群的演化轨迹研究,是具有重要意义的。

一、主导产业群界定

影响力系数表示某一产业对国民经济的带动力在所有行业中的水平。其中,α_j 表示第 j 部门最终产品占国民经济最终产品总量的比例,称为"最终产出构成系数";b_{ji} 是第 i 部门对第 j 部门的完全消耗系数。分子的经济含义是:增加 i 部门一个最终产出对国民经济的带动力;分母的经济含义是:各产业增加一个最终产出对国民经济的平均带动力(刘起运,2002)。影响力系数越大,表示第 i 部门对国民经济的带动作用越大。

$$F_j = \frac{\sum_i b_{ij}}{\sum_j \left(\sum_i b_{ij}\right) \alpha_j} \quad (j = 1, 2, \cdots, n) \tag{1}$$

推动力系数(部分研究中称之为"感应度系数")表示某一产业对国民经济的推动力在所有行业中的水平。其中,w_{ij} 是第 i 部门对第 j 部门的完全分配系数;η_i 表示第 i 部门产品的初始投入量占国民经济初始投入总量的比例,称为"初始投入构成系数"。分子的经济含义是:增加 i 部门一个初始投入对国民经济的推动力;分母的经济含义是:各产业增加一个综合初始投入对国民经济的平均推动力(刘起运,2002)。推动力系数越大,表示第 i 部门对国民经济的推动作用越大。

$$E_i = \frac{\sum_j w_{ij}}{\sum_i \left(\sum_j w_{ij}\right) \eta_j} \quad (i = 1, 2, \cdots, n) \tag{2}$$

很多学者系统讨论了影响力系数和推动力系数在计算中的统计问题(刘起运,2002;中国投入产出学会课题组,2007),明确了投入产出结构系数的意义和计算方法,本研究使用的权重和计算方法基本与此相同。

另外有研究关心:在完全消耗系数的计算中,已经考虑了行业之间的累加效应,因此不能用于列项加总的方法计算影响力系数,否则将带来重复计算。本研究认为,该类重复计算带来的统计上误差的确是存在的,但是影响力系数和推动力系数等比例不受其影响,仍然可以作为研究行业在国民经济中地位重要性的理论方法。首先,影响力系数是通过特定产业的影响力与全行业的平均影响力进行比较得出的,分子与分母都进行了相同规模的重复计算,因此该系数具有实际意义。其次,影响力系数计算出的结果衡量的是产业对国民经济带动作用的当量,并不是一个明确的经济数量,而是用于横向比较的指标,因此不必拘泥于影响力系数中的重复计算问题,只要该指标能准确衡量该行业在国民经济中的地位和作用即可,这也是本研究重点考察的问题。

环向系数 R_i 表示 i 产业对国民经济及拉动力和推动力之和。R_i 值越大,产业在国民经济产业结构中的关联度越高,对国民经济发展及产业结构演变的作用也越大。

$$R_i = F_i + E_i \tag{3}$$

本研究分析我国各产业的影响力系数和推动力系数:以下为根据1987年、1990年、1992年、1995年、1997年、2002年、2005年和2007年的8张中国投入产出表或延长表计算得到的,影响力系数和推动力系数均大于平均水平的产业。本研究假定该类产业为影响国民经济发展的主导产业,而把所有这些主导产业聚集体称为影响国民经济发展的主导产业群(见表9-1)。①

表9-1 1987—2007年我国主导产业群演化趋势

行业/指标	行业编号	推动力系数	影响力系数	环向系数
1987年				
纺织业	07	1.1952	1.1283	2.3236
造纸及文教用品制造业	10	1.1107	1.2010	2.3116
炼焦、煤气及煤制品业	13	1.1604	1.5419	2.7023
化学工业	14	1.1055	1.4828	2.5883
金属冶炼及压延加工业	16	1.1339	1.6220	2.7559
仪器仪表及其他计量器具制造业	22	1.0560	1.4479	2.5039
其他工业	24	1.1578	1.5654	2.7232

---

① 本研究计算中:(1) 最终产出构成系数以最终产品计算,不包含进口部分。假如加入进口部分计算,部分产业将得到负的最终产出构成系数,偏离了指数原有的经济意义。(2) 计算得到影响力系数和推动力系数后,计算全行业的平均值,该均值并不等于1。研究选取影响力和推动力均大于均值的行业作为主导产业群。

(续表)

行业/指标	行业编号	推动力系数	影响力系数	环向系数
1990年				
纺织业	07	1.1989	1.1856	2.3845
造纸及文教用品制造业	10	1.1388	1.1249	2.2637
炼焦、煤气及煤制品业	13	1.1683	1.4965	2.6648
化学工业	14	1.1252	1.4318	2.5570
金属冶炼及压延加工业	16	1.2284	1.5342	2.7625
其他工业	24	1.2551	1.5439	2.7990
1992年				
炼焦、煤气及煤制品业	13	1.1459	1.2367	2.3826
化学工业	14	1.1393	1.3921	2.5314
金属冶炼及压延加工业	16	1.1423	1.7271	2.8694
交通运输设备制造业	19	1.2154	1.1371	2.3526
仪器仪表及其他计量器具制造业	22	1.1166	1.4548	2.5713
其他工业	24	1.2139	1.5055	2.7193
1995年				
纺织业	07	1.2564	1.3113	2.5677
化学工业	14	1.1815	1.5075	2.6890
金属冶炼及压延加工业	16	1.1405	1.5390	2.6795
仪器仪表及其他计量器具制造业	22	1.1243	1.7276	2.8519
机械设备修理业	23	1.1386	1.3740	2.5126
其他工业	24	1.1849	1.4226	2.6075
1997年				
金属矿采选业	04	1.0226	2.2742	3.2969
纺织业	07	1.0939	1.1755	2.2694
造纸印刷及文教用品制造业	10	1.0580	1.2311	2.2892
化学工业	12	1.1195	1.4772	2.5967
金属冶炼及压延加工业	14	1.1875	1.6661	2.8537
金属制品业	15	1.2094	1.1131	2.3225
机械工业	16	1.0991	1.1201	2.2191
电子及通信设备制造业	19	1.2432	1.1583	2.4015
仪器仪表及文化办公用机械制造业	20	1.1406	1.2094	2.3499
机械设备修理业	21	1.0148	1.4452	2.4600

(续表)

行业/指标	行业编号	推动力系数	影响力系数	环向系数
2002 年				
造纸印刷及文教体育用品制造业	10	1.1075	1.2425	2.3500
石油加工、炼焦及核燃料加工业	11	1.0654	1.5536	2.6190
化学工业	12	1.1982	1.5116	2.7098
金属冶炼及压延加工业	14	1.1982	1.5623	2.7605
金属制品业	15	1.2693	1.1682	2.4375
通用、专用设备制造业	16	1.2323	1.0682	2.3005
电气机械及器材制造业	18	1.2859	1.1471	2.4330
通信设备、计算机及其他电子设备制造业	19	1.4232	1.2377	2.6609
仪器仪表及文化办公用机械制造业	20	1.3102	1.2381	2.5483
租赁和商务服务业	34	1.1100	1.2293	2.3393
2005 年				
金属矿采选业	04	1.0343	2.3335	3.3678
非金属矿及其他矿采选业	05	1.0730	1.4984	2.5714
造纸印刷及文教体育用品制造业	10	1.1350	1.2113	2.3463
化学工业	12	1.1911	1.5421	2.7331
金属冶炼及压延加工业	14	1.1722	1.5360	2.7082
金属制品业	15	1.2171	1.1505	2.3676
电气机械及器材制造业	18	1.2534	1.1129	2.3662
通信设备、计算机及其他电子设备制造业	19	1.4350	1.1572	2.5923
仪器仪表及文化办公用机械制造业	20	1.2873	1.1683	2.4556
电力、热力的生产和供应业	23	1.0415	1.5409	2.5824
租赁和商务服务业	34	1.1812	1.1834	2.3646
2007 年				
金属矿采选业	04	1.0343	2.6599	3.6942
非金属矿及其他矿采选业	05	1.0730	1.3523	2.4254
造纸印刷及文教体育用品制造业	10	1.1350	1.1932	2.3282
化学工业	12	1.1911	1.4377	2.6288
金属冶炼及压延加工业	14	1.1722	1.3679	2.5401
仪器仪表及文化办公用机械制造业	20	1.2873	1.3292	2.6165
电力、热力的生产和供应业	23	1.0415	1.6569	2.6985
燃气生产和供应业	24	1.0462	1.1476	2.1938
研究与试验发展业	35	1.0761	1.3374	2.4135
综合技术服务业	36	1.0220	1.0876	2.1096

从表 9-1 和图 9-1 可以发现,我国在 1987—2007 年的主导产业群基本都是隶属第二产业的工业部门。第三产业中,2002 年以后有租赁与商务服务业、研究与试验发展业和综合技术服务业进入了主导产业群。由此说明,无论

是在我国工业化起步期还是加速期,金属冶炼及压延加工业,化学工业,石油加工、炼焦及核燃料加工业等比较传统的重化产业,其影响力系数和推动力系数都较高,对国民经济长期高速增长起到了决定性作用。由此说明我国工业化进程与世界一般规律是有所差异的(Chenery and Syrquin,1977;陈和、隋广军,2010)①。此外,在我国工业化初期十分重要的纺织业、木材加工及家具制造业等轻工业在工业化加速期已经逐步淡出主导产业群,而金属矿采选业等重化产业的不断崛起,在一定程度上说明我国主导产业群重化的特性已经非常明显。

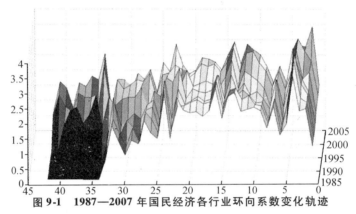

图 9-1 1987—2007 年国民经济各行业环向系数变化轨迹

注:图形由 MATLAB 软件绘制,图中按颜色描绘了各个产业的变动情况,由图可以看出各个行业环向系数的阶梯形分布状况。图中横轴为投入产出表国民经济行业分类,例如 1987 年为 33 行业,2002 年为 42 行业,因此 1987 年 34—42 行业均为 0,同样其他年份类推;图中纵轴表示年份;图中竖轴表示环向系数。

二、主导产业群落验证

通过国民经济主导产业群的界定,我们已经基本发现驱动我国产业结构高度化进程的原动力不仅是第二产业中的工业部门,而且工业部门中 6—8 个行业又是国民经济高速发展背后的最核心的动力之源。下面我们进一步通过国民经济全行业三大产业关联效应分析来验证上述界定的可靠性。

本研究设立第一产业环向完全关联系数为 η_{i1},该系数反映投入产出表中所

---

① 根据世界工业化一般产业演变规律,先是轻工业主导,然后才是重工业和重化工业起主导作用,而我国无论是工业化早期还是加速期都是重工业特别是重化工业起着主导作用。

有行业对第一产业的拉动及推动力。

$$\eta_{i1} = \sum_{j=1}^{c_1} b_{ji} + \sum_{j=1}^{c_1} w_{ij} \tag{4}$$

第二产业环向完全关联系数 η_{i2}，反映投入产出表中所有行业对第二产业的拉动及推动力。

$$\eta_{i2} = \sum_{j=c_1+1}^{c_2} b_{ji} + \sum_{j=c_1+1}^{c_2} w_{ij} \tag{5}$$

第三产业环向完全关联系数 η_{i3}，反映投入产出表中所有行业对第三产业的拉动及推动力。

$$\eta_{i3} = \sum_{j=c_2+1}^{c_3} b_{ji} + \sum_{j=c_2+1}^{c_3} w_{ij} \tag{6}$$

公式(4)—(6)中，b_{ji}为 i 产业对 j 产业的完全消耗系数；w_{ij}为 i 产业对 j 产业的完全分配系数。c_1 为第一产业中最后产业的编号；c_2 为第二产业中最后产业的编号；c_3 为第三产业中最后产业的编号。

根据公式(4)—(6)计算结果发现，所有行业对第一产业环向完全关联系数都较低，所以本研究下面分析只选取第二和第三产业环向完全关联系数作为分析依据。通过 OriginPro 7.5 软件，本研究一共绘制了 1987—2007 年 8 张产业环向完全关联系数图(见图9-2至图9-9)。①

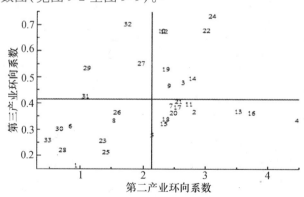

图 9-2　1987 年国民经济 33 行业第二、第三产业环向系数

---

① 目前作者所用 2007 年投入产出表细分为 133 个二级行业，没有界定一级行业，本研究采用 2002 年投入产出表 42 个一级行业来归类。

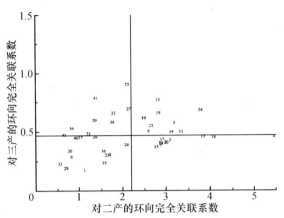

图 9-3　1990 年国民经济第二、第三产业环向系数

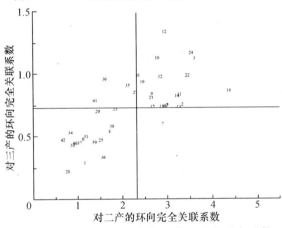

图 9-4　1992 年国民经济第二、第三产业环向系数

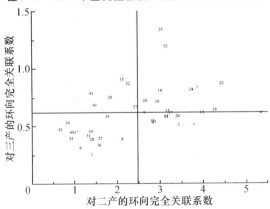

图 9-5　1995 年国民经济第二、第三产业环向系数

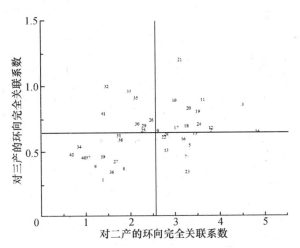

图 9-6 1997 年国民经济第二、第三产业环向系数

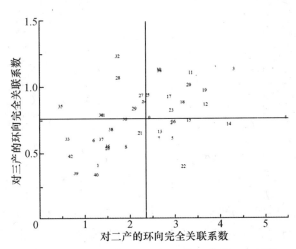

图 9-7 2002 年国民经济第二、第三产业环向系数

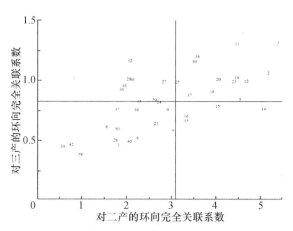

图 9-8 2005 年国民经济第二、第三产业环向系数

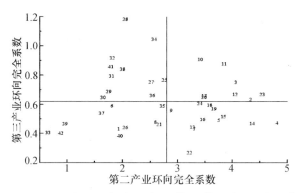

图 9-9 2007 年国民经济 42 行业第二、第三产业环向系数

从图 9-2 至图 9-9 分析结果来看,1987—2007 年 20 年间,(1) 各行业对第二产业的环向系数随着工业化的进程不断增加,均值从 1.9 增加到了 3.4,说明各行业对第二产业关联不断紧密,第二产业仍然是带动产业升级的最重要力量;(2) 各行业对第三产业的环向系数均值从 0.4 增加到 0.7 左右之后,并没有进一步的增加,虽然各行业对第三产业的关联程度在不断增加,但是仍然远低于第二产业,第三产业可以作为支撑行业,而不是主导行业;(3) 第三产业并没有从我国工业化的加速发展中持续获利。对此,可能的原因在于我国第二产业的投资仍然处于内部循环状态,缺乏第三产业的支撑和最终需求的支撑,第三产业缺乏第二产业的带动力。另外,第二产业以投资主导为主,缺乏向战略新兴产业和生产性服务业转移,因此第三产业难以形成对第二产业的推动力。

此外，1987—2007 年，国民经济全行业对第三产业的完全环向系数的平均值已经从 0.4 左右提升到了 0.7 左右，而第二产业的完全环向系数平均值也从 2 左右提升到了 3 左右。这首先说明改革开放以来，我国国民经济各行业对第二、第三产业的影响力越来越强了，即国民经济主要产业的产业链变长变粗了，或者可以表明我国产业是越来越实心化而不是越来越空心化。其次，国民经济各行业对第二产业环向关联系数远高于第三产业，这在一定程度上说明我国无论是过去、目前还是未来第二产业的主导地位仍然十分突出和重要。最后，图中右上象限（上文各年度界定的主导产业基本都位于该象限）基本上属于第二产业；右下象限基本上都属于第二产业；左上象限主要属于第三产业，只有部分属于第二产业；左下象限基本属于第三产业。这进一步说明改革开放以来支撑我国国民经济快速发展的原动力基本上都是第二产业。

第三节　主导产业群对三次产业驱动的比较研究

我们已经确定和验证了第二产业中工业部门对我国工业化进程和长期经济高速增长起到了关键的推动作用，也发现这种推动作用基本源于工业部门 6—8 个最核心的行业，下面将通过比较研究来考察主导产业群对我国国民经济发展各阶段的贡献度的变化轨迹。

公式(7)—(14) j 的取值均保证，$E_j > 1$，$F_j > 1$。

本研究设定主导产业群的拉动力为 P_i，该指标反映行业被感应度和影响力都大于平均值的主导产业的总拉动力。

$$P_i = \sum_j (B_{ij} \times \beta_j) \qquad (7)$$

主导产业群的推动力 Q_i，反映行业被感应度和影响力都大于平均值的主导产业的总推动力。

$$Q_i = \sum_j (W_{ji} \times \beta_j) \qquad (8)$$

其中，β_j 表示产量变化百分比，反映行业之间增量的比例关系。$\beta_j = \Delta X_j / \sum_j \Delta X_j$，$\Delta X_j$ 表示产业 j 的产量变化（用连续的两张投入产出表计算产量之差）；$\sum_j \Delta X_j$ 表示所有产业产量变化的总和。

本研究设定第一产业受主导产业的环向完全关联系数为 ω_1，该指标反映第一产业受主导产业群的推动力与拉动力之和。

$$\omega_1 = \sum_{i=1}^{c_1} P_i + Q_i \tag{9}$$

第二产业受主导产业的环向完全关联系数 ω_2，反映第二产业受主导产业群的推动力与拉动力之和。

$$\omega_2 = \sum_{i=c_1+1}^{c_2} P_i + Q_i \tag{10}$$

第三产业受主导产业的环向完全关联系数 ω_3，反映第三产业受主导产业群的推动力与拉动力之和。

$$\omega_3 = \sum_{i=c_2+1}^{c_3} P_i + Q_i \tag{11}$$

公式（9）—（11）反映了国民经济三次产业受主导产业群总影响力情况。

下面公式（12）—（14）则反映了国民经济三次产业受主导产业群的促进而产生的产量变化速度。

第一产业受主导产业促进的增速 v_1，反映第一产业受主导产业群的促进而产生的产量变化速度。

$$v_1 = \frac{\left(\sum_{i=1}^{c_1} P_i + Q_i\right)\left(\sum_{k=1}^{n} \Delta X_k \Big/ \sum_i X_i\right)}{\sum_{i=1}^{c_1} \alpha_i} \tag{12}$$

其中，$\dfrac{\left(\sum_{i=1}^{c_1} P_i + Q_i\right)}{\sum_{i=1}^{c_1} \alpha_i}$ 是所有产业增加 1 单位产出时对第一产业带动的产值的增速；$\left(\sum_{k=1}^{n} \Delta X_k \Big/ \sum_i X_i\right)$ 是所有产业的当年产量增速，两者相乘得到的是相应年份的总产量增速下，第一产业受主导产业群（或所有产业）的促进而产生的增速。

第二产业受主导产业促进的增速 v_2，反映第二产业受主导产业群的促进而产生的产量变化速度。

$$v_2 = \frac{\left(\sum_{i=c_1+1}^{c_2} P_i + Q_i\right)\left(\sum_{k=1}^{n} \Delta X_k \bigg/ \sum_i X_i\right)}{\sum_{i=c_1+1}^{c_2} \alpha_i} \tag{13}$$

第三产业受主导产业促进的增速 v_3，反映第三产业受主导产业群的促进而产生的产量变化速度。

$$v_3 = \frac{\left(\sum_{i=c_2+1}^{c_3} P_i + Q_i\right)\left(\sum_{k=1}^{n} \Delta X_k \bigg/ \sum_i X_i\right)}{\sum_{i=c_2+1}^{c_3} \alpha_i} \tag{14}$$

其中，α_i 表示产量百分比，反映行业的产量规模，$\alpha_i = X_i \bigg/ \sum_i X_i$，$\sum_i X_i$ 表示各产业的总产量之和。

根据公式（9）—（14）最终计算结果如表 9-2 所示。表 9-2 显示，无论是从受主导产业群总影响力方面，还是受主导产业群的促进而产生的产量变化速度方面，第二产业不但处于绝对的优势地位，而且其不断增强的趋势也明显高于第三产业和第一产业。

表 9-2 受主导产业群影响的三次产业发展参数

年份	第一产业 v_1	第二产业 v_2	第三产业 v_3
1987	0.11	0.26	0.15
1990	0.13	0.29	0.16
1992	0.09	0.27	0.18
1995	0.21	0.47	0.24
1997	0.04	0.10	0.05
2002	0.10	0.38	0.20
2005	0.14	0.44	0.22
2007	0.15	0.47	0.21

由图 9-10 可以发现，第二产业受国民经济主导产业群的带动作用仍然远远高于第一和第三产业，这在一定程度上说明全社会各类资源仍然主要集中于第二产业。此外三次产业受国民经济主导产业群的带动作用也基本呈现出同经济周期的波动趋势。

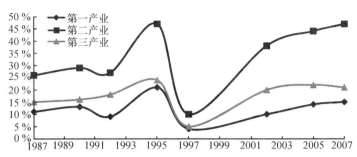

图 9-10 1987—2007 年三次产业受主导产业群影响的增速变化趋势

全行业相关系数,计算公式同(7)—(14),j 的取值为 $1,2,3,\cdots,n$,该系数扩大以上指标"受主导产业群"的作用为"全行业"的作用,其计算结果如表 9-3 所示。表 9-3 所反映的情况与表 9-2 基本类似。

表 9-3 受国民经济全行业影响的三次产业发展参数

年份	第一产业 v_1	第二产业 v_2	第三产业 v_3
1987	0.34	0.65	0.43
1990	0.40	0.73	0.46
1992	0.47	1.14	0.9
1995	0.94	1.61	1.14
1997	0.26	0.43	0.35
2002	0.44	0.91	0.54
2005	0.60	1.04	0.63
2007	0.67	1.11	0.63

由图 9-3 可以发现,第二产业受国民经济全行业的带动作用仍然在不断提高,而更多的资源还并没有大规模投入到第三产业中,第二产业仍是国民经济行业内生联系最重要的产业。

图 9-10 和图 9-11 均显示无论是全行业增速还是主导产业群增速均在 1995 年达到波峰,而在亚洲金融危机爆发的 1997 年达到波谷,之后又不断提升。这也在一定程度上说明我国在 20 世纪 90 年代中期应该已经基本融入到东亚经济体之中,从而才会表现出与东亚经济基本一致的经济周期性。根据上轮经济周期从波峰到波谷 2 年的周期和图 9-10、图 9-11 所显示的三次产业增速变化趋势来看,本轮经济周期波峰应该在 2007 年,2009 年达到波谷,2010 年开始逐步复苏。这也在一定程度上表明我国在 21 世纪初整个经济已经基本融入了全球

经济体系之中,从而才会导致我国经济波动周期与世界经济波动周期出现同步化。

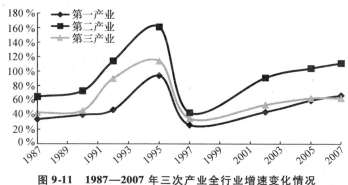

图9-11 1987—2007年三次产业全行业增速变化情况

从上述分析中,我们可以得出以下几点认识。

第一,主导产业群对第一产业的带动力基本不变,全行业对第一产业的带动力呈下降趋势,但是第一产业仍然处于加速阶段,由此说明第一产业的产量扩大源自自身的发展(如技术进步等);而产业变化的结构效应对于第一产业的生产加速没有显著影响。

第二,主导产业对第二产业的带动力、全行业对第二产业的带动力都在不断增加,说明随着工业化进程的不断深入,行业之间的发展使得所有行业对第二产业的关联度都有所增加,或者说第二产业的发展仍然在一定程度上依赖于产业结构效应。此外,第二产业的产量加速与其环向带动力的增加基本一致的情况也反映出,虽然第二产业的发展一定程度上依赖于结构效应,但是行业内部的技术进步等效率改善因素也在起着越来越大的作用。

第三,第二产业的环向带动力非常大,也同样说明了第二产业对其他行业的相关性很大,对国民经济持续高速增长起到一个很大的支撑面的作用。第二产业对国民经济的各个部门普遍的相关性,也在一定程度上说明了我国国民经济整体发展状况,无论是当前还是未来,仍然在相当长的一段时期内会取决于第二产业的发展状况,这也显示出我国总体上在相当长一段时期仍处于工业化加速阶段。

第四,第三产业环向相关系数的变化基本与产量变化相当,甚至还略微大于产量变化情况,这在一定程度上说明了第三产业内部的创新活动非常少,而结构效应才是第三产业快速发展的根本原因。国民经济本阶段基本依赖于第二产业,而为第二产业服务的第三产业内部创新活动又比较少,这样就会导致我国第二产业和第三产业之间无法形成有效的联动发展格局。在开放条件下,这就会导致我国第二产业通过经贸关系与海外第三产业相结合,从而嫁接出国内外产业之间投入分配—再投入再分配的循环关系。如此一来就会导致国内投资过大而消费不足的问题。消费不足又必然会诱使政府和居民之间竞争有限的消费资源,这样就出现了居民消费不足,而居民消费不足又首先在于居民和政府之间收入分配差距的扩大化(方福前,2009)。

第四节 本章小结

我国按照产业结构高度化测度指标来看,在1985年才从整体上越过传统社会阶段,进入钱纳里所界定的工业化初期阶段,在1998年进入工业化加速阶段,2008年进入工业化中期阶段。与钱纳里工业化阶段产业结构变迁轨迹有所不同的是,我国转轨经济的发展特征使得本应在工业化中期阶段才显示出对国民经济主导和引领作用的金属冶炼及压延加工业、化学工业和石油加工等重化产业就已经与该阶段特有的纺织、木材加工及家具制造业等轻型主导产业一样,成为推动我国工业化进程的重要力量。此外,从我国产业结构高度在1998年达到0.1之后,即进入工业化加速期的发展特征来看,工业化加速发展的起点也早于钱纳里所界定的工业化中期阶段。这样看来,由于我国转轨经济发展特征所导致的工业化初期重化产业和轻工业双引擎作用,以致我国整个工业化进程不但在产业结构演变,而且在加速发展周期上都要比西方历史轨迹来得快速和复杂。

从我国改革开放以来三次产业的完全环向系数变化轨迹来看,虽然,第三产业对国民经济的整体驱动力也有了大幅提升,其总指数仍然与第二产业相距甚远,其演化成为国民经济原动力的发展历程仍然还需要相当长的一段时间。我国国民经济的原动力无论是在工业化初期还是中期,始终都主要来自第二产业,而且经过长期发展,第二产业对国民经济的驱动力也有了较大幅度的提升。这在一定程度上说明,我国国民经济运行所依托的第二产业支撑作用基本处于不断强化之中。金属冶炼及压延加工业、化学工业、石油加工、炼焦及核燃料加工业以及金属矿采选业等重化产业是我国当前及未来一段发展周期内第二产业发展的核心动力所在。

从三次产业受到全行业及主导产业群驱动的增速变化周期来看,从波谷到波峰一般相距10年,而从波峰到波谷则一般相距2年时间,由此可见我国国民经济在经历10年一个增长周期后,一般会经历一个2年左右的调整周期。这种调整周期上一周期出现在1995—1997年,1995年达到波峰,1997年则陷入波谷,1998年开始缓慢复苏;本轮周期则于2007年达到波峰,2009年陷入波谷,2010年开始缓慢复苏。无独有偶,上述两个经济周期正好与1997年东亚金融危机和2007年全球金融危机相吻合,是我国经济周期与东亚乃至全球出现了同步性,还是东亚及全球经济周期加速了我国经济由波峰进入波谷的进程,这就有待进一步研究。

虽然我国三次产业受到全行业及主导产业群驱动的增速变化周期表现出比较明显的同步性,不过第二产业增速波动幅度要明显高于第一和第三产业,可见我国经济无论是加速发展,还是出现衰退都与第二产业高度相关。这也从另外一个层面可以看出我国目前第二产业有一种自循环倾向,即第二产业内部出现了比较明显的产业内部投入产出关系,而没有实现第二和第三产业之间有效联动发展的投入分配关系。由于第二产业内部这种自我循环机制的高效运作,以致我国经济增长进程中不得不更加依赖于投资来推动经济增长。要打破这种过度依赖投资的增长机制,必须打破第二产业内部自循环机制,实现第二、第三产业联动发展,即第二产业的投入最终要分配到第三产业,由此破除第二产业内部从投资到投资的内部循环机制,实现第二和第三产业之间投资和消费的有效平衡,最终实现我国经济增长进程中投资和消费的平衡驱动机制。

本研究按照较新的投入产出结构系数的计算方法(刘起运,2002;Jones,1976;中国投入产出学会课题组,2006;沈利生,2010),计算了国内1987—2007年的投入产出系数。依托诱导系数和推动力诱导系数的构建原则,本研究建立了驱动机制的微观模拟分析。从模拟结果可以看出,该驱动机制的分析方法有效地反映了我国产业结构高度化进程中的核心环节。本研究一方面回答了产业结构高度化进程中周期性和驱动机制问题;更重要地,也作为对投入产出微观模拟的方法论探讨。进一步地,可以依据此分析思路,对比中国、日本和美国的产业结构高度化过程,寻找其中的微观机制,并以其分析其产业空心化程度和发展轨迹。

第十章 美国和日本经济发展的产业驱动机制

本研究尝试通过投入产出分析,考察行业之间相互作用关系,以确定产业发展的内在驱动机制。关键在于探讨美国、日本与国内具有可比性的投入产出分析方法;研究美国、日本经济发展的产业驱动机制;结合美日发展经验给予产业空心化问题在微观层面的研究素材;为中国经济产业驱动机制提供先行发达国家的经验和启示。

第一节 引 言

藤田昌久和克鲁格曼认为,产业之间的要素流动是造成区域竞争优势的根本原因(Fujita, et al., 1999)。钱纳里等(1977,1986)、塞尔奎因(1984)用计量实证方法和投入产出分析方法建构了工业化进程中经济结构变迁的标准模型。刘伟、张辉、黄泽华(2008)通过产业结构高度的角度,论述了经济增长的过程中产业结构的转变,确认了产业变化和经济增长之间的因果关系。干春晖等(2011)在测度产业结构合理化和产业结构高级化的基础上,构建了关于产业结构变迁与经济增长的计量经济模型,进而探讨了二者对经济波动的影响。在研究产业结构高度或者产业结构的合理程度的过程中,投入产出分析是一个重要的手段。自里昂惕夫创立了投入产出分析后,国内外大量的研究证明该方法是研究国民经济产业结构的有效的基础性方法论。罗斯托(1998)、赫希曼(1991)等引入了国民经济战略部门的概念,国内学者魏后凯、张辉等研究了国民经济主导产业的界定和作用(魏后凯,2006;张辉,2009;陈和、隋广军,2010;张辉、任抒杨,2010)。

上文研究对我国产业结构高度以及产业内部驱动机制进行了详细的分析,研究发现支撑我国发展的主要动力为第二产业,发展最快的同样也是第二产业。从宏观经济表现上看,无论是经济快速增长还是经济衰退都与第二产业的发展有关。从微观产业关联上看,第二产业内部已经出现了明显的自循环关系,使得第二产业的发展方式在很长一段时间内(1987—2007)没有发生改变,一直以投资为促进产业发展的驱动力。上述研究已经指出"要打破这种依赖投资的增长机制,只有打破二产内部循环的机制,实现第二、第三产业联动发展即第二产业的投入最终要分配到第三产业,由此破除第二产业内部从投资到投资的内部循环机制,实现第二和第三产业之间投资和消费的有效平衡,最终实现我国经济增长进程中投资和消费的平衡驱动机制"。

就方法论而言,我国的投入产出分析可以作为界定主导产业的手段;就驱动机制而言,我国的产业结构高度提升很大程度上由产业之间内部投资驱动,而缺少最终需求部门的驱动;就产业空心化角度而言,产业结构的驱动机制并没有反映出我国存在明显的产业结构空心化,第二产业具有较高的影响力和感应度,并且也具有较高的产值份额,产业规模与产业之间的相互作用关系(本研究下文称之为支撑力)基本相符。

第二节　美国产业内在驱动机制分析

本研究沿袭和借鉴上文第八章的方法,对美国投入产出表进行分析,研究其主导产业群以及产业驱动机制,从而分析其产业空心化程度。美国投入产出表与中国投入产出表存在着一定的差异,主要表现在:

第一,美国投入产出表分为生产表(Make Table)和使用表(Use Table)。生产表是行业与生产的产品之间的生产关系表;使用表是行业与采购产品之间的使用关系表。

第二,美国投入产出表有产品部门投入产出表和行业部门投入产出表(段新等,2012)。产品部门表指产品—产品的投入产出表;行业部门表指行业—行业的投入产出表。两者均可通过生产表、使用表计算得到。

第三,美国每隔5年公布一个投入产出基准表,目前已有的基准表为:1947年、1958年、1963年、1967年、1972年、1977年、1982年、1987年、1992年、1997年、2002年;1998—2008年每年有预测表。

第四,行业分类:1992 年前基于行业分类标准(Standard Industry Classification,SIC)编制,1992 年后基于北美产业分类标准(North American Industry Classification System,NAICS)体系编制。另外在行业细分上也有差别。

由于国内对具有可比性的中、美、日投入产出分析研究较少,本研究以方法论探讨为契机,研究美国、日本的产业内在驱动机制。对美国投入产出数据首先进行了如下前期处理:

一是使用生产表与使用表计算得到行业部门投入产出表。本研究将其标记为 IO 表,其中表示生产表中 i 行业对 k 产品的产量;表示使用表中 j 行业对 k 产品的使用量。

$$IO_{ij} = \sum_{k} \left(m_{ik} / \sum_{i} m_{ik} \right) \times u_{kj} \tag{1}$$

二是使用 1947—2002 年可比较的投入产出基准表,并按照 SIC 与 NAICS 对行业进行规整,使其在年度之间具有可比性。具体操作上,1947—1967 年按照 SIC 细分 87 行业;1967—1992 年按照 SIC 细分 85 行业;1992—2007 年按照 NAICS 细分 66 行业。

一、美国主导产业群

本研究通过计算美国 1947—2007 年主要的基准表(Benchmark Table),得出各行业的影响力系数和推动力系数,进而计算三次产业的平均影响力系数和推动力系数,反映三次产业在国民经济增长中的地位和作用。三次产业的划分与中国国内相同,其中交通物流服务等划入第三产业。推动力系数 E_i 和影响力系数 F_i 计算方法沿袭第八章公式(1)和(2)。

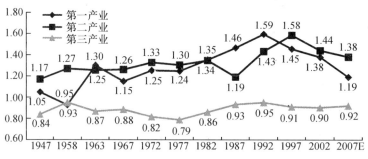

图 10-1　美国三次产业平均影响力系数(1947—2007E)

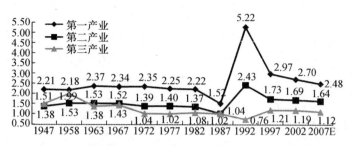

图 10-2 美国三次产业平均推动力系数（1947—2007E）

注：1992—1997 年的推动力系数变化是由于 SIC 与 NAICS 之间行业细分的差异带来的计算误差。

通过上述计算结果可以看出美国产业结构关系以及驱动机制与我国存在几点差异：

第一，美国第三产业的影响力系数仍然低于第二产业，说明从产业内部联系角度而言，美国的第二产业仍然是国民经济的支撑部门。美国的第三产业影响力系数高于我国系数，说明美国的第三产业对全行业的带动作用要高于我国的水平。从这个意义上而言，美国的第三产业与全行业之间的内部联系比我国更为紧密。

第二，美国第一产业的影响力水平与推动力水平基本与第二产业齐平，说明第一产业的生产需要消耗大量其他部门的产品和服务；第一产业的产品也大量供给其他部门。从这个意义上说美国的第一产业已经不是传统农业部门，而是一个与工业部门和第三产业紧密联系的现代化部门。

第三，美国第三产业的推动力水平与第二产业基本持平，说明第三产业的产品和服务被其他部门广泛使用。从这个意义而言，美国第三产业具有较强的经济推动力。本研究认为美国第三产业之所以对国民经济有比较大的推动力，可能缘于美国第二产业对第三产业具有较高的带动力，从而进一步促进了第三产业的发展和产业关联水平。

第四，从波动过程来看，美国尽管 1947 年以来经历了几次经济危机，但是产业关联水平没有显著波动。其次，1967—1987 年的 20 年时间里，美国第二产业对全国各行业的消耗水平不断增加；第三产业对全国各行业的供给水平不断增加。这说明，该期间美国经济发展的主要引擎来自第二产业。最后，1987 年后的分析表明，美国进入 20 世纪 80 年代中后期以来，经济发展的引擎主要在于服务业。

根据第八章公式(1)、(2)和(3)计算美国1947—2007年影响力系数和推动力系数均大于平均水平即"1"的产业,环向系数 R_i 为两者之和(大于2),由此得到表10-1所示的美国主导产业群(1947—2007年)。

表10-1 美国1947—2007年主导产业群分析

行业编号	行业名称	影响力系数	推动力系数	环向系数
	1947年			
1	牲畜及牲畜用品业(Livestock and livestock products)	1.36	1.80	3.16
3	林业和渔业用品业(Forestry and fishery products)	1.10	1.95	3.05
12	维修及保养施工业(Repair and maintenance construction)	1.07	1.72	2.79
16	面料、纱线和螺纹铣刀制造业(Broad and narrow fabrics, yarn and thread mills)	1.43	1.59	3.02
21	木容器制造业(Wood containers)	1.21	2.09	3.29
24	纸张等办公用品业(Paper and allied products, except containers)	1.28	2.83	4.11
25	纸板箱和包装盒用品业(Paperboard containers and boxes)	1.40	1.83	3.22
27	化学品及选定化工用品业(Chemicals and selected chemical products)	1.34	2.54	3.87
28	塑料和合成材料业(Plastics and synthetic materials)	1.29	2.44	3.74
30	涂料及相关用品业(Paints and allied products)	1.57	1.99	3.56
31	石油炼制及相关行业(Petroleum refining and related industries)	1.33	1.46	2.80
33	皮革制造及精加工业(Leather tanning and finishing)	1.66	1.49	3.15
37	主要钢铁制造业(Primary iron and steel manufacturing)	1.32	2.33	3.65
38	主要有色金属制造业(Primary nonferrous metals manufacturing)	1.66	2.63	4.29
39	金属容器制造业(Metal containers)	1.56	1.94	3.50
40	供热、管道等金属结构制品业(Heating, plumbing, and fabricated structural metal products)	1.21	1.50	2.71
41	螺杆机和冲压设备用品业(Screw machine products and stampings)	1.20	1.76	2.97
42	其他金属用品业(Other fabricated metal products)	1.13	1.70	2.83

（续表）

行业编号	行业名称	影响力系数	推动力系数	环向系数
1963 年				
1	牲畜及牲畜用品业（Livestock and livestock products）	1.65	2.06	3.70
3	林业和渔业用品业（Forestry and fishery products）	1.19	2.37	3.56
4	农、林、渔服务业（Agricultural, forestry, and fishery services）	1.44	3.03	4.47
16	面料、纱线和螺纹铣刀制造业（Broad and narrow fabrics, yarn and thread mills）	1.71	2.23	3.94
17	纺织品及地板覆盖用品业（Miscellaneous textile goods and floor coverings）	1.78	1.75	3.53
20	木材及木制品业（木容器除外）（Lumber and wood products, except containers）	1.31	2.29	3.59
21	木容器制造业（Wood containers）	1.42	2.50	3.92
24	纸张等办公用品业（Paper and allied products, except containers）	1.28	2.62	3.90
25	纸板箱和包装盒用品业（Paperboard containers and boxes）	1.31	2.32	3.64
27	化学品及选定化工用品业（Chemicals and selected chemical products）	1.24	2.65	3.89
28	塑料和合成材料业（Plastics and synthetic materials）	1.28	2.63	3.90
30	涂料及相关用品业（Paints and allied products）	1.40	2.34	3.74
32	橡胶及混合塑胶用品业 Rubber and miscellaneous plastics products	1.18	1.64	2.82
33	皮革制造及精加工业（Leather tanning and finishing）	1.76	1.77	3.53
37	主要钢铁制造业（Primary iron and steel manufacturing）	1.18	2.55	3.72
38	主要有色金属制造业（Primary nonferrous metals manufacturing）	1.61	2.82	4.43
39	金属容器制造业（Metal containers）	1.40	2.13	3.53
41	螺杆机和冲压设备用品业（Screw machine products and stampings）	1.19	2.04	3.23
42	其他金属制品业（Other fabricated metal products）	1.26	1.99	3.26
58	其他电气机械用品业（Miscellaneous electrical machinery and supplies）	1.24	1.47	2.71

（续表）

行业编号	行业名称	影响力系数	推动力系数	环向系数
	1982 年			
1	牲畜及牲畜用品业（Livestock and livestock products）	2.04	2.20	4.25
4	农、林、渔服务业（Agricultural, forestry, and fishery services）	1.35	2.50	3.85
5	钢铁及铁合金采矿业（Iron and ferroalloy ores mining）	1.43	2.85	4.28
6	有色金属采矿业（Nonferrous metal ores mining）	1.53	3.01	4.54
16	面料、纱线和螺纹铣刀制造业（Broad and narrow fabrics, yarn and thread mill）	1.90	2.11	4.02
17	纺织品及地板覆盖用品业（Miscellaneous textile goods and floor coverings）	2.01	1.33	3.34
20	木材及木制品业（木容器除外）（Lumber and wood products, except containers）	1.55	2.27	3.82
21	木容器制造业（Wood containers）	1.99	2.64	4.63
24	纸张等办公用品业（Paper and allied products, except containers）	1.50	2.05	3.55
25	纸板箱和包装盒用品业（Paperboard containers and boxes）	1.56	2.27	3.82
27	化学品及选定化工用品业（Chemicals and selected chemical products）	1.46	2.56	4.02
28	塑料和合成材料业（Plastics and synthetic materials）	1.69	2.53	4.22
30	涂料及相关用品业（Paints and allied products）	1.54	2.10	3.64
31	石油炼制及相关行业（Petroleum refining and related industries）	1.44	1.46	2.90
32	橡胶及混合塑胶用品业（Rubber and miscellaneous plastics products）	1.28	1.74	3.02
33	皮革制造及精加工业（Leather tanning and finishing）	2.00	1.31	3.31
35	玻璃及玻璃制品业（Glass and glass products）	1.33	1.82	3.15
36	石头和黏土制品业（Stone and clay products）	1.16	1.74	2.91
37	主要钢铁制造业（Primary iron and steel manufacturing）	1.55	2.55	4.10
38	主要有色金属制造业（Primary nonferrous metals manufacturing）	2.06	2.77	4.84
39	金属容器制造业（Metal containers）	1.78	2.33	4.11
40	供热、管道等金属结构制品业（Heating, plumbing, and fabricated structural metal products）	1.49	1.49	2.98

（续表）

行业编号	行业名称	影响力系数	推动力系数	环向系数
41	螺杆机和冲压设备用品业（Screw machine products and stampings）	1.35	1.89	3.24
42	其他金属制品业 Other fabricated metal products	1.24	1.84	3.08
43	发动机和涡轮机业（Engines and turbines）	1.38	1.39	2.76
55	照明电器及配线设备业（Electric lighting and wiring equipment）	1.24	1.36	2.59
57	电子元件及配件业（Electronic components and accessories）	1.50	1.52	3.02
2007 年				
1	农业（Farms）	1.27	1.54	2.81
2	林业、渔业及相关行业（Forestry, fishing, and related activities）	1.11	3.43	4.53
9	纺织业（Textile mills and textile product mills）	1.68	1.60	3.28
11	木制品业（Wood products）	1.60	2.23	3.83
12	纸制品业（Paper products）	1.66	2.27	3.93
13	印刷业及相关支撑行业（Printing and related support activities）	1.25	2.04	3.30
14	石油及煤制品业（Petroleum and coal products）	1.80	1.47	3.28
15	化工产品业（Chemical products）	1.39	1.79	3.18
16	塑料和橡胶制品业（Plastics and rubber products）	1.62	1.88	3.50
17	非金属矿物制品业（Nonmetallic mineral products）	1.18	2.03	3.20
18	原生金属业（Primary metals）	1.79	3.82	5.62
19	金属制品业（Fabricated metal products）	1.38	2.09	3.47
22	电气设备、家电及组件业（Electrical equipment, appliances, and components）	1.25	1.70	2.96
32	卡车运输业（Truck transportation）	1.19	1.67	2.86
34	管道运输业（Pipeline transportation）	1.35	2.42	3.77
38	电影及录音行业（Motion picture and sound recording industries）	1.20	1.58	2.78
39	广播电信业（Broadcasting and telecommunications）	1.26	1.59	2.84
40	信息及数据处理服务业（Information and data processing services）	1.39	1.79	3.18
52	废物管理及补救服务业（Waste management and remediation services）	1.29	2.18	3.47

通过对美国主导产业群的计算可以发现:1947年美国的主导产业以轻纺工业、食品以及办公用品业、化学工业以及重工业为主。1963年的主导产业较1947年增加了交通设备制造业,主要是航天器材制造。1982年新增了餐饮服务业以及市政服务业。2007年主导产业发生了较大的改变,轻纺工业和办公用品业退出主导产业的序列,机械工业以及电子信息成为主导产业,传媒也进入了主导产业的框架中。从数据上来看,1997年开始,机械制造业和电子信息业已经成为主导产业部门。

从以上分析可以看出,首先,美国的主导产业演化路径同样是从轻纺工业和重工业向装备制造业和高端科技工业转变,部分服务业也伴随着产业升级渐渐成为主导产业。其次,美国主导产业演化与国民经济的发展过程基本一致,1967—1987年第二产业快速投资发展阶段,主导产业也从轻工业和重工业转向了高端装备制造业,也是美国从资本密集型产业向技术密集型产业转变的一个关键产业结构转型和产业升级的发展阶段。

二、美国各产业对三次产业的带动作用

本研究在圈定了主导产业群的基础上,研究了各行业对三次产业带动情况,即环向关联系数,反映三次产业受到的产业间支撑力,能有效衡量三次产业发展是否具有产业基础。

根据第八章公式(4)—(6)计算美国1947—2007年第二和第三产业环向完全关联系数作为分析依据。

从图10-3至图10-22的分析可以看出:美国1947年第二产业受到的环向关联系数明显大于第三产业的环向关联系数,产业的关联系数分布也较为集中。相比之下,美国2007年二产和三产的环向关联系数则较为接近,从两者的均值来看,二产的环向系数均值略低于三产。这可能是由于:(1)美国产业重心从第二产业转向了第三产业,第三产业提供更多的国民经济资源,与其他行业的关联度更加密切;(2)美国第三产业受到的环向系数不断加大,第二、三产业之间的资源流动更为密集。

第十章 美国和日本经济发展的产业驱动机制

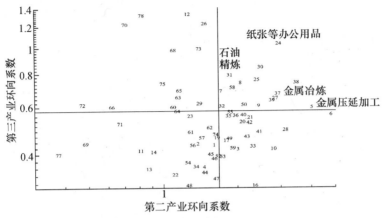

图 10-3 美国 1947 年三次产业的环向关联系数

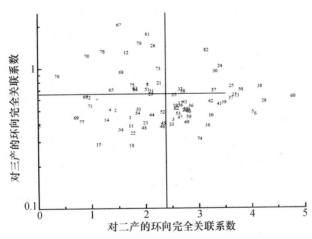

图 10-4 美国 1958 年三次产业的环向关联系数

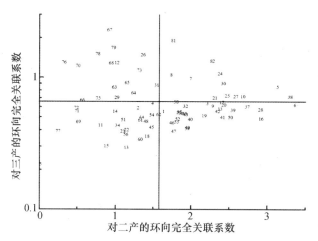

图 10-5 美国 1963 年三次产业的环向关联系数

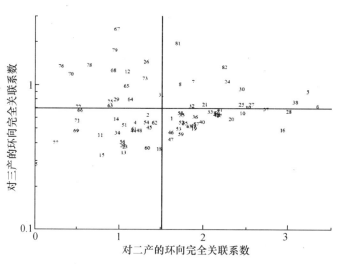

图 10-6 美国 1967 年三次产业的环向关联系数

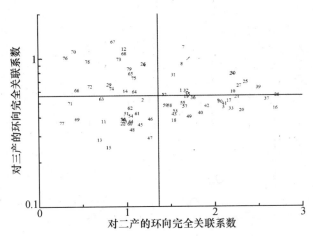

图 10-7　美国 1972 年三次产业的环向关联系数

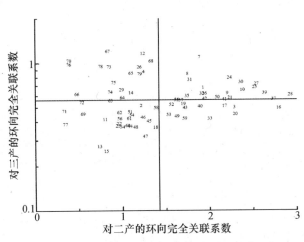

图 10-8　美国 1977 年三次产业的环向关联系数

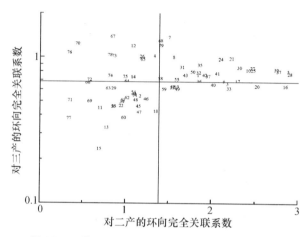

图 10-9　美国 1982 年三次产业的环向关联系数

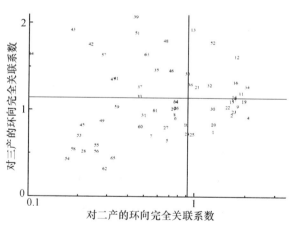

图 10-10　美国 1987 年三次产业的环向关联系数

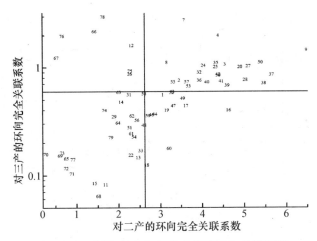

图 10-11　美国 1992 年三次产业的环向关联系数

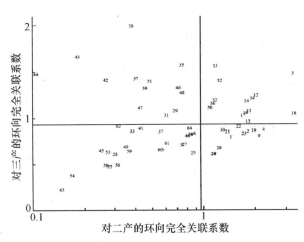

图 10-12　美国 1997 年三次产业的环向关联系数

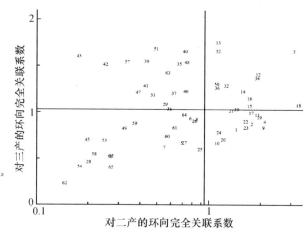

图 10-13 美国 1998 年三次产业的环向关联系数

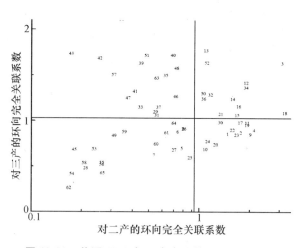

图 10-14 美国 1999 年三次产业的环向关联系数

第十章 美国和日本经济发展的产业驱动机制

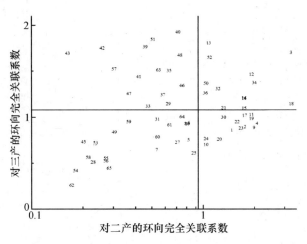

图 10-15 美国 2000 年三次产业的环向关联系数

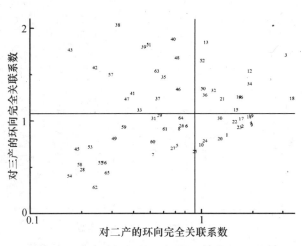

图 10-16 美国 2001 年三次产业的环向关联系数

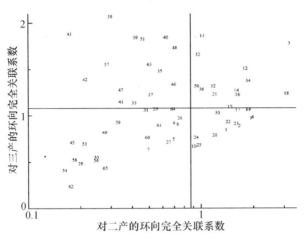

图 10-17　美国 2002 年三次产业的环向关联系数

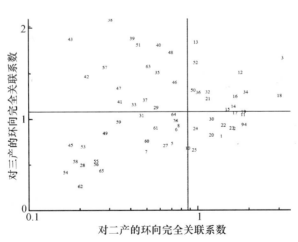

图 10-18　美国 2003 年三次产业的环向关联系数

第十章 美国和日本经济发展的产业驱动机制

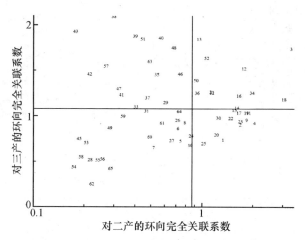

图 10-19 美国 2004 年三次产业的环向关联系数

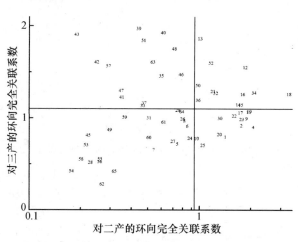

图 10-20 美国 2005 年三次产业的环向关联系数

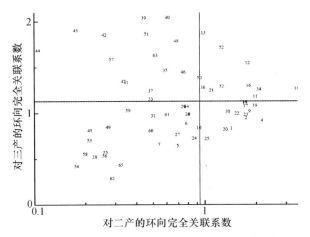

图 10-21　美国 2006 年三次产业的环向关联系数

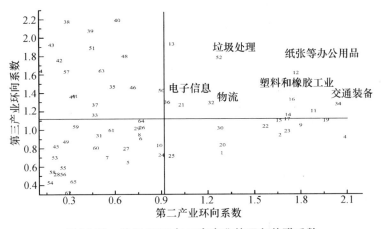

图 10-22　美国 2007 年三次产业的环向关联系数

三、美国主导产业群及全行业对三次产业的带动作用

本部分进一步研究在经济增长或衰退的背景下,主导产业群或者全行业将对国民经济三次产业带来多大规模的经济促进,并模拟了其动态经济增长的内部驱动过程。根据第八章公式(7)—(14)最终计算结果如表 10-2、图 10-23 和表 10-3、图 10-24 所示。

表 10-2　美国三次产业受主导产业群作用（1947—2007）

年份	第一产业		第二产业		第三产业	
	ω_1	v_1	ω_2	v_2	ω_3	v_3
1947	0.0823	0.0820	0.4573	1947	0.0823	0.0820
1958	0.0605	0.0594	0.8008	1958	0.0605	0.0594
1963	0.0543	0.0717	0.4204	1963	0.0543	0.0717
1967	0.0503	0.0597	0.4231	1967	0.0503	0.0597
1972	0.0951	0.2789	0.7471	1972	0.0951	0.2789
1977	0.0930	0.2386	0.5974	1977	0.0930	0.2386
1982	0.0192	0.0022	0.1361	1982	0.0192	0.0022
1987	0.0264	-0.0284	0.2929	1987	0.0264	-0.0284
1992	0.0936	-0.1717	0.5472	1992	0.0936	-0.1717
1997	0.0060	0.0047	0.2383	1997	0.0060	0.0047
2002	0.0316	0.0245	0.2378	2002	0.0316	0.0245
2007	0.0389	0.0252	0.2038	2007	0.0389	0.0252

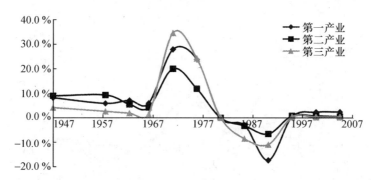

图 10-23　美国三次产业受主导产业群影响的增速变化趋势（1947—2007）

表 10-2 计算了美国在经济增长或衰退背景下，三次产业受主导产业群影响而产生的带动力及产业增速。从该分析可以看出：（1）从受到带动力带来的增速而言，美国第一产业与第二产业基本接近。进一步说明了美国第一产业基本达到现代化水平，使得第一产业的发展与第二、第三产业的发展协同共进。（2）美国二产、三产的增速基本一致，通过产业间驱动机制可以发现美国的产业结构较为合理，三次产业的增长速度较为协调。从另一个层面而言，产业之间的资本等要素的自由流动保证了三次产业的协同发展；如果三次产业在实际产值的增速上同样满足这个协同关系，则说明美国并不存在产业空心化，即产业的外在增

表10-3 美国三次产业受全产业群作用(1947—2007)

年份	第一产业		第二产业		第三产业	
	ω_1	v_1	ω_2	v_2	ω_3	v_3
1947	0.1632	0.1627	1.2032	0.2368	0.6037	0.1551
1958	0.1483	0.1455	1.7369	0.2022	0.6024	0.0806
1963	0.1043	0.1375	1.1264	0.1492	0.6395	0.0945
1967	0.0918	0.1091	1.0871	0.1105	0.6632	0.0705
1972	0.1323	0.3881	1.2377	0.3318	1.4297	0.7335
1977	0.1246	0.3197	1.1572	0.2301	1.4936	0.5586
1982	0.0829	0.0093	0.7090	0.0064	1.4706	0.0197
1987	0.0675	-0.0724	0.6472	-0.0691	1.5995	-0.1952
1992	0.1295	-0.2376	1.1556	-0.1354	0.8172	-0.1854
1997	0.0262	0.0204	0.6395	0.0254	0.9002	0.0170
2002	0.0517	0.0402	0.6889	0.0250	1.0395	0.0153
2007	0.0461	0.0298	0.6149	0.0201	1.1717	0.0154

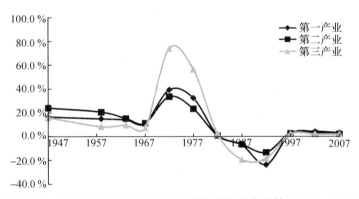

图10-24 美国三次产业受全行业影响的增速变化趋势(1947—2007)

速与产业的内在支撑相匹配。(3)从波动情况而言,受主导产业影响,美国1987年之前三次产业的增速均大于零,1987年后的增速在零附近震荡。究其原因,首先可能是由于1987年之前工业革命特别是以信息技术为代表的第三次技术革命带来的生产边界的外移,促进了三次产业的协同增长。其次,1987年后由于金融危机以及经济发展重心转向第三产业,但是第三产业并没有足够高的影响力系数,从而使得主导产业群对三次产业的带动作用并不高,难以在产业间促进上达到高增长效应。

下面进一步分析美国三次产业受全行业作用产生的增速。通过对表 10-3 和图 10-24 的分析可以发现：(1) 从波动情况而言，美国受全行业作用与受主导产业作用的情况是基本一致的，这从侧面验证了主导产业群的选择是能够反映全行业发展情况的，并且具有一定的经济预测功能。(2) 从波动幅度而言，受全行业作用带来的振幅大于受主导产业作用的振幅，说明美国经济在主导产业的带动之外，其他行业同样对全行业的发展带来了促进作用，产业的发展是较为协调的。

第三节 日本产业内在驱动机制分析

日本投入产出表的结构与我国基本类似，但由于行业细分略有差别，本研究将日本的投入产出表进行了行业间的合并和整理，使得 1970—2005 年的投入产出基准表及延长表均统一为 32 行业的投入产出表。行业分类准则按照日本统计局网站公布的 32 行业标准。本研究使用的基准表和延长表来源为日本统计局网站，除了 1971 年、1972 年缺失，1970—2005 年的表均完整。2010 年基准表尚未公布，因此 2005—2010 年的延长表不具有可比价值，在此不列入分析序列。

一、日本主导产业群

图 10-25 和图 10-26 分别为按照日本投入产出表计算得出的三次产业平均影响力系数和推动力系数。其中三次产业的划分与我国划分基本一致，建筑建设归为第二产业，交通运输等归为第三产业。

该类分析可以发现：(1) 日本第一产业的影响力系数低于第二产业，推动力系数基本接近于第二产业。说明日本的农业消耗其他产业部门的产品较少，但是广泛支撑其他产业部门。这或许能从日本的农业发展制度和农业发展水平上获得答案，首先由于日本的农业公社化运作，使得生产过程涵盖初级农产品到食品工业，并进行标准化生产广泛供给各大行业；其次日本的农业发展水平尽管比

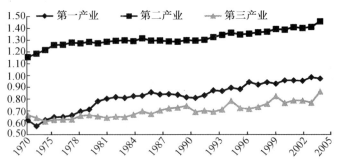

图 10-25　日本三次产业平均影响力系数（1970—2005）

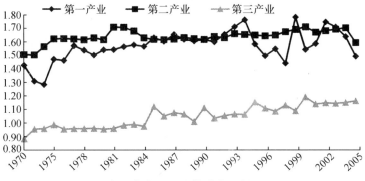

图 10-26　日本三次产业平均推动力系数（1970—2005）

我国高,但相比美国仍然难以同步于第二产业的发展水平,对二产的影响力较小,具有进一步现代化的发展空间。(2)从日本第二、第三产业的影响力差异和推动力差异上来看,日本第三产业的产业关联性低于美国的产业关联性。从产值角度而言,日本的第三产业比重与美国的第三产业比重相差不大(70%)。由此可以看出,相比美国而言,日本的第三产业的产业内驱动关系并不足以支撑日本的第三产业规模,因此日本的第三产业空心化程度相对高于美国。(3)从波动性而言,日本的三次产业波动性较小,尽管经历了 1991 年的房地产泡沫经济,但是三次产业的产业间关联水平基本未变。

从主导产业群的角度来看,本研究选择了 1970—2005 年日本影响力和推动力水平均大于 1 的产业作为主导产业群。从表 10-4 的计算结果可以看出:日本的主导产业群从 1970 年开始并没有发生较大幅度的改变,几个较为重要的部门一直处于产业关联性较高的位置:纸张和木制品制造、化学工业、金属及非金属压延制品业、其他制造业。另外,日本的主导产业群基本上属于第二产业,说明日本的产业驱动力仍然取决于第二产业。从这个意义上来说,日本的经济发展还没有完全接近于美国,产业的内生性支撑动力仍然处于工业部门。

表 10-4　日本 1970—2005 年主导产业群分析

ID	行业名称	影响力系数	推动力系数	环向系数
	1970 年			
5	纸浆、纸张及木材业(パルプ・紙・木製品)	1.2600	1.9939	3.2540
6	化工产品业(化学製品)	1.1512	1.8902	3.0414
8	陶瓷、石头及黏土产品业(窯業・土石製品)	1.0215	1.5103	2.5319
9	钢铁业(鉄鋼)	1.8554	2.7534	4.6088
10	非铁金属业(非鉄金属)	1.3405	2.1175	3.4580
11	金属制品业(金属製品)	1.3789	1.3241	2.7030
16	其他工业产品业(その他の製造工業製品)	1.1413	1.5572	2.6984
28	其他公共服务业(その他の公共サービス)	1.0420	2.0306	3.0727
29	商务服务业(対事業所サービス)	1.0605	2.0485	3.1090
	1980 年			
5	纸浆、纸张及木材业(パルプ・紙・木製品)	1.3049	2.2567	3.5617
6	化工产品业(化学製品)	1.4362	2.1813	3.6175
7	石油及煤制品业(石油・石炭製品)	1.3927	2.5525	3.9451
8	陶瓷、石头及黏土产品业(窯業・土石製品)	1.1952	1.6192	2.8144
9	钢铁业(鉄鋼)	1.8336	2.7157	4.5493
10	非铁金属业(非鉄金属)	1.4256	2.0983	3.5238
16	其他工业产品业(その他の製造工業製品)	1.1863	1.6504	2.8367
18	电力、燃气及供热业(電力・ガス・熱供給業)	1.1078	2.0017	3.1095
	1990 年			
5	纸浆、纸张及木材业(パルプ・紙・木製品)	1.3279	2.2276	3.5554
6	化工产品业(化学製品)	1.3674	2.1481	3.5155
7	石油及煤制品业(石油・石炭製品)	1.1304	2.1131	3.2436
8	陶瓷、石头及黏土产品业(窯業・土石製品)	1.0908	1.7281	2.8189
9	钢铁业(鉄鋼)	1.8883	3.2364	5.1248
10	非铁金属业(非鉄金属)	1.5740	2.6333	4.2072
11	金属制品业(金属製品)	1.2810	1.6532	2.9342

中国经济增长的产业结构效应和驱动机制

（续表）

ID	行业名称	影响力系数	推动力系数	环向系数
16	其他工业产品（その他の製造工業製品）	1.2224	1.8758	3.0982
31	办公用品业（事務用品）	2.1233	2.3184	4.4417
32	未知分类（分類不明）	1.0837	2.1304	3.2141
2000 年				
5	纸浆、纸张及木材业（パルプ・紙・木製品）	1.4085	2.5999	4.0084
6	化工产品业（化学製品）	1.5531	2.1688	3.7219
7	石油及煤制品业（石油・石炭製品）	1.2418	1.9376	3.1794
8	陶瓷、石头及黏土产品业（窯業・土石製品）	1.1627	1.9474	3.1101
9	钢铁业（鉄鋼）	1.9049	3.4036	5.3085
10	非铁金属业（非鉄金属）	1.5274	2.5768	4.1042
11	金属制品业（金属製品）	1.2884	1.9067	3.1952
16	其他工业产品（その他の製造工業製品）	1.3147	2.0871	3.4018
31	办公用品业（事務用品）	2.2368	2.5379	4.7747
32	未知分类（分類不明）	1.2715	2.6332	3.9047
2005 年				
5	纸浆、纸张及木材业（パルプ・紙・木製品）	1.3674	2.5502	3.9176
6	化工产品业（化学製品）	1.5923	2.0260	3.6183
7	石油及煤制品业（石油・石炭製品）	1.4276	1.9333	3.3610
9	钢铁业（鉄鋼）	2.0131	3.3837	5.3968
10	非铁金属业（非鉄金属）	1.8013	2.5980	4.3994
11	金属制品业（金属製品）	1.3655	1.8731	3.2386
15	电子产业（電子部品）	1.5962	1.5649	3.1611
18	其他工业产品（その他の製造工業製品）	1.2761	2.0165	3.2926
33	办公用品业（事務用品）	2.1176	2.3781	4.4957
34	未知分类（分類不明）	1.9051	2.4442	4.3492

二、日本各产业对三次产业的带动作用

类似中美分析，本部分研究日本各行业分别对三次产业的带动力。

从图 10-27 至图 10-38 分析可以看出：（1）1970—2005 年，日本各产业对第三产业的环向关联系数普遍低于对第二产业的环向关联系数。说明从内生驱动机制而言，日本的第二产业仍然是受到内生性驱动力最大的部门。（2）第三产业受到的环向关联系数随着产业结构的调整在不断提升，但幅度不大。可以看

出,外在经济表现中,日本第三产业规模的大幅扩大是缺乏产业间内生支撑的。可能的原因首先是日本第三产业规模扩大单纯来自最终消费的驱动;其次可能是物价或者金融放大效应带来的泡沫效应。

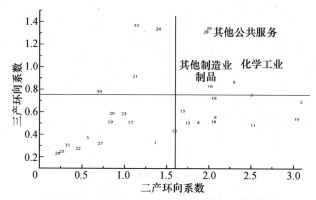

图 10-27　日本 1970 年三次产业环向关联系数

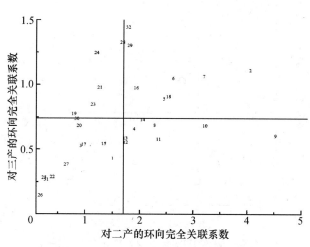

图 10-28　日本 1975 年三次产业环向关联系数

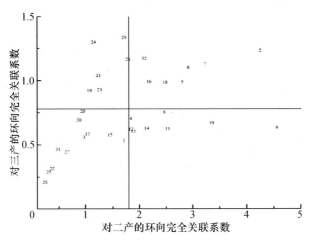

图 10-29　日本 1980 年三次产业环向关联系数

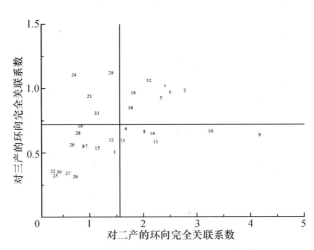

图 10-30　日本 1985 年三次产业环向关联系数

第十章 美国和日本经济发展的产业驱动机制

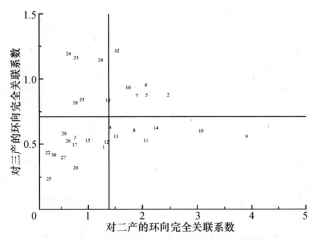

图 10-31　日本 1990 年三次产业环向关联系数

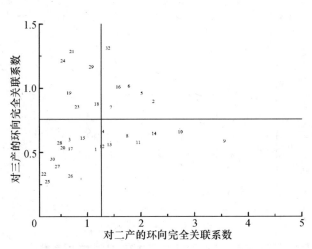

图 10-32　日本 1995 年三次产业环向关联系数

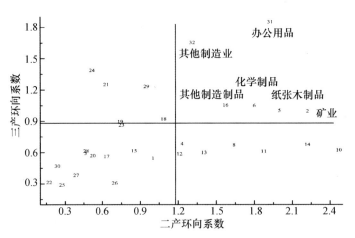

图 10-33 日本 2000 年三次产业环向关联系数

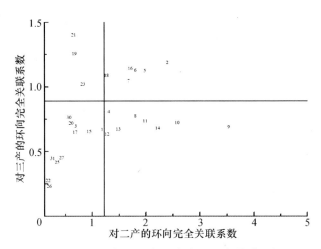

图 10-34 日本 2001 年三次产业环向关联系数

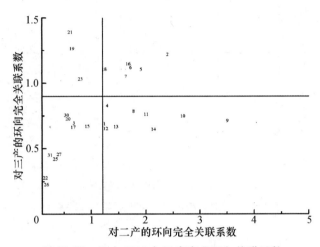

图 10-35　日本 2002 年三次产业环向关联系数

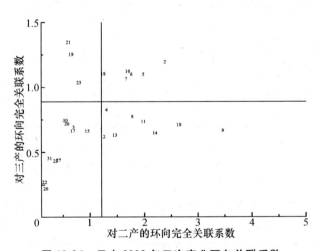

图 10-36　日本 2003 年三次产业环向关联系数

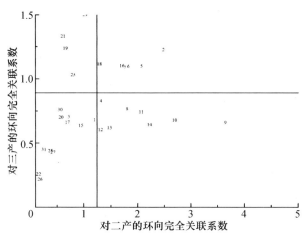

图 10-37　日本 2004 年三次产业环向关联系数

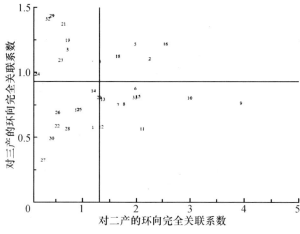

图 10-38　日本 2005 年三次产业环向关联系数

三、日本主导产业群及全行业对三次产业的带动作用

在考虑日本三次产业受主导产业群或者全行业的带动力以获得的增速时，本研究通过 1970—2005 年的基准表和延长表计算结果如表 10-5、图 10-39 和表 10-6、图 10-40 所示，其中表都为部分数据截取表格。

表10-5　日本三次产业受主导产业作用

年份	第一产业		第二产业		第三产业	
	ω_1	v_1	ω_2	v_2	ω_3	v_3
1970	0.0505	0.2007	0.6824	0.1956	0.1810	0.0875
1975	0.1001	0.3316	0.8010	0.1909	0.3646	0.1205
1980	0.0146	0.0241	-0.2647	-0.0232	0.0929	0.0109
1985	-4.8177	-0.2995	-31.5122	-0.0971	-21.0976	-0.0785
1990	0.0205	0.0575	0.2324	0.0266	0.1453	0.0186
1995	0.0033	0.0044	0.0222	0.0011	0.0414	0.0018
2000	0.0185	-0.0160	0.6435	-0.0199	0.2003	-0.0048
2005	0.0730	0.0990	0.9800	0.0480	0.4700	0.0170

注：1985年的波动包含统计口径转变带来的误差。

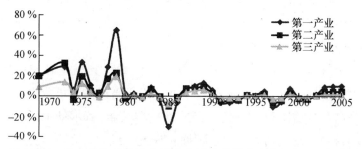

图10-39　日本三次产业受主导产业影响的增速变化（1970—2005）

表10-6　日本三次产业受全行业作用（1970—2005）

年份	第一产业		第二产业		第三产业	
	ω_1	v_1	ω_2	v_2	ω_3	v_3
1970	0.1854	0.7363	1.5216	0.4360	0.6304	0.3046
1975	0.2265	0.7506	1.5412	0.3674	0.7917	0.2618
1980	0.2097	0.3453	0.8711	0.0763	0.7523	0.0887
1985	-4.2858	-0.2664	-25.4816	-0.0785	-13.8100	-0.0514
1990	0.0764	0.2150	0.9715	0.1113	0.6622	0.0846
1995	0.0394	0.0516	0.7558	0.0375	0.8250	0.0357
2000	0.0739	-0.0640	1.6816	-0.0519	0.5259	-0.0126
2005	0.1300	0.1720	1.7000	0.0760	0.8300	0.0292

注：1985年的波动包含统计口径转变带来的误差。

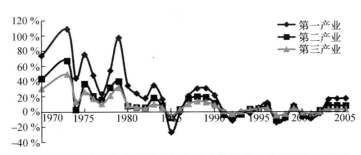

图 10-40　日本三次产业受全行业影响的增速变化（1970—2005）

通过对日本主导产业的带动作用的分析可以看出：三次产业受主导产业群影响的增速是基本一致的。也就是说从产业支撑的角度而言，第三产业由于内生性产业支撑获得的增速与第二产业是基本一致的。而事实上，日本的第三产业发展增速快于第二产业，说明日本的第三产业一定程度上脱离了第二产业的支撑，存在一定程度的空心化或泡沫化。

通过分析日本三次产业受全行业作用可以看出其与主导产业作用基本一致。另外 1985 年前后存在一个低谷，可能是由于受经济危机或产业泡沫化影响使得一部分产业产值出现负增长。另外从长期来看，日本从 1990 年开始，产业内生性驱动带来的增速基本维持在零增长附近。说明日本产业在内部驱动力方面动力不足。而 1985 年以前，日本的产业增速基本上均处于正增长状态，但随着内生性驱动力不足，从 1970 年开始，该增速便显现出波动性下降的趋势。

第四节　本章小结

本研究在前文我国投入产出分析以及我国产业驱动机制研究结果的基础上，探讨了具有可比性的美国、日本的投入产出表分析方法。

第一，计算了两国各行业的直接消耗系数、直接分配系数、完全消耗系数和完全分配系数，进而分析了两国三次产业的平均影响力和推动力。

第二，以影响力和推动力为界定方法，分析了美国、日本两国主要年份的主导产业群的演化过程。

第三,计算了两国各行业对三次产业的环向带动力。

第四,在经济增长和衰退的背景下,通过动态模拟方法,计算了主导产业和全行业对三次产业的带动力和带动速度。

一、中美日可比较的投入产出分析方法

尽管美国、日本的投入产出表与我国的不尽相同,通过一些处理还是可以进行投入产出比较分析。首先,对于美国的投入产出表,通过对生产表和使用表的整合,将其整理为行业—行业的投入产出表;其中保留劳动者报酬、最终需求等投入产出表应有的结构,以此转化为与我国投入产出表结构相同的表格。

其次,对于行业细分上的不同,中美日三国的行业细分存在一定的结构性差异,因此难以将其完全统一。但是就三次产业的划分是可以统一进行的。本研究在行业细分上本着尽量统一的原则,将日本的统一为 32 产业,美国的以 1992 年为界进行统一。在各国自身的统计维度内计算各产业的关联情况,进而统计三次产业的平均影响力和带动力以及三次产业发展的内部驱动机制。

二、中美日产业发展的驱动机制

从图 10-1、图 10-2 以及图 10-25、图 10-26 之间的比较可以看出,美国的三次产业影响力、推动力系数较为接近,日本仍然处于第二产业占主导的位置。

我国的产业驱动机制:首先,我国驱动力来自第二产业内部的资本等要素流动,最终需求带来的驱动性较小;其次,第二产业与第三产业没有很好地协同发展,第二产业内循环是一个封闭的资本流动过程;再次,第二产业的主导性非常强,在工业化进程中,第二产业不论是增速还是规模都远远大于第三产业;最后,主要的驱动部门从重工业向石化以及装备制造业转变。

美国的产业驱动机制:首先,1987 年之前驱动力主要为第二产业,之后驱动力渐渐向第三产业转变;其次,第二产业与第三产业之间的发展关系较为协调,第三产业与其他产业的关联度比中国和日本高;最后,主导产业部门从第二产业向第三产业渐渐转变,但由于第三产业的关联程度有限,使得产业之间促进带来的经济增速有限,难以保证经济的持续快速增长。

日本的产业驱动机制:首先,驱动力主要为第二产业,第二产业在产业关联

性角度上远高于第三产业;其次,第三产业对国民经济的带动力以及国民经济对第三产业的支撑力都难以保证第三产业成为其规模最大的产业;最后,日本的主导产业群在1970年后未发生较大规模的改变,基本上为第二产业的几个主要部门,由于日本至今依赖于20世纪70年代建立起的竞争优势产业,而没有像美国那样不断出现新兴的接替产业,这在一定程度上说明日本为什么会在20世纪90年代之后会出现"失去的二十年"。

三、中美日产业空心化问题探讨

从图10-3、图10-4以及图10-27、图10-28之间的比较研究可以发现:日本的第三产业受到的行业支撑力较小,均值在0.9附近;而美国的第三产业的支撑力则高达1.2。相比较而言,美国第三产业受到的行业支撑力则下降至0.9,日本仍处于1.2的高位,说明从行业间驱动角度,美国的产业间驱动使得第三产业快速发展,日本第二产业仍然是最具行业支撑力的。

综上所述,通过分析中国、美国以及日本的产业驱动机制,对三个国家的产业空心化问题进行了初步的探讨。如果将产业空心化问题简单地界定为产业的内部驱动机制难以支撑产业的发展规模,则本研究将有以下几点结论。首先,三个国家的驱动力都来自第二产业,二产对国民经济各部门的支撑作用也是最大的。其次,随着经济规模的扩大和产业结构的调整,国民经济投入的重心从第二产业向第三产业有不同程度的转变。最后,美国的第三产业具有较高的二产支撑,发展规模较为协调,不存在明显的空心化问题。日本的第三产业相对而言支撑力较为薄弱,相对美国而言空心化程度较高。我国向第三产业的投入转移相对较小,目前不存在空心化问题。

四、中国可借鉴的发展思路及研究展望

比较日本、美国的产业驱动机制后,我国的产业发展可以在以下方面进行借鉴:

首先,第三产业的发展需要获得第二产业的支撑,当我国产业结构向第三产业转移并提高产业结构高度的时候,需要注意第三产业与第二产业在资本等要素流动上的全面协同,目前我国第二产业更多地在内部进行资源流动。在发展

策略上,可以进一步扩大内需,加强二产与三产、最终消费部门之间的要素流动。

其次,在发展路径上,第一阶段要提升第二产业对第三产业的带动力,由此发展第三产业。第二阶段要提升第三产业的劳动生产率以及第三产业对第二产业的带动力,以此保证国民经济的持续增长。美国目前处于第一阶段,并向第二阶段迈进,在这个转轨的过程中,经济增长可能非常缓慢,因为第三产业的低推动力使得产业内部驱动力较低。

本研究在探究方法论的基础上分析了美国及日本的产业驱动机制,并初步探究了产业空心化问题及解决方案。进一步的研究可以对产业空心化问题进行深入研究,包括产业空心化的界定和定量分析。通过比较产业支撑力与产业的实际发展规模,考察产业的发展是否具有可持续性和稳定性。比如以产业关联带来的带动力和推动力作为产业支撑力的界定,进而比较三次产业实际经济规模的时间序列与支撑力的时间序列,从而量化分析三次产业的空心化水平,以此给予我国的产业升级路径以明确的理论指导。

附表 10-1　中国、美国和日本投入产出表行业划分列表

中国 1987—1995 年投入产出表行业列表			
ID	产业名称	ID	产业名称
1	农业	18	机械工业
2	煤炭采选业	19	交通运输设备制造业
3	石油和天然气开采业	20	电气机械及器材制造业
4	金属矿采选业	21	电子及通信设备制造业
5	其他非金属矿采选业	22	仪器仪表及其他计量器具制造业
6	食品制造业	23	机械设备修理业
7	纺织业	24	其他工业
8	缝纫及皮革制品业	25	建筑业
9	木材加工及家具制造业	26	货运邮电业
10	造纸及文教用品制造业	27	商业
11	电力及蒸汽、热水生产和供应业	28	饮食业
12	石油加工业	29	旅客运输业
13	炼焦、煤气及煤制品业	30	公用事业及居民服务业

（续表）

ID	产业名称	ID	产业名称
14	化学工业	31	文教卫生科研事业
15	建筑材料及其他非金属矿物制品业	32	金融保险业
16	金属冶炼及压延加工业	33	行政机关
17	金属制品业		

中国 1997 年投入产出表行业列表

ID	产业名称	ID	产业名称
1	农业	21	机械设备修理业
2	煤炭采选业	22	其他制造业
3	石油和天然气开采业	23	废品及废料
4	金属矿采选业	24	电力及蒸汽热水生产和供应业
5	非金属矿采选业	25	煤气生产和供应业
6	食品制造及烟草加工业	26	自来水的生产和供应业
7	纺织业	27	建筑业
8	服装皮革羽绒及其他纤维制品制造业	28	货物运输及仓储业
9	木材加工及家具制造业	29	邮电业
10	造纸印刷及文教用品制造业	30	商业
11	石油加工及炼焦业	31	饮食业
12	化学工业	32	旅客运输业
13	非金属矿物制品业	33	金融保险业
14	金属冶炼及压延加工业	34	房地产业
15	金属制品业	35	社会服务业
16	机械工业	36	卫生体育和社会福利业
17	交通运输设备制造业	37	教育文化艺术及广播电影电视业
18	电气机械及器材制造业	38	科学研究事业
19	电子及通信设备制造业	39	综合技术服务业
20	仪器仪表及文化办公用机械制造业	40	行政机关及其他行业

中国 2002—2007 年投入产出表行业列表

ID	产业名称	ID	产业名称
1	农林牧渔业	22	废品废料
2	煤炭开采和洗选业	23	电力、热力的生产和供应业
3	石油和天然气开采业	24	燃气生产和供应业
4	金属矿采选业	25	水的生产和供应业
5	非金属矿及其他矿采选业	26	建筑业
6	食品制造及烟草加工业	27	交通运输及仓储业
7	纺织业	28	邮政业
8	纺织服装鞋帽皮革羽绒及其制品业	29	信息传输、计算机服务和软件业

（续表）

9	木材加工及家具制造业	30	批发和零售业
10	造纸印刷及文教体育用品制造业	31	住宿和餐饮业
11	石油加工、炼焦及核燃料加工业	32	金融业
12	化学工业	33	房地产业
13	非金属矿物制品业	34	租赁和商务服务业
14	金属冶炼及压延加工业	35	研究与试验发展业
15	金属制品业	36	综合技术服务业
16	通用、专用设备制造业	37	水利、环境和公共设施管理业
17	交通运输设备制造业	38	居民服务和其他服务业
18	电气机械及器材制造业	39	教育
19	通信设备、计算机及其他电子设备制造业	40	卫生、社会保障和社会福利业
20	仪器仪表及文化办公用机械制造业	41	文化、体育和娱乐业
21	工艺品及其他制造业	42	公共管理和社会组织

美国1947—1967年投入产出表行业列表

ID	产业名称	ID	产业名称
1	Livestock and livestock products	45	Construction and mining machinery
2	Other agricultural products	46	Materials handling machinery and equipment
3	Forestry and fishery products	47	Metalworking machinery and equipment
4	Agricultural, forestry, and fishery services	48	Special industry machinery and equipment
5	Iron and ferroalloy ores mining	49	General industrial machinery equipment
6	Nonferrous metal ores mining	50	Miscellaneous machinery, except electrical
7	Coal mining	51	Office, computing, and accounting machines
8	Crude petroleum and natural gas	52	Service industry machines
9	Stone and clay mining and quarrying	53	Electric industrial equipment and apparatus
10	Chemical and fertilizer mineral mining	54	Household appliances
11	New construction	55	Electric lighting and wiring equipment
12	Repair and maintenance construction	56	Radio, TV, and communication equipment

(续表)

13	Ordnance and accessories	57	Electronic components and accessories
14	Food and kindred products	58	Miscellaneous electrical machinery and supplies
15	Tobacco manufactures	59	Motor vehicles and equipment
16	Broad and narrow fabrics, yarn and threadmills	60	Aircraft and parts
17	Miscellaneous textile goods and floor coverings	61	Other transportation equipment
18	Apparel	62	Scientific and controlling instruments
19	Miscellaneous fabricated textile products	63	Optical, ophthalmic, and photographic equipment
20	Lumber and wood products, except containers	64	Miscellaneous manufacturing
21	Wood containers	65	Transportation and warehousing
22	Household furniture	66	Communications, except radio and TV
23	Other furniture and fixtures	67	Radio and television broadcasting
24	Paper and allied products, except containers	68	Private electric, gas, water, and sanitary services
25	Paperboard containers and boxes	69	Wholesale and retail trade
26	Printing and publishing	70	Finance and insurance
27	Chemicalsand selected chemical products	71	Real estate and rental
28	Plastics and synthetic materials	72	Hotels; personal and repair services (except auto)
29	Drugs, cleaning and toilet preparations	73	Business services
30	Paints and allied products	74	Eating and drinking places
31	Petroleum refining and related industries	75	Automobile repair and services
32	Rubber and miscellaneous plastics products	76	Amusements
33	Leather tanning and finishing	77	Health, educational, and social services and nonprofit organization
34	Footwear and other leather products	78	Federal Government enterprises
35	Glass and glass products	79	State and local government enterprises
36	Stone and clay products	80	Gross imports of goods and services

（续表）

37	Primary iron and steel manufacturing	81	Business travel, entertainment and gifts
38	Primary nonferrous metals manufacturing	82	Office supplies
39	Metal containers	83	Scrap and used goods
40	Heating, plumbing, and fabricated structural metal products	84	Government industry
41	Screw machine products and stampings	85	Rest of the world industry
42	Other fabricated metal products	86	Household industry
43	Engines and turbines	87	Inventory valuation adjustment
44	Farm and garden machinery		

美国1972—1992年投入产出表行业列表

ID	产业名称	ID	产业名称
1	Livestock and livestock products	44	Farm and garden machinery
2	Other agricultural products	45	Construction and mining machinery
3	Forestry and fishery products	46	Materials handling machinery and equipment
4	Agricultural, forestry, and fishery services	47	Metalworking machinery and equipment
5	Iron and ferroalloy ores mining	48	Special industry machinery and equipment
6	Nonferrous metal ores mining	49	General industrial machinery equipment
7	Coal mining	50	Miscellaneous machinery, except electrical
8	Crude petroleum and natural gas	51	Office, computing, and accounting machines
9	Stone and clay mining and quarrying	52	Service industry machines
10	Chemical and fertilizer mineral mining	53	Electric industrial equipment and apparatus
11	New construction	54	Household appliances
12	Repair and maintenance construction	55	Electric lighting and wiring equipment
13	Ordnance and accessories	56	Radio, TV, and communication equipment
14	Food and kindred products	57	Electronic components and accessories

（续表）

15	Tobacco manufactures	58	Miscellaneous electrical machinery and supplies
16	Broad and narrow fabrics, yarn and thread mills	59	Motor vehicles and equipment
17	Miscellaneous textile goods and floor coverings	60	Aircraft and parts
18	Apparel	61	Other transportation equipment
19	Miscellaneous fabricated textile products	62	Scientific and controlling instruments
20	Lumber and wood products, except containers	63	Optical, ophthalmic, and photographic equipment
21	Wood containers	64	Miscellaneous manufacturing
22	Household furniture	65	Transportation and warehousing
23	Other furniture and fixtures	66	Communications, except radio and TV
24	Paper and allied products, except containers	67	Radio and television broadcasting
25	Paperboard containers and boxes	68	Private electric, gas, water, and sanitary services
26	Printing and publishing	69	Wholesale and retail trade
27	Chemicals and selected chemical products	70	Finance and insurance
28	Plastics and synthetic materials	71	Real estate and rental
29	Drugs, cleaning and toilet preparations	72	Hotels; personal and repair services (except auto)
30	Paints and allied products	73	Business services
31	Petroleum refining and related industries	74	Eating and drinking places
32	Rubber and miscellaneous plastics products	75	Automobile repair and services
33	Leather tanning and finishing	76	Amusements
34	Footwear and other leather products	77	Health, educational, and social services and nonprofit organization
35	Glass and glass products	78	Federal Government enterprises
36	Stone and clay products	79	State and local government enterprises
37	Primary iron and steel manufacturing	80	Non-comparable imports
38	Primary nonferrous metals manufacturing	81	Scrap and used goods

(续表)

ID		ID	
39	Metal containers	82	Government industry
40	Heating, plumbing, and fabricated structural metal products	83	Rest of the world industry
41	Screw machine products and stampings	84	Household industry
42	Other fabricated metal products	85	Inventory valuation adjustment
43	Engines and turbines		

美国1997—2007年投入产出表行业列表

ID	产业名称	ID	产业名称
1	Farms	34	Pipeline transportation
2	Forestry, fishing, and related activities	35	Other transportation and support activities
3	Oil and gas extraction	36	Warehousing and storage
4	Mining, except oil and gas	37	Publishing industries (includes software)
5	Support activities for mining	38	Motion picture and sound recording industries
6	Utilities	39	Broadcasting and telecommunications
7	Construction	40	Information and data processing services
8	Food and beverage and tobacco products	41	Federal Reserve banks, credit intermediation, and related activities
9	Textile mills and textile product mills	42	Securities, commodity contracts, and investments
10	Apparel and leather and allied products	43	Insurance carriers and related activities
11	Wood products	44	Funds, trusts, and other financial vehicles
12	Paper products	45	Real estate
13	Printing and related support activities	46	Rental and leasing services and lessors of intangible assets
14	Petroleum and coal products	47	Legal services
15	Chemical products	48	Miscellaneous professional, scientific and technical services
16	Plastics and rubber products	49	Computer systems design and related services
17	Nonmetallic mineral products	50	Management of companies and enterprises

（续表）

ID	产业名称	ID	产业名称
18	Primary metals	51	Administrative and support services
19	Fabricated metal products	52	Waste management and remediation services
20	Machinery	53	Educational services
21	Computer and electronic products	54	Ambulatory health care services
22	Electrical equipment, appliances, and components	55	Hospitals and nursing and residential care facilities
23	Motor vehicles, bodies and trailers, and parts	56	Social assistance
24	Other transportation equipment	57	Performing arts, spectator sports, museums, and related activities
25	Furniture and related products	58	Amusements, gambling, and recreation industries
26	Miscellaneous manufacturing	59	Accommodation
27	Wholesale trade	60	Food services and drinking places
28	Retail trade	61	Other services, except government
29	Air transportation	62	Federal government enterprises
30	Rail transportation	63	Federal general government
31	Water transportation	64	State and local government enterprises
32	Truck transportation	65	State and local general government
33	Transit and ground passenger transportation	66	Inventory valuation adjustment

日本1970—2004年投入产出表行业列表

ID	产业名称	ID	产业名称
1	農林水産業	17	建設
2	鉱業	18	電力・ガス・熱供給業
3	食料品	19	水道・廃棄物処理
4	繊維製品	20	商業
5	パルプ・紙・木製品	21	金融・保険
6	化学製品	22	不動産
7	石油・石炭製品	23	運輸
8	窯業・土石製品	24	通信・放送
9	鉄鋼	25	公務
10	非鉄金属	26	教育・研究
11	金属製品	27	医療・保健・社会保障・介護
12	一般機械	28	その他の公共サービス

（续表）

ID	产业名称	ID	产业名称
13	電気機械	29	対事業所サービス
14	輸送機械	30	対個人サービス
15	精密機械	31	事務用品
16	その他の製造工業製品	32	分類不明

日本 2005 年及以后投入产出表行业列表

ID	产业名称	ID	产业名称
1	農林水産業	18	その他の製造工業製品
2	鉱業	19	建設
3	飲食料品	20	電力・ガス・熱供給業
4	繊維製品	21	水道・廃棄物処理
5	パルプ・紙・木製品	22	商業
6	化学製品	23	金融・保険
7	石油・石炭製品	24	不動産
8	窯業・土石製品	25	運輸
9	鉄鋼	26	情報通信
10	非鉄金属	27	公務
11	金属製品	28	教育・研究
12	一般機械	29	医療・保健・社会保障・介護
13	電気機械	30	その他の公共サービス
14	情報・通信機器	31	対事業所サービス
15	電子部品	32	対個人サービス
16	輸送機械	33	事務用品
17	精密機械	34	分類不明

第十一章 产业结构高度化进程中主导产业模型研究

所有的专业化部门在地区经济中都起重要作用,但只有主导专业化部门也即主导产业才能在地区经济中起主宰作用,能带动整个地区经济的发展。主导产业是地区经济的核心,直接决定着地区的发展方向、速度、性质和规模,其选择的合理与否不仅关系到主导产业自身的发展,而且决定着整个区域的经济发展和产业结构的合理化进程。

那么主导产业、专业化产业和支柱产业之间区别主要在哪里呢？魏后凯(2006)研究认为专业化产业是为区域外服务的优势部门,它与诺斯的输出产业概念大体相同,对一个地区来说,专业化的优势部门通常较多,但只有那些规模较大、带动性较强、增长潜力广阔的专业化部门才有可能成为主导产业部门;反过来,主导产业一般都属于具有竞争优势的专业化部门;支柱产业一般是指那些现有规模较大、对地区经济的贡献率较高的产业部门,这些产业往往是历史上主导产业发展的结果。此外,主导产业又是如何推动地方经济发展的呢？第一,以全新的、更高技术层次的产业来替代原有产业成为新的主导产业。一般而言,新主导产业是根据工业化进程中产业结构演进的基本框架逐步形成的,比如以工业替代农业,以重工业替代轻工业,以深加工工业替代原材料工业,以技术密集型产业替代资金密集型产业,以第三产业替代第二产业,等等。第二,在同一产业内部,通过技术进步实现产品结构的升级,或通过制度创新实现生产组织方式的重大进步,使原有主导产业大大提高劳动生产率,重新焕发出巨大的生命力和活力。

孙久文(2006)研究认为,随着时间的推移,区域优势条件和市场需求都将发生变化。这样区域主导产业发展本身具有一定的生命周期,即存在着引入、成长、成熟和衰退(或转移)的变化。从中长期发展来看,在第一代主导产业进入成熟期之前,就应该着手培育第二代主导产业,这样通过新老主导产业的顺利接替,将可以保持区域经济的持续稳定快速发展。例如,美国农业(1864—1910

年)发挥着主导产业的作用;进入20世纪20年代,机械工业生产总值和劳动就业居于制造业的首位;40年代,钢铁、汽车、建筑业成为美国的三大主导产业,1960年钢铁占国民收入比重7%,汽车为6.7%,建筑业为5.4%,平均每6个产业工人中就有1个与汽车工业有关;到60年代中后期,飞机制造业已超过了钢铁工业;80年代,以高技术为基础的新兴产业不断涌现,第三次产业在GNP中的比重已接近70%,劳动就业人数已占全国就业人数的70.5%,汽车、飞机(宇航)和电子工业虽在工业部门起主导作用,但一般不提主导产业,因为整个制造业的生产总值占GNP的比重已从50年代的28%—30%下降到80年代的20%。据统计,美国的信息产业1999年在其国内生产总值(GDP)中的比重为8.3%,但对经济增长的贡献却高达32%。

日本主导产业的形成和变更大体经历了四个阶段:第一阶段是1868—1930年,以纺织工业为主导,重点发展棉纺织业;第二阶段大体是1946—1960年,以电力工业为主导,重点发展火力发电事业,后期把钢铁、石化、机械等工业发展提上日程;第三阶段大体是1960—1970年,以重化工为重点,以石油化工、钢铁、造船业为主导,但同期也制定了三次机械工业振兴法,促进了机械工业的合理化和高度化,这一阶段是经济高速增长时期,由于钢铁工业的迅速发展,为机械工业的大发展创造了条件;第四阶段是20世纪70年代以后,这一时期是世界经济动荡和危机时代,以汽车为代表的机械工业和以家电及电子计算机为代表的电子工业已经成为主导产业。

英国的工业革命是在1760—1840年完成的,支配这一时期英国经济发展的主导产业是19世纪以前的纺织工业和相继于后的煤炭工业、钢铁工业、机械工业(包括造船业)。进入20世纪以后,英国人却沉醉于前人的业绩并沉湎于对这种业绩的守成之中,错过了第二次科学革命所引致的产业结构调整的有利时机,第二次世界大战后,英国的传统产业如冶金、煤炭、造船、纺织等长期不景气,新兴工业部门如电子、石油、化学工业等无力与竞争对手对抗,第三产业则有些过度膨胀,一直没有找到能够引导和带动整个经济走出低谷的主导产业。20世纪70年代开始,英国也在不断寻求产业结构的调整,对电子信息、计算机、生物工程和光电子等高新技术有计划地进行产业结构调整,并对传统产业进行改造。

第一节 主导产业选择的原则

地区主导产业特点:第一,具有较强的竞争优势,属于区域的专业化生产部门;第二,现有产业基础较好,行业规模较大,对地区经济增长的贡献率较大;第三,行业增长速度较快,且未来市场需求增长迅速,发展潜力较大;第四,处于产业链的关键环节,对区内其他产业具有较强的直接或间接经济联系,它的发展具有一定的连锁性,能够带动一大批相关主导产业的发展;第五,整个行业的创新能力较强,具有较高的生产率和创新力。在一定时期,区域主导产业以3—5个为宜,这些主导产业既可以是单一的部门,也可以是由若干个相互关联的部门有机结合形成的主导产业群。

区域主导产业选择的基准主要有以下三个。

罗斯托基准:选择具有扩散效应(前向、后向和旁侧)的部门作为主导产业部门,将主导产业的产业优势辐射传递到产业链的各产业中,以带动和促进区域经济的全面发展(罗斯托,1988)。

筱原基准:需求收入弹性和生产率上升两基准。需求收入弹性越大说明产品潜在市场容量越大;生产率上升速度越快说明技术进步越快,单位产品的耗费越低,能够吸引各种资源向该产业流动,从而促进该产业更快发展,促进国民收入较快增长和经济快速健康持续发展(筱原三代平,1957)。

产业关联基准:美国经济学家赫希曼在《经济发展战略》一书中,主张不均衡发展战略,提出将产业关联效应作为主导产业选择的基准,也即产业关联基准。发展政策的目标应挑选和集中力量发展那些在技术上相互依赖、产业关联效应强烈的"战略部门",即主导产业部门。这种产业是前向和后向联系的有机结合(赫希曼,1991)。

一、主导产业选择指标体系

从魏后凯(2006)的研究来看,主导产业的选择涉及六大原则,十一项指标。

（一）产业规模原则，该原则涉及四项指标

该指标体系反映产业的支柱性地位，主导产业必须具有一定的经济规模、雄厚的经济实力和先进的技术设备，才能充分发挥带头和促进作用。

1. 产业规模指标

$$SY_i(t) = \frac{Y_i(t)}{\sum_i^n Y_i(t)} \times 100\%$$

，其中 $SY_i(t)$ 为产业 i 在 t 年的总产值比重，$Y_i(t)$ 为该产业在 t 年的总产值，n 为产业个数。

2. 固定资产规模指标

$$SKO_i(t) = \frac{KO_i(t)}{\sum_i^n KO_i(t)} \times 100\%$$

，其中 $SKO_i(t)$ 为产业 i 在 t 年的固定资产比重，$KO_i(t)$ 为该产业在 t 年年末固定资产原值，n 为产业个数。

3. 就业规模指标

$$SL_i(t) = \frac{L_i(t)}{\sum_i^n L_i(t)} \times 100\%$$

，其中 $SL_i(t)$ 为产业 i 在 t 年的就业人数比重，$L_i(t)$ 为该产业在 t 年的年平均职工数，n 为产业个数。

4. 利税规模指标

$$SU_i(t) = \frac{U_i(t)}{\sum_i^n U_i(t)} \times 100\%$$

，其中 $SU_i(t)$ 为产业 i 在 t 年的利润和税收在全部利税总额中的比重，$U_i(t)$ 为该产业在 t 年的利润和税收，n 为产业个数。

（二）市场需求原则

一个产业的需求弹性高，意味着其产品有着广阔的市场，而这正是大批量生产和加速技术创新的先决条件，因此，只有那些需求弹性高的产业才有可能作为主导产业优先发展。其实质是使产业结构同经济发展和国民收入增加所引起的需求结构相适应。

1. 产品需求收入弹性

$$e_i = \frac{\frac{\Delta Q_i}{Q_i}}{\frac{\Delta NI}{NI}}$$

，其中 e_i 为产业 i 的产品需求收入弹性，$\Delta Q_i / Q_i$ 为该产业产品的需求增长率,ΔNI/NI 为国民收入增长率。

该指标的选取首先需要注意产品现实需求和潜在需求之间的差异;其次需要注意发展过程中一些扭曲的、变型的需求。

(三) 产业关联原则,涉及两项指标

主导产业之所以能够起主导作用,最重要的是需求,当每一部门对它的需求以及它对各个部门的需求都比较高时,优先发展这一部门便可以为发展其他部门创造条件,或者促进其他部门的加速发展。所以,当那些关联强度大的产业优先发展时,比如要影响到与其有关产业的发展,受到影响的产业又进一步影响了与它有关的更多产业的发展,产生连锁效应,从而推动和促进地区产业的发展。

1. 产业感应度指标

感应度表示某一产业部门增加一个单位初始投入时,通过直接或间接关联对国民经济各部门提供的分配总量,在投入产出表中是完全分配系数矩阵的行合计。感应度表现为该产业对国民经济各部门推动作用的绝对水平,因此也被称为推动力。感应度系数是该产业的感应度与国民经济各部门平均感应度之比,表现为该产业对国民经济各部门推动作用的相对水平。

$$E_i = \frac{\sum_{j=1}^{n} w_{ij}}{\frac{1}{n}\sum_{i=1}^{n}\sum_{j=1}^{n} w_{ij}}$$,其中 w_{ij} 是第 i 部门对第 j 部门的完全分配系数,$\sum_{j=1}^{n} w_{ij}$ 为完全分配系数矩阵的第 i 行之和,即第 i 部门对国民经济各部门的感应度,$\frac{1}{n}\sum_{i=1}^{n}\sum_{j=1}^{n} w_{ij}$ 为完全分配系数矩阵的行和的平均值。

当 $E_i > 1$ 时,表示第 i 部门的感应度高于社会平均感应度水平(即各部门感应度的平均值);当 $E_i = 1$ 时,表示第 i 部门的感应度等与社会平均感应度水平;当 $E_i < 1$ 时,表示第 i 部门的感应度低于社会平均感应度水平。

感应度或感应度系数越大,表示第 i 部门对国民经济的推动作用越大。

2. 产业影响度指标

影响力表示某一产业部门增加一个单位最终使用时,通过直接或间接关联要求国民经济各部门提供的投入总量,在投入产出表中是完全消耗系数矩阵的列合计。影响力表现为该产业对国民经济各部门拉动作用的绝对水平,因此也被称为拉动力。影响力系数是该产业的影响力与国民经济各部门平均影响力之比,表现为该产业对国民经济各部门拉动作用的相对水平。

$$F_j = \frac{\sum_{i=1}^{n} b_{ij}}{\frac{1}{n}\sum_{j=1}^{n}\sum_{i=1}^{n} b_{ij}}$$

,其中,b_{ij} 是第 j 部门对第 i 部门的完全消耗系数,$\sum_{i=1}^{n} b_{ij}$ 为完全消耗系数矩阵的第 j 列之和,即第 j 部门对国民经济各部门的影响力,$\frac{1}{n}\sum_{j=1}^{n}\sum_{i=1}^{n} b_{ij}$ 为完全消耗系数矩阵的列和的平均值。

当 $F_j > 1$ 时,表示第 j 部门的生产对其他部门所产生的波及影响程度超过社会平均影响水平(即各部门所产生波及影响的平均值);当 $F_j = 1$ 时,表示第 j 部门的生产对其他部门所产生的波及影响程度等于社会平均影响水平;当 $F_j < 1$ 时,表示第 j 部门的生产对其他部门所产生的波及影响程度低于社会平均影响水平。

影响力或影响力系数越大,表示第 j 部门对国民经济的拉动作用越大。

(四)技术进步原则

技术进步是经济增长的重要因素,是推动社会生产效率提高和产业结构向高层次发展的关键。所以,应该选择拥有较高技术水平、较快技术进步速度、技术进步对产值增长速度贡献较大的产业作为主导产业。

1. 技术进步指标

其指标是:$T_i = \frac{\mathrm{d}Y_i}{Y_i} - \alpha_i \frac{\mathrm{d}K_i}{K_i} - \beta_i \frac{\mathrm{d}L_i}{L_i}$

其中,T_i 为 i 产业的技术水平,反映了产业的技术创新能力和科技对产业发展演变的影响,同时体现出产品的综合质量。$\mathrm{d}Y_i/Y_i$ 为 i 产业增长率,$\mathrm{d}K_i/K_i$ 为投资增长率,$\mathrm{d}L_i/L_i$ 为劳动力的增长率,α_i、β_i 为系数,$\alpha_i + \beta_i = 1$。

(五)经济效益原则

经济效益是衡量产业对资源合理利用的程度,即产出与投入比。主导产业的选择应该有利于工业经济效益的提高,因此,只有投入少、产出高的产业才可能作为主导产业。该原则有下列两个指标。

1. 净产值率指标

净产值率指标:$N_i(t)$ 为产业 i 在 t 年的净产值;$Y_i(t)$ 为产业 i 在 t 年的总产值。

$$D_i(t) = \frac{N_i(t)}{Y_i(t)} \times 100\%$$

2. 资金利税率指标

资金利税率指标：$V_i(t)$ 为产业 i 在 t 年的总利税额；$K_i(t)$ 为产业 i 在 t 年的总销售收入。

$$R_i(t) = \frac{V_i(t)}{K_i(t)} \times 100\%$$

（六）比较优势原则

按照主导产业的特点和功能，主导产业必须同时具有区内比较优势和区际比较优势，即不仅是与区内其他产业相比具有比较优势，而且与外区同类产业相比，也具有比较优势。产业比较优势度可以用"比较劳动生产率"来衡量。

1. 比较劳动生产率

$B_i = \dfrac{\dfrac{g_i}{l_i}}{\dfrac{g}{l}}$，其中 g_i 和 l_i 分别代表区域内产业 i 的国民收入和劳动力，g 和 l 分别代表区域内国民收入总额和劳动力总数，B_i 代表区域内 i 产业的比较劳动生产率。

比较优势原则应用过程中需要注意比较优势的全面性和动态性。如此，不仅需要从生产要素投入效率因素考虑，而且还需要从需求的相对优势考虑。例如日本在 20 世纪 60 年代重点发展石化、钢铁、火力发电、汽车、船舶等重化工业，正是借助产业结构演变中社会需求角度配置资源。此外不仅需要考虑需求，而且需要考虑供给的资源动态保障能力等。例如日本发展汽车工业时，同美、德、法、意等国相比就毫无任何静态优势。

二、模型构建

主导产业六大选择指标体系是一个多目标决策问题，其共有两层：第一层是评选准则，即六项原则；第二层的选择指标共有 11 项，待决策方案是 n 个产业。由于这是一个多层次结构问题，故采用最优综合评价和层次结构相结合的方法。

有 n 个产业参与评价，有 m 个定量评价指标，各指标的待定权系数为 $b_j(j =$

$1,2,3,\cdots,m$),各产业各项指标的原始数值为 $x_{ij}(i=1,2,3,\cdots,m;j=1,2,3,\cdots,m)$。由于各个数据的单位不统一,因此需要对数据进行无量纲转化,设经过转化所对应的标准数据为 z_{ij},则产业的主导地位综合指数 y_i 为:

$$y_i = \sum_{j=1}^{m} b_j z_{ij}, \quad i = 1,2,3,\cdots,n \tag{1}$$

根据 y_i 的大小就可以对产业的主导地位进行排序。

当然,还需要进行如下两项工作。

(一)数据无量纲的转换

转换公式为:

$$z_{ij} = \frac{x_{ij} - \bar{x}_j}{s_j}, \quad 其中 \quad \bar{x}_j = \frac{\sum_{i=1}^{n} x_{ij}}{n} \tag{2}$$

$$s_j = \sqrt{\frac{\sum_{i=1}^{n} (x_{ij} - \bar{x}_i)^2}{n}} \tag{3}$$

经过无量纲化处理就使指标具有了可加性。

(二)指标权数的确定

确定权数 b_j 的准则是使 y_i 尽可能分散,即使样本方差 $\sigma^2 = \dfrac{\sum_{i=1}^{n}(y_i - \bar{y})^2}{n-1}$ (样本方差)最大,同时又使 b_j 的平方和为 1。下文将证明,这样一组权数正是矩阵 $W = Z^T \cdot Z$ 的最大特征值所对应的特征向量,记为 $B = [b_m]$,其中:

$$Z = [z_{ij}]_{max} = \begin{bmatrix} z_{11} & \cdots & z_{1m} \\ \vdots & \ddots & \vdots \\ z_{n1} & \cdots & z_{nm} \end{bmatrix} \tag{4}$$

在上面的计算过程中,可根据 $|\lambda - W| = 0$,计算 W 的最大特征值 λ_{max}。然后再根据 $W \cdot B = \lambda_{max} \cdot B$,计算 W 的最大特征值 λ_{max} 所对应的特征向量 B。特征向量即指标权数,是否归 1 处理,不影响结果。

三、模型论证

在明确 $Z = [z_{ij}]_{max} = \begin{bmatrix} z_{11} & \cdots & z_{1m} \\ \vdots & \ddots & \vdots \\ z_{n1} & \cdots & z_{nm} \end{bmatrix}$ 之后,我们证明这样一组权数正是矩阵 $W = Z^T \cdot Z$ 的最大特征值所对应的特征向量,记为 $B = [b_m]$。

也就是说:

$$\text{Maximize } \sigma^2 = \frac{\sum_{i}^{n}(y_i - \bar{y})^2}{n}$$

$$\text{Subject to } \sum_{j}^{m} b_j^2 = 1$$

首先我们明确一点,这样的 B 向量是存在且并不一定唯一的。

接下来我们采用范数的概念来阐述我们要证明的命题。

(一)将 $\sigma^2 = \dfrac{\sum_{i}^{n}(y_i - \bar{y})^2}{n}$ 用矩阵的形式表示

$$B = (b_1, b_2, \cdots, b_m)^t$$

$$y_i = \sum_{j=1}^{m} b_j z_{ij}, \quad i = 1, 2, 3, \cdots, n$$

$$Y = (y_1, y_2, \cdots, y_n) = B^t Z^t$$

$$\bar{y} = \frac{1}{n} B^t Z^t (1, 1, \cdots, 1)^t_{m \times 1}$$

$$(y_1 - \bar{y}, y_2 - \bar{y}, \cdots, y_n - \bar{y}) = B^t Z^t [I - N(1/n)]$$

其中:$N(1/n) = \begin{matrix} 1/n & \cdots & 1/n \\ \cdots & \cdots & \cdots \\ 1/n & \cdots & 1/n \end{matrix}$

所以:

$$\sigma^2 = B^t Z^t [I - N(1/n)] (B^t Z^t [I - N(1/n)])^t$$
$$= \| B^t Z^t [I - N(1/n)] \|_2 \tag{5}$$

以上我们表示的是 2 阶向量范数。用矩阵的各项和表示了原方差。

(二) 我们要使得公式(5)最大,就要使得 $\|B^tZ^t\|_2$ 最大。该式子等同于 $\|ZB\|_2$ 最大。

我们由矩阵范数的定义：

$$\|Z\|_2 = \max_x \frac{\|ZX\|_2}{\|X\|_2} = \sqrt{\lambda_{\max}(Z^tZ)}$$

其中 $\lambda_{\max}(Z^tZ)$ 表示 Z^tZ 的最大特征值。

由题意中 $\sum_j^m b_j^2 = 1$,则 $\|B\|_2 = 1$;

所以求 Maximize $\sigma^2 = \dfrac{\sum_i^n (y_i - \bar{y})^2}{n}$ 就是求 $\|ZB\|_2$ 最大,而该定义直接告诉我们,该最大值为 $\lambda_{\max}(Z^tZ)$。

(三) 接下来我们观察什么时候 $\|ZB\|_2$ 取到最大值 $\lambda_{\max}(Z^tZ)$

结果是 $\lambda_{\max}(Z^tZ)B = Z^tZB$ 时成立。

也就是证明,$A^tAB = \lambda_{\max}B$ 时,$\dfrac{\|AB\|_2}{\|B\|_2} = \sqrt{\lambda_{\max}}$

$$\begin{bmatrix} a_{11} & a_{21} & \cdots & a_{n1} \\ a_{12} & & & \\ \cdots & & & \\ a_{1m} & & & \end{bmatrix} \begin{bmatrix} a_{11} & a_{12} & \cdots & a_{1m} \\ a_{21} & & & \\ \cdots & & & \\ a_{n1} & & & \end{bmatrix} \begin{bmatrix} b_1 \\ b_2 \\ \cdots \\ b_m \end{bmatrix} = \lambda_{\max} \begin{bmatrix} b_1 \\ b_2 \\ \cdots \\ b_m \end{bmatrix}$$

$$\Rightarrow \begin{cases} \sum_i a_{i1} \sum_j a_{ij} b_j = \lambda_{\max} b_1 \\ \sum_i a_{i2} \sum_j a_{ij} b_j = \lambda_{\max} b_2 \\ \cdots\cdots \\ \sum_i a_{im} \sum_j a_{ij} b_j = \lambda_{\max} b_m \end{cases} \Rightarrow \begin{cases} \sum_i a_{i1} b_1 \sum_j a_{ij} b_j = \lambda_{\max} b_1^2 \\ \sum_i a_{i2} b_2 \sum_j a_{ij} b_j = \lambda_{\max} b_2^2 \\ \cdots\cdots \\ \sum_i a_{im} b_m \sum_j a_{ij} b_j = \lambda_{\max} b_m^2 \end{cases}$$

$$\Rightarrow \sum_i \sum_j a_{ij} b_j (a_{i1} b_1 + a_{i2} b_2 + \cdots + a_{im} b_m) = \lambda_{max} \sum_j b_j^2$$

$$\Rightarrow \sum_i \left(\sum_j a_{ij} b_j \sum_j a_{ij} b_j \right) = \lambda_{max} \sum_j b_j^2$$

$$\Rightarrow \sum_i \left(\sum_j a_{ij} b_j \right)^2 = \lambda_{max} \sum_j b_j^2$$

$$\Rightarrow \left(\frac{\|AB\|_2}{\|B\|_2} \right)^2 = \lambda_{max} \Rightarrow \frac{\|AB\|_2}{\|B\|_2} = \sqrt{\lambda_{max}}$$

在此我们看到了 $A'AB = \lambda_{max} B$ 时,$\frac{\|AB\|_2}{\|B\|_2} = \sqrt{\lambda_{max}}$

也就是说 $\lambda_{max}(Z'Z)B = Z'ZB$ 时,$\|ZB\|_2$ 取到最大值 $\lambda_{max}(Z'Z)$

(四)接下来我们证明当且仅当 $\lambda_{max}(Z'Z)B = Z'ZB$ 时,$\|ZB\|_2$ 取到最大值 $\lambda_{max}(Z'Z)$

1. 令 $A'A$ 的所有特征值为 $\lambda_1 > \lambda_2 > \cdots > \lambda_k$

对应的特征向量为 μ_i

$$X = \sum X_i \mu_i, \quad 且 \|X\|_2 = 1$$

$$\|AX\|_2^2 = (AX, AX) = (AX)'(AX)$$
$$= X'A'AX = [(A'A)'X]'X$$
$$= (A'AX)'X = (A'AX, X)$$
$$= \sum \lambda_i X_i^2 \mu_i^2 \leq \lambda_{max}$$

2. 以下证明当且仅当 $A'AB = \lambda_{max} B$ 时取等号

取 $X = \mu_1$ 而 $\lambda_{max} = \lambda_1$

$$\|AX\|_2^2 = \lambda_1 X_1^2 = \lambda_1$$

此时有

$$A'AX = \lambda_1 \mu_1$$

至此我们完全证明了 $\text{Maximize } \sigma^2 = \dfrac{\sum_i^n (y_i - \bar{y})^2}{n}$

$$\text{Subject to } \sum_j^m b_j^2 = 1$$

的解为矩阵 $W = Z^T \cdot Z$ 的最大特征值所对应的特征向量,记为 $B = [b_m]$。值得注意的是,我们知道,一个固定特征值对应着无数个特征向量。而当我们固定了 $\sum_{j}^{m} b_j^2 = 1$ 之后,至少存在两个特征向量是满足条件的。也就是说,对于我们上述求出来的任意 $B = [b_m]$,它的相反向量,$-B = [-b_1, -b_2, \cdots, -b_m]$ 都同样满足条件,而这时便需要考虑我们的经济学含义。当取相反的 $-B$ 时,所产生的唯一效果是使得当年的所有指数全都取相反数,排序自然是不正确的。故而我们在实际运算的时候需要修改求最大特征值的函数,以确保某些量(如工业)的指标始终是正的。

四、全国产业实证研究

全国具有各个行业数据的可计算出的指标为:产业规模指标、固定资产投资、就业指标、市场需求弹性、比较劳动生产率。并且 2003—2007 年的就业指标为城镇就业指标,与全国情况相差较大(主要为农村人口从事第一行业占比例超过 40%),但是考虑到这个就业指标去掉之后,比较劳动生产率也随之去掉,2003—2007 年仅有 3 个指标,故而先将其放在此处。2003 年产业指标、需求弹性是以 2003 年 15 个行业划分的;固定资产投资、就业是以 18 个行业划分的;比较劳动生产率由于以上两个分类标准不同,而无法计算。

计算工具为 MATLAB,结果见表 11-1、表 11-2。

表 11-1　五指标下全国主导产业指数变化情况(2004—2007)

行业	2007	2006	2005	2004
第一产业(农、林、牧、渔业)	1.14045	0.008053	-0.05934	1.809524
工业	5.999626	6.482792	6.487176	6.752531
建筑业	0.304095	0.01271	0.027636	0.045788
交通运输、仓储和邮政业	0.670487	0.321914	0.400773	0.077953
信息传输、计算机服务和软件业	-1.25891	-0.68518	-0.64817	-0.67552
批发和零售业	0.509652	-0.1116	-0.29679	-0.2211
住宿和餐饮业	0.024913	-0.68712	-0.67138	-0.83941
金融业	0.556979	0.034889	-0.46176	-0.74192
房地产业	1.957527	0.777806	0.742043	0.617564

(续表)

行业	2007	2006	2005	2004
租赁和商务服务业	-1.24555	-0.80815	-0.89081	-0.93007
科学研究、技术服务和地质勘查业	-1.26056	-0.72295	-0.71955	-0.99346
水利、环境和公共设施管理业	-0.95333	-0.62251	-0.68695	-0.75542
居民服务和其他服务业	-1.35031	-0.73055	-0.19966	-0.79157
教育	-0.61086	-0.03757	0.21234	-0.08592
卫生、社会保障和社会福利业	-1.11204	-0.75784	-0.69726	-0.8125
文化、体育和娱乐业	-1.29132	-0.96184	-0.88622	-1.04221
公共管理和社会组织	-0.68902	-0.03533	-0.01586	-0.14881
国际组织	-1.39183	-1.47754	-1.63621	-1.26546

注：$n=5$（按五个指标进行计算）。本表是在就业为城镇就业情况的数据下计算的（并非是全国从业人数）；部分指标,2007年和2004年有大量数据缺失,因此可能存在数据的跳跃。具体缺失数据为:2007年的全国产量指标的部分行业(年鉴及其他数据库均未给出第三产业中的部分行业的具体数值),2004年的需求弹性(涉及2004年和2003年之间的增量,由于存在行业分类标准不同而部分行业的数据无法转化导致缺失)。鉴于以上原因,工业、建筑业、批发零售业、住宿餐饮业、金融业、房地产业的以上计算结果是可靠的,其他数据的可靠性有待更详细的数据。

表11-2　五指标下全国主导产业指数变化情况（1996—2002）

行业	2002	2001	2000	1999	1998	1997	1996
第一产业	2.698799	2.582046	1.88718	3.072965	2.767638	2.798712	2.499528
工业	4.241158	4.285251	4.546533	4.101287	4.377167	4.389117	4.587348
建筑业	-0.17662	0.051619	-0.0825	0.166715	-0.1357	0.106281	0.178975
农、林、牧、渔服务业	-1.10418	-1.15192	-0.90476	-1.09367	-0.9785	-1.55536	-0.91373
地质勘查业水利管理业	-0.28978	-0.34691	-0.93881	-0.51877	-0.11249	-0.57982	-1.09117
交通运输、仓储及邮电通信业	0.799305	0.80682	1.160569	0.63655	0.730428	0.610846	0.3597
批发和零售贸易餐饮业	0.274711	0.228158	-0.03677	0.286075	0.238593	0.180997	-0.07594
金融、保险业	-0.59878	-0.46518	-0.80017	-0.23725	-0.31958	-0.69086	-0.92246
房地产业	-1.32583	-1.04142	-1.01493	-0.62438	-1.47053	-0.8282	-1.69377
社会服务业	-0.99796	-1.15181	-0.55041	-0.71483	-1.4894	-1.06669	-0.90745
卫生体育和社会福利业	-0.6457	-1.36715	-0.71892	-0.76627	-0.86461	-0.5663	-0.53328

(续表)

行业/年份	2002	2001	2000	1999	1998	1997	1996
教育、文化艺术及广播电影电视业	-0.81615	-0.93239	-0.50425	-1.24117	-1.04921	-0.66028	-0.1062
科学研究和综合技术服务业	-1.36102	-0.91617	-0.76384	-1.73661	-0.7159	-1.31405	-0.25594
国家机关、政党机关和社会团体	-0.71134	-0.55993	-0.68251	-0.97314	-0.769	-0.44405	-0.76314
其他行业	0.013396	-0.02102	-0.5964	-0.3575	-0.20891	-0.38035	-0.36248

注：$n=5$（按五个指标进行计算）。该数据为截取了1996—2002年的数据计算得到。虽然，1990—1996年的部分指标有数据，但是固定资产投资的指标所有数据大量缺失，在计算中出现无法计算的错误（全为0），并且该数据大量缺失也失去了采用该指标的可行性。因此用五指标计算时采用了1996—2002年的数据；固定资产数据在1996—2002年也存在大量缺失（原因是第三产业的部分行业没有具体数据）。该数据序列较为完善，因此分析得到的数据也较为连续，比较可信。

五、小结

主导产业选择方法方面：(1) 统一获得的若干个指标（产量、就业、固定资产投资、劳动生产率、集中率、区位熵等），即将其归一化；(2) 通过使得每年各个指标方差最大化，获得各个指标的权重系数；(3) 用以上权重系数加权各个产业的各个指标。上述方法2中，权重系数是通过计算指标矩阵的最大特征值对应的特征向量而得到的。但是对于任何一个特征值，研究可以获得的特征向量有两个，这两个向量为相反向量。由此，研究中便遇到一个问题，如何确定哪个向量作为权重？

此外，该方法默认前提是11个指标同等重要，并没有分别考量它们在确定主导产业中的优次，也就是说：某产业的产量比重与该产业的固定资产投资比例，在确定主导产业中是同等重要的。MATLAB给出的最大特征值的特征向量是通过一个无穷递归的方式得到的。而该向量的相反向量同样也是该特征值的特征向量。这一点可以从表11-3（方法1和方法2采用相同的程序代码，唯一的差别是后者加入了固定资产投资的数据，但是2000年仅有5个行业拥有固定资产投资数据，14个行业的其他10组指标均相同）的对比研究可以发现，各个行业的综合指数虽然有正负值的差别，但其绝对值都非常接近。事实上，MATLAB

以及其他数学计算软件计算得到的特征向量都是通过递归计算的,而没有真实的经济学含义,故而得到的特征向量可能有正负之分,而不影响数学结果。通过上面几个分析,可以发现,这两个相反向量在本方法没有理论上的差异。而在经济学意义上,该方法首先默认11个指标是同等重要的。因此,本研究认为没有理由将固定资产的正号变负号,同时将产量的负号变正号。

表 11-3 指标选取对比研究表

方法 1	2000 年	方法 2	2000 年
工业	5.3619719	地质勘查业水利管理业	3.2104995
批发和零售贸易餐饮业	1.3556807	房地产业	3.0356891
金融、保险业	1.0948753	其他行业	1.2547743
交通运输、仓储及邮电通信	0.8167386	科学研究和综合技术服务业	1.1019517
第一产业	0.3011462	卫生体育和社会福利业	0.8912204
建筑业	0.1785458	教育、文化艺术及广播电影电视业	0.0233382
社会服务业	0.0838563	国家机关、政党机关和社会团体	0.0122299
国家机关、政党机关和社会团体	-0.0448087	社会服务业	-0.0883685
教育、文化艺术及广播电影电视业	-0.0494914	建筑业	-0.2123731
卫生体育和社会福利业	-0.9653373	第一产业	-0.2669038
科学研究和综合技术服务业	-1.1897104	交通运输、仓储及邮电通信	-0.7620909
其他行业	-1.3506381	金融、保险业	-0.98912
房地产业	-1.9027971	批发和零售贸易餐饮业	-1.3101215
地质勘查业水利管理业	-3.6900317	工业	-5.9007254

本研究方法可以作为考量某产业是否对经济有重要影响(正面推动影响或者负面影响)的重要佐证。研究中,考量某产业10个指标均远超过平均水平,比如,其指标矩阵的行向量可以是$(1,1,\cdots,1)$。这样,该产业对于国民经济肯定是有推动作用,并且该产业对国民经济的影响也是巨大的。另外通过本方法得到的特征向量计算得到的综合指标也应该是较大的,或者是负值较大的,例如特征向量为$(-0.01,0.17,0.23,-0.05,-0.48,0.47,0.16,-0.01,-0.46,0.44)$。对于一个各项指标都极其低的产业如$(-1,-1,\cdots,-1)$,对国民经济其他行业而言,是较为落后的行业,当然对国民经济的影响也是很大的,可能成为国民经济发展的瓶颈,而其得到的综合指数应该是负值较大的。值得注意的是,研究中可能取了相反的特征向量而使得该产业的综合指数变得正值较大(这个正负性在研究中很难控制)。

主导产业不但能够促进国民经济发展,而且也是对国民经济敏感的,有重要影响的。所谓重要影响就是至少在一些方面(如投资或就业),是大大超过平均水平,或者各个方面都对各产业平均水平的提高做出了极大贡献。所以,主导产业应该是对国民经济有重要影响的,而综合指标绝对值大的行业肯定是对国民经济有重要影响的。因此主导产业可以在综合指标绝对值大的行业中寻找。

由此带来的一个问题,可能存在部分理应成为主导产业的行业,但是由于特征向量带来的问题,使得其综合指标的绝对值并不高,而没有被列入主导产业的选择范畴中。这一类行业可能是较为中庸的行业,但是各项指标都高于平均水平。这个问题的解决需要通过考察产量、就业等数据来分析,从余下的行业中找到可能成为主导产业的行业。

国民经济宏观调控的主要目的是增长、就业、物价和收支平衡等,这样,对于11个指标,尽管在先前的方法里面没有考虑各个指标的优次,但是在确定主导产业的过程中,我们必须考虑各个指标的经济学意义。因此,产量水平、就业水平应该作为最重要的两个变量,而产量增加、就业增加、固定资产投资等则其次。

所以,在该类研究框架下要找准主导产业,首先要从该方法得到的综合指标中,找出绝对值较大的行业;其次考量各个行业的产量、就业指标(具体是产量还是就业则取决于宏观调控的方向),在以上绝对值较大的行业中选取产量(或就业)较高水平的行业作为主导产业;最后考虑其他产业的产量或就业指标,观察是否存在各项指标都较高,但是由于特征向量的正负号而使得没有被选中的产业,该部分则需要对各个数据进行观察、讨论,并结合当期的社会经济发展状况来决定。

第二节 主导产业的抽象模拟模型

主导产业的分析和讨论缘起于产业关联分析以及生产要素流动的研究。尽管主导产业的定义仍然存在着广泛的讨论,从关联度、产量、规模等众多角度都有界定;但是高产业关联度在学术和实证研究中都作为选择主导产业的默认前提。对其研究方法主要以里昂惕夫投入产出分析作静态分析;以动态投入产出分析作动态分析。因此本研究先对产业关联做简要解释。

生产要素的流动包括生产资料的流动以及商品的流动。将生产过程看成是一个连续的生产流水线,上游企业向下游企业提供供给,下游企业对上游企业产生需求。对下游企业而言,上游企业的产出是下游企业的投入,下游企业的产出同样又是后续企业的投入。上游下游企业的关系并不一定是单向的:比如 Intel 公司生产 CPU 芯片,提供给 IBM 作为电脑整机的零部件,这里 Intel 是上游企业,IBM 是下游企业;但与此同时,IBM 的电脑产品同样提供给 Intel 作为开发 CPU 的必要生产工具,这时 IBM 作为上游企业,而 Intel 又是下游企业。同样行业之间的关系也是如此:金属冶炼行业对装备制造业提供供给,装备制造业同样也为金属冶炼行业提供装备支持。产业间的要素就在生产链中不断流动,这样的投入产出关系表现了产业之间的相互协作关系。在产业经济学中,对产业间这样的要素流动通过产业关联进行描述,也就是指产业间以各种投入品和产出品为连接纽带的技术经济联系。

传统的分析工具有:(1)直接消耗系数(记为 A),指某一产业直接消耗的另一产业的货物或服务的价值量。(2)完全消耗系数(记为 B),指某一产业对另一产业的直接消耗和全部间接消耗。$B = (I - A)^{-1} - I$。(3)直接分配系数(记为 H),指某一产业对另一产业提供的货物或服务的价值量。(4)完全分配系数(记为 W),指某一产业对另一产业的直接分配和全部间接分配。$W = (I - H)^{-1} - I$。(5)影响力系数(记为 F),表示某一产业部门增加一个单位最终使用时,通过直接或间接关联要求国民经济各部门提供的投入总量,在投入产出表中是完全消耗系数矩阵的列合计。(6)感应度系数(记为 E),表示某一产业部门增加一个单位初始投入时,通过直接或间接关联对国民经济各部门提供的分配总量,在投入产出表中是完全分配系数矩阵的行合计。本部分在传统的投入产出分析基础上,建立简单的数值模型,并以此为契机考察具有主导作用的行业对全行业发展的利弊。这里的主导性定义见以下假定。

假定一:国民经济包含 n 个平行产业;m 个主导产业。主导产业的产量 Y 为平行产业的 k 倍,产量的 aY 部分投入给其他所有产业;平行产业产量的 bY 部分投入给其他所有产业。其中 $1 > a > b > 0$。

假定二:投入在除自身以外的所有行业中平均分配,cY 投入给自己。投入和分配仅存在于行业与行业之间,不考虑最终消费以及劳动力因素的变化①,但是 $0 < a + c < 1; 0 < b + c < 1$。

基于以上假定,可以模拟出一个存在主导产业的全行业集。在这个模拟的网络中,主导产业具有较大的产量规模,对其他行业的支持力更大。本研究通过MATLAB模拟了一个拥有 25 个行业的全行业集,其中 1—5 号产业为主导产业,6—25 为平行产业②。图 11-1 描绘了该全行业网络,其中节点表示行业,射线表示行业间的完全分配系数③。可以看出 1—5 号产业对其他行业的关联程度是最大的,也正体现了主导产业的推动作用。

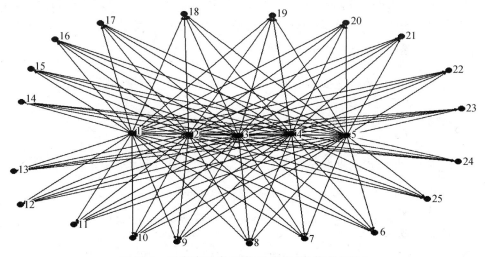

图 11-1　具有主导产业的 25 个行业(静态模拟)

在此静态模型的基础上,本研究考虑这些主导产业在不同情境下对经济的长期作用:对产业结构的影响以及经济总量的影响。文章以 25 个行业产值的基尼系数为产业结构的衡量方式,以 25 个行业产量总额作为经济总量的评估。由于涉及动态模型,因此增加模型的动态假定。

---

① 由于本部分仅考虑主导产业的利弊,并且侧重于产业间的分析,不涉及消费和劳动力的变化,因此采用该假定简化模型。在比较产业网络中的产业地位与推动力时,消费与劳动力因素可以忽略。但是,在后文中,会全面考虑这两方面的因素。

② 模拟参数:$k = 2; a = 0.75; b = 0.5; c = 0.1; n = 20; m = 5; Y = 1$。

③ 完全分配系数表示一个行业对另一个行业通过直接以及间接的完全分配量。图中描绘了完全分配系数大于 0.07 的射线。各行业间均存在关联,小于 0.07 的关联没有绘出。

假定三：行业的产量增长来自投入的增加，如果投入没有增加则行业产量不增长。每一期全行业的投入增加总量是给定的，且每一期中行业间资本流动达到完全均衡。下式表示产量增加的过程，其中 r_i 表示 i 行业的投入增加，R 为常数，表示国民经济总量的增速。

$$Y_{i,t+1} = (r_i + 1) Y_{i,t}$$

$$\sum_{i=1}^{n} r_i Y_{i,t} = R \sum_{i=1}^{n} Y_{i,t}$$

基于上述假定，资本投入可以首先进入平行产业，也可以进入主导产业。主导产业具有较大的产量规模和较高的感应度系数。资本投资该进入平行产业还是进入主导产业？进入主导产业会带来哪些风险？为了回答这一系列的利弊问题，考察以下三个情境的经济增长状况。

情境一（S1）：每一期提供给某一平行产业 $R \sum_{i=1}^{n} Y_{i,t}$ 的投入。

情境二（S2）：每一期提供给某一主导产业 $R \sum_{i=1}^{n} Y_{i,t}$ 的投入。

情境三（S3）：每一期提供给某一主导产业 $R \sum_{i=1}^{n} Y_{i,t}$ 的投入，但是主导产业的快速发展造成与其他行业脱节，分配系数下降 $a = 0.5b$。

表11-4　三个情境的基尼系数和 GDP 变化①（动态模拟）

时间	Gini 系数			GDP		
	S1	S2	S3	S1	S2	S3
1	0.1333	0.1333	0.1333	30.0000	30.0000	30.0000
2	0.1113	0.1158	0.1158	34.0798	35.9225	35.9225
3	0.1036	0.1012	0.1036	38.7145	43.0141	41.6571
4	0.0968	0.0889	0.0945	43.9795	51.5057	47.2677
5	0.0908	0.0787	0.0874	49.9605	61.6738	52.7895
6	0.0856	0.0702	0.0818	56.7549	73.8491	58.2443
7	0.0810	0.0631	0.0771	64.4732	88.4280	63.6464
8	0.0769	0.0571	0.0732	73.2413	105.8851	69.0061
9	0.0733	0.0521	0.0699	83.2017	126.7884	74.3308

① 模拟参数：$T = 20$，$R = 0.08$。这里的 T 并不是月份或者年份的概念，在经济含义上指资本流动在产业间完全均衡的一个周期。

(续表)

时间	Gini 系数			GDP		
	S1	S2	S3	S1	S2	S3
10	0.0702	0.0480	0.0670	94.5167	151.8183	79.6260
11	0.0674	0.0445	0.0646	107.3705	181.7896	84.8961
12	0.0650	0.0416	0.0624	121.9723	217.6776	90.1444
13	0.0628	0.0392	0.0604	138.5600	260.6505	95.3739
14	0.0609	0.0372	0.0587	157.4034	312.1069	100.5867
15	0.0593	0.0355	0.0571	178.8095	373.7215	105.7846
16	0.0578	0.0341	0.0557	203.1266	447.4999	110.9693
17	0.0565	0.0329	0.0545	230.7508	535.8431	116.1421
18	0.0554	0.0320	0.0533	262.1317	641.6267	121.3041
19	0.0544	0.0311	0.0522	297.7803	768.2936	126.4564
20	0.0535	0.0304	0.0512	338.2769	919.9665	131.5996

由表11-4可以看出主导产业在国民经济中的利弊作用。从产业结构角度，对主导产业的投入能有效地缩小产业基尼系数，使产业结构更为趋同[1]。究其根源，相比于平行产业，主导产业的分配系数较高，因此在相同的投入情况下，能更多地传递投入给产量较低的行业。而对于平行产业，更多的投入被消耗在了自身产业建设、最终消费以及劳动力投入上，从而削减了产业间流动的中间投入量，不能有效降低基尼系数。当然这并不能说明对主导产业的投入能够使得现实中的基尼系数下降，因为资本集聚带来的规模效应和技术进步会改变基尼系数的变化方向。但是从资本流动和产业关联角度，对主导产业的投资不会造成基尼系数的增加。

从经济总量角度，对主导产业的投入能有效地促进经济总量的增加。主导产业的投入更多地进入了中间投入，并在产业间流动。由此对各行业都造成了直接以及间接的投入增加，使得投资的乘数效应大幅提升。模拟结果中 S2 的最终 GDP 是 S1 的 3 倍，S3 的 8 倍。

另外，主导产业的弊端也非常明显。当主导产业与其他产业的发展脱节时（比如技术进步或者产业链条升级），主导产业对全行业的推动力大为削减。可以看出情境三中的经济总量增速是最慢的，这便造成了经济发展的堵塞。

综上所述，在产业间资本流动和产业关联的角度下，主导产业的发展将缓解产业基尼系数的增加，甚至减少基尼系数。在给定外部投入的情况下，主导产业

---

[1] 本研究对基尼系数的计算是基于产量规模的基尼系数，不考虑投资带来的技术进步等因素。

具有对国民经济较大的推动作用。当然发展主导产业应确保其与周边行业的关联,防止主导产业的孤立增长,否则将限制国民经济的发展。

第三节 主导产业与危机下产业振兴计划

在全球金融危机影响下,我国经济在2008年下半年出现了许多出人意料的衰退趋势,例如,2008年11月,我国进出口增速突然"跳水":出口增速从上月的19.2%下降到-2.2%,进口增速从上月的15.7%下降到-17.9%;全国规模以上工业企业增加值同比增长5.4%,比上年同期回落11.9个百分点,工业增速下滑引发发电量下滑,2008年11月发电量下降9.6%,创出历史最大月度降幅。

在此背景下,为确保2009年国民经济完成"保八"的增长目标,防止国民经济加速下滑,缓解全球金融危机对我国经济的影响,国家提出了汽车、钢铁、纺织、造船、装备制造、电子、轻工、石化、有色金属和物流十大产业振兴规划。结果,在全球经济深陷危机的三年(2009—2011年)里,根据2009年、2010年和2011年我国国民经济和社会发展统计公报,2009年我国全年国内生产总值比上年增长8.7%,其中第二产业增长9.5%,比第一产业4.2%和第三产业8.9%的增长率都要高;2010年我国全年国内生产总值比上年增长10.3%,其中第二产业增长12.2%,比第一产业4.3%和第三产业9.5%的增长率都要高;2011年我国全年国内生产总值比上年增长9.2%,其中第二产业增长10.6%,比第一产业4.5%和第三产业8.9%的增长率都要高。由此可见在2008年之后的三年里,第二产业在稳定我国国民经济的基本增长面方面发挥了至关重要的作用。

一、全球金融危机下我国十大产业振兴计划比较

从前文分析可以看出,产业关联度是分析产业主导性的一个关键指标,所以本研究对十大振兴行业的产业关联度做了比较分析。

根据十大产业所包含行业的系数的加权平均值,计算出十大产业的感应度系数和影响力系数,例如,汽车业的感应度系数和影响力系数是汽车制造业和汽

车零部件制造业的相关系数的加权平均值。其中,权重为该行业的总产出在该产业的总产出中所占比例。例如,汽车业中汽车制造业的权重为汽车制造业的总产出除以汽车制造业和汽车零部件制造业的总产出之和。

从表 11-5 我们可以发现,国家选取的十大振兴行业对国民经济的前后向关联性或总体带动力基本都高于全行业平均水平值 2,特别是有色金属业、石化业、钢铁业等产业对国民经济的总体带动力最明显。

表 11-5 十大振兴产业 2002 年影响力系数和感应度系数

编号	产业	影响力系数	感应度系数	总带动力	包含以下行业
1	轻工业	1.1975	0.7695	1.967	食品制造及烟草加工业,服装皮革羽绒及其制品业,造纸印刷及文教用品制造业,电气、机械及器材制造业(家电等)
2	纺织业	1.3281	0.9020	2.2301	纺织业
3	汽车业	1.3008	1.1041	2.4049	汽车制造业,汽车零部件制造业
4	钢铁业	1.1304	1.5611	2.6915	炼铁业,炼钢业,钢压延加工业,铁合金冶炼业
5	船舶业	1.3347	0.9781	2.3128	船舶及浮动装置制造业
6	石化业	1.1627	1.6596	2.8223	石油和天然气开采业,石油加工、炼焦及核燃料加工业,化学工业
7	有色金属业	1.2024	1.8284	3.0308	有色金属矿采选业,有色金属冶炼业,有色金属压延加工业
8	装备制造业	1.3449	0.8890	2.2339	通用、专用设备制造业
9	电子信息业	0.8405	1.1164	1.9569	信息传输、计算机服务和软件业
10	物流业	0.8633	1.2821	2.1454	交通运输及仓储业

注:十大产业中编号为 3、4、5、7 的产业在 42 部门行业分类中找不到相关行业,只能在 122 部门行业分类中找到相关行业,其他产业包含的行业以 42 部门的行业分类为准。

资料来源:2002 年中国投入产出表。

此外,根据 2007 年我国投入产出表数据,计算结果如表 11-6 所示。表 11-6 计算方法与 2002 年相同,仅汽车业所包含的行业略有差异,数据用的是 2007 年 42 行业表(由 135 行业表通过行业分类标准转化得到)。前后对比计算结果可以发现,我国十大振兴行业总带动力数值还是大于 2 的,只是船舶业、电子信息业相较 2002 年计算结果,总体带动力下降幅度比较大。这也在一定程度上说明,在 2008 年全球金融危机传导到我国之前,我国船舶业和电子信息业已经出现了衰退迹象。

中国经济增长的产业结构效应和驱动机制

表 11-6 十大振兴产业 2007 年影响力系数和感应度系数

编号	产业	影响力系数	感应度系数	2007年总带动力	2002年总带动力	包含以下行业
1	轻工业	1.2224	0.8067	2.0291	1.967	食品制造及烟草加工业,服装皮革羽绒及其制品业,造纸印刷及文教用品制造业,电气、机械及器材制造业(家电等)
2	纺织业	1.3248	0.9291	2.2539	2.2301	纺织业
3	汽车业	1.4228	0.9877	2.4106	2.4049	汽车制造业(2007 年的 135 分类标准中已经包含零部件制造)
4	钢铁业	1.1684	1.4207	2.5991	2.6915	炼铁业,炼钢业,钢压延加工业,铁合金冶炼业
5	船舶业	1.1942	0.5009	1.6951	2.3128	船舶及浮动装置制造业
6	石化业	1.2085	1.5767	2.7852	2.8223	石油和天然气开采业,石油加工、炼焦及核燃料加工业,化学工业
7	有色金属业	1.1704	1.772	2.9422	3.0308	有色金属矿采选业,有色金属冶炼业,有色金属压延加工业
8	装备制造业	1.3695	0.8336	2.2031	2.2339	通用、专用设备制造业
9	电子信息业	0.6556	0.7534	1.4090	1.9569	信息传输、计算机服务和软件业
10	物流业	0.8245	1.0898	1.9144	2.1454	交通运输及仓储业

注:十大产业中编号为 3、4、5、7 的产业在 42 部门行业分类中找不到相关行业,只能在 135 部门行业分类中找到相关行业,其他产业包含的行业以 42 部门的行业分类为准。

资料来源:2007 年中国投入产出表。

从总体上来看,无论是表 11-5 还是表 11-6 都显示出我国所选择的十大振兴行业基本都属于对国民经济具有极大带动效应的部门。这些行业对于国民经济复苏或抗衰退都至关重要,其兴盛,国民经济更加兴盛;其衰退,国民经济则更加衰退。换句话,国家确定的十大振兴行业具有国民经济脊梁的作用,只要确保这十大行业基本支撑面,那么国民经济就不会出现大的危机。

二、十大振兴产业关联行业分析

直接消耗系数,也称投入系数,记为 $a_{ij}(i,j=1,2,\cdots,n)$,它是指在生产经营过程中第 j 产品(或产业)部门的单位总产出直接消耗的第 i 产品部门货物或服务的价值量。将各产品(或产业)部门的直接消耗系数用表的形式表现就是直接消耗系数表或直接消耗系数矩阵,通常用字母 A 表示。直接消耗系数的计算方法为：用第 j 产品（或产业）部门的总投入 X_j 去除该产品（或产业）部门生产经营中直接消耗的第 i 产品部门的货物或服务的价值量 x_{ij}，用公式表示为 $a_{ij} = \dfrac{x_{ij}}{X_j}$ ($i,j = 1,2,\cdots,n$)。

在经济活动中，一种产品对另一种产品的消耗，不仅有直接的消耗，而且还有间接的消耗，即一种产品通过媒介产品对另一种产品的消耗（范金等，2004）。在投入产出理论中，将某一产业在生产经营过程中对其他产业产品的直接消耗和全部间接消耗之和称为完全消耗。完全消耗系数，通常计为 b_{ij}，是指第 j 产品部门每提供一个单位最终使用时，对第 i 产品部门货物或服务的直接消耗和间接消耗之和。利用直接消耗系数矩阵 A 计算完全消耗系数矩阵 B 的公式为：$B = (I - A)^{-1} - I$。

直接分配系数是指国民经济各部门提供的货物和服务（包括进口）在各种用途（指中间使用和各种最终使用）之间的分配使用比例。用公式表示为：$h_{ij} = \dfrac{x_{ij}}{X_i + M_i}$ ($i = 1,2,\cdots,n; j = 1,2,\cdots,n, n+1,\cdots,n+q$)，当 $j = 1,2,\cdots,n$ 时，x_{ij} 为第 i 部门提供给第 j 部门中间使用的货物或服务的价值量；当 $j = n+1,\cdots,n+q$ 时，x_{ij} 为第 i 部门提供给第 j 项最终使用的货物或服务的价值量；q 为最终使用的项目数。M 为进口，$X_i + M_i$ 为 i 部门货物或服务的总供给量（国内生产＋进口）。

同完全消耗一样，某一部门货物或服务的分配，既有直接分配，也有通过媒介部门的间接分配。完全分配系数（用 W_{ij} 表示）是 i 部门单位总产出直接分配和全部间接分配（包括一次间接分配、二次间接分配……多次间接分配）给 j 部门的数量。它反映了 i 部门对 j 部门直接和通过别的部门间接的全部贡献程度。它等于 i 部门对 j 部门的直接分配系数和全部间接分配系数之和。利用直接分配系数矩阵 H 计算完全分配系数矩阵的公式表示为：$W = (I - H)^{-1} - I$。

根据我国 2007 年 135 部门投入产出表，参照我国十大行业依据 2002 年 42 行业标准和表 11-6 中的归纳分类说明，计算十大振兴行业中六大行业直接消耗系数、完全消耗系数、直接分配系数和完全分配系数。接着利用 OriginPro 7.5 软件绘制出每一振兴行业的关联产业，图中与横轴和纵轴垂直线分别显示了横轴和纵轴所反映的平均影响水平。如此一来，每张图由这两条垂直线分割的右上限即反映了受到每一振兴行业前向、后向关联性或推动、拉动力都高于平均水平的行业。这也说明,每一振兴产业所有关联产业中,右上限行业是最受益、最相关的行业。

图 11-2 和图 11-3 显示,物流业的主要环向直接关联产业为:27——交通运输及仓储业,16——通用、专用设备制造业和 12——化学工业;物流业的主要环向完全关联产业为:27——交通运输及仓储业,12——化学工业,17——交通运输设备制造业,14——金属冶炼及压延加工业,16——通用、专用设备制造业,1——农业,23——电力、热力的生产和供应业。

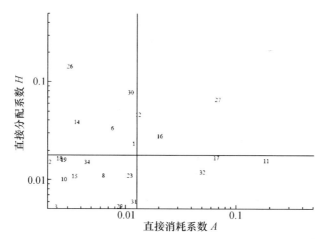

图 11-2 物流产业 2007 年直接消耗系数和直接分配系数

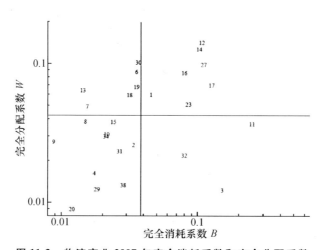

图 11-3 物流产业 2007 年完全消耗系数和完全分配系数

图 11-4 和图 11-5 显示,电子信息业的主要环向直接关联产业为:30——批发和零售贸易业,27——交通运输及仓储业,29——信息传输、计算机服务和软件业,19——通信设备、计算机及其电子设备制造业,32——金融业,23——电力、热力的生产和供应业;电子信息业的主要环向完全关联产业为:19——通信设备、计算机及其他电子设备制造业,30——批发和零售贸易业,12——化学工业,14——金属冶炼及压延加工业,18——电气、机械及器材制造业,16——通用、专用设备制造业,27——交通运输及仓储业,32——金融保险业,29——信息传输、计算机服务和软件业,23——电力、热力的生产和供应业。

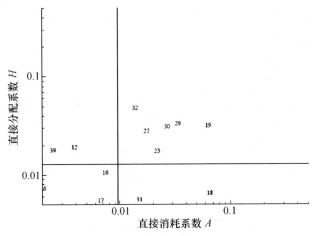

图 11-4　电子信息业 2007 年直接消耗系数和直接分配系数

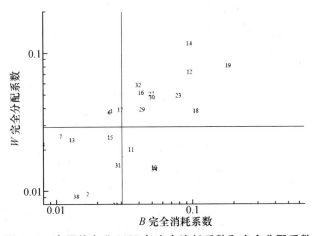

图 11-5　电子信息业 2007 年完全消耗系数和完全分配系数

图 11-6 和图 11-7 显示,石化业的主要环向直接关联产业为:12——化学工业,11——石油加工、炼焦及核燃料加工业,27——交通运输及仓储业;石化业的主要环向完全关联产业:12——化学工业,11——石油加工、炼焦及核燃料加工业,27——交通运输及仓储业,1——农业,14——金属冶炼及压延加工业,16——通用、专用设备制造业,23——电力、热力的生产和供应业。

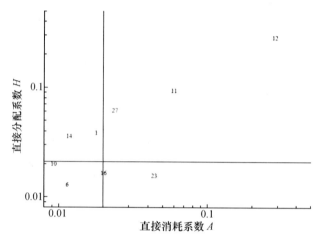

图 11-6 石化业 2007 年直接消耗系数和直接分配系数

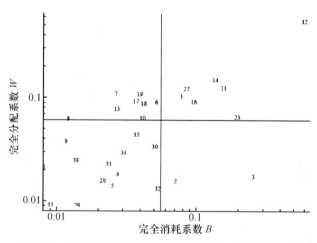

图 11-7 石化业 2007 年完全消耗系数和完全分配系数

图 11-8 和图 11-9 显示,纺织业的主要环向直接关联产业为:7——纺织业,12——化学工业;纺织业的主要环向完全关联产业为:7——纺织业和 12——化

学工业。

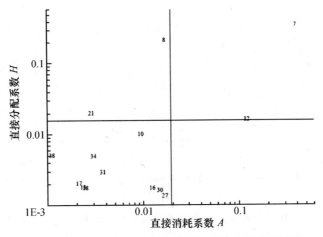

图 11-8 纺织业 2007 年直接消耗系数和直接分配系数

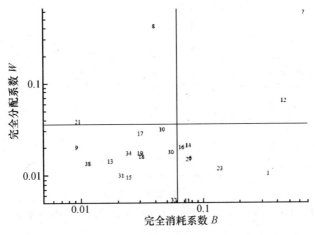

图 11-9 纺织业 2007 年完全消耗系数和完全分配系数

图 11-10 和图 11-11 显示,装备制造业的主要环向直接关联产业为:16——通用、专用设备制造业,14——金属冶炼及压延加工业,18——电气、机械及器材制造业,12——化学工业,27——交通运输及仓储业,15——金属制品业;装备制造业的主要环向完全关联产业为:16——通用、专用设备制造业,14——金属冶炼及压延加工业,12——化学工业,17——交通运输设备制造业,18——电气、机械及器材制造业。

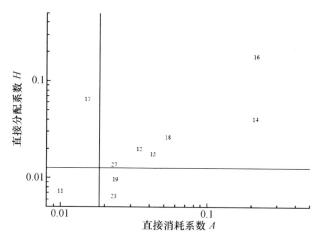

图 11-10 装备制造业 2007 年直接消耗系数和直接分配系数

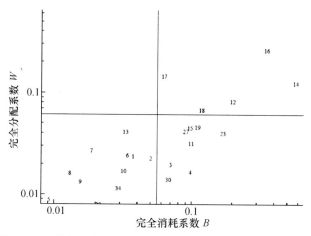

图 11-11 装备制造业 2007 年完全消耗系数和完全分配系数

图 11-12 和图 11-13 显示,轻工业的主要环向直接关联产业为:1——农业,10——造纸印刷及文教用品制造业,6——食品制造及烟草加工业,18——电气机械及器材制造业,12——化学工业,8——服装皮革羽绒及其制品业;轻工业的主要环向完全关联产业为:1——农业,12——化学工业,6——食品制造及烟草加工业,10——造纸印刷及文教用品制造业,19——通信设备、计算机及其他电子设备制造业,16——通用、专用设备制造业,18——电气、机械及器材制造业,23——电力、热力的生产和供应业,7——纺织业,14——金属冶炼及压延加工业。

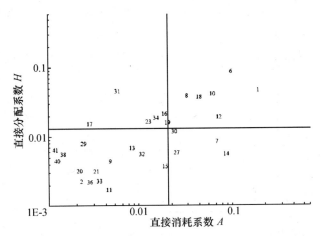

图 11-12　轻工业 2007 年直接消耗系数和直接分配系数

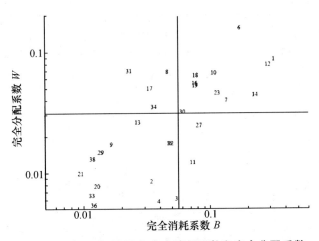

图 11-13　轻工业 2007 年完全消耗系数和完全分配系数

考虑分类的难度,根据我国 2007 年 135 部门投入产出表,对我国十大行业余下的四大行业,参照 2002 年 122 行业标准和表 11-6 中的归纳分类说明,计算十大振兴行业中船舶、钢铁、汽车和有色金属四大行业直接消耗系数、完全消耗系数、直接分配系数和完全分配系数等。

图 11-14 和图 11-16 显示,船舶业的主要环向直接关联产业为:75——船舶及浮动装置制造业和 76——其他交通运输设备制造业;船舶业的主要环向完全关联产业为:99——水上运输业,75——船舶及浮动装置制造业,108——批发和

零售贸易业,59——钢压延加工业,68——其他通用设备制造业,92——电力、热力的生产和供应业,63——金属制品业,37——石油及核燃料加工业,74——汽车制造业,7——石油和天然气开采业,61——有色金属冶炼及合金制造业。

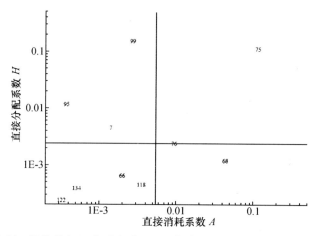

图 11-14　船舶业(122 行业标准)2007 年直接消耗系数和直接分配系数

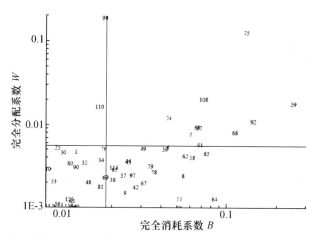

图 11-15　船舶业(122 行业标准)2007 年完全消耗系数和完全分配系数

图 11-16 和图 11-17 显示,钢铁业的主要环向直接关联产业为:59——钢压延加工业,58——炼钢业,63——金属制品业,68——其他通用设备制造业,65——其他专用设备制造业,69——矿山、冶金、建筑专用设备制造业,6——煤炭开采和洗选业,74——汽车制造业;钢铁业的主要环向完全关联产业为:

59——钢压延加工业,63——金属制品业,68——其他通用设备制造业,74——汽车制造业,58——炼钢业,92——电力、热力的生产和供应业,69——矿山、冶金、建筑专用设备制造业,7——煤炭开采和洗选业,6——石油和天然气开采业,37——石油及核燃料加工业,85——电子元器件制造业。

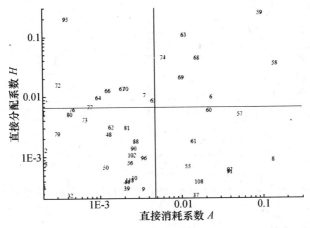

图11-16　钢铁业(122行业标准)2007年直接消耗系数和直接分配系数

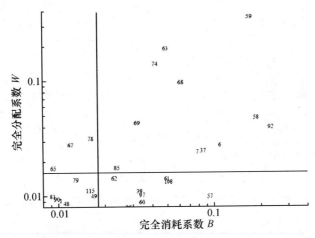

图11-17　钢铁业(122行业标准)2007年完全消耗系数和完全分配系数

图11-18和图11-19显示,汽车业的主要环向直接关联产业为:108——批发和零售贸易业,59——钢压延加工业,68——其他通用设备制造业;汽车业的主要环向完全关联产业为:108——批发和零售贸易业,115——商务服务业,

59——钢压延加工业,68——其他通用设备制造业,92——电力、热力的生产和供应业,97——道路运输业,63——金属制品业。

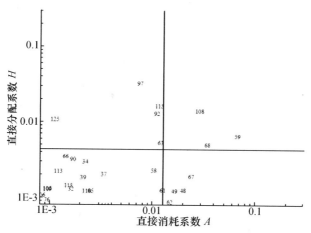

图 11-18　汽车业(122 行业标准)2007 年直接消耗系数和直接分配系数

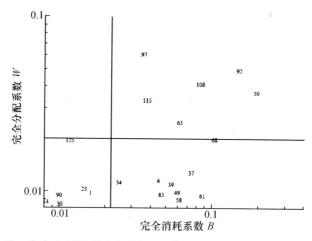

图 11-19　汽车业(122 行业标准)2007 年完全消耗系数和完全分配系数

图 11-20 和图 11-21 显示,有色金属业的主要环向直接关联产业有:61——有色金属冶炼业,62——有色金属压延加工业,63——金属制品业,68——其他通用设备制造业,9——有色金属矿采选业,39——基础化学原料制造业;有色金属业的主要环向完全关联产业有:61——有色金属冶炼业,62——有色金属压延加工业,63——金属制品业,68——其他通用设备制造业,108——批发和零售贸

易业,92——电力、热力的生产和供应业,68——汽车零部件及配件制造业,74——汽车制造业,85——电子元器件制造业,39——基础化学原料制造业,44——专用化学产品制造业,105——电信和其他信息传输服务业。

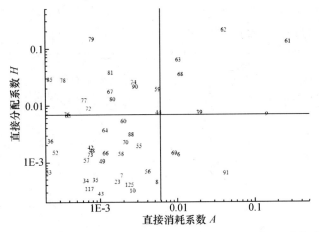

图11-20 有色金属业(122行业标准)2007年直接消耗系数和直接分配系数

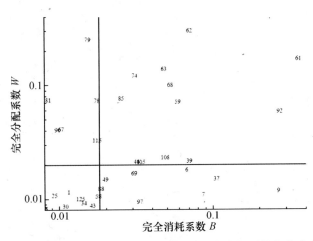

图11-21 有色金属业(122行业标准)2007年完全消耗系数和完全分配系数

从上述分析和图11-2至11-21的比较来看,十大振兴行业中,汽车和电子信息业除了总带动力强之外(这说明这些行业在国民经济中主要是一个创造财富的过程,而不是一个消耗财富的过程),从产业前、后向关联的角度来看,也是涉及面很广的行业,从投入产出的角度来看,这两类行业具备加工制造主要在第二产业,产出(分配)则主要在第三产业,即投入在第二产业、分配在第三产业的特色。汽车和电子信息产业这种投入在第二产业,而分配在第三产业的特性,也意味着该产业具备平衡投资和消费能力及对国民经济的驱动作用。由此,汽车和电子信息业的发展对于当前我国从主要依赖投资促进增长,转变到主要依赖消费来促进增长的经济发展方式的转型具有十分重要的引领作用。总之,在国民经济行业支撑方面,汽车和电子信息业属于中流砥柱中的中流砥柱,无论是经济繁荣,还是经济危机中,这两种行业对国民经济都至关重要,特别是危机中这类行业对于判断危机的深重程度具有决定性的显示度作用。

第十二章 我国产业结构高度化进程中主导产业演化进程

第一节 我国工业化加速进程中主导产业变迁轨迹

从历史发展的轨迹看,几乎所有经济发达国家都归结为工业发达;而几乎所有不发达国家都归结为现代工业的不发达(刘伟,1995)。不同国家在经济发展不同阶段主导产业是不同的。西方工业国家"经济起飞前",主导产业是食品工业和轻纺织工业;"经济成熟阶段"是机电、重化工;"追求生活质量阶段"是汽车与承建工业(王青,2005)。我国在1992—2005年经济发展主要从农业部门转向了工业部门,最重要的主导产业的演变特征是从重化工业向机械电子类产业转变(李娜、王飞,2012)。同时,我国不同区域的工业主导产业选择也是不同的,以能源及相关产业为代表的重化工业是各省的重点,劳动密集型产业是东部发达省市的重点(王乐乐等,2012)。工业化加速阶段中,工业行业的经济效率和规模都快速增加,使得全国产业结构高度也不断地提高(刘伟等,2008)。主导行业推动全行业发展,提升第二、第三产业经济效益和规模,从而推动工业化进程(刘伟、张辉,2008)。更进一步,从产业相关性以及行业主导型分析可得到国民经济行业发展驱动机制(张辉、任抒杨,2010)。

从已有研究来看,我国1978—1984年处于工业化前期准备阶段;我国1985—1997年处于工业化初级阶段;我国从1998年开始进入工业化加速阶段(刘伟、张辉、黄泽华,2008)。本研究采用我国进入工业化加速阶段之后,1998—2009年的投入产出表和投入产出延长表进行计算,尽可能长地获得主导产业序列,同时采用工业行业具有可比性和可加性的数据,进行年度之间的比较,比较全面地研究我国在工业化加速阶段的产业驱动机制。文章使用的方法主要按照张辉、任抒杨(2010)中投入产出分析和行业主导型分析。

在全国工业化加速进程中,工业行业的内部结构和行业之间的关系都发生了巨大的变化。工业行业尤其是主导产业在国民经济发展中起着驱动性和指向性的作用。本研究主要考虑1998—2009年,全国工业行业发展的驱动机制,特别是主导行业的演化趋势。全国工业行业的主导产业驱动机制主要包括:产业关联角度的影响力、感应度以及影响范围,经济效益,生产规模以及劳动生产率。研究发现:化学工业、石油和天然气开采业、通用和专用设备制造业、电子及通信设备制造业等行业常年居于全国工业主导行业的前列;各行业在关联效应等主导特性上也有着显著的差别。

一、驱动地方产业结构高度化的主导产业集界定

对主导产业的研究起源于罗斯托(Rostow)《经济成长的过程》(1952)和《经济成长的阶段》(1960)这两篇论文中。国外学者对于主导产业选择的基准提出了不同的见解,总结起来主要有以下几种:一是收入弹性基准,日本经济学家筱原三代平(1990)认为,收入弹性高的产业具有广阔的市场前景,是持续高增长的条件;二是生产率上升率基准,某一产业技术进步导致生产率迅速增长,进而促使总体上技术进步,成本降低,贸易条件和结构改善,资源利用率提高;三是产业关联度基准,关联效应指某一产业的经济活动通过产业之间的相互关联(向前、向后和旁侧)对其他产业部门产生影响。产业的关联效应指标是选择主导产业的关键原则。例如美国经济学家赫希曼(1991)在《经济发展战略》中提出发展中国家应首先发展产业关联度高的产业。

国内学者也有自己的认识,周振华(1991)在《产业政策的经济理论系统分析》中提出了主导产业选择的三条基准,即(1)增长后劲基准;(2)短缺替代弹性基准;(3)瓶颈效益基准。整个基准是以缓解结构矛盾,推进整个产业发展的战略方针为基本框架的。陈刚(2004)提出,选择区域主导产业有五个定量基准:创新率或吸收创新率基准、生产率上升率基准、需求收入弹性基准、产业关联度基准和规模经济基准。为了界定国家或地区具有扩散效应或有影响力的产业,本研究首先依据产业的关联效应指标进行分析,并将这类产业定义为国家或地区的主导产业集。主导产业集对于区域经济的快速发展有着重要意义(罗斯

托,1988;赫希曼,1991),也是我国工业化加速阶段的驱动力。本研究通过投入产出表计算的关联度总量指标和结构指标来研究产业的关联效应,以确定工业行业的主导产业集,然后进一步来确定工业行业的驱动机制。

(一)关联度的总量指标

1. 对国民经济有强大的拉动力

对国民经济有强大的拉动力,即影响力系数(F_i)要高,该指标反映了该行业对国民经济的发展有强大的拉动作用。

2. 对国民经济有强大的推动力

对国民经济有强大的推动力,即感应度系数(E_i)要高,该指标反映了该行业对国民经济具有比较厚实的支撑面,对国民经济有强大的推动作用(里昂惕夫,1990)。

(二)关联度的结构指标

该指标反映该行业对国民经济的影响范围比较广,也可称为影响范围指标。该指标要求选取的行业对国民经济影响范围广,对各个行业都有带动作用(拉动力和推动力),本研究中选取完全消耗系数和完全分配系数均大于平均值的行业所占的产量百分比来衡量。之所以采用上述主导产业集的研究思路,主要在于:将这三个关联指标从各类分析指标中凸显出来,有助于把主导产业最关键的市场辐射带动作用凸显出来;此外,部分产量、人均产值等指标较高,但是产业关联度小的行业,会在原有分析方法下成为"伪主导产业",毕竟这些行业的发展并没有给国民经济带来比较广泛的辐射扩张作用,特别是其影响范围一般仅限于行业内部;最后,选取主导产业集的方法有利于在不损失行业各项信息的情况下比较该产业集内各行业的一些特征。

计算全国主导产业集,采用投入产出分析中影响力系数、感应度系数和影响范围三项指标。其中影响范围系数 η_j 表示 j 行业的影响范围。

$$\eta_j = \frac{\sum_i X_i}{\sum_{k=1}^n X_k}$$

其中 i 满足: $B_{ij} > \underset{k=1:n}{\mathrm{average}}(B_{kj})$, $W_{ij} > \underset{k=1:n}{\mathrm{average}}(W_{jk})$, X_i 为 i 产业的总产量。

按照以往依据多变量对行业分层的方法,一般采用聚类分析等,然而仅仅依据这三个变量对 42 个行业(投入产出表行业分类)聚类的结果并不理想,因此改为选取影响力系数+感应度系数>2的或者影响范围大于平均的行业为主导产业集。也就是说这两类行业将被列入主导产业集:(1)对国民经济的推动或拉动力较大(如石油天然气开采业);(2)对国民经济的影响范围较大(如房地产业)。

确定好主导产业集(表12-1和表12-2)后,我们进行主导产业综合分析。这里选择了17个主导产业判断指标(表12-3),采用多变量分析方法,对全国各产业的产业关联、规模、技术指标等做全面的评估,并结合因子分析等方法来判定1998年以来全国工业行业主导产业群落的基本构成和变迁轨迹。

表12-1　全国工业行业1998—2001年主导产业集

2000—2001年主导产业集		1998—1999年主导产业集	
名称	编号	名称	编号
煤炭采选业	02	煤炭采选业	02
石油和天然气开采业	03	石油和天然气开采业	03
金属矿采选业	04	金属矿采选业	04
非金属矿采选业	05	非金属矿采选业	05
纺织业	07	纺织业	07
服装皮革羽绒及其他纤维制品制造业	08	服装皮革羽绒及其他纤维制品制造业	08
木材加工及家具制造业	09	木材加工及家具制造业	09
造纸印刷及文教用品制造业	10	造纸印刷及文教用品制造业	10
石油加工及炼焦业	11	石油加工及炼焦业	11
化学工业	12	化学工业	12
金属冶炼及压延加工业	14	金属冶炼及压延加工业	14
金属制品业	15	金属制品业	15
机械工业	16	机械工业	16
交通运输设备制造业	17	交通运输设备制造业	17
电气机械及器材制造业	18	电气机械及器材制造业	18
电子及通信设备制造业	19	电子及通信设备制造业	19
仪器仪表及文化办公用机械制造业	20	仪器仪表及文化办公用机械制造业	20
电力及蒸汽热水生产和供应业	24	电力及蒸汽热水生产和供应业	24

注:表中2000—2001年主导产业集用2000年投入产出延长表;1998—1999年用1997年投入产出表。

表 12-2　全国工业行业 2002—2009 年主导产业集

2007—2009 年主导产业集		2005—2006 年主导产业集		2002—2004 年主导产业集	
名称	编号	名称	编号	名称	编号
煤炭开采和洗选业	2	煤炭开采和洗选业	2	煤炭开采和洗选业	2
石油和天然气开采业	3	石油和天然气开采业	3	石油和天然气开采业	3
金属矿采选业	4	金属矿采选业	4	金属矿采选业	4
非金属矿及其他矿采选业	5	非金属矿及其他矿采选业	5	非金属矿及其他矿采选业	5
纺织业	7	造纸印刷及文教体育用品制造业	10	纺织业	7
造纸印刷及文教体育用品制造业	10	石油加工、炼焦及核燃料加工业	11	木材加工及家具制造业	9
石油加工、炼焦及核燃料加工业	11	化学工业	12	造纸印刷及文教体育用品制造业	10
化学工业	12	非金属矿物制品业	13	石油加工、炼焦及核燃料加工业	11
金属冶炼及压延加工业	14	金属冶炼及压延加工业	14	化学工业	12
金属制品业	15	金属制品业	15	非金属矿物制品业	13
通用、专用设备制造业	16	通用、专用设备制造业	16	金属冶炼及压延加工业	14
交通运输设备制造业	17	交通运输设备制造业	17	金属制品业	15
电气机械及器材制造业	18	电气机械及器材制造业	18	通用、专用设备制造业	16
通信设备、计算机及其电子设备制造业	19	通信设备、计算机及其电子设备制造业	19	交通运输设备制造业	17
仪器仪表及文化办公用机械制造业	20	仪器仪表及文化办公用机械制造业	20	电气机械及器材制造业	18
废品废料	22	其他制造业	21	通信设备、计算机及其电子设备制造业	19
电力、热力的生产和供应业	23	废品废料	22	仪器仪表及文化办公用机械制造业	20
燃气生产和供应业	24	电力、热力的生产和供应业	23	其他制造业	21
水的生产和供应业	25	燃气生产和供应业	24	废品废料	22
		水的生产和供应业	25	电力、热力的生产和供应业	23
				燃气生产和供应业	24
				水的生产和供应业	25

注：表中 2007—2009 年主导产业集用 2007 年全国投入产出表；2005—2006 年用 2005 年投入产出延长表；2002—2004 年用 2002 年投入产出表。

表 12-3 主导产业选择指标

类型	指标名称	说明
产业关联指标	1 感应度	依据投入产出表/延长表
	2 影响力	依据投入产出表/延长表
	3 影响范围	依据投入产出表/延长表
规模指标	4 产值规模	产值
	5 利税规模	利税总额
	6 就业规模	城镇从业人数
	7 固定资产规模	固定资产原值
	8 增加值规模	增加值
发展指标	9 新增固定资产投资	全社会新增固定资产投资,不含农户投资
	10 资本形成直接分配系数	投入产出表中存货和资本形成
	11 产值增速	产值(增加值)的增速
	12 就业增速	城镇从业人数的增速
比较劳动生产率	13 比较劳动生产率	以城镇从业人数表征劳动人数
技术指标	14 专业技术人员数	城镇单位每万从业人员拥有专业技术人员
经济效益指标	15 总资产贡献率	利税总额/总资产
	16 产值利税率	利税总额/产值(工业增加值)
需求弹性指标	17 需求弹性	投入产出表计算得到该行业总需求增速/所有行业总产出增速

注:没有特殊说明的指标中统计数据来自全国统计年鉴。

二、全国工业主导产业排序

(一) 全国各年份主导产业排序

本研究主要以全国 2009 年为例介绍在主导产业集的基础上,如何选出全国工业行业的主导产业,以及各产业的主导性排序。

1. 因子分析过程

第一,测度主要指标之间的相关性。由于各个变量之间存在明显的相关性,因此传统模型简单地使用最大特征值的特征向量加权各个指标不能很好地综合表现指标的意义。我们考虑通过因子分析,求出公因子,并以此为依托建立指标分析的综合框架。通过 KMO 检验和 Bartlett 检验表明适合进行因子分析。

第二,提取因子,分析因子分析法是否适用,结果因子旋转后较主成分分析法更显著。通过比较旋转前后的因子荷载矩阵,发现旋转后的系数的绝对值>0.5,并且旋转前的矩阵并没有表现出明显的向0,1靠近的趋势,也就是说,使用因子分析法较主成分分析法更为有效,更能将相应的变量归类分析。

第三,使用 SPSS 中 Analyze→Data Reduction→Factor 工具进行因子分析。这里使用 Principal Components(主成分法)的方法进行公因子提取,并采用 Varimax 旋转,使得每个因子上具有最高载荷的变量数最小,以方便对各个变量进行归类。选择了特征值大于1的相应公因子,记为 fac_1,fac_2,fac_3,fac_4 和 fac_5,方差总和达到80%,从而具有较高的解释力,并由此获得旋转后的因子荷载矩阵,确定5个变量对应的公因子(见表12-4)。

表 12-4　旋转主成分矩阵

指标	Rotated Component Matrixa				
	Component				
	1	2	3	4	5
感应度	−0.4898	0.0962	**−0.6538**	0.2937	0.1604
影响力	**0.7941**	−0.0300	0.1463	−0.1848	−0.0149
影响范围	0.0161	0.0589	−0.0594	−0.0831	**0.9594**
产值规模	**0.7945**	0.5526	0.0601	0.1319	−0.1466
利税规模	**0.6887**	0.5045	−0.0804	0.3951	0.2010
就业规模	**0.8701**	0.2850	0.0283	−0.0896	−0.0558
固定资产规模	0.1384	**0.8989**	0.0315	0.1069	0.0163
新增固定资产	0.5189	**0.7618**	0.0109	0.0954	0.1391
资本形成直接分配系数	**0.6304**	−0.2065	0.2447	−0.1351	0.4596
产值增速	−0.0527	−0.1595	**0.9086**	−0.0176	−0.0055
就业增速	0.0741	0.5220	**0.7998**	0.0666	0.1848
劳动生产率	−0.0867	0.2578	0.0023	**0.7802**	−0.1944
科研人员数	**0.8896**	0.1804	0.0706	−0.0723	0.0848
总资产贡献率	−0.0280	−0.4152	−0.2939	**0.8036**	0.1174
产值利税率	−0.2672	−0.0683	**−0.6712**	0.3284	0.5344
需求弹性	0.1083	**0.6392**	−0.0545	−0.3616	−0.0961
增加值比重	**0.7638**	0.5645	0.0109	0.1262	−0.2477

注:提取方法:主成分分析法。旋转方法:最大方差与凯瑟标准化。9阶迭代次数旋转收敛。表中加粗数据为对应的公因子。

根据表12-4分析情况,对各指标或变量分类,主要划分为五大对应因子。
因子一:影响力,产值规模,利税规模,就业规模,资本形成直接分配系数,科研人员数,增加值比重;因子二:固定资产规模,新增固定资产,需求弹性;因子三:感应度,产值增速,就业增速,产值利税率;因子四:劳动生产率,总资产贡献率;因子五:影响范围。

2. 综合得分排名

通过 Regression 法得到了各个因子的得分函数并计算综合得分,如表 12-5 所示。

表 12-5　因子综合得分排序(由高到低)

分类	Fac_1	Fac_2	Fac_3	Fac_4	Fac_5	总分
化学工业	1.4138	1.4308	-0.1193	0.5409	-0.2053	0.7132
交通运输设备制造业	1.0950	0.0280	1.3796	0.4150	1.3387	0.7052
通用、专用设备制造业	1.6984	-0.0234	0.2511	-0.3274	1.2300	0.6081
电力、热力的生产和供应业	-1.0420	2.6914	0.9630	0.1436	0.3348	0.4289
金属冶炼及压延加工业	0.6252	1.4930	-0.4293	0.1575	-1.5852	0.2730
电气机械及器材制造业	0.9038	-0.3807	0.4887	-0.0990	0.1625	0.2625
通信设备、计算机及其电子设备制造业	1.4509	-0.2630	-0.3270	-0.7809	-0.8327	0.1479
石油加工、炼焦及核燃料加工业	-0.2647	-0.1496	-0.2970	2.9792	-0.3712	0.1399
煤炭开采和洗选业	-0.3084	-0.1083	-0.0773	0.4143	1.6050	0.0833
金属制品业	0.1286	-0.6318	0.0264	-0.4636	-0.6576	-0.2012
非金属矿及其他矿采选业	-0.7581	-1.1503	0.9257	0.6686	0.1801	-0.2181
仪器仪表及文化办公用机械制造业	0.1220	-1.3785	0.0332	-0.6760	0.8929	-0.2200
造纸印刷及文教体育用品制造业	-0.1728	-0.4009	-0.1146	-0.7424	-0.2384	-0.2519
燃气生产和供应业	-0.9932	-0.5792	0.8215	-0.1942	0.0630	-0.2939
纺织业	0.4673	-0.6350	-0.4297	-0.7263	-2.0659	-0.3413
水的生产和供应业	-1.5122	0.8456	0.5163	-2.2107	0.2350	-0.4092
废品废料	-1.5250	-0.4748	0.7994	0.6879	-1.2220	-0.4604
金属矿采选业	-0.5692	-0.7562	-1.1795	0.3278	-0.0679	-0.4611
石油和天然气开采业	-0.7593	0.4427	-3.2311	-0.1144	1.2044	-0.5048

从表 12-5 可以看出,2009 年全国前五位的主导产业分别为:化学、交通运输设备制造业、通用专用设备制造业、电力热力生产与供应、金属冶炼业。后五位产业分别为:石油与天然气开采、金属矿采选、废品废料、水的生产和供应、纺

织业。

下面使用同样的方法对全国工业行业 1998—2009 年进行主导产业排序,如表 12-6 所示。

表 12-6　1998—2009 年全国工业行业主导位次变化情况

项目名称	项目编号	2009	2008	2007	2006	2005	2004	2003	2002	2001	2000	1999	1998	1998—2009位次变化
煤炭采选业	2	9	8	10	9	11	11	13	13	11	11	13	8	-1
石油和天然气开采业	3	19	1	3	2	1	1	1	5	1	1	2	1	-18
金属矿采选业	4	18	10	7	11	9	12	11	17	18	18	8	16	-2
非金属矿采选业	5	11	17	14	19	19	20	18	20	17	17	14	17	6
食品制造及烟草加工业	6	#	#	#	#	#	#	#	#	#	#	#	#	#
纺织业	7	15	15	16	#	#	13	15	12	13	13	15	12	-3
服装皮革羽绒及其他纤维制品制造业	8	#	#	#	#	#	#	#	#	5	4	12	13	#
木材加工及家具制造业	9	#	#	#	#	#	18	17	16	16	15	16	15	#
造纸印刷及文教用品制造业	10	13	11	15	14	14	15	12	11	12	12	10	11	-2
石油加工及炼焦业	11	8	14	17	12	10	7	8	9	10	7	6	4	-4
化学工业	12	1	2	1	1	2	2	3	2	3	2	3	3	2
非金属矿物制品业	13	#	#	#	13	13	14	14	15	#	#	#	#	#
金属冶炼及压延加工业	14	5	5	4	3	4	4	2	7	7	9	4	6	1
金属制品业	15	10	13	13	16	16	16	16	10	14	14	17	14	4
机械工业	16	3	4	2	5	6	8	5	6	8	6	11	9	6
交通运输设备制造业	17	2	6	6	7	8	9	4	4	6	8	7	10	8

(续表)

项目名称	项目编号	2009	2008	2007	2006	2005	2004	2003	2002	2001	2000	1999	1998	1998—2009位次变化
电气机械及器材制造业	18	6	9	8	8	12	10	10	8	9	10	9	7	-1
电子及通信设备制造业	19	7	7	5	6	7	5	6	1	4	5	5	5	-2
仪器仪表及文化办公用机械制造业	20	12	12	11	15	15	17	9	14	15	16	18	18	6
其他制造业	21	#	#	#	17	17	19	20	21	#	#	#	#	#
废品及废料	22	17	19	12	10	5	3	22	22	#	#	#	#	#
电力及蒸汽热水生产和供应业	23	4	3	9	4	3	6	7	3	2	3	1	2	-2
煤气生产和供应业	24	14	18	18	#	#	22	19	18	#	#	#	#	#
自来水的生产和供应业	25	16	16	19	18	18	21	21	19	#	#	#	#	#

注:项目编号基本按2007年42行业投入产出表编号;#表示未进入主导产业集或未进入主导产业计算;排序按主导产业综合指标的大小排序,1号为主导性最强的行业;石油和天然气开采业主导性在2009年出现大幅波动主要是由于该行业在因子三(感应度、产值增速、就业增速和产值利税率)方面出现了较大幅度波动。

(二)各年度全国前六位主导产业因子分析

上文由因子分析法得到了2009年的五大因子,因子一:影响力、产值规模、利税规模、就业规模、资本形成直接分配系数、科研人员数、增加值比重;因子二:固定资产规模、新增固定资产、需求弹性;因子三:感应度、产值增速、就业增速、产值利税率;因子四:劳动生产率、总资产贡献率;因子五:影响范围。

这里通过图12-1详细地分析,2009年我国工业排名前六位主导行业分别为:化学工业,交通运输设备制造业,通用、专用设备制造业,电力、热力的生产和供应业,金属冶炼及压延加工业,电气机械及器材制造业。进一步分析可以看出,通用、专用设备制造业在因子一经济辐射拉动和经济规模等方面较为突出;电力、热力的生产和供应业在因子二新增资本投资方面较为突出;交通运输设备业在因子三产值增速等方面较突出。

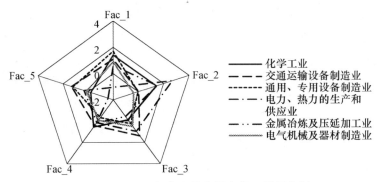

图 12-1 2009 年前六位主导产业五因子分析

1998—2008 年参照 2009 年分析方法,可以发现如下结论。

2008 年因子分布基本与 2009 年类似,同样为 17 个指标对应五大因子。因子一:产值规模、利税规模、就业规模、新增固定资产、科研人员数、增加值比重;因子二:感应度、总资产贡献率、产值利税率;因子三:影响力、产值增速、就业增速;因子四:固定资产规模、劳动生产率、需求弹性;因子五:影响范围、资本形成直接分配系数。

如图 12-2 所示,2008 年我国工业排名前六位主导行业分别为:石油和天然气开采业,化学工业,电力、热力的生产和供应业,通用、专用设备制造业,金属冶炼及压延加工业,交通运输设备制造业。化学工业在因子一的经济规模等方面比较突出;石油和天然气开采业在因子二的产值利税率、总资产贡献率等方面较

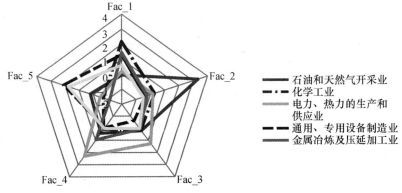

图 12-2 2008 年前六位主导产业五因子分析

为突出;电力、热力的生产和供应业在因子四固定资产规模、劳动生产率等方面比较突出;通用、专用设备制造业在因子五影响范围等方面比较突出。

2007年,因子分析结果显示为四大因子涵盖了17个经济指标。因子一:产值规模、利税规模、就业规模、固定资产规模、新增固定资产、科研人员数、增加值比重;因子二:感应度、总资产贡献率、产值利税率;因子三:产值增速、就业增速、需求弹性;因子四:影响力、影响范围、资本形成直接分配系数、劳动生产率。

如图12-3所示,2007年我国工业排名前六位主导行业分别为:化学工业,通用、专用设备制造业,石油和天然气开采业,金属冶炼及压延加工业,通信设备、计算机及其电子设备制造业,交通运输设备制造业。化学工业和金属冶炼及压延加工业在因子一的经济规模等方面比较突出;石油和天然气开采业在因子二的产值利税率、总资产贡献率等方面较为突出;通用、专用设备制造业在因子四影响范围、劳动生产率等方面比较突出。

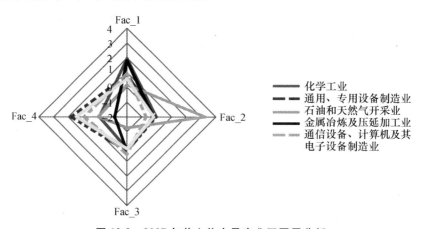

图12-3 2007年前六位主导产业四因子分析

2006年,按照17项指标分析得到五大因子,因子一:影响范围、产值规模、税规模、就业规模、固定资产规模、新增固定资产、科研人员数、增加值比重;因子二:总资产贡献率、产值利税率;因子三:产值增速、需求弹性;因子四:感应度、影响力、劳动生产率;因子五:资本形成直接分配系数、就业增速。

如图12-4所示,2006年我国工业排名前六位主导行业分别为:化学工业,石油和天然气开采业,金属冶炼及压延加工业,电力、热力的生产和供应业,通用、专用设备制造业,通信设备、计算机及其电子设备制造业。化学工业在因子一的经济规模等方面比较突出;石油和天然气开采业在因子二总资产贡献率、产值利税率等方面较为突出;通用、专用设备制造业在因子五就业增速等方面比较突出。

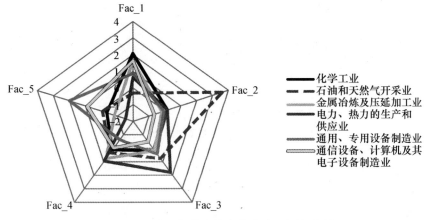

图 12-4 2006 年前六位主导产业五因子分析

2005 年,经因子分析得到 16 个指标对应形成六大因子。因子一:产值规模、利税规模、就业规模、固定资产规模、新增固定资产、增加值比重;因子二:感应度、影响力、产值增速、就业增速;因子三:总资产贡献率、产值利税率;因子四:影响范围、劳动生产率;因子五:资本形成直接分配系数;因子六:需求弹性。

如图 12-5 所示,2005 年我国工业排名前六位主导行业分别为:石油和天然气开采业,化学工业,电力、热力的生产和供应业,金属冶炼及压延加工业,废品废料业,通用、专用设备制造业。化学工业在因子一的经济规模等方面比较突出;废品废料业在因子二的产值增速、就业增速等方面尤其突出;石油和天然气开采业在因子三的影响范围、劳动生产率等方面很突出;金属冶炼及压延加工业在因子四的劳动生产率等方面较突出;通用、专用设备制造业在因子五的发展指标资本形成直接分配系数方面突出。

2004 年,分析发现 16 个指标形成了五大因子。因子一:产值规模、利税规模、就业规模、固定资产规模、新增固定资产、增加值比重;因子二:影响力、产值增速、就业增速、需求弹性;因子三:感应度、总资产贡献率、产值利税率;因子四:资本形成直接分配系数;因子五:影响范围、劳动生产率。

如图 12-6 所示,2004 年我国工业排名前六位主导行业分别为:石油和天然

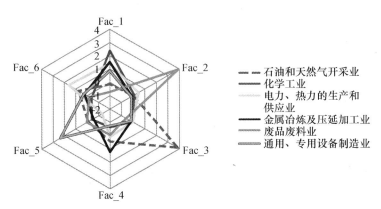

图 12-5 2005 年前六位主导产业六因子分析

气开采业,化学工业,废品废料业,金属冶炼及压延加工业,通信设备、计算机及其电子设备制造业,电力、热力的生产和供应业。废品废料业在因子二的影响力、产值增速等方面非常突出;石油和天然气开采业在因子三的感应度、总资产贡献率等方面很突出;通用、专用设备制造业在因子四的资本形成直接分配系数上较突出。

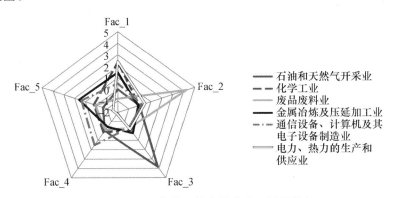

图 12-6 2004 年前六位主导产业五因子分析

2003 年,五大因子涵盖了 16 个经济指标。因子一:产值规模、利税规模、就业规模、固定资产规模、新增固定资产、增加值比重;因子二:感应度、总资产贡献率、产值利税率;因子三:影响力、产值增速、就业增速、需求弹性;因子四:劳动生产率;因子五:影响范围、资本形成直接分配系数。

如图 12-7 所示,2003 年我国工业排名前六位主导行业分别为:石油和天然气开采业,金属冶炼及压延加工业,化学工业,交通运输设备制造业,通用、专用设备制造业,通信设备、计算机及其电子设备制造业。化学工业在因子一的经济规模等方面比较突出;石油和天然气开采业在因子二的感应度、总资产贡献率等方面尤其突出;通用设备、计算机及其电子设备制造业在因子四的劳动生产率上较为突出;通用、专用设备制造业和交通运输设备制造业在因子五的影响范围、资本形成直接分配系数方面表现较突出。

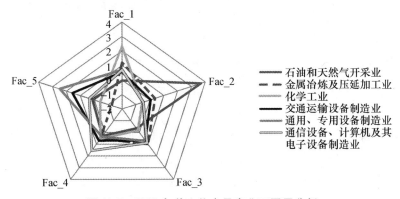

图 12-7　2003 年前六位主导产业五因子分析

2002 年,因子分析显示 16 个指标形成五大因子。因子一:产值规模、利税规模、就业规模、固定资产规模、增加值比重;因子二:感应度、新增固定资产、总资产贡献率、产值利税率;因子三:影响力、需求弹性;因子四:就业增速、劳动生产率;因子五:影响范围、资本形成直接分配系数、产值增速。

如图 12-8 所示,2002 年我国工业排名前六位主导行业分别为:通信设备、计算机及其电子设备制造业,化学工业,电力、热力的生产和供应业,交通运输设备制造业,石油和天然气开采业,通用、专用设备制造业。化学工业以及电力、热力的生产和供应业在因子一的经济规模等方面比较突出;石油和天然气开采业在因子二的感应度、新增固定资产等方面尤其突出;通用设备、计算机及其电子设备制造业在因子四的就业增速、劳动生产率上较为突出。

2001 年,与上 2002 年类似,同样为 16 个指标对应五大因子。因子一:影响力、影响范围、产值增速、总资产贡献率、产值利税率;因子二:产值规模、就业规模、资本形成直接分配系数、增加值比重;因子三:利税规模、固定资产规模、新增固定资产;因子四:感应度、就业增速、需求弹性;因子五:劳动生产率。

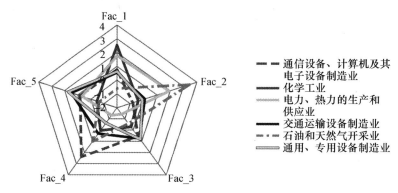

图 12-8 2002 年前六位主导产业五因子分析

如图 12-9 所示,2001 年我国工业排名前六位主导行业分别为:石油和天然气开采业,电力及蒸汽热水生产和供应业,化学工业,电子及通信设备制造业,服装皮革羽绒及其他纤维制品制造业,交通运输设备制造业。石油和天然气开采业在因子一的影响力、影响范围等方面非常突出;化学工业在因子二的经济规模等方面较为突出;电力及蒸汽热水生产和供应业在因子三的利税规模、固定资产规模上很突出;服装皮革羽绒及其他纤维制品制造业在因子四的感应度、就业增速上较为突出;同时,电子及通信设备制造业在因子五的劳动生产率方面较突出。

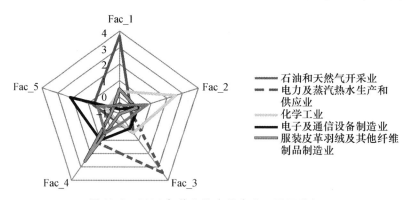

图 12-9 2001 年前六位主导产业五因子分析

2000 年,同 2001 年,五大因子包含着 16 个指标。因子一:影响力、影响范围、就业增速、总资产贡献率、产值利税率;因子二:产值规模、就业规模、增加值比重;因子三:利税规模、固定资产规模、新增固定资产、资本形成直接分配系数;因子四:产值增速、劳动生产率;因子五:感应度、需求弹性。

如图 12-10 所示,2000 年我国工业排名前六位主导行业分别为:石油和天然气开采业,化学工业,电力及蒸汽热水生产和供应业,服装皮革羽绒及其他纤维制品制造业,电子及通信设备制造业,机械工业。石油和天然气开采业在因子一的影响力、影响范围等方面非常突出;化学工业在因子二的产值规模、就业规模等方面较为突出;电力及蒸汽热水生产和供应业在因子三的利税规模、固定资产规模方面非常突出;服装皮革羽绒及其他纤维制品制造业在因子五的感应度、需求弹性方面比较突出。

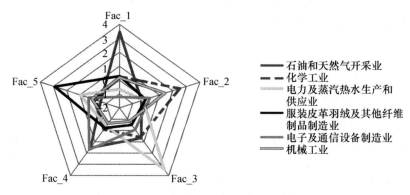

图 12-10 2000 年前六位主导产业五因子分析

1999 年,经因子分析法得到 16 个指标分为五大因子。因子一:产值规模、利税规模、就业规模、固定资产规模、新增固定资产、增加值比重;因子二:感应度、影响力、资本形成直接分配系数、产值利税率;因子三:产值增速、劳动生产率、总资产贡献率;因子四:影响范围、就业增速;因子五:需求弹性。

如图 12-11 所示,1999 年我国工业排名前六位主导行业分别为:电力及蒸汽热水生产和供应业,石油和天然气开采业,化学工业,金属冶炼及压延加工业,电子及通信设备制造业,石油加工及炼焦业。化学工业在因子一的经济规模等方面比较突出;石油和天然气开采业在因子二的感应度、影响力等方面较为突出;电力及蒸汽热水生产和供应业在因子五的需求弹性等方面比较突出。

1998 年,按照上述分析同样可知 16 个指标对应五大因子。因子一:产值规模、就业规模、增加值比重;因子二:利税规模、固定资产规模、新增固定资产、就业增速、需求弹性;因子三:感应度、影响力、资本形成直接分配系数、产值利税率;因子四:产值增速、劳动生产率、总资产贡献率;因子五:影响范围。

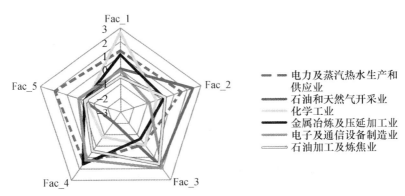

图 12-11　1999 年前六位主导产业五因子分析

如图 12-12 所示，1998 年我国工业排名前六位主导行业分别为：石油和天然气开采业，电力及蒸汽热水生产和供应业，化学工业，石油加工及炼焦业，电子及通信设备制造业，金属冶炼及压延加工业。化学工业在因子一的经济规模等方面比较突出；电力及蒸汽热水生产和供应业在因子二的利税规模、固定资产规模等方面非常突出；石油和天然气开采业在因子三的感应度、影响力等方面和因子五的影响范围方面较为突出。

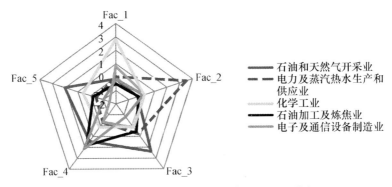

图 12-12　1998 年前六位主导产业五因子分析

三、结论

从产业驱动机制来看，首先，全国工业行业的主导产业驱动机制在产业关联角度有影响力、感应度以及影响范围等因素，例如，化学工业等对工业乃至国民经济都有着广泛的影响，是主导产业驱动机制之一。其次，主导产业驱动机制在于行业的经济效益,出色的经济效益能够为全行业以及国民经济的发展提供可持续的发展动力。再次,驱动机制包括较大的生产规模,比如电力及热力生产供应业是全行业发展的基础,大量的固定投资以及生产规模保证了国民经济正常有序的进行。最后,驱动机制还包括劳动生产率,例如,电子设备制造业就具备比较高的劳动生产率,该产业发展有利于促进全行业的技术进步,这也是主导行业提升工业化发展水平的一个重要方面。

全国2009年工业按主导性排名前五位的产业分别为:化学工业,交通运输设备制造业,通用、专用设备制造业,电力、热力的生产和供应业,金属冶炼及压延加工业。排名后五位的产业分别为:石油与天然气开采业(由于因子三感应度、产值增速等方面出现了较大幅度波动),金属矿采选业,废品废料,水的生产和供应业,纺织业。由此可见,一方面,我国工业化加速进程中工业内部已经发生从纺织业和服装皮革羽绒及其他纤维制品制造业等轻工业向化学工业等重化产业的逐步转变过程;另一方面,我国工业化加速发展进程中虽然仍依赖于以化学工业和金属冶炼及压延加工业等为代表的传统重化工业,但是一些以交通运输设备制造业和通用专用设备制造业为代表的现代制造业的快速崛起,已经在我国工业化加速进程中发挥出越来越重要的作用,这充分显示出我国工业化加速进程与工业内部产业结构不断优化和调整是相同步的。

从1998—2009年的数据分析中可以看出,化学工业、石油和天然气开采业、通用和专用设备制造业、电子及通信设备制造业等行业常年居于全国工业主导行业的首位,但各行业在主导特性上有着显著差别。化学工业的特点在于其全面和稳定的发展,经济规模、经济效益、资本投资以及产业关联都拥有较高的行业评价,发展较为全面和成熟,支撑着全行业发展。石油和天然气开采业则在经济效益方面较为突出,该行业的企业多为国务院直接审批的大型国有企业,在经济效益上的优势使得该类企业能够为工业乃至国民经济提供强有力的支持。尤其随着工业科技的提升,国际石油市场的升温以及对石油的依赖,该行业对于我国的发展至关重要。通信设备、计算机及其他电子设备制造业等产业自1998年便成为主导产业中的主要驱动力,这些行业拥有较高的劳动生产率,其快速发展促进了经济生产边界不断向外扩张,有利于提升国民经济发展的整体质量水平。

第二节 北京产业结构高度化进程的主导产业演化轨迹

产业结构的演变,特别是产业结构高度的提升,是一国经济发展取得实质性进展的重要体现。按照产业结构高度指标来衡量,北京是我国继上海之后第二个已经基本完成工业化,进入后工业化发展阶段的地区,本研究着力于从投入产出的角度来分析2003—2007年支撑北京产业结构高度化进程的产业变迁规律和演化路径。本研究认为,北京的地方工业化进程不但迥异于世界一般规律,而且也会有别于上海市的工业化进程。北京的工业化必然要与天津有机结合起来,只有走京津一体化发展的道路,将首都政治、文化、国际化和创新的中心职能与天津经济、门户和生态的中心职能紧密结合起来,在京津双头联动发展模式下,才能最终实现北京乃至整个环渤海地区近期工业化、中期后工业化和远期现代化的发展目标。

从产业结构高度的视角来审视中国工业化的进程,我国在2007年整体产业结构高度为0.453,即已经完成了工业化进程45.3%的任务,距离工业化完成还有54.7%的历程需要完成;从全国省市自治区来看,到2007年也只有上海、北京等少数省份产业结构高度大于1,即完成了工业化(张辉,2010)。与上海市相比,虽然北京市于2006年按照总产业结构高度来看,已经完成工业化,但第二产业的产业结构高度距离完成工业化水平还有一定距离,第一产业的产业结构高度则距离完成工业化水平更远了。及至2007年,北京的第一产业和第二产业的产业结构高度也没有达到工业化完成时的水平。与钱纳里等(1986)所描述的一般工业化进程不同的是,从1987年以来,也即北京市进入工业化起步阶段后,第三产业一直是引领北京市总体产业结构高度提升的主要力量,而且第三产业的产业结构高度的波动直接影响着总体产业结构高度的波动(刘伟、张辉、黄泽华,2008;刘伟、张辉,2008)。北京市第一产业和第二产业的产业结构高度不但严重滞后于总体产业结构高度,而且与上海和天津相比,北京第二产业的产业结构高度也明显偏低(张辉,2009;张辉,2010)。

为了阐释北京市这一独特的地方工业化进程,本研究主要通过研究驱动地方产业结构高度化进程的主导产业变迁轨迹来阐释北京市产业结构高度演化进程的微观产业基础及其特殊性。虽然各个产业对国民经济的健康持续发展都十分重要,但是只有主导产业才是国民经济发展的核心,其直接决定着国民经济的发展方向、速度、性质和规模(魏后凯,2006)。

一、驱动地方产业结构高度化的主导产业集界定

本研究延续上文研究思路,首先从产业关联角度找到相关的可以作为北京市主导产业考虑范畴的行业集,然后再对该行业集按主导作用大小排序。我们从1987—2005年北京投入产出表分析得到可以作为主导产业考虑范畴的行业集,这些行业不但在关联度总量指标上,而且还应该在关联度结构指标上都比较突出。

北京市主导产业集,选取采用投入产出分析中影响力系数、感应度系数和影响范围三项指标。之所以采用上述主导产业集的研究思路,主要原因在于:将这三个关联指标从各类分析指标中凸显出来,有助于把主导产业最关键的市场辐射带动作用凸显出来;此外,部分产量、人均产值等指标较高,但是产业关联度小的行业,会在原有分析方法下成为"伪主导产业",毕竟这些行业的发展并没有给国民经济带来比较广泛的辐射扩张作用,特别是其影响范围一般仅限于行业内部;最后,选取主导产业集的方法有利于在不损失行业各项信息的情况下比较该产业集内各行业的一些特征。

按照以往依据多变量对行业分层的方法,一般采用聚类分析等,然而仅仅依据这三个变量对42个行业(投入产出表行业分类)聚类的结果并不理想,因此改为选取影响力系数+感应度系数>2的或者影响范围大于平均的行业为主导产业集。也就是说这两类行业将被列入主导产业集:(1)对国民经济的推动或拉动力较大(如石油天然气开采业);(2)对国民经济的影响范围较大(如房地产业)。

本研究囿于2002年以前的第三产业在统计年鉴上的分类与投入产出表难以匹配(统计年鉴上的分类与投入产出表的分类有普遍的交叉,譬如统计年鉴上是交通运输仓储及邮政通信,而投入产出表则是交通运输仓储业、邮政业、电

子通信计算机软件服务业,类似的有很多产业),所以本研究仅较全面地研究2003—2007年北京市主导产业变迁轨迹。当然,2003年、2004年也有类似交叉问题,但由于数量较少,本研究尝试采用从业人数比例将多个行业的总产值拆分出来。基于此分析思路,依托北京市2002年和2005年投入产出表,分析结果如下:表12-7为北京市2005—2007年主导产业集;表12-8为北京市2003—2004年主导产业集。①

表12-7 北京市2005—2007年主导产业集

行业	代码	行业	代码	行业	代码
煤炭开采和洗选业	02	通用、专用设备制造业	16	信息传输、计算机服务和软件业	29
石油和天然气开采业	03	交通运输设备制造业	17	批发和零售贸易业	30
金属矿采选业	04	电气、机械及器材制造业	18	住宿和餐饮业	31
非金属矿采选业	05	通信设备、计算机及其他电子设备制造业	19	金融保险业	32
纺织业	07	仪器仪表及文化办公用机械制造业	20	房地产业	33
服装皮革羽绒及其制品业	08	其他制造业	21	租赁和商务服务业	34
木材加工及家具制造业	09	电力、热力的生产和供应业	23	旅游业	35
造纸印刷及文教用品制造业	10	燃气生产和供应业	24	综合技术服务业	37
石油加工、炼焦及核燃料加工业	11	水的生产和供应业	25	其他社会服务业	38
化学工业	12	建筑业	26	教育事业	39
非金属矿物制品业	13	交通运输及仓储业	27	公共管理和社会组织	42
金属制品业	15	邮政业	28		

---

① 北京市2005—2007年主导产业集(表12-7)按照2005年北京市投入产出延长表计算;北京市2003—2004年主导产业集(表12-8)按照2002年北京市投入产出表计算。

表 12-8　北京市 2003—2004 年主导产业集

行业	代码	行业	代码	行业	代码
煤炭开采和洗选业	02	金属制品业	15	信息传输、计算机服务和软件业	29
石油和天然气开采业	03	通用、专用设备制造业	16	住宿和餐饮业	31
金属矿采选业	04	交通运输设备制造业	17	金融保险业	32
非金属矿采选业	05	电气、机械及器材制造业	18	房地产业	33
纺织业	07	通信设备、计算机及其他电子设备制造业	19	租赁和商务服务业	34
服装皮革羽绒及其制品业	08	仪器仪表及文化办公用机械制造业	20	旅游业	35
木材加工及家具制造业	09	电力、热力的生产和供应业	23	科学研究事业	36
造纸印刷及文教用品制造业	10	燃气生产和供应业	24	综合技术服务业	37
石油加工、炼焦及核燃料加工业	11	水的生产和供应业	25	其他社会服务业	38
化学工业	12	建筑业	26	教育事业	39
非金属矿物制品业	13	交通运输及仓储业	27	文化、体育和娱乐业	41
金属冶炼及压延加工业	14	邮政业	28	公共管理和社会组织	42

在确定好主导产业集(表12-7、表12-8)后,我们将对主导产业集内的行业进行主导产业综合分析。这里选择了 17 个主导产业判断指标(表12-9),采用多变量分析方法,对北京市各产业的产业关联、规模、技术指标等做全面的评估。主要结合因子分析等方法来判定 2003 年以来北京主导产业群落的基本构成和变迁轨迹。

表 12-9　北京市 2003—2007 年主导产业群选择指标①

类型	指标名称	说明
产业关联指标	1 感应度 2 影响力 3 影响范围	依据 2002 年及 2005 年投入产出表 依据 2002 年及 2005 年投入产出表 依据 2002 年及 2005 年投入产出表
规模指标	4 产值规模 5 利税规模 6 就业规模 7 固定资产规模	国民生产总值(工业为增加值) 利税总额 城镇从业人数 固定资产原值
发展指标	8 新增固定资产投资 9 资本形成直接分配系数 10 产值增速 11 就业增速	全社会新增固定资产投资,不含农户投资 2002 年及 2005 年投入产出表中存货和资本形成 产值(增加值)的增速 城镇从业人数的增速
比较劳动生产率	12 比较劳动生产率	以城镇从业人数表征劳动人数
技术指标	13 专业技术人员数	城镇单位每万从业人员拥有专业技术人员
经济效益指标	14 总资产贡献率 15 产值利税率	利税总额/总资产 利税总额/产值(工业增加值)
需求弹性指标	16 需求弹性	投入产出表计算得到该行业总需求增速/所有行业总产出增速
专业化指标	17 区位熵	按投入产出表的总产出计算(北京、全国)

二、北京 2003—2007 年主导产业排序

（一）北京 2003—2007 年主导产业排序

本研究主要以北京市 2007 年为例介绍在主导产业集的基础上,如何从中选出北京市的主导产业,以及各产业的主导性排序。

1. 因子分析过程

第一,测度主要指标之间的相关性(见表 12-10)。

---

① 没有特殊说明的指标中统计数据来自北京市当年的统计年鉴。

表 12-10 主要指标之间相关性

类别	感应度	影响力	影响范围	产值规模	利税规模	就业规模	固定资产规模	新增固定资产投资	资本形成直接分配系数	产值增速
感应度	1.000	-0.065	-0.549	-0.393	-0.177	-0.591	-0.151	-0.289	-0.411	-0.474
影响力	-0.065	1.000	0.035	-0.309	-0.351	-0.127	-0.062	-0.256	0.030	-0.272
影响范围	-0.549	0.035	1.000	0.364	0.304	0.445	0.217	0.144	0.120	0.539
产值规模	-0.393	-0.309	0.364	1.000	0.815	0.699	0.622	0.275	0.253	0.651
利税规模	-0.177	-0.351	0.304	0.815	1.000	0.383	0.338	0.127	0.049	0.462
就业规模	-0.591	-0.127	0.445	0.699	0.383	1.000	0.524	0.213	0.247	0.777
固定资产规模	-0.151	-0.062	0.217	0.622	0.338	0.524	1.000	0.321	0.153	0.429
新增固定资产投资	-0.289	-0.256	0.144	0.275	0.127	0.213	0.321	1.000	0.560	0.261
资本形成直接分配系数	-0.411	0.030	0.120	0.253	0.049	0.247	0.153	0.560	1.000	0.176
产值增速	-0.474	-0.272	0.539	0.651	0.462	0.777	0.429	0.261	0.176	1.000

从表 12-10 分析,可以简要看出,各个变量之间存在明显的相关性,因此传统的主导产业选择模型简单地对其使用最大特征值的特征向量加权各个指标并不能很好地综合表现指标的意义。因此我们考虑通过因子分析,求出公因子,并以此为依托建立指标分析的综合框架。通过 KMO 检验和 Bartlett 检验表明适合进行因子分析。

第二,提取因子,分析因子分析法是否适用,结果因子旋转后较主成分分析法更显著。通过比较旋转前后的因子荷载矩阵,发现旋转后的系数的绝对值 > 0.5,并且旋转前的矩阵并没有表现出明显的向 0,1 靠近趋势,也就是说,使用因子分析法较主成分分析法更为有效,更能将相应的变量归类分析。

第三,使用 SPSS 中 Analyze→Data Reduction→Factor 工具进行因子分析。这里使用 Principal Components(主成分法)的方法进行公因子提取,并采用 Varimax 旋转,使得每个因子上具有最高载荷的变量数最小,以方便对各个变量进行归类。选择了特征值大于 1 的相应公因子,记为 fac_1,fac_2,fac_3,fac_4,fac_5 和 fac_6,方差总和达到 76%,从而具有较高的解释力(见表 12-11)。并由此获得旋转后的因子荷载矩阵,确定各个变量对应的公因子(见表 12-12,加粗数据为对应的公因子)。

表12-11　总体方差解释(部分)

Component	Initial Eigenvalues			Rotation Sums of Squared Loadings		
	Total	% of Variance	Cumulative %	Total	% of Variance	Cumulative %
1	5.277	31.042	31.042	3.455	20.322	20.322
2	2.643	15.549	46.591	2.923	17.195	37.517
3	1.560	9.177	55.769	2.265	13.322	50.839
4	1.335	7.851	63.619	1.658	9.754	60.593
5	1.197	7.044	70.663	1.445	8.502	69.095
6	1.043	6.132	76.796	1.309	7.701	76.796
7	0.862	5.068	81.864			

表12-12　旋转主成分矩阵

指标	Component					
	1	2	3	4	5	6
感应度	-0.827	0.122	0.075	-0.257	0.211	0.144
影响力	0.195	**-0.613**	-0.085	-0.180	0.308	-0.148
影响范围	**0.708**	0.104	-0.051	-0.019	-0.118	0.282
产值规模	0.552	**0.611**	0.465	0.121	-0.124	-0.055
利税规模	0.348	**0.854**	0.164	-0.068	-0.095	-0.025
就业规模	**0.796**	0.209	0.211	0.166	0.012	0.061
固定资产规模	0.293	0.175	**0.732**	0.225	0.069	0.103
新增固定资产投资	0.076	0.143	0.088	**0.893**	-0.079	0.151
资本形成直接分配系数	0.259	-0.063	0.071	**0.778**	-0.083	-0.258
产值增速	**0.708**	0.278	0.205	0.138	0.022	0.447
就业增速	-0.076	0.182	**0.850**	0.033	0.022	0.232
比较劳动生产率	-0.310	**0.642**	0.547	-0.036	0.066	-0.132
专业技术人员数	0.381	0.053	**0.501**	-0.106	-0.378	-0.334
总资产贡献率	-0.385	0.059	-0.189	-0.015	**0.653**	-0.105
产值利税率	0.243	**0.880**	0.071	0.039	0.173	-0.059
需求弹性	0.020	-0.099	0.167	-0.132	**0.800**	0.010
区位熵	0.238	-0.087	0.172	-0.079	-0.067	**0.827**

注：提取方法：主成分分析法。旋转方法：最大方差与凯瑟标准化。9阶迭代次数旋转收敛。

根据表12-12分析情况,对各指标或变量主要划分为六大对应因子。因子一:感应度、影响范围、就业规模、产值增速;因子二:影响力、产值规模、利税规模、比较劳动生产率、产值利税率;因子三:固定资产规模、就业增速、专业技术人员数;因子四:新增固定资产投资、资本形成直接分配系数;因子五:总资产贡献率、需求弹性;因子六:区位熵。

2. 综合得分排名

通过 Regression 法得到了各个因子的得分函数,相应的矩阵如表 12-13 所示。

表12-13 主成分得分系数矩阵

指标	Component					
	1	2	3	4	5	6
感应度	-0.293	0.099	0.072	-0.053	0.024	0.194
影响力	0.202	-0.281	0.102	-0.121	0.256	-0.187
影响范围	0.226	0.029	-0.129	-0.091	-0.006	0.158
产值规模	0.121	0.134	0.102	-0.029	-0.011	-0.115
利税规模	0.070	0.336	-0.122	-0.118	-0.031	-0.042
就业规模	0.257	-0.002	0.012	0.006	0.127	-0.047
固定资产规模	0.022	-0.112	0.371	0.092	0.104	0.003
新增固定资产投资	-0.125	0.035	-0.041	0.599	0.012	0.172
资本形成直接分配系数	0.024	-0.083	0.027	0.475	0.041	-0.201
产值增速	0.177	0.053	-0.035	0.022	0.106	0.283
就业增速	-0.129	-0.107	0.466	0.005	-0.003	0.134
比较劳动生产率	-0.169	0.181	0.219	-0.024	0.009	-0.097
专业技术人员数	0.114	-0.132	0.307	-0.195	-0.236	-0.356
总资产贡献率	-0.037	0.092	-0.098	0.090	0.453	-0.046
产值利税率	0.062	0.374	-0.182	-0.008	0.170	-0.052
需求弹性	0.127	-0.086	0.128	-0.037	0.607	-0.052
区位熵	-0.013	-0.061	0.042	-0.045	-0.058	0.630

注:提取方法:主成分分析法。旋转方法:最大方差与凯瑟标准化。

根据上述分析结果,这里计算各个行业得到的每个因子的得分如表12-14所示。

表 12-14　因子综合得分排序（由高到低）

分类	编号	fac_1	fac_2	fac_3	fac_4	fac_5	fac_6	综合得分
金融保险业	32	0.82	4.53	0.40	-1.28	-1.05	-0.42	0.75
房地产业	33	0.20	0.99	0.01	5.16	-0.56	0.54	0.71
租赁和商务服务业	34	1.87	1.37	-0.63	-0.55	0.65	0.84	0.60
批发和零售贸易业	30	1.56	0.91	0.06	-0.20	0.64	-0.13	0.51
交通运输及仓储业	27	0.84	-0.14	1.09	0.59	0.85	0.73	0.48
信息传输、计算机服务和软件业	29	0.66	-0.80	3.99	-0.19	-0.65	0.23	0.47
旅游业	35	1.12	-0.79	0.46	-0.49	2.71	0.49	0.37
电力、热力的生产和供应业	23	-0.91	0.39	2.71	-0.38	0.61	-0.32	0.23
公共管理和社会组织	42	1.07	0.20	-0.82	0.09	0.10	0.53	0.20
建筑业	26	1.70	-0.63	-0.08	1.12	-0.28	-1.59	0.19
综合技术服务业	37	0.12	-0.84	-0.31	-0.39	-0.86	4.30	0.06
邮政业	28	-0.49	0.11	-0.26	-0.08	0.10	2.07	0.04
住宿和餐饮业	31	0.35	-0.19	-0.39	-0.02	-0.06	0.64	0.03
教育事业	39	1.40	-0.52	0.54	-0.74	-1.41	-0.79	0.01
金属矿采选业	04	-1.58	0.57	-0.09	0.10	2.97	-0.37	0.00
其他社会服务业	38	0.61	-0.47	-0.94	-0.47	0.59	0.48	-0.04
通用、专用设备制造业	16	0.32	-0.55	-0.34	1.08	0.00	-1.15	-0.06
其他制造业	21	-0.17	-0.59	0.20	0.03	0.67	-0.57	-0.09
煤炭开采和洗选业	02	-1.35	0.39	-0.45	0.07	1.96	-0.11	-0.10
通信设备、计算机及其他电子设备制造业	19	-0.17	-0.71	0.86	-0.20	-0.11	-0.65	-0.12
交通运输设备制造业	17	-0.20	-0.53	0.02	0.03	0.55	-0.79	-0.14
仪器仪表及文化办公用机械制造业	20	-0.33	-0.09	-0.35	-0.34	0.12	-0.08	-0.16
电气、机械及器材制造业	18	-0.16	-0.18	-0.43	-0.21	-0.04	-0.41	-0.18
化学工业	12	-0.12	-0.21	-0.32	-0.15	-0.43	-0.47	-0.19
燃气生产和供应业	24	-0.75	0.60	-0.53	-0.20	-0.77	-0.26	-0.22
石油加工、炼焦及核燃料加工业	11	-0.65	0.50	-0.99	-0.33	-0.13	-0.34	-0.25
服装皮革羽绒及其制品业	08	0.60	-0.78	-0.94	-0.41	-0.43	-0.56	-0.26
造纸印刷及文教用品制造业	10	-0.28	-0.20	-0.75	-0.23	-0.30	-0.32	-0.26

(续表)

分类	编号	fac_1	fac_2	fac_3	fac_4	fac_5	fac_6	综合得分
金属制品业	15	-0.28	-0.34	-0.64	-0.24	-0.47	-0.26	-0.28
木材加工及家具制造业	09	-0.20	-0.70	-0.44	-0.16	-0.55	-0.49	-0.32
石油和天然气开采业	03	-3.01	1.01	0.82	0.24	-0.98	0.44	-0.36
非金属矿物制品业	13	-0.64	-0.33	-0.48	-0.34	-0.59	-0.51	-0.37
纺织业	07	-0.25	-0.56	-0.84	-0.32	-0.69	-0.66	-0.40
非金属矿采选业	05	-1.21	-0.27	-0.35	-0.11	-0.54	-0.10	-0.40
水的生产和供应业	25	-0.50	-1.15	0.20	-0.49	-1.62	0.05	-0.45

从表 12-14 可以看出，2007 年北京市前十位的主导性产业分别为：金融保险业，房地产业，租赁和商务服务业，批发和零售贸易业，交通运输及仓储业，信息传输、计算机服务和软件业，旅游业，电力、热力的生产和供应业，公共管理和社会组织，建筑业；此外 2007 年排名靠后的后十位产业分别为：石油加工、炼焦及核燃料加工业，服装皮革羽绒及其制品业，造纸印刷及文教用品制造业，金属制品业，木材加工及家具制造业，石油和天然气开采业，非金属矿物制品业，纺织业，非金属矿采选业，水的生产和供应业。

下面使用同样的方法对北京市 2003—2006 年的主导产业集中的产业进行主导产业排序，由此得到 2003—2007 年北京市主导产业排序表(见表 12-15)。

表 12-15 2003—2007 年北京市产业主导位次变化情况

分类	编号	2007	2006	2005	2004	2003	2003—2007 位次变化
金融保险业	32	1	15	12	9	12	11
房地产业	33	2	7	15	22	13	11
租赁和商务服务业	34	3	6	1	3	18	15
批发和零售贸易业	30	4	12	9	~	~	5*
交通运输及仓储业	27	5	1	35	14	28	23
信息传输、计算机服务和软件业	29	6	3	4	2	2	-4
旅游业	35	7	8	2	8	25	18
电力、热力的生产和供应业	23	8	2	5	10	26	18
公共管理和社会组织	42	9	16	21	20	17	8
建筑业	26	10	11	7	5	1	-9

（续表）

分类	编号	2007	2006	2005	2004	2003	2003—2007位次变化
综合技术服务业	37	11	20	25	12	4	-7
邮政业	28	12	29	26	36	29	17
住宿和餐饮业	31	13	17	30	29	24	11
教育事业	39	14	27	17	26	16	2
金属矿采选业	4	15	18	18	1	35	20
其他社会服务业	38	16	26	19	31	8	-8
通用、专用设备制造业	16	17	9	8	16	10	-7
其他制造业	21	18	13	3	~	~	-15*
煤炭开采和洗选业	2	19	21	29	15	19	0
通信设备、计算机及其他电子设备制造业	19	20	5	6	11	6	-14
交通运输设备制造业	17	21	10	11	7	5	-16
仪器仪表及文化办公用机械制造业	20	22	23	14	19	15	-7
电气、机械及器材制造业	18	23	30	16	18	14	-9
化学工业	12	24	22	20	4	7	-17
燃气生产和供应业	24	25	28	32	24	31	6
石油加工、炼焦及核燃料加工业	11	26	34	10	17	11	-15
服装皮革羽绒及其制品业	8	27	32	13	33	30	3
造纸印刷及文教用品制造业	10	28	25	24	25	21	-7
金属制品业	15	29	31	22	23	20	-9
木材加工及家具制造业	9	30	19	23	32	27	-3
石油和天然气开采业	3	31	4	34	35	36	5
金属矿物制品业	13	32	24	31	27	32	0
纺织业	7	33	33	28	30	33	0
非金属矿采选业	5	34	14	33	28	34	0
水的生产和供应业	25	35	35	27	34	22	-13

注：数值为2005—2007年排名变化情况；2005—2007年与2003—2004年由于产业集选取略有差异，以致产业排位上有所差别，2003—2004年产业分类中科学研究事业(36)，金属冶炼及压延加工业(14)，文化、体育和娱乐业(41)未入选2005—2007产业集。

（二）北京2003—2007年前六位主导产业因子分析

我们可以根据需要选择主导产业的数量，按照排名的先后为各项指标综合考虑的结果。这里通过图12-13详细地分析一下2007年前六个行业的各项指标情况。由此可以看出金融保险业在因子二的经济辐射拉动和经济效益等方面较为突出；房地产业在因子四的新增资本投资方面较为突出；信息传输、计算机服务和软件业在因子三的专业技术人员、就业增速方面较为突出。

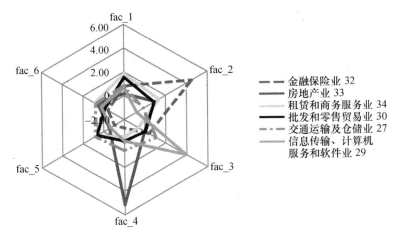

图12-13 北京市2007前六位主导产业六因子分析

根据2006年的情况，同样选择了6个公因子，方差综合达到74.5%。各变量对应的因子如下。因子一：利税规模、就业规模、固定资产规模、产值利税率；因子二：影响力、影响范围、产值增速、就业增速；因子三：产值规模、比较劳动生产率；因子四：新增固定资产投资、区位熵；因子五：感应度、资本形成直接分配系数；因子六：专业技术人员数、总资产贡献率、需求弹性。按照上述步骤得到各行业的主导产业排名，具体位次见表12-15。

下面根据需要选择主导产业的数量，按照排名的先后为各项指标综合考虑的结果。这里通过图12-14，详细地分析一下2006年前六个行业的各项指标情况。由此可以看出租赁和商务服务业，信息传输、计算机服务和软件业在因子一的利税等经济效益方面比较突出；石油和天然气开采业在因子二的经济辐射拉动等方面比较突出；电力、热力和生产供应业，通信设备、计算机及其他电子设备制造业在因子三的劳动力比较优势等方面比较突出。

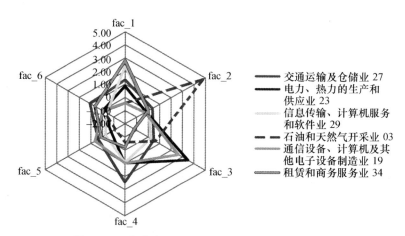

图 12-14 北京市 2006 前六位主导产业六因子分析

根据 2005 年的情况,同样选择了 6 个公因子,方差综合达到 73.9%。各变量对应的因子如下。因子一:利税规模、专业技术人员数;因子二:产值规模、产值增速、就业增速、比较劳动生产率;因子三:感应度、就业规模、资本形成直接分配系数;因子四:固定资产规模、新增固定资产投资;因子五:影响力、影响范围、区位熵;因子六:产值利税率、需求弹性。按照上述步骤得到各行业的主导产业排名,具体位次见表 12-15。

下面根据需要选择主导产业的数量,按照排名的先后为各项指标综合考虑的结果。这里通过图 12-15,详细地分析一下 2005 年前六个行业的各项指标情

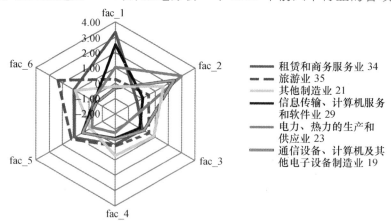

图 12-15 北京市 2005 年前六位主导产业六因子分析

况。由此可以看出租赁和商务服务业,信息传输、计算机服务和软件业在因子一的利税规模和专业技术人员等方面比较突出;电力、热力的生产和供应业,通信设备、计算机及其他电子设备制造业在因子二的产值规模、就业增速等方面比较突出;旅游业在因子六的需求弹性等方面比较突出。

根据2004年的情况,同样选择了6个公因子,方差综合达到75.2%。各变量对应的因子如下。因子一:感应度、总资产贡献率、产值利税率、需求弹性;因子二:影响范围、固定资产规模、新增固定资产投资;因子三:利税规模、就业规模;因子四:影响力、资本形成直接分配系数、就业增速;因子五:产值增速、区位熵;因子六:产值规模、比较劳动生产率、专业技术人员数。按照上述步骤得到各行业的主导产业排名,具体位次见表12-15。

下面根据需要选择主导产业的数量,按照排名的先后为各项指标综合考虑的结果。这里通过图12-16详细地分析一下2004年前六个行业的各项指标情况。由此可以看出金属矿采选业在因子一的感应度等经济推动力方面较为突出;租赁和商务服务业在因子三的就业规模等方面较为突出;建筑业在因子四的影响力等经济拉动力方面较为突出。

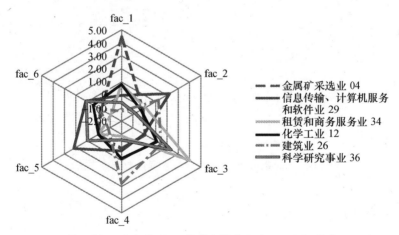

图12-16　北京市2004年前六位主导产业六因子分析

根据2003年的情况,同样选择了6个公因子,方差综合达到77.2%。各变量对应的因子如下。因子一:新增固定资产投资;因子二:感应度、影响范围;因子三:利税规模、就业规模、固定资产规模、就业增速;因子四:产值规模、比较劳动生产率、总资产贡献率;因子五:影响力;因子六:专业技术人员数、需求弹性。

按照上述步骤得到各行业的主导产业排名,具体位次见表 12-15。

2003 年北京市前十位的主导性产业分别为:建筑业,信息传输、计算机服务和软件业,科学研究事业,综合技术服务业,交通运输设备制造业,通信设备、计算机及其他电子设备制造业,化学工业,其他社会服务业,文化、体育和娱乐业,通用、专用设备制造业;此外 2003 年排名靠后的后十位产业分别为:木材加工及家具制造业,交通运输及仓储业,邮政业,服装皮革羽绒及其制品业,燃气生产和供应业,非金属矿物制品业,纺织业,非金属矿采选业,金属矿采选业,石油和天然气开采业。

下面根据需要选择主导产业的数量,按照排名的先后为各项指标综合考虑的结果。这里通过图 12-17 详细地分析一下 2003 年前六个行业的各项指标情况。由此可以看出综合技术服务业在因子一的新增固定资产投资等方面较为突出;建筑业,科学研究事业在因子三的就业等方面较为突出。

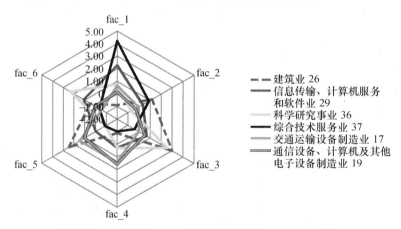

图 12-17　北京市 2003 年前六位主导产业六因子分析

三、结论

北京市 2007 年按主导性排名前十位的产业分别为:金融保险业,房地产业,租赁和商务服务业,批发和零售贸易业,交通运输及仓储业,信息传输、计算机服务和软件业,旅游业,电力、热力的生产和供应业,公共管理和社会组织,建筑业;排名后十位的产业分别为:石油加工、炼焦及核燃料加工业,服装皮革羽绒及其制品业,造纸印刷及文教用品制造业,金属制品业,木材加工及家具制造业,石油和天然气开采业,非金属矿物制品业,纺织业,非金属矿采选业,水的生产和供应业。由此可见,北京社会经济的发展主要依赖于第三产业,特别是以金融保险业为代表的现代服务业,而服装、家具等传统制造业和石油加工等重化产业在北京都已经处于比较弱势的地位。

进一步从表12-15的分析结果来看,北京市从2003年以来,新兴的或获得长足发展的行业主要也是以现代服务业为代表的第三产业,而第二产业,无论是轻工业还是重化工业都处于不断削弱过程中,相对地位都处于下降过程中,由此表明北京市从社会经济发展阶段上来看已经明显地进入了后工业化社会阶段。例如,2003—2007年,北京主要产业主导位次上升前十位的分别是:交通运输及仓储业,金属矿采选业,旅游业,电力、热力的生产和供应业,邮政业,租赁和商务服务业,金融保险业,房地产业,住宿和餐饮业,公共管理和社会组织;主导位次下降最严重的十位产业分别是:化学工业,交通运输设备制造业,石油加工、炼焦及核燃料加工业,其他制造业,通信设备、计算机及其他电子设备制造业,水的生产和供应业,金属制品业,电气、机械及器材制造业,建筑业,其他社会服务业。

北京从2003年以来,一方面,第三产业对地方经济引领和辐射带动作用呈现不断增强的趋势;另一方面,第二产业无论是轻工业还是重化工业都处于弱化的趋势。与此对应天津市则基本呈现与其相反的产业发展趋势(张辉,2010)。如此一来,北京的地方工业化进程不但迥异于世界一般规律,而且也会有别于上海市的工业化进程(Chenery, Robinson and Syrquin, 1986;Chenery and Syrquin, 1977;Kumar and Russell, 2002;陈和、隋广军,2010)。本研究认为北京和天津只有走一体化发展的道路,才能最终克服双方第二产业和第三产业不平衡发展的窘境,天津通过借助北京第三产业发展的绝对优势来弥补自身第三产业发育不足的问题,而北京则可通过借助天津第二产业不断增强的发展优势来弥补自身第三产业缺乏二产有效支撑的问题。也就是说,京津双头联动发展模式下,主要由天津来完成钱纳里等所界定的工业化内容,而由北京来完成后工业化乃至现代化阶段的主要内容。更进一步从空间发展形态来看,以京津为核心的环渤海经济圈,将走出一条有别于长江三角洲上海单核驱动的大都市连绵区模式。未来北京必须在与天津紧密分工合作中,加强区域整合力度,通过这种"双头驱动模式"努力打造北方经济中心乃至世界性的大都市连绵区。

第十三章 货币政策传导机制文献综述

自20世纪80年代以来,对货币政策有效性的争论催生了经济学家对货币政策传导机制的研究。已有的研究主要包括了利率、汇率、资产价格和信贷四种传导渠道。如果传导机制变量对货币政策做出准确反应,那么央行可以把传导机制变量作为货币政策选择的一个中间目标。虽然理论模型无法直接证明货币政策传导机制对货币政策绩效有影响,但是若干经济危机案例的实证研究表明,在任何一个货币政策失效的案例中,我们都能发现传导机制变量没有对货币政策做出有效反应。而在这些案例中,政府对传导机制变量的直接干预对恢复货币政策有效性起到了关键作用。如何增强货币政策在防范危机方面的有效性是货币政策传导机制未来研究的一个重要方向。

在宏观经济学理论框架中,货币政策的地位并非一成不变。新古典主义的真实经济周期理论中根本就没有货币政策,但新凯恩斯主义学者则将货币政策作为研究的重点,特别是在其所提倡的财政政策的有效性受到质疑之后,货币政策成为新凯恩斯主义间接宏观调控体系中最重要的政策工具。过去30多年间,发达市场经济国家的宏观经济总体运行平稳,使得反对实施货币政策或认为货币政策无效的声音有所减弱;即使那些认为货币政策短期内效果不大的学者,也不认为货币政策会带来严重的危害。另外,由于货币政策的制定者并不试图解决市场经济发展中的所有问题,而是仅专注于与物价异常波动有关的领域,使其能为多数学者所接受。

在国际上,20世纪30年代大萧条之后,凯恩斯主义崛起,宏观经济管理重点突出总需求管理政策,强调政府对宏观经济的干预,由此欧美政府长时间偏好财政政策;而20世纪70年代滞胀之后,货币主义开始盛行,新凯恩斯主义也开始重视和强调货币政策,欧美政府相应开始更青睐货币政策。此次全球金融危机爆发后,关于货币政策的理论研究有可能进入新的阶段。金融危机暴露了发达国家市场经济发展到现阶段所特有的深层次矛盾,引发了人们对市场经济自发秩序和间接宏观调控体系之间关系的重新审视。当前,从各国应对危机的措施来看,积极的相机抉择的凯恩斯主义财政政策已经被委以重任,而货币政策在危机面前则似乎显得力不从心。[①] 危机之前以货币政策为核心的间接宏观调控体系的内涵似乎在发生变化,那么当前全球金融危机是否可视为货币政策积弊的爆发,此外货币政策又该如何面对危机和挑战?这些都要对当前宏观经济理论下货币政策体系和传导机制进行深刻反思和研究。新凯恩斯主义学者认为,货币政策通过稳定通货膨胀来消除由于价格调整所带来的资源无效配置和效率损失(Woodford,2003),但这种政策也仅是一种暂时的、局部的有效。面对市场经济中重复发生的系统性危机,货币政策若要在未来的宏观调控体系中继续处于核心的地位,必须显著地提高其应对危机的有效性。

就加强货币政策研究的科学性和规范性而言,近50年以来西方经济学取得了显著的成就。货币经济学与关于货币现象的一般常识性讨论在方法论方面已经有本质的区别。货币经济学是经过提炼和加工过的关于货币经济事实的知识。对货币经济学分析框架和研究方法的自我完善不仅得益于托宾(J. Tobin)、伍德弗德(M. Woodford)等新凯恩斯主义经济学家的工作,也得益于卢卡斯(Lucas,Robert E. Jr.)、巴罗(Robert J. Barro)和萨金特(Thomas Sargent)等新古典主义经济学家的研究。作为经济思想史发展必须经历的一个阶段,西方经济学家已经对完善货币经济学的方法论做了大量工作,为货币经济学今后的发展打好了坚实的基础。

目前的金融危机将许多人拉回到大萧条时的立场上,人们又开始怀疑现行西方市场经济运行方式的有效性。在这样的历史背景下,货币经济学不能仅仅满足于对"纯粹经济学"的研究,而要更直接地面对市场经济的根本问题。在货币经济学发展的这一关键历史时期,本研究主要通过对西方货币政策传导机制的研究进行梳理,对明确未来的研究方向进行有益的探索。

---

① Feldstein,M.S.,2009,"Rethinking the Role of Fiscal Policy",NBER Working Papers,14684.

中国经济增长的产业结构效应和驱动机制

第一节 关于货币政策有效性的历史争论

经济学家对货币政策的理解最初来自凯恩斯。凯恩斯和他的早期追随者在一个两部门的 IS-LM 模型中诠释了该问题：中央银行扩张货币供给量，降低货币市场的资金利率，从而导致产品市场的投资增长，最终推动总需求的扩张。货币政策和财政政策成为二战后，凯恩斯主义所倡导的调控宏观经济的两大主要政策。

从 20 世纪 60 年代末开始，弗里德曼等货币主义经济学家开始质疑凯恩斯主义的理论和政策。货币主义经济学家回归货币数量论，提出"货币长期是中性"的观点，但他们认为，在价格和工资刚性的前提假设下，短期内货币政策仍然是有效的。如果说货币主义经济学家是一只脚留在凯恩斯主义的家门内，另一只脚则跨出了凯恩斯主义的大门，那么以卢卡斯为代表的理性预期学派则是彻底的反凯恩斯主义阵营。20 世纪 70 年代的滞胀现象引起了经济学界对凯恩斯主义及其政策建议的普遍质疑，从而掀起了一场反凯恩斯主义的新古典理论革命。卢卡斯在他著名的"卢卡斯批判"（Lucas critique）中明确指出，任何被公众预期到的政策可能是无效的。① 对于理性预期学派的质疑和批判，凯恩斯主义经济学家们以及一部分货币主义经济学家从 20 世纪 80 年代初开始尝试从微观角度研究货币政策的有效性。

在 20 世纪 80 年代之前，文献中鲜有"货币政策传导机制"（Monetary Transmission Mechanism）这样一个专有名词，即使谈及货币政策和真实经济的联系，也基本不是从微观传导机制的视角出发。从 20 世纪 80 年代初开始到当前全球金融危机爆发之前，以本·伯南克（Ben Bernanke）、弗雷德里克·米什金（Frederic Mishkin）、约翰·泰勒（John Taylor）、艾伦·梅尔策（Allan Meltzer）等为代表的经济学家对货币政策传导机制开展了卓有成效的研究。这些经济学家所面对

---

① Lucas, R. E., 1977, *Understanding Business Cycles*, Carnegie-Rochester Conference Series on Public Policy, 5, pp. 7—29.

的主要是两个问题:其一,从理论上来说,货币供应量影响真实经济的渠道究竟是什么?① 其二,对于20世纪30年代的大萧条,弗里德曼等货币主义经济学家将其解释为货币政策的不当运用和货币供给量的下降,但是从实证方面来看,货币供给量的下降不足以解释大萧条期间总产出的持续下降。这些研究的背景是,伴随着新古典主义的挑战,凯恩斯主义宏观调节政策体系由以财政政策为中心逐步转为以货币政策为中心,理论上需要改变原先比较笼统和不完整的认识,更全面准确地回答关于货币政策有效性的根本问题。对上述问题的回答反映了自大萧条以来学者们关于市场经济条件下间接宏观调控体系的思考。

如果说对货币政策的关注和理解最初来自凯恩斯,那么有关货币政策有效性的理论争论就集中于对菲利普斯曲线的研究。② 菲利普斯曲线是对凯恩斯主义理论在实证上最好的注解。在菲利普斯的研究的基础之上,保罗·萨缪尔森和罗伯特·索罗通过更一般的研究证实,通货膨胀率和失业率之间确实存在长期的负相关关系;他们还认为,每年4%—5%的通货膨胀率能实现充分就业。③ 正是根据这样的理论和实证结论,20世纪50—60年代凯恩斯主义经济学家以及美联储和其他中央银行的货币政策实践者都认为,当宏观经济遭受负面冲击的时候,政府的不作为将使得宏观经济陷入萧条,政府可以通过适度的通货膨胀来实现充分就业。

然而在20世纪60年代末,弗里德曼(Friedman,1968)和菲尔普斯(Phelps,1967)认为,通货膨胀率和失业率之间不存在长期的负相关关系,也就是说长期的菲利普斯曲线可能是垂直的,他们提出了一种所谓自然失业率(natural unemployment rate)假说,即失业率长期将维持在一个"自然水平"上。从长期来看,企图通过通货膨胀降低失业率的做法是行不通的。

最初,弗里德曼和菲尔普斯的研究没有引起足够的重视。20世纪70年代石油危机引发的剧烈通货膨胀和货币政策对通胀的无能为力越来越使得经济学

---

① 当时的理论没有很好地解释货币供给量和真实经济之间是如何联系在一起的,这中间是一个"黑匣子"。

② Phillips, A. W., 1958, "The Relation Between Unemployment and The Rate of Change of Money Wage Rates in the United Kingdom, 1861—1957", *Economica*, New Series, 25(100), pp. 283—299.

③ Samuelson, P. A., & Solow, R. M., 1960, "Analytical Aspects of Anti-Inflation Policy", *American Economic Review*, 50(2), pp. 177—194.

家和货币政策制定者认识到货币政策需要有一个明确的目标,即依照货币主义所提出的执行货币供给量稳定增长的货币政策,而在此之前货币政策是相机抉择的。从 20 世纪 70 年代初开始,美联储开始或多或少地强调以货币供给量(M1)增长率为货币政策中介目标,而 1979 年美联储公开宣布把非借贷银行准备金(nonborrowed bank reserves)作为操作目标。①

同样是在 20 世纪 70 年代,卢卡斯掀起了理性预期革命,他认为,社会大众的预期对经济政策的执行效果有非常重要的影响,所有被预期到的经济政策都可能是无效的。② 根据卢卡斯的观点,如果社会大众能预期到货币政策目标,货币主义所建议的货币供给量以稳定比率增长的货币政策可能和凯恩斯主义所建议的相机抉择的货币政策一样都是无效的。虽然有关政策完全无效的实证证据很少,但是预期可能影响政策执行效果的观点被大多数经济学家接受了,也使得货币政策制定者第一次认识到预期对政策制定和执行的重要性。

进入 20 世纪 80 年代,由于新的经济现象的出现,有关货币政策的讨论又掀起了新的热潮。自 1980 年以来,美国的货币供给量 M1 和产出之间的稳定关系不复存在,美联储也于 1982 宣布放弃以 M1 为货币政策目标。③ 与此同时,伯南克(Bernanke,1983)通过实证研究发现,20 世纪 30 年代大萧条期间货币供给量的下降也不足以解释产出的持续下降。信奉新古典理论的经济学家④把这些现象作为货币政策无效的证据,而另外一些坚信货币政策有效的经济学家开始探索用其他变量(例如联邦基准利率)作为衡量货币政策的指标,并尝试用新的理

---

① Friedman, B. M.,1986,"Money,Credit and Interest Rates in the Business Cycle", In R. J. Gordon, *The American Business Cycle:Continuity and Change*,pp. 395—458. 注意这里中介目标和操作目标的不同。另外,1979 年,为了控制剧烈的通货膨胀,美联储明确宣布了货币政策的操作目标,而在此之前相当长的时间内,美联储虽然受到凯恩斯主义或者货币主义理论的影响,但是并未明确提出货币政策的操作目标。

② Lucas, R. E.,1973,"Some International Evidence on Output-Inflation Tradeoffs", *American Econonic Review*, 63(3), pp. 326—334.

③ Friedman, B. M.,1988,"Monetary Policy Without Quantity Variables", *American Economic Review*, 78(2), pp. 440—445.

④ Litterman, R. B., & Weiss, L.,1985,"Money,Real Interest Rates, and Output:A Reinterpretation of Postwar U. S. Data", *Econometrica*, 53(1), pp. 129—156.

论和计量模型证明货币政策的有效性。① 此时,有关货币政策有效性的争论双方出现相持不下的局面,而一部分经济学家发现十分有必要研究货币政策的微观传导机制。

第二节 新凯恩斯主义经济学对货币政策传导机制内涵的丰富

20世纪80年代,凯恩斯主义所提倡的财政政策不仅在理论上受到以卢卡斯、巴罗等为代表的新古典主义经济学家的严峻挑战,而且在20世纪70年代"滞胀"时期的实践中也备受质疑。在这样的背景下,凯恩斯主义经济学家不得不将宏观经济调控体系的重点转移到了货币政策上来。这自然而然地需要学者对货币政策的微观传导途径尽可能地进行精确的分析和说明。现实的需要已经不能满足自凯恩斯和弗里德曼以来将货币政策工具与总需求之间的关系作为一个"黑匣子"的做法,学者的任务是将货币供应量、短期利率对总需求的短期影响从定性和定量两方面描述清楚。

研究货币政策传导机制尤其要说明以下问题:首先,货币政策失效不单是因为理性预期,也可能是因为传导机制的问题,这是对理性预期学派的政策无效论的一种直接反驳。更严格地说,如果央行实施了公众预期外的货币政策,这样的货币政策失效一定表明传导机制有问题。其次,如果传导机制变量对货币政策做出准确反应,那么央行可以把传导机制变量作为货币政策选择的一个中间目标。传导机制变量既是产出、失业率或通货膨胀率的同步指标(coincident indicator),又受到货币政策的影响。② 央行可以从瞄准产出、CPI 等真实经济变量转

---

① 在此次全球金融危机中,美联储采取了非常规的量化宽松货币政策,危机中的货币政策传导机制及政策效果成为一个热点话题。例如,Christiano, Gust and Roldos(2004)的研究表明,宽松的货币政策并不一定有利于经济的复苏。Eggertsson and Woodford(2003)基于无摩擦金融市场和央行可信赖通货膨胀目标制的假设,在新凯恩斯主义框架下进一步发展了"流动性陷阱"理论,指出当名义利率水平接近于零时,仍能通过影响公众对未来利率的预期达到刺激经济的目的。

② 传导机制变量的 t 期值和真实经济变量的 t 期值一致,而又受到 $(t-k)$ 期的货币政策变量的影响,即受到货币政策变量的滞后 k 阶影响。

变为瞄准传导机制变量,或者同时瞄准真实经济变量和传导机制变量。

货币传导机制将货币政策工具与货币政策所要影响的目标有机地联系起来,这种联系在新凯恩斯主义模型中是通过三个环节连接起来的:货币政策工具操作与隔夜名义利率的联系(央行政策移动 LM 曲线的难易程度);真实利率与总需求之间的跨期替代关系,这一基本关系对应着凯恩斯早期静态分析中的 IS 等式,在动态模型中对应着欧拉等式,其对数线性化后就是费雪等式;国内实体经济活动和通胀的联系(菲利普斯曲线)。①

关于货币政策工具到总支出的传导,已有的研究包括了四种传导渠道(Mishkin,2007)②:利率渠道、汇率渠道、资产价格渠道和信贷传导渠道。前三种渠道从宏观经济学开创以来一直就有研究,而最后一种渠道是伯南克等经济学家从 20 世纪 80 年代初才开始探讨的。比较而言,前三种渠道到目前为止仍然处于争论比共识更多的状态,实证中获得的支持也是喜忧参半,但最后一种渠道——信贷渠道无论在理论还是在实证中都有相对比较完善的进展。四种传导渠道的并行状态并不表明这四种传导渠道是相互独立的,一般而言,这四种渠道总是相互交织在一起,甚至在实证上不是完全可分割的。

一、利率传导渠道

在宏观经济学诞生之初,货币政策的利率传导机制就一直是经济学家关注的重要问题。凯恩斯最初就强调利率对投资支出的影响,传统的 IS-LM 模型也把真实利率放入投资函数中。虽然凯恩斯在最初的理论中没有把利率放入消费函数中,但后来的经济学家认识到消费者对房产和耐用消费品(如汽车)的支出也受到利率的影响,尤其是在消费信贷十分发达的欧美国家。

在 20 世纪 90 年代以来的研究中,利率传导渠道引起了很多的争议。它的

---

① Woodford, M., 2007, "Globalization and Monetary Control", NBER Working Paper, 13329.
② 1995 年美国经济学界举办了一次以"货币政策传导机制"为主题的讨论会,此次讨论会上的四篇文章可以说是有关货币政策传导机制研究的里程碑式的成果。这四篇文章是 Bernanke and Gertler (1995), Meltzer(1995), Taylor(1995), Obstfeld and Rogoff(1995), 分别是货币政策四种传导渠道的代表性研究。

主要问题不在于利率和真实产出之间没有显示出相关性[1],而在于利率影响真实产出的机制似乎不是所谓的投资(或消费)成本。换句话说,资金成本只是影响企业家投资决策的一个因素,企业家可能更多地根据生产滞后、销售、现金流等因素来决定其投资水平。另外,实证中估算出来的投资和消费的利率弹性往往小于真实经济对基准利率的实际反应,表明利率对真实经济的影响可能还有其他的机制(Bernanke and Gertler,1995)。即使如此,反对利率传导机制的研究似乎也不能完全否认利率传导机制的存在。泰勒研究发现,从长期来看,美国联邦基准利率和住房新开工量存在较高的相关性,也就是说我们可能不得不承认利率对公众的消费水平(尤其是房产和耐用消费品)是有显著影响的。[2]

二、汇率传导渠道

经济全球化和浮动汇率制度使得货币政策的汇率传导渠道变得越来越重要。这一机制也是在宏观经济学教科书中必然提到的内容[3],其逻辑是简单明了的:货币供给量扩张,将导致国内市场上的利率下降,从而导致货币贬值,出口和产出相应地增长,反之亦然。这样一个渠道存在的前提条件是浮动汇率制度(Obstfeld and Rogoff,1995)。

在固定汇率制度下,如果资本项目完全开放,国际资本自由流动,货币政策和汇率政策是不能相互独立的,也就不存在所谓货币政策的汇率传导渠道。当货币供给量扩张时,利率下降,导致本币卖出增加,汇率可能下降,为了维持固定汇率,中央银行必然在公开市场上增加本币的买入,这样就相应地缩减了货币供给量,从而抵消了最初扩张货币政策的效应。但是,如果资本项目被管制,固定汇率制度下的货币政策仍然是有效的。奥博斯菲尔德和罗格夫(Obstfeld and Rogoff,1995)认为,浮动汇率制度下的货币政策更有主动性的观点不一定是对的,固定汇率制度下的货币政策也具有可行性,只是因为巨大的全球资本市场和跨国资本的自由流动,固定汇率制度才显现出局限性。因此,资本项目管制的固

---

[1] 需要指出的是,否认利率传导渠道并不是否认货币政策的有效性,即使利率传导渠道不存在,基准利率的调整仍然可能通过其他渠道对真实产出有影响。
[2] Taylor, J. B. ,2007,"Housing and Monetary Policy", NBER Working Paper, 13682.
[3] 蒙代尔-弗莱明模型,开放经济条件下的 IS-LM 模型。

定汇率制度可能是一种可行的方法,这种情形在我国存在了相当长的时间。①

三、资产价格传导渠道

货币主义经济学家常常强调货币政策的资产价格传导渠道(Meltzer,1995),他们认为,货币政策对真实经济的影响主要是通过影响资产价格,进而影响投资支出和消费支出。其中有两种机制是货币主义经常强调的,一是托宾的Q理论,二是财富效应,前者影响投资支出,后者影响消费支出。

托宾的 q 值是指一个企业的市场价值和它的重置成本之比,企业的市场价值对应于它的股票总价值,重置成本对应于企业的固定生产设备的价值。② 当 q 值较大时,股票价值相对于企业的生产设备的价值就较高,企业就会发行股票,购买生产设备,扩大投资,反之亦然。从货币主义的视角看,当货币供给量扩张时,公众发现自己手中有更多的钱,从而购买更多股票,导致股票价值的上涨,此时,q 值就会提高,企业也会扩大投资支出。

资产价格传导渠道还有另外一个渠道,就是所谓的财富效应。建立在莫迪里亚尼和弗里德曼的持久收入假说的基础之上,货币主义者认为,当货币供给量扩张时,公众发现自己手中持有现金增加,增加了股票的购买从而刺激股票价格上涨,进而增加了消费者的财富,财富的增加同时伴随着消费支出的增加和产出的增长。这样一个结论从凯恩斯的 IS-LM 模型中也是可以得出的:当货币供给扩张时,利率(债券的利率)降低,股票相对于债券变得更有吸引力,从而公众增加了股票的购买。③ 但是,IS-LM 模型假设只有两种资产:货币和债券,不考虑股票等资产对实体经济的影响。

---

① 这种情形下的货币政策扩张可能导致外汇储备的大量累积,因为由于经常项目出口增加导致大量外汇流入,却没有资本项目的外汇流出与此相对应,由于资本项目的管制,国内市场利率下降并没有导致外汇流出,相反却有外商直接投资带来的大量外汇流入。此时由于外汇储备增长导致的相应货币供给扩张(外汇占款增加),实际上进一步放大了货币政策的扩张效应,通货膨胀的风险因而加大。

② 参见 Tobin, J., 1969, "A General Equilibrium Approach To Monetary Theory", *Journal of Money, Credit and Banking*, 1(1), pp. 15—29。

③ 对于货币供给量和股票价格之间的关系,货币主义和凯恩斯主义唯一的不同是货币主义认为货币供给量对股票价格的影响不是通过利率,而是通过货币持有量。

四、信贷传导渠道

有关货币政策的信贷传导渠道的研究主要是由伯南克和格特勒(Bernanke and Gertler,1995)等经济学家完成的,而伯南克的有关信贷传导渠道的思想来自他对 20 世纪 30 年代大萧条的研究,而其理论渊源则是信息不对称理论。他认为,传统的宏观经济学理论假设银行的资产(贷款)和负债(存款,即货币)对经济的作用是完全等同的,但事实上在信息不对称的世界中,银行在把存款转化为贷款的过程中扮演着重要角色。银行必须花费成本搜寻和评估贷款申请,监督贷款的执行,伯南克把这种成本称为信贷融通成本(cost of credit intermediation)。在经济繁荣期间,信贷融通成本下降,银行增加贷款,而在经济危机期间,信贷融通成本上升,银行就可能惜贷。因此,在经济扩张期间,银行的中介行为可能会进一步放大扩张的效应,在经济衰退期间,银行的中介行为可能会进一步放大紧缩的效应,这就是伯南克定义的"金融加速器"(financial accelerator)。

基于对大萧条的研究,伯南克把他的货币政策的信贷传导渠道解释为两个渠道:一是银行借贷渠道。当货币供给量扩张时,银行的可贷资金增加。在资金运用压力下,贷款一般会相应增加,从而居民的消费支出和企业的投资支出也相应增长,最终推动产出增长。和货币主义的抽象观点不同,伯南克把货币供给量扩张如何传导至投资或消费支出增加的机制具体刻画出来了,而信贷就是连接货币供给量和投资或消费支出的中介和纽带。二是资产负债表渠道。货币政策可能影响企业和消费者的资产负债表。当货币供给量扩张时,利率降低,资产价格上涨,企业和消费者的资产负债表上的净资产增加,更多的净资产意味着企业和消费者有更多的抵押品进行借贷,银行会根据抵押品的增多而相应增加贷款;同时由于逆向选择和道德风险问题减弱导致银行的信贷融通成本降低,银行会相应地扩大贷款投放量。

上述对利率、汇率、资产价格和信贷等传导渠道的研究已经在 2000 年之前基本完成,近十年以来关于传导机制的研究很大程度上仍然延续着原来的发展方向,演化出以下研究脉络。第一,在经济周期模型中引入资本积累和企业特有的资本(firm-specific capital),由此在模型中考察资本积累和企业差异性对结果的影响(Woodford,2005;Sveen and Weinke,2007)。第二,更细致地考虑货币政

中国经济增长的产业结构效应和驱动机制

策通过金融部门作用到实体经济的传导渠道。以往由于数据获取的局限,各种传导渠道的相对重要性难以实证地加以判断。新的数据和新的识别方法会带来更精确的新结论。第三,关于银行资本充足率对货币传导机制的影响,在 IS 等式关于货币市场利率(央行基准利率)和总需求的关系中加入信贷市场利率,使得研究银行资产负债、信贷市场变化与总需求之间的关系变得更加直接。①

第三节 货币政策传导机制对货币政策选择的影响

正如前文所指出的,在传导机制有效的情况下,传导机制变量可以作为货币政策的一个中间目标。那么,传导机制的不同是否导致货币政策绩效不同? 主流的观点是,传导机制的特点不同,货币政策工具操作方式可相应地加以调整,结果是传导机制的差异性仅会影响政策工具的操作方式,不会对货币政策实施的绩效带来显著影响。泰勒用 18 种有关货币政策传导机制的模型检验他自己提出的泰勒规则(Taylor Rule),并通过数值模拟发现货币政策传导机制对货币政策绩效的影响很小。② 伯南克等通过数值模拟说明,在一个具有"金融加速器"的动态模型中,信贷传导渠道会被放大,而且实体经济对货币政策的反应持续时间会更长。③ 尽管如此,只要对泰勒规则的参数加以适当的调整,也就是说,只要对货币当局所调控的短期基准利率对通胀缺口和产出缺口的反应程度根据传导机制的特点加以调整,货币政策平滑经济周期的效果基本不变。

在理论模型中研究货币政策传导机制和货币政策绩效的关系实际上是在一个新凯恩斯主义模型中添加一些传导机制变量的决定方程。理论模型对现实世界的简化和抽象使得其所能给出的政策建议有很大的局限性。在这样一个确定

---

① Li, L., 2008, "Do Capital Adequacy Requirements Matter for Monetary Policy?", *Economic Inquiry*, 46 (4), pp. 643—659.

② Taylor, J. B., 1999, "The Monetary Transmission Mechanism and The Evaluation of Monetary Policy Rules", Stanford University Working Paper.

③ Bernanke, B. S., & Gertler, M., 1998, "The Financial Accelerator in a Quantitative Business Cycle Framework", NBER Working Papers No. 6455.

的理论世界中,货币政策工具和传导机制变量,传导机制变量和真实经济变量之间的关系都由某一个动态方程来确定。因此,不管传导机制特点如何不同,货币政策工具和真实经济变量之间都存在确定的动态稳定关系。政策制定者事先充分地了解这种关系,并及时优化调整货币政策工具的操作,理想的货币政策效果由此而来。

在实践中,不仅由货币政策工具到传导机制变量的传导有很强的不确定性,而且传导机制变量与真实经济变量之间的关系也十分复杂,货币政策的效果与传导机制的特点并非如主流的凯恩斯主义模型所展示的那么简单。当前的全球金融危机说明,经济学家和政策制定者对现实市场经济运行中的实体经济与金融部门的复杂关系、金融部门内部问题的形成过程还了解得很不够。比如,从传导机制来讲,在经济繁荣时期,传导机制变量的扩张速度远远高于货币政策变量的扩张速度;在经济萧条时期,传导机制变量对货币政策变量没有做出显著反应。前一种情形往往被归于非理性因素,很难从实证上进行检验。

正常情况下,货币当局与市场之间存在着一种博弈关系,一方面,货币政策根据市场和货币传导机制的情况随时调整策略;另一方面,市场人士对货币政策的变化和货币政策所带来的约束总会找到办法加以适应和规避,货币政策的有效性取决于市场调整的情况是否与当局预期的一致。当前的金融危机首先由金融部门的危机所引发,在问题暴露之前,宏观经济形势和金融机构的预期在相当长一段时间内都很正面,这也许同时影响了货币政策制定者的预期,使得货币政策未能对可能发生的系统性危机做出前瞻性反应。关于货币政策传导机制的研究虽已取得很多成果,但与市场经济发展本身所带来的复杂性相比还很不够。

第四节 货币政策传导机制"失效"的若干历史案例

虽然我们难以从理论上直接证明货币政策传导机制对货币政策绩效有影

响,但是,如果货币政策失效①,那么货币政策传导机制是否一定有"异常"？以下考察了三个不同历史时期发生在不同国家的案例,结论趋于一致:在经济和金融危机时期货币政策失效的案例中,总能发现货币政策传导机制出现了"问题"——传导机制变量没有对货币政策做出有效反应。在以下考察的案例中,政府对传导机制变量的直接干预对恢复货币政策有效性起到了关键作用。

一、20 世纪 30 年代大萧条

催生宏观经济学的大背景就是大萧条,而对大萧条成因的解释伴随着整个宏观经济学的发展历史。弗里德曼和施瓦茨认为,大萧条主要由两个因素导致:一是银行危机降低了货币供给量,居民手中持有现金减少;二是银行危机导致股票价格下跌,居民财富大量缩水,减少了支出。前者是货币主义所坚持的核心观点——货币数量论,后者即是后来货币主义经济学家所提出的资产价格传导机制。②

对于弗里德曼提出的第一种因素,伯南克发现两个问题:其一,货币供给量下降影响真实经济之渠道究竟是什么？货币主义所说的公众手中的货币持有量是如何减少的？从货币供给量到公众手中持有的货币量,这中间是一个黑匣子。其二,伯南克通过统计分析发现,货币供给量的下降不足以解释大萧条期间总产出的持续下降。伯南克(Bernanke,1983)认为,只有银行信贷能回答这两个问题。银行在把央行的货币供给量转换为公众手中持有货币量的过程中扮演着重要角色,银行信贷对货币供给量具有放大效应,经济繁荣时,货币扩张引致更大幅度的信贷扩张;经济萧条时,货币紧缩导致更大幅度的信贷紧缩。这可能就是货币供给量不足以解释产出下降的主要原因。伯南克进一步研究认为,1932 年罗斯福就任总统以后,针对银行系统的拯救措施对大萧条后美国经济的恢复产生

---

① 货币政策的失效要考虑到公众预期的因素,但是除了 20 世纪 70 年代的剧烈通货膨胀以外,历史上因理性预期导致货币政策失效的情形很少,事实上 70 年代以后各国央行制定货币政策时都开始考虑公众的预期。

② Friedman, B. M., & Schwartz, A. J., 1963, *A Monetary History of the United States, 1867—1960*, Princeton University Press.

了重要影响。①

20世纪30年代大萧条之前的美国经济在相当长时间内保持了良好的发展态势,很大程度上掩盖了金融系统和实体经济已经出现的各种问题。危机爆发初期,货币供给量和银行信贷的紧缩反过来向实体经济传导了负面的影响,加剧了产出下滑和失业的增加。随着大萧条加剧,大多数国家在1936年开始大规模增加货币供给量,而货币传导机制在将扩张的货币政策操作传导到实体经济的过程中没有发挥应有的作用,因为银行体系已经受到严重的打击;而美国政府对银行部门的直接救助被认为是对货币传导机制的修复。

二、20世纪90年代日本"失去的十年"

20世纪整个90年代,虽然日本央行把基准利率降低至接近于零的水平,但是日本经济一直没有好转的迹象。利用货币政策传导机制的理论能很好地理解这一问题。

日本之所以陷于萧条不能自拔是因为其商业银行系统出现了问题。20世纪90年代初日本地产泡沫破裂后,银行堆积了大量显性或隐性的坏账,与此同时,国际上流行的资本充足率的管制(巴塞尔协议)迫使商业银行提高自有资本比率。在这样的双重压力下,商业银行只能限制自身的贷款投放。尽管日本中央银行把利率降低至零附近,并且向银行注入大量流动性,银行几乎没有做出反应。政策制定者迟迟没有出手干预、修复货币政策传导机制(尤其是银行系统的问题),是20世纪90年代日本货币政策无效的主要原因。②

三、2007年全球金融危机

2007年美国次贷危机发生之初,美联储非常迅速地采取了降低联邦基准利率的措施。自2007年9月至2008年10月,联邦基准利率一直从5.25%降至1.00%,力度很大,速度很快。尽管如此,美国的信贷状况没有显著改善,尤其是

---

① Bernanke, B. S. ,2000,"Japanese Monetary Policy: A Case of Self-induced Paralysis", In *Japan's Financial Crisis and Its Parallels to US Experience*, pp. 149—166.

② Friedman, B. M. ,2002,"Why Japan Should Not Adopt Inflation Targeting", Kobe Gakuin Economic Papers, 34.

消费信贷仍然在萎缩。传统的货币政策显然没有阻止经济形势的进一步恶化。

为了进一步放松信贷条件,美联储还增加了三类货币政策辅助工具[①];因为传导机制变量(即银行信贷)没有对美联储的货币政策做出显著反应,美联储开始直接干预银行信贷。这三类政策辅助工具是:一为国内大型商业银行提供短期流动性,并和其他国家的中央银行签订货币互换协议。这项政策有利于稳定美元汇率,同时也有利于改善美国以外地区的美元货币市场和信贷市场的状况,这体现了美联储对货币政策的汇率传导机制的理解。二为投资者直接提供短期信贷,包括直接购买评级较高的商业票据和为货币市场共同基金提供流动性支持,其中最为著名的是所谓 TALF 工具(Term Asset-Backed Securities Loan Facility)。三是直接购买一些准政府机构(如房利美、房贷美)发行的长期债券。第二项和第三项工具都很好地体现了美联储对于货币政策信贷传导机制的理解。这两项工具本质是一样的:由于货币政策信贷传导机制出现了问题,中央银行绕过商业银行直接为公众提供信贷。虽然这些辅助工具的效果仍有待实践的检验,但是对货币政策信贷传导机制的深入理解对次贷危机发生后美联储改进和补充货币政策发挥了重要影响。

第五节　新凯恩斯主义之外的货币经济学和传导机制未来的研究方向

20 世纪 30 年代大萧条和此次金融危机说明,市场经济越是发展,金融和经济危机发生的可能性越大。面对复杂多变的内外部环境,只有从宏观上准确把握和处理好市场经济发展现阶段的根本矛盾,才能为微观经济主体的自发经济活动提供稳定和可持续的发展空间。大萧条之后凯恩斯创立的宏观经济学提倡的就是自上而下的分析方法,而卢卡斯所追求的宏观经济理论的微观基础是寻求自下而上和自上而下两种分析思路的统一。当前的金融危机只能用自上而下

---

① 参见伯南克在 National Press Club 晚宴上的演讲,"Federal Reserve Policies to Ease Credit and Their Implications for the Fed's Balance Sheet",February 18, 2009,来自美联储的网站 www.federalreserve.gov。

的分析方法才能有效地进行研究。在危机发生频率不断增加的经济环境中,宏观经济学的重要性越来越显著。过去十年,货币经济学的外延已经与宏观经济学的边界非常接近。连完全没有涉及货币的新古典主义真实经济周期理论也已经被纳入了进来,因为这种理论描述的是价格和工资灵活调整情况下的经济波动,是价格黏性调整条件下研究经济波动的参照基准(Woodford,2003)。当代货币经济学一个最重要的理论基础是新凯恩斯主义动态随机一般均衡模型(Woodford,2003)。在这类模型中,人们认为货币当局稳定通货是为了消除由于价格调整成本所带来的无效率。

在小国开放经济环境中,基准模型已经被拓展为考虑跨期和期内贸易对平滑消费波动、贸易条件对国内经济波动等影响的开放经济动态随机一般均衡模型。[①] 在这类模型中,IS等式成为包含汇率传导机制和利率传导机制效应的前瞻性行为等式。这样的货币传导机制所对应的货币政策反应规则可用贝叶斯方法加以估计,估计结果表明加拿大和英国的中央银行对名义汇率的变化有显著的反应。[②] 这也间接地表明,货币政策的汇率传导渠道在有些国家(比如加拿大和英国)是十分重要的。

引入资产价格是货币经济学的又一新的发展脉络。20世纪90年代的股票市场繁荣使得部分学者认为美国货币当局有支持股票市场价格的政策目标,只不过没有公布而已。新的数据分析已经基本上否定了这种可能性。[③] 但是,这一成果对资产价格传导机制意味着有些问题是值得深入研究的。

货币经济学的发展目前已经超越新凯恩斯主义货币经济学的界限,表现之一就是并非所有货币经济学模型都重视货币政策传导机制。没有包含货币政策传导机制的模型未必不重要,恰恰相反,这些研究往往涉及新凯恩斯主义货币分析难以解释和回答的关键问题。比如,关于市场经济内在不稳定性的研究,难以在新凯恩斯主义货币经济学和货币政策传导机制的框架内进行并得出有意义的

[①] Galí, J., & Monacelli, T., 2005, "Monetary Policy and Exchange Rate Volatility in a Small Open Economy", *Review of Economic Studies*, 72.

[②] Lubik, T. A., & Schorfheide, F., 2007, "Do Central Banks Respond to Exchange Rate Movements? A Structural Investigation", *Journal of Monetary Economics*, 54, pp. 1069—1087.

[③] Fuhrer, J., & Tootell, G., 2008, "Eyes on the Prize: How Did the Fed Respond to the Stock Market?", *Journal of Monetary Economics*, 55, pp. 796—805.

结论。面对当前的全球金融危机,新凯恩斯主义货币经济学分析框架的局限性显得格外令人关切。目前也许需在新凯恩斯主义货币经济学现有框架之外,寻找提高防范危机有效性的新的政策和传导机制。例如,就新兴市场国家或地区中非常重要的银行部门状况与汇率制度选择之间的关系而言,研究表明,扩张货币政策与浮动汇率制度的组合可能带来投机行为。① 这类研究可能为货币政策和货币传导机制在防范金融危机中发挥作用提供一些模型上的准备,但现有理论研究还很不充分。

货币政策研究一个重要的发展方向也许是如何加深对市场经济内在破坏力量的认识,需搞清楚这种自发而分散的力量如何从一种积极的正面效应转化和积聚为一种破坏性极大的负面效应的过程以及货币政策在防范这种转化和积聚的过程中所能发挥的作用。这一方面相当一部分成果很可能由西方学者完成,由于我国所处的发展阶段和面临的现实问题不同,可能难以全面解决这一前沿问题。从开放经济的角度看,由于我国在全球贸易和外汇储备方面所处的特殊地位,我国的货币政策框架在处理内部平衡和外部平衡的关系方面也许还不能完全照搬西方的货币政策框架,需要坚持以我为主,保持一定的独立性。探索我国在开放经济条件下的货币政策框架对未来我国经济的长期平稳较快增长具有重要的现实意义。

第六节 结论和启示

对货币政策有效性的争论催生了经济学家对货币政策传导机制的研究。对货币政策传导机制的研究主要得出了以下几点结论:(1)货币政策失效不单是因为理性预期,也可能是因为传导机制的问题,这是对理性预期学派的政策无效论的一种直接反驳。某些历史时期里货币政策变量(包括利率、汇率、资产价格和信贷)和真实经济变量之间联系的暂时消失,不是因为公众理性预期到货币

---

① Kawamura, E. ,2007,"Exchange Rate Regimes, Banking and the Non-tradable Sector", *Journal of Monetary*.

政策,而是因为传导机制变量没有对货币政策做出有效反应。(2)已有的研究主要包括了四种传导渠道:利率渠道、汇率渠道、资产价格渠道和信贷传导渠道,其中信贷传导渠道的理论和实证研究都取得了实质性进展。(3)如果传导机制变量对货币政策做出准确反应,那么央行可以把传导机制变量作为货币政策选择的一个中间目标。央行可以使其货币政策瞄准传导机制变量,或者同时瞄准真实经济变量和传导机制变量。

更进一步,经济学家也希望说明货币政策传导机制对货币政策绩效的影响。从理论模型的研究来看,货币政策传导机制对货币政策的绩效和选择没有显著影响。但是,这样的结论和经济现实并不相符,这主要是因为理论模型是在假设传导机制变量和货币政策工具有稳定联系的基础上得出这样一个结论,而现实情况往往是传导机制变量对货币政策的反应具有不确定性。

虽然我们无法从理论上直接证明货币政策传导机制对货币政策绩效有影响,但是,对若干经济危机案例的实证研究能证明这样一个结论——如果公众预期外的货币政策失效,那么货币政策传导机制一定有异常。在所考察的案例中,传导机制变量都没有对货币政策做出有效反应。而在这些案例中,政府对传导机制变量的直接干预对恢复货币政策有效性起到了关键作用。

当前金融危机治理中关于凯恩斯主义经济政策有效性的讨论,不仅反映了西方学者在新古典经济学和新凯恩斯主义经济学之间的动摇,而且从根本上体现了理论界对危机本质仍认识不足。不论是新古典经济学、新凯恩斯主义还是两者的综合,都似乎没有寻找到提高防范危机有效性的政策工具和传导机制。金融危机最先从金融部门爆发,货币政策作为直接影响金融机构资产负债和金融资产市场价格的政策,在防范金融危机方面应较早做出预判,采取必要的措施。提高货币政策在防范危机方面的有效性是货币政策传导机制研究的一个重要方向。

我国特殊的经济发展阶段和转轨发展特点导致我国货币政策工具选择和传导机制与西方也是有一定差异性的。首先,货币政策工具选择受到限制会影响货币政策效应的传导和实现。货币政策工具包括数量工具和价格工具,一般来说,在市场机制比较完备的条件下,央行对于货币数量和货币价格这两方面的货币政策中间目标,往往只需盯住一个,另一中间目标也就相应地内生式地形成了。我国的货币政策工具运用方式,则是同时盯住货币数量和货币价格的双锁定方式。其次,与西方相比,目前我国货币政策运用利率比信贷的难度和压力都要大,利率毕竟是经济运行的财务成本指标,在我国目前创新不足而主要依靠成本竞争优势的发展阶段,利率这一价格杠杆工具就显得十分敏感。在本轮金融危机影响下,我国所表现出来的通胀压力要明显强于西方,这样作为反映通胀水平的利率工具,在我国运用空间也就受到更大的限制。最后,在本轮金融危机下,我国货币市场上供求关系的失衡不同于欧美国家,欧美国家由于银行体系陷入危机,进而导致实体经济银根紧缩,银行和工商企业面临的共同问题是流动性不足。在我国则相反,世界金融危机发生时,银行本身并未受到危机直接影响,其流动性宽裕,金融危机作为国际性输入的因素首先冲击的是我国实体经济,进而实体经济投资支出减少,对货币的需求降低,相应地在货币市场上表现为需求不足。① 与此对应,全球金融危机影响下的我国货币资本市场供求失衡的特殊性,使得我国货币政策工具运用中利率政策的运用受到较大限制。

我国经济失衡的特殊性导致我国货币政策目标的多元化与西方目标相对单一化是有所差别的。首先,自 2010 年下半年起至今,我国宏观经济失衡的基本特点是,既面临经济增长衰退的压力,也面临通货膨胀的威胁。② 尽管现阶段我国通货膨胀压力较大,物价水平持续上升,存款负利率已连续近 20 个月,但考虑到经济停滞的风险和经济增长目标的要求,在短期内货币政策治理通胀的力度就难以充分展开,只能是一个较长时期的逐渐治理过程,这就使货币政策反通胀效应在短期内难以取得十分明显的效果。其次,我国货币政策和财政政策特定结合方式所引致的问题也比较特殊。西方央行独立运行下货币政策与财政政策相互独立,而国内在现有体制下,银行受行政影响程度较深,逐渐形成了财政资金与信贷资金的配合模式,因而当采取财政与货币"松紧搭配"反方向组合时,货币政策的紧缩效应往往会受到财政政策扩张性效应的抵消,最终导致货币政策传导机制发生扭曲,政策效应受到严重影响。最后,我国与西方利用财政和货币政策反危机操作过程中,双方政策操作空间也是具有明显差异性的。在本轮全球金融危机下,我国主要运用货币政策即从稳健的货币政策调整为扩张性的货币政策,来反危机、反衰退;西方由于危机之前,常年实现比较宽松的货币政策,以致危机爆发后,货币政策反危机的操作空间极其有限,而只能依赖于更具扩张性的财政政策来反危机、反衰退。

---

① 苏剑等,2009:《金融危机下中美经济形势的差异与货币政策选择》,《经济学动态》第 9 期。
② 宏观经济政策从前一时期全面扩张的反危机状态(2008 年金融危机初期,与欧美国家流动性不足相对应我国国内则主要面临流动性过剩问题)"择机退出",调整为"积极的财政政策和稳健的货币政策"。

第十四章　我国货币政策传导对产业结构的影响

在现代经济中,政府干预经济影响经济发展的主要手段之一就是进行国家宏观调控。大萧条之后,西方各国政府长期普遍奉行凯恩斯主义经济政策,为解决有效需求不足的问题,采取了大规模增加政府开支等财政政策手段。然而到了20世纪70年代,西方各国接连出现了严重的经济"滞胀"。此后,各国更加青睐货币政策,将其作为宏观调控最重要的手段之一。

一般而言,货币政策以总量调节为目标,但货币政策的调节也有其结构性,其效果因为区域、行业、产业的不同而有所差异。货币政策作为我国宏观调控政策体系的重要组成部分,对产业结构的调整可能产生重要影响。此外,我国货币政策的GDP、CPI、就业率和国际收支方向的目标,都与产业结构有着密切联系。例如,经济的稳定增长和物价稳定,需要一个合理的产业结构;解决就业问题,很大程度上依赖服务业的发展;改变当前我国国际收支顺差过大的问题,需要经济资源由制造业向服务业转移。可见,研究货币政策与产业结构的关系具有现实意义。

目前,货币政策效应非对称性研究的历史较短,大萧条以前,大多数的经济学家都认为货币政策的效应相对稳定,即相同幅度而作用方向不同的货币政策对经济的影响力是一致的。然而,20世纪30年代末经济大萧条的爆发终于促使经济学家们开始思考货币政策效应是否是非对称性的问题,即紧缩性与扩张性货币政策作用效果的不对称性。

自学者们开始探讨行业效应以来,现阶段关于货币政策的行业效应的研究结论大都一致,同一货币政策下不同行业的反应程度及反应方向都是不同的,即同一货币政策的行业效应具有非对称性。但在货币政策成为我国主要的宏观经济调控手段的情况下,掌握不同经济时期的货币政策的行业非对称性,即在经济扩张和紧缩时期,掌握行业对货币政策反应的强度及方向,对政策实施适当的宏观调控措施尤为重要。

在货币供给增长对产出具有明显效应的情形下,近期的研究表明世界上许多国家货币供给变动对产出的影响具有非对称性,货币政策在经济周期的不同阶段具有不同的作用效果,即货币政策对于经济增长的影响,不仅依赖于货币政策的方向和强度,而且依赖于经济周期的具体阶段。

改革开放三十多年来,我国经济发展迅猛,国民生产总值始终保持着高速平稳增长,并实现了由"计划经济"向"市场经济"的转型。在经济总量不断扩大的同时,产业结构不断升级并趋于合理。但是,根据许多发达国家的发展情况来看,相对于总量指标的增长速度我国经济中的结构优化速度过于缓慢。产业结构的许多突出和深层次的问题没有得到根本解决,具体表现在:三次产业结构不协调,产业的产值和就业比例不合理;各次产业内部发展不平衡,产业内部结构升级比较缓慢;三次产业的比较劳动生产率差距扩大,产业结构的总体效益较低;区域经济布局和产业结构发展不合理。

"十二五"规划纲要指出,我国发展中不平衡、不协调、不可持续问题依然突出,其中的一个主要问题是产业结构不合理。纲要指出,要坚持把经济结构战略性调整作为加快转变经济发展方式的主攻方向,加强农业基础地位,提升制造业核心竞争力,发展战略性新兴产业,加快发展服务业,促进经济增长向依靠第一、第二、第三产业协同带动转变。纲要提出了"十二五"期间服务业增加值占国内生产总值比重提高4个百分点(即从"十一五"期末的43%提高到"十二五"期末的47%)的目标。在2010年十一届全国人大第三次会议上,政府提出了"转方式,调结构"的总体目标。重点产业和新兴产业成为发展的重中之重,国家指出要以高科技作为产业结构调整的助推力,全面提升产品质量,大力发展新能源、新材料、节能环保、生物医药、信息网络和高端制造产业,要通过财政和金融上的支持,来加快中小企业发展,并进一步提高服务业发展水平,扩大服务业在国民经济中的比重。根据当前的经济形势和政府的改革规划,我们不难预见,为了使我国经济继续保持良好的发展势头,排除经济发展中的障碍因素,解决结构问题将是今后宏观经济政策的重要目标。

2008年爆发的金融危机使资本主义世界经济再一次受到重创。在渡过了最艰难的时期后,当前,正值经济缓慢复苏的后危机时期,世界经济格局经历着一场深刻的变革。虽然此次危机在整体上对世界各国都带来了严重危害,但从另外一个角度看来,它又为诸如中国这些受到危机影响相对较小的新兴经济体带来了一次难得的发展机遇。因此,在全球经济发展放缓的同时,我们也赢来了更多的发展机会。而长久以来,不合理的产业结构一直阻碍着经济的持续快速发展,成为制约经济进一步提质升级的枷锁。所以在经历了 GDP 连续多年的高速增长后,根据当今国际经济金融形势,中央和地方政府将经济结构的调整作为当前经济改革的重点,而有关产业结构调整的理论与实践也成为学术界的研究热门。

作为调节经济运行的一项重要的政策工具,货币政策对经济的控制和调节作用是显而易见的。长期以来,在对货币政策的理论和实践研究中,人们更多地是分析它的总量调整功能,即货币政策的变化影响到微观主体的需求如消费需求和投资需求,进而影响整个宏观经济的总量均衡,而货币政策对经济的结构性影响往往被人们忽视。事实上,由于各产业间在要素密集程度、产品需求弹性和所处的成长阶段等方面存在较大差异,它们对货币政策的反应是各不相同的,货币政策通过调整货币供应总量再经由各种不同的传导渠道影响投资和消费,最终作用于实体经济,对各产业造成不同的影响,从而形成货币政策的产业结构效应。因此,研究我国货币政策对产业结构的调整作用,分析其中的影响机制,不但能够重新显现货币政策的结构调整功能,有利于我们认识货币政策对宏观经济的结构性影响,更重要的是能为我国制定调整产业结构的经济政策提供理论依据,使政策的制定和执行更具针对性和灵活性,从而完善货币政策的整个体系,因而对本命题的研究无论是在理论层面还是在实践层面都具有重要意义。

货币政策是国家调节宏观经济运行的一个重要工具,政策把控的方向与政策执行的时机将对经济发展的质量带来重要影响,所以它一直是学术界研究的热门课题。长久以来,人们就货币政策对经济的调控效果进行了广泛的研究,这些研究大多是从总量上对货币政策给宏观经济造成的影响进行分析和探讨,而对于货币政策对宏观经济造成的结构性影响却鲜有涉及。那么,在当前的经济形势下,研究货币政策对经济产生的结构性影响不仅能在理论上加深我们对货币政策的结构效应的理解和认识,而且能在实际操作层面为政府部门的政策制定提供科学依据。

第一节 引 言

与货币政策其他方面的研究相比,对货币政策行业非对称效应的研究大多始于20世纪90年代末期,起步相对较晚使得研究成果还比较有限。国外学者的研究主要分析了货币政策行业效应是否存在以及行业效应产生的原因等问题。关于货币政策的行业非对称性,主要集中在以下几个方面的讨论:(1)货币政策的冲击对行业的影响是否具有非对称性;(2)不同国家的货币政策行业非对称性效应是否一致;(3)影响国家货币政策行业效应的因素;(4)不同货币政策传导渠道对货币政策行业效应的影响。在研究方法上主要有两种,一种是传统的研究货币政策传导的方法,包括向量自回归(VAR)模型、脉冲响应函数以及格兰杰因果检验等;另一种方法是面板数据模型,这种方法在近年来得到了更为广泛的应用。Bernanke and Gertler(1995)最早从信贷传导机制的角度、运用VAR模型研究了货币政策的行业效应,发现货币政策对一国最终支出的各个组成部分(如耐用品消费支出、非耐用品消费支出、居民投资支出和商业投资支出等)具有不同影响,证实了货币政策存在显著的行业效应。Ganley and Salmon(1997)基于英国的数据,运用VAR模型和脉冲响应函数研究了24个行业对货币政策冲击的反应,发现建筑业的利率敏感性最强,其次是制造业、服务业和农业。Hayo and Uhlenbrock(2000)运用同样的方法研究了德国28个行业对货币政策的不同反应,发现重工业比非耐用消费品更具利率敏感性,并从资本生产率、要素密集程度等方面做了解释。Fares and Srour(2001)也用同样的方法对美国、加拿大两国货币政策的行业效应进行了比较研究。此外,Dedola and Lippi(2000)对5个经济合作与发展组织国家的21个制造业部门的面板数据作了分析,发现货币政策效应在这些国家不同产业的分布相似,产品的耐用性,企业的借款能力、规模以及利息负担等都是影响货币政策行业效应的因素。Peersman and Smets(2005)则运用马尔可夫转换模型研究了7个欧元区国家货币政策的行业效应,发现货币政策的效果无论是从总体上看,还是分经济周期中的繁荣和萧条时期来看,都在行业间存在差异,并对差异作了解释。Alam and Waheed

(2006)、Ghosh(2009)则分别运用巴基斯坦和印度的数据验证了货币政策的行业间差异。

国内关于货币政策行业非对称性的研究起步更晚,但是在实证分析方法上发展迅速,多是将国外的相关成果与我国的实际情况相结合。从目前来看取得了一些研究成果:(1)我国货币政策的传导效果表现出显著的行业差异,总量货币政策难以取得预想的效果。其中最敏感的是以工业为代表的第二产业,其次是以服务业为代表的第三产业,最后是以农业为代表的第一产业。(2)在具体的行业层面,建筑业、制造业、交通运输业以及仓储和邮政业表现出很强的敏感性,而农林牧渔业、采矿业、信息传输、卫生、教育、社会保障和社会福利业等对货币政策冲击的响应则较小。(3)中央银行应根据不同行业对货币政策的反应程度,在行业间制定和实施差别性的货币政策。综上所述,可以看出对货币政策行业非对称效应的研究已经取得了一定的成果,但还存在不少值得深思的地方。王剑、刘玄(2005)基于1992—2003年的月度数据考察了我国货币政策传导的行业效应,结果显示,货币供给量(M2)的冲击对各产业的影响程度存在较大差异。戴金平、金永军、陈柳钦(2005)则对货币政策的产业异质性给出了一个简单的理论说明,并利用1996—2004年的数据对我国货币政策的产业效应进行了实证分析,发现第一、第二产业对利率冲击反应明显,第三产业则反应较小。汪昊旻(2009)基于我国1978—2007年的年度数据研究了货币供给量对三次产业的影响,发现货币供给量对第二产业的影响较为明显,货币供给量的增加使第一、三产业的生产总值上升,而使第二产业的生产总值趋于下降。曹永琴(2010)分析了我国1978—2005年三次产业对货币政策冲击的不同反应,发现货币政策在短期和长期均存在产业非对称性,第一产业对货币供给冲击的反应最强,第三产业次之,第二产业最小。

以上研究多从各产业产值的角度分析,但产值的变化还需要引入劳动、资本、技术等变量来解释,因此我们选取三次产业比重的角度进行分析,这也更能体现"产业结构"的主题。同时,为了更精确地衡量货币政策短期和长期影响,我们选取季度数据而不是年度数据进行分析。此外,以上研究多以利率或货币供给量作为货币政策变量,本研究则从货币政策传导机制的角度研究货币政策对产业结构的影响。

我国的货币政策体系如图14-1所示(张辉、黄泽华,2011)。不同于典型市场经济国家,我国的货币政策体系有着货币供给量和信贷规模双重中介目标。同时,与典型市场经济国家相比,我国存在多层面的金融抑制,比如存贷利率管制、汇率管制等。在传导机制方面,我国的货币政策主要是通过利率、信贷、资产价格、汇率[①]等渠道进行传导的。近年来,国内已有文献探讨了部分货币政策传导机制变量对产业结构的影响。例如,巴曙松、王群(2009)研究了人民币汇率对我国产业结构的影响,认为人民币升值提升了我国第三产业的比重并增加了该产业就业人数;刘梅生(2009)研究了我国银行信贷与产业结构的关系,发现银行信贷规模与第一产业变动之间为负相关,与第二产业变动之间为正相关;杨小军(2010)则在其对货币政策行业效应的研究中将利率作为货币政策变量之一。但将多种传导机制变量结合起来的研究基本还属空白,本研究将在此方面做出尝试。

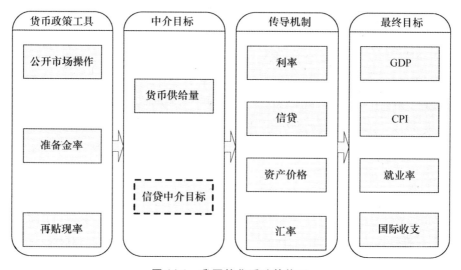

图 14-1 我国的货币政策体系

---

① 尽管我国的汇率是管制汇率,但管住的只是名义汇率,而货币政策不可避免地影响实际汇率;此外,2005 年汇改以来,我国名义汇率弹性增大,货币政策对名义汇率的影响也增强了。

第二节 我国货币政策传导对产业结构的影响的实证研究

一、货币政策对产业结构影响的理论分析

如上所述,我国货币政策主要有货币供给量和信贷规模两个中介目标,通过利率、信贷、资产价格和汇率四种传导机制作用于宏观经济,下面我们运用经济学理论依次分析这四种传导机制对产业结构的影响。

(一)利率对产业结构的影响

按照经典的凯恩斯理论,利率通过影响投资支出影响总需求,进而影响产出。后来的经济学家认识到消费者对房产和耐用消费品的支出也受到利率的影响,特别是在消费信贷十分发达的欧美国家。

因此,利率对产业结构的影响可以从企业和消费者的支出两个方面分析。从企业的角度看,各产业的投资对利率的敏感程度不同,随着利率的上升,投资对利率敏感的产业,其投资减少更加明显,该产业的比重也会相应下降。从消费者的角度看,随着利率的上升,如果消费者对房产的支出明显减少,进而引起房地产业和相关产业的萎缩,第二、第三产业的比重将下降,而第一产业的比重将上升;如果消费者对耐用消费品的支出明显减少,将引起第二产业的比重下降。

(二)信贷规模对产业结构的影响

影响投资和消费的不只是作为信贷成本的利率,在存在信贷配给的情况下,信贷可获得性成为影响投资和消费的又一重要因素,而货币政策对信贷的可获得性有显著影响。因此,信贷规模在货币政策传导中起着特殊的作用,对于我国这样银行中介主导的金融系统更是如此。

信贷配给主要有两种可能的形式:一是银行由于信息不对称主动实施的信贷配给,二是银行在政府压力下实施的信贷配给。在我国,这两种形式的信贷配给同时存在。在扩张的货币政策下,银行系统的可贷资金增加,这将使银行贷款增加,进而增加投资(也增加耐用消费品的消费)。此外,当货币供给量扩张时,

资产价格上涨,企业和居民的资产负债表得到改善,逆向选择和道德风险问题减弱,导致银行发放信贷的成本降低,银行会相应地扩大贷款投放量。因此,信贷规模也是作用于宏观经济并影响产业结构的重要变量,其对产业结构的影响取决于信贷在三次产业之间的分配情况及三次产业产出增长对信贷规模的敏感程度。

(三)资产价格对产业结构的影响

资产价格通过影响投资和消费作用于实体经济,这两种影响,经济学界主流的解释分别是托宾 Q 理论和财富效应。托宾 Q 理论认为,资产价格上升,股票价值相对于企业的生产设备的价值就较高,企业就会购买生产设备,扩大投资,反之亦然。财富效应是指,资产价格的上升带来居民财富的增加,从而增加消费,进而带动产出增长。

资产价格上升引起投资与消费的增加,可能带来各个产业的产出增加,但我们有理由认为,这种增加主要集中在第二和第三产业,因为我国的农业还是以分散经营为主,因此农业投资对资产价格不敏感;随着居民财富的增加,对耐用消费品和服务的消费增长将比对农产品的消费增长更为明显。因此,资产价格的上升可能带来第一产业比重的下降,而第二产业和第三产业比重的变化,取决于增加的投资和消费引起的产出增长在第二、第三产业的分布。

(四)汇率对产业结构的影响

汇率是国内外商品和服务的相对价格,通过影响出口、影响总需求和产出。一般而言,汇率升值将使国内商品和服务相比国外商品和服务变得昂贵,从而带来总需求和产出的减少。由于服务的可贸易性低于商品,在汇率升值时,国内的服务的价格变化较小,服务的生产相比商品的生产变得更加有利可图,因此,汇率升值很可能带来经济资源由第二产业向第三产业的转移。

考虑汇率对我国产业结构的影响,不能不分析我国的具体情况。近年来,我国的经常项目保持了较大顺差,而外商投资企业加工贸易是顺差主要来源;资本项目同样保持较大顺差。人民币汇率低估基本上成为一种共识。而人民币汇率的低估,导致制造业商品在国际市场上竞争力较强,出口导向的制造业企业能够获得较高利润,这将导致国内资源由服务业持续流向制造业,造成国内制造业发展过度、服务业发展不足。可见,汇率将通过影响出口,影响国内资源在第二产业和第三产业之间的分配,进而影响我国的产业结构。我们预期汇率的升值将使第二产业的比重下降,第三产业的比重上升。

二、数据说明与模型设定

(一) 数据选取及处理

我们选取 1998—2011 年共 56 个季度数据,数据来源是中经网统计数据库和国际清算银行(BIS)网站。三次产业比重(p_1、p_2、p_3)由各产业当季增加值除以当季的国内生产总值(GDP)计算得到;利率变量(r)用银行间隔夜同业拆借加权平均利率表示[①];信贷规模(loan)用贷款余额与 GDP 的比值表示;资产价格(cprice)用上证综合指数收盘点位表示,并取对数;汇率(e)用 BIS 提供的人民币实际有效汇率表示,并取对数[②]。其中,利率、汇率、贷款余额、资产价格是月度数据,我们用三个月的算术平均值作为该季度的数值进行分析;计算信贷规模时,GDP 进行了年化。p_1、p_2、p_3 和 loan 四个变量季节性较强,我们用 Census X12 方法进行了季节调整。处理后各变量的波动趋势如图 14-2 和图 14-3 所示。

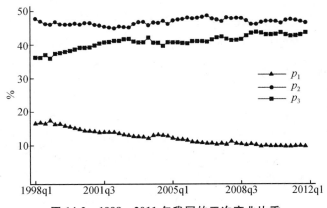

图 14-2　1998—2011 年我国的三次产业比重

---

① 选取银行间隔夜同业拆借加权平均利率,是因为它是货币的"市场价格",因而是传导机制变量,而人民币存贷款基准利率是货币的"计划价格",更接近于一种货币政策工具;同时,前者比后者在某种程度上更能反映使用资金的真实成本,在 2004 年 10 月我国放开贷款利率上限后更是如此。

② e 增大表示人民币升值。

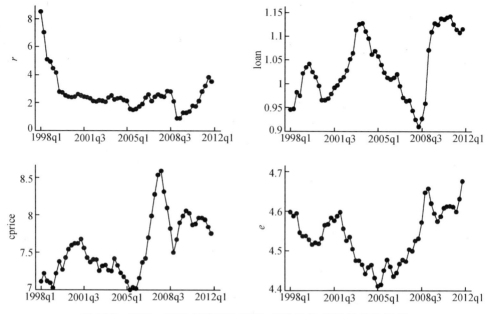

图 14-3　1998—2011 年我国的利率、信贷规模、资产价格和汇率

变量进入模型之前需要对其平稳性进行检验。我们采用 ADF 方法对上述各变量进行平稳性检验,滞后阶数根据 SC 准则选择。检验结果表明,r 为平稳序列,其他变量均为一阶单整序列,但 Johansen 协整检验表明,$p_i(i=1,2,3)$、r、loan、cprice、e 均有两个以上的协整关系,因此仍可以使用 VAR 模型进行分析。

(二)模型构建

本节选取结构向量自回归(SVAR)模型而不是普通的 VAR 模型进行分析。这是因为,SVAR 模型引入了变量之间当期的作用与反馈作用,可以克服 VAR 模型未考虑变量之间当期关系的局限。模型表示如下:

$$B_0 Y_t = \Gamma_1 Y_{t-1} + \Gamma_2 Y_{t-2} + \cdots + \Gamma_p Y_{t-p} + \mu_t$$

其中 Y_t 为 5 维内生变量列向量(变量分别为 $p_i(i=1,2,3)$、r、loan、cprice、e),B_0 和 Γ_i 为待估参数矩阵,μ_t 是 5 维随机扰动列向量。由于我们要分析货币政策对三次产业比重的影响,相应地,我们将建立 3 个 SVAR 模型。

(三)模型识别

SVAR 的短期约束一般基于 AB 型 SVAR 模型($A\varepsilon_t = Bu_t$),为了使模型可识别,需要添加不少于 $k(k-1)/2$ 个约束,在本节的模型中 $k=5$,因此至少需要添加 10 个约束。根据经济意义,我们设定利率不受当期产业比重、资产价格和汇率影响,信贷规模和汇率不受当期其他各变量影响,资产价格不受当期产业比重影响,满足约束个数条件。因此将矩阵 A 设定为:

$$A = \begin{bmatrix} 1 & a_{12} & a_{13} & a_{14} & a_{15} \\ 0 & 1 & a_{23} & 0 & 0 \\ 0 & 0 & 1 & 0 & 0 \\ 0 & a_{42} & a_{43} & 1 & a_{45} \\ 0 & 0 & 0 & 0 & 1 \end{bmatrix}$$

下面我们将运用 EViews 估计 SVAR 模型,并根据识别出的 SVAR 模型进行动态分析。

三、货币政策对产业结构影响的实证结果

(一) 货币政策对第一产业比重的影响

根据 SC 准则,我们选择模型滞后阶数为 1。经检验,模型是平稳的。对第二产业、第三产业的分析同样选择滞后阶数 1,模型也是平稳的。

1. 脉冲响应分析

p_1 对货币政策各变量前 10 个季度的累积脉冲响应如图 14-4 所示。

可以看出,在正负两个标准误的范围内,各变量对第一产业比重的影响方向均不明确,唯一较为确定的是,利率的正向冲击将使第一产业的比重上升。

2. 方差分解

p_1 前 10 个季度的方差分解如图 14-5 所示,由于我们研究的是货币政策变量对产业结构的影响,p_1 本身的冲击未在图中表示,下同。可以看出,四个货币政策变量对 p_1 方差的贡献都小于 5%,随着时间的推移,利率对 p_1 方差的解释能力增长较快。

3. 格兰杰因果检验

以第一产业比重为因变量的格兰杰因果检验结果如表 14-1 所示。可以看出,在 5% 的显著性水平下,利率、信贷规模、资产价格和汇率均不是第一产业比重的格兰杰原因,而在 10% 的显著性水平下,只有利率是第一产业比重的格兰杰原因。这说明,在四个货币政策变量中,利率对第一产业比重的预测效果较好。

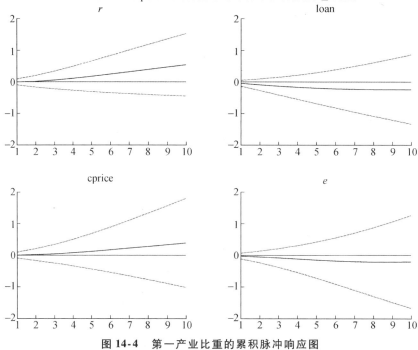

图 14-4　第一产业比重的累积脉冲响应图

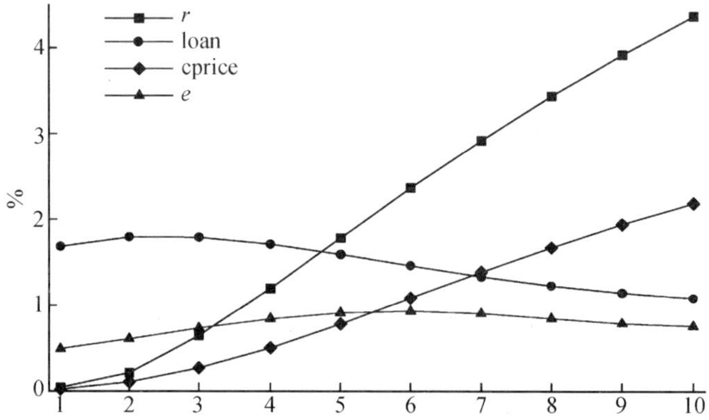

图 14-5　第一产业比重的方差分解

表 14-1　第一产业比重的格兰杰因果检验

排除变量	卡方值	概率
r	3.44751	0.0633
loan	0.34736	0.5556
cprice	0.17947	0.6719
e	0.00545	0.9410

(二) 货币政策对第二产业比重的影响

1. 脉冲响应分析

p_2 对货币政策各变量前 10 个季度的累积脉冲响应如图 14-6 所示。

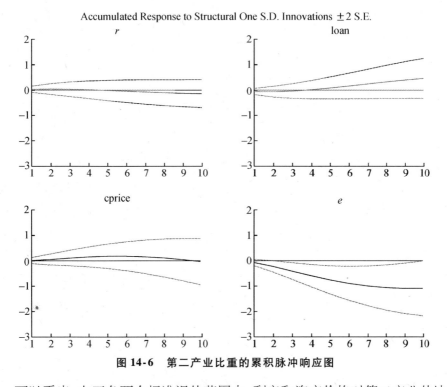

图 14-6　第二产业比重的累积脉冲响应图

可以看出,在正负两个标准误的范围内,利率和资产价格对第二产业的比重影响方向不明确。较为确定的是,信贷规模的正向冲击在长期(第 5 个季度开始)使第二产业比重上升。汇率的正向冲击则明显地使得第二产业比重下降,并在第 8 个季度开始趋于稳定。

2. 方差分解

p_2 前 10 个季度的方差分解如图 14-7 所示。可以看出,汇率对 p_2 的方差贡献最大,从第 5 个季度开始超过 20%。其余三个变量对 p_2 方差的贡献基本上都小于 5%,其中又以信贷规模对 p_2 方差的影响最为明显。

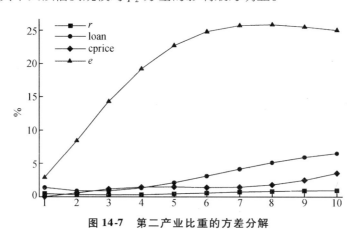

图 14-7　第二产业比重的方差分解

3. 格兰杰因果检验

以第二产业比重为因变量的格兰杰因果检验结果如表 14-2 所示。可以看出,在 5% 的显著性水平下,只有汇率是第二产业比重的格兰杰原因。这说明,在四个货币政策变量中,汇率对第二产业比重的预测效果最好。

表 14-2　第二产业比重的格兰杰因果检验

排除变量	卡方值	概率
r	0.16062	0.6886
loan	2.01250	0.1560
cprice	2.43232	0.1189
e	8.04541	0.0046

(三)货币政策对第三产业比重的影响

1. 脉冲响应分析

p_3 对货币政策各变量前 10 个季度的累积脉冲响应如图 14-8 所示。

可以看出,在正负两个标准误的范围内,利率和资产价格对第三产业的比重影响方向不甚明确。信贷规模的正向冲击至少在短期(第 1—5 个季度)使第三

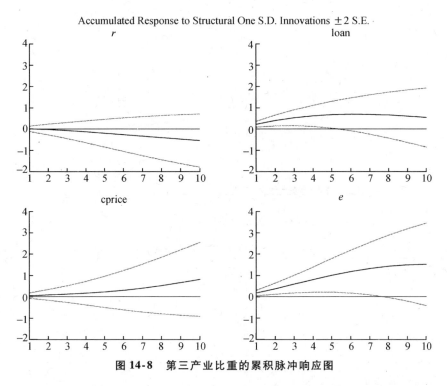

图 14-8　第三产业比重的累积脉冲响应图

产业比重上升。汇率的正向冲击则明显地使得第三产业比重上升,并在第 8 个季度开始趋于稳定。

2．方差分解

p_3 前 10 个季度的方差分解如图 14-9 所示。可以看出,汇率和信贷规模对 p_3 的方差贡献较大,从第 3 个季度开始,汇率对 p_3 方差的贡献均在 15% 以上,而信贷规模对 p_3 方差的影响则逐渐减小。利率和资产价格对 p_3 方差的贡献较小,基本都在 5% 以下。

3．格兰杰因果检验

以第三产业比重为因变量的格兰杰因果检验结果如表 14-3 所示。可以看出,在 5% 和 10% 的显著性水平下,利率、信贷规模、资产价格和汇率均不是第三产业比重的格兰杰原因。这说明,四个货币政策变量对第三产业比重的预测效果均较弱。

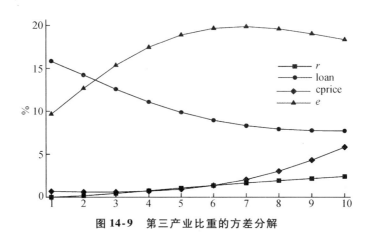

图 14-9 第三产业比重的方差分解

表 14-3 第三产业比重的格兰杰因果检验

排除变量	卡方值	概率
r	1.18082	0.2772
loan	1.44470	0.2294
cprice	0.01551	0.9007
e	2.52710	0.1119

(四) 总结与进一步分析

我们根据上述实证结果,将四种货币政策传导机制变量对产业结构的影响总结并进一步分析如下:

利率的上升,倾向于使第一产业比重上升,这可能是因为我国农业仍以分散经营为主,对利率冲击的敏感程度小于第二、第三产业,后两者比重的下降带来第一产业比重的上升。

信贷规模的增大,在短期倾向于使第三产业比重上升,在长期则倾向于使第二产业比重上升。这体现了信贷更多地流向第二、第三产业,可能与第一产业利润率较低有关。信贷规模对第二、第三产业的影响在时间上存在差异,可能是因为第二产业的投入产出周期一般长于第三产业。

资产价格的上升,对三次产业比重的影响均不甚明确,这可能说明我国实体经济与资产价格并没有确定的关系,进而可能说明我国实体经济对资产价格并不敏感。

汇率的上升,则较为明显地使第二产业比重下降,第三产业比重上升。这验证了我们在理论部分的分析。值得注意的是,汇率对第二、第三产业比重的影响,不仅方向比较明确,幅度也在各变量中最大。

当我们利用方差分解的结果比较四种货币政策传导机制变量的影响,可以发现,汇率对第二、第三产业比重变化的解释能力最强,信贷规模对第二、第三产业比重的变化也有一定的解释能力,利率则对第一产业比重的变化有一定的解释能力,而资产价格对三次产业比重的解释能力都较弱。[①] 资产价格对产业结构的影响较小,可能是因为我国的企业投资和居民消费对资产价格都不敏感,这又与我国资本市场不够发达(如通过资本市场进行的并购重组的比重与发达市场经济相比还有很大差距)、居民财产性收入比例偏低等因素有关。

最后,格兰杰因果检验印证了利率对第一产业比重、汇率对第二产业比重有较强的预测能力。

第三节 结论和政策建议

本研究从利率、信贷规模、资产价格和汇率这四种货币政策传导机制变量的角度,运用SVAR模型研究了我国货币政策对产业结构的影响,得出以下结论:利率的上升倾向于使第一产业比重上升;信贷规模的增大在短期倾向于使第三产业比重上升,在长期则倾向于使第二产业比重上升;汇率的上升使第二产业比重下降,第三产业比重上升;资产价格对产业结构的影响并不明显。我国已经提出了"十二五"期间服务业比重提高4%的目标,从上面的分析我们看到,货币政策的合理运用有助于实现这一目标。

虽然信贷规模的增大可能有助于第三产业比重的上升,但信贷繁荣往往催生通货膨胀和资产泡沫,在我国当前流动性过剩、信贷规模处在历史高位的背景下,扩大信贷规模并不具有可行性。而汇率的上升则是可以实现的。特别是,上

---

① 为了证明此结论不是由于SVAR模型中对资产价格的特殊设定引起的,我们设定资产价格不受当期其他各变量影响,并重新做方差分解,依然得出了资产价格对三次产业比重变化的解释能力很弱的结论。

一节的实证分析表明,汇率对第二、第三产业比重变化的解释能力较强,因此汇率的调整可以在我国的产业结构调整中发挥积极作用。目前,人民币汇率弹性不断增强,如果我国在中长期采取稳健并适当趋紧的货币政策,汇率在一段时间内仍可能保持上升趋势,这将有助于我国产业结构的战略性调整。

人民币对美元汇率波动幅度的扩大有利于人民币汇率形成机制的进一步完善,有利于改变人民币对美元汇率单边升值预期,也有利于人民币有效汇率的基本稳定。这对于降低国际投机资本套利冲击,增强中国货币政策独立性,减少对中国对外贸易的冲击都是有利的。

需要指出的是,本研究选取了四个变量分别代表四种货币政策传导机制,但其中的某些传导机制变量(如信贷规模)还存在结构问题,可以考虑通过信贷资源向服务业的适度倾斜促进服务业发展。此外,货币政策主要是一种需求管理政策,加快服务业发展还需要其他需求管理政策和供给管理政策的配合。

第十五章 我国货币政策传导对区域结构的影响

货币政策是指中央银行为实现既定的经济目标(稳定物价,促进经济增长,实现充分就业和平衡国际收支)运用各种工具调节货币供给和利率,进而影响国家的货币、信贷,从而影响宏观经济的方针和措施的总和。自从20世纪凯恩斯的《通论》问世之后,人们对货币政策的研究多集中于单一的宏观层面,即考虑货币政策是否有效,以及采取何种政策组合。往往忽略了在货币政策的传导过程中,因传导的微观载体差异,而导致同样政策产生不同的效果。

改革开放30年来,中国经济发展大体经历了三个阶段。第一阶段是1979—1983年,认识到社会主义必须发展商品经济,提出和实行"计划经济为主,市场经济为辅"的经济管理体制。第二阶段是1984—1991年,改革由农村走向城市,确认有计划商品经济体制是市场与计划内在统一体制。第三阶段是从1992年至今,确立发展社会主义市场经济,把中国的改革开放事业推向一个全新的阶段。与经济体制改革相适应,我国金融体制改革与货币政策的发展也经历了从计划向市场化、从直接调控向计划调控转变。而这期间可以大致分为两个阶段。第一阶段为1979—1997年,在这一时期,金融机构由"大一统"的中国人民银行体制走向金融机构多元化的"二级银行体系",中国人民银行开始逐步专门履行中央银行的职能。在金融机构多样化的同时,金融机构在传统业务之外,也开展了贴现、租赁、外汇等业务。以贷款规模控制货币总量的前提和组织基础就不存在了。于是20世纪80年代,人民银行设立了存款准备金、备付金制度,开办再贷款等融资形式。在这一时期,间接工具开始启用,但信贷现金计划管理仍占主导地位。货币政策的主要任务是对付通货膨胀。1998年后为第二阶段。在这一阶段,取消了贷款余额管理,货币政策间接调控逐步扩大,货币政策的主要任务是既要防止通货膨胀,又要防止通货紧缩。这一时期的货币政策的主要特点:一是货币政策的最终目标实现了从"发展经济,稳定货币"到"稳定货币,并促进经济发展"的转变(浙江大学硕士学位论文,"我国货币政策效果区域不对称性研究"),稳定币值成为首要目标。二是货币政策既调控贷款总量,又调控货币供给量,是典型的货币调控模式。三是间接调控的货币政策传导机制初步建立。从近几年的情况来看,货币与金融运行中,货币政策措施是及时正确的,但传导机制不灵敏或者不顺畅减弱了货币政策的效果。货币政策传导机制对国民经济的影响比货币供给量更大。通俗地讲我国货币政策传导机制的当前问题,不是没"水",而是水渠不顺畅。因此对我国货币政策的研究具有重要的理论和现实意义。

改革开放以来,我国国民经济取得了突飞猛进的发展,人民的生活水平得到了很大提高。蓬勃发展的中国经济,已经成为亚洲乃至世界经济发展的重要引擎之一。然而在看到整体综合国力、人民生活水平不断提高的同时,我们也应该看到地域经济、收入差距的不断扩大。我国从1984年开始施行间接宏观货币政策,在亚洲金融危机时,为扩大内需,放弃了沿用多年的信贷余额管制,从此货币政策基本上进入间接调控阶段。最近几年来,我国经济出现过热,国家多次采用强有力的货币政策,但整体效果不甚理想,而且区域也存在较大的差异。

一国内部一般实行单一货币政策,而欧元区的出现则是在多个国家组成的地区内实行单一货币政策的尝试。但是,货币政策传导有多种渠道,其效应受多种复杂因素影响,实行单一货币政策的国家或地区内部,由于各区域的经济和金融结构存在异质性,对货币政策的反应会有所不同,即呈现出货币政策的区域异质性。因此对于货币政策区域差异的效果和因素分析,可以有助于央行制定灵活的货币政策,并能实现区别对待,避免"一刀切",对不发达地区产生金融抑制。并且可以针对这些制约货币政策的不利因素采取措施,变不利为有利,从而更好地支持、服务我国的西部大开发、中部崛起、振兴东北老工业基地、东部地区率先发展等一系列发展战略,早日建成和谐社会。研究货币政策的区域差异,具有重要的理论和现实意义。

第一节 引 言

Scott(1955)最早证明了货币政策存在区域非对称效应。之后,越来越多的学者开始关注货币政策的区域效应。Magnifico(1974)首次将最优货币区理论应用在欧洲货币联盟中,认为在区域间存在结构性差异的情况下,统一货币政策将会对各区域产生非对称的冲击。Garrison and Chang(1979)研究了美国1969—1976年制造业收益状况,发现货币政策在区域间有不同效应,在五大湖区影响很大,在落基山区影响较小。Garrison and Kort(1983)研究了1960—1978年美国的货币政策对各州就业的影响,得到了类似的结论。Carlino and Defina(1998)则研究了1958—1992年美国货币政策对各区域真实个人收入的影响,与上述文献不同,他们在VAR模型中考虑了货币政策在各州之间的反馈作用。研究发现,五个地区对货币政策的反应类似于全国的平均反应,其他三个地区中,五大湖区对货币政策较为敏感,而西南地区和落基山区对货币政策较不敏感。此外,Gergopoulos(2001),Nachane,Ray and Ghosh(2001),Arnold and Vrugt(2002a,2002b)分别研究了加拿大、印度、德国、荷兰的货币政策区域效应,上述国家的货币政策区域效应均得到证实。

20世纪90年代以来,国内学者也开始研究货币政策区域效应问题。骆玉鼎(1998)介绍了最优货币区理论,并指出,当一种货币的实际流通区域与该货币的最优货币区不相吻合时,理想与现实的冲突便由此产生了。作者随后指出了单纯的货币总量调控的局限性,并就货币政策如何克服区域发展不平衡提出建议。近几年,出现了大量关于我国货币政策区域效应的实证研究,主要采用的方法是VAR(含SVAR)模型及其脉冲响应函数。宋旺、钟正生(2006)利用1978—2003年的年度数据检验发现,我国货币政策对东、中、西部的GDP的影响存在差异,并从货币政策传导机制的角度分析得出信贷渠道和利率渠道是导致我国货币政策区域效应的主要原因。刘玄、王剑(2006)以工业总产值衡量实体经济,根据1997年1月至2004年8月的月度数据,分别对全国、区域及省级层面的货币政策传导效果进行估计和比较,发现东部地区在货币政策传导速度和深度上都大大优于中西部地区,金融发展水平、企业规模和产权性质、开放程度的地区差异是货币政策传导地区差异的主要因素。杨晓、杨开忠(2007)选择人均GDP作为分析变量,检验了改革开放以来(1978—2005)货币政策对东、中、西三大区域经济的不同影响。实证结果表明,东部地区对货币政策最为敏感,中部、西部依次减弱。蒋益民、陈璋(2009)选择GDP和GDP平减指数分别作为实体经济和价格指标,对1978—2006年我国货币政策对八大区域是否有不同效应进行了检验。结果表明,我国存在明显的货币政策区域效应,生产力水平的差异是影响货币政策区域效应的长期因素,产业结构和金融结构也是影响货币政策区域效应的重要因素。申俊喜、曹源芳、封思贤(2011)利用我国 31 个省份 2004—2009 年的月度数据,以固定资产投资额代表经济增长,检验并证实了我国货币政策的区域异质性效应,并指出信贷配给机制与外汇管理机制是导致我国货币政策区域异质性效应的主要因素。

以上文章主要采取货币供给量(M2)作为货币政策变量,本章则主要探讨货币政策传导机制变量对各区域的不同影响。货币政策传导渠道主要有利率渠道、信贷渠道、汇率渠道和资产价格渠道(Mishkin,2007;刘伟、张辉,2012)。国内已有一些文献研究了利率、信贷等变量对各区域经济的不同影响。例如,金秋(2011)利用我国 1983—2007 年的年度数据验证了利率对东部、中部、西部和东北四大区域投资的不同影响,黄安仲、黄哲(2011)则利用我国 1984—2008 年的数据验证了东、中、西部的信贷规模对 GDP 的不同影响。不过,上述研究使用的是年度数据,时间跨度也较大,随着我国经济、金融市场化程度的提升,货币政策传导过程可能发生显著变化,而使上述结果不够稳健。因此本章认为,有必要利用近年的更短间隔的数据,对利率、信贷规模等货币政策传导机制变量的区域效应作进一步的研究。

第二节 我国货币政策传导机制区域效应实证研究,2005—2010 年

一、经济区域的划分

从上述文献看,研究我国货币政策的区域效应时,经济区域的划分主要有三区域(东、中、西部)、四区域(东、中、西部和东北)、八区域(八个综合经济区)和 31 个省级行政单位等方法。本节采取八区域的划分。本节的考虑是,三区域和四区域的划分比较粗略,每个区域内各省份的经济、金融发展水平和货币政策传导过程可能有较大差别;而分 31 个省级行政单位又过于细致,不利于规律的总结。八大经济区的提法来自 2005 年国务院发展研究中心发布的《地区协调发展

的战略和政策》报告,该报告提出了新的综合经济区域划分设想,把内地划分为八大综合经济区,每个区域有3—5个省(自治区、直辖市)[①]。这种划分保证了每个区域内的省份地理上的毗邻和经济结构的相似,有利于本节探索货币政策效应的有关规律。

八大综合经济区的一些重要经济指标及排序如表15-1至表15-3所示。除国有单位就业比重为2005年数据外,其余变量均为2010年数据。

表15-1 八大综合经济区产值指标及排名

区域	GDP(亿元)	排名	人均GDP(元)	排名
东北	37 493.45	7	34 224.97	4
北部沿海	82 902.22	2	41 362.18	3
东部沿海	86 313.77	1	55 262.03	1
南部沿海	62 814.68	3	41 868.08	2
黄河中游	54 088.7	4	28 191.75	5
长江中游	53 816.16	5	23 689.82	6
大西南	46 507.25	6	19 688.94	8
大西北	13 105.76	8	20 996.09	7

表15-2 八大综合经济区贷款有关指标及排名

区域	投资资金来源中国内贷款比重(%)	排名	金融机构各项贷款/GDP	排名	人均贷款金额(元)	排名
东北	12.31	7	0.88	6	30 238.41	4
北部沿海	17.77	4	1.08	3	44 481.23	2
东部沿海	17.96	3	1.37	1	75 537.76	1
南部沿海	20.12	2	1.03	5	43 116.94	3
黄河中游	11.78	8	0.80	8	22 651.25	6
长江中游	13.28	6	0.83	7	19 652.98	8
大西南	20.96	1	1.19	2	23 370.88	5
大西北	17.28	5	1.06	4	22 315.04	7

---

① 具体是:东北综合经济区包括辽宁、吉林、黑龙江;北部沿海综合经济区包括北京、天津、河北、山东;东部沿海综合经济区包括上海、江苏、浙江;南部沿海综合经济区包括福建、广东、海南;黄河中游综合经济区包括陕西、山西、河南、内蒙古;长江中游综合经济区包括湖北、湖南、江西、安徽;大西南综合经济区包括云南、贵州、四川、重庆、广西;大西北综合经济区包括甘肃、青海、宁夏、西藏、新疆。

表15-3 八大综合经济区经济结构指标及排名

区域	第三产业产值/第二产业产值	排名	私营企业就业比重(%)	排名	国有单位就业比重(%)	排名
东北	0.702	7	13.42	3	16.91	1
北部沿海	0.904	1	12.19	4	10.64	3
东部沿海	0.902	2	30.81	1	7.62	7
南部沿海	0.885	3	14.35	2	8.48	5
黄河中游	0.592	8	7.24	7	10.62	4
长江中游	0.740	6	8.01	6	8.22	6
大西南	0.769	4	7.06	8	7.00	8
大西北	0.753	5	8.17	5	15.38	2

资料来源:中经网统计数据库,作者计算。

根据上述信息,可以大体上说,沿海的三个区域经济最为发达,其次是东北、黄河中游、长江中游,再次是大西南、大西北。而信贷资源,也是沿海的三个区域最为丰富,但总的来看,东北、黄河中游、长江中游反不及大西南、大西北丰富,成为信贷的"洼地"。从产业结构高度看,沿海地区第三产业发展最为充分,黄河中游第三产业发展最不充分;从私营企业就业比重看,东部沿海遥遥领先,南部沿海、东北、东部沿海也较高,黄河中游和大西南最低;从国有单位就业比重看,东北和大西北最高,东部沿海和大西南最低。可见,各区域的经济和金融发展水平及经济结构确实有明显差异,下面本研究将按照上述区域划分,研究我国货币政策的区域效应。

二、模型和数据说明

本节利用月度数据,采取VAR模型分析我国货币政策的区域效应。因为是从传导机制的角度展开研究,本节用利率和信贷规模作为货币政策变量;实体经济变量方面,本节选择产出变量和价格变量进入模型。具体来看,利率(r)选择的是银行间隔夜同业拆借加权平均利率[①];信贷规模(loan)选择的是金融机构各项贷款(人民币)的月末数;产出变量,由于月度的GDP数据不可得,选择固定资产投资额(inv)作为代表;价格变量,则选择的是居民消费价格指数(cpi)。数据

---

① 选取银行间隔夜同业拆借加权平均利率,是因为它是货币的"市场价格",因而是传导机制变量,而人民币存贷款基准利率是货币的"计划价格",更接近于一种货币政策工具;同时,前者比后者在某种程度上更能反映使用资金的真实成本,在2004年10月我国放开贷款利率上限后更是如此。

来源为中经网统计数据库。根据数据的可得性,本节选择的样本区间为2005年1月至2010年12月,共72个月度数据。

本节对原始数据做如下处理:各区域信贷规模和固定资产投资额由区域内各省(自治区、直辖市)信贷规模和固定资产投资额加总得到;各区域居民消费价格指数由区域内各省(自治区、直辖市)指数按照当月社会消费品零售总额为权数求加权平均值得到;居民消费物价指数为环比数据,本节将其转化为同一个基期的数据;固定资产投资每年1月份的数据缺失,本节将2月份的数据按工作日的天数在1月和2月之间分配。信贷规模、固定资产投资额、居民消费物价指数的季节性较强,本节按Census X12方法进行季节调整。

一般认为,进入VAR模型的变量应该是平稳的。单位根检验表明,各变量的水平值不是平稳的,但一阶差分是平稳的。因此,本节将各变量取一阶差分进入模型,在各变量前加d表示。至于是否使用结构化VAR(SVAR)模型,本研究的考虑是,由于分析的是月度数据,变量之间的当期影响相对不重要。实证分析也表明,使用SVAR模型与无限制VAR模型的结果没有显著差异,因此本节直接使用无限制VAR模型。

VAR的变量顺序,由于研究的是货币政策变量对实体经济变量的效应,本节将货币政策变量置于实体经济变量之前;格兰杰因果检验表明,dr比$dloan$具有更强的外生性,本节将dr置于$dloan$之前;$dinv$和$dcpi$的顺序也依据格兰杰因果检验确定,将外生性较强者置前。

VAR的阶数,本节根据AIC和SC准则选定,如果两种准则建议的阶数不同,再参考LR检验做出选择。具体来看,除了北部沿海选择滞后2阶,南部沿海选择滞后5阶外,其他区域均选择滞后3阶。

三、实证检验

(一)格兰杰因果检验

本节根据各区域的VAR模型估计结果,检验dr和$dloan$是否为$dinv$和$dcpi$的格兰杰原因。检验的p值如表15-4所示。

可以看出,对于东北和南部沿海地区来说,利率是投资的格兰杰原因;对于黄河中游、长江中游、大西南和大西北地区来说,信贷规模是投资的格兰杰原因;

表 15-4　格兰杰因果检验 p 值

因变量	dinv		dcpi	
排除变量	dr	dloan	dr	dloan
东北	0.0066**	0.8552	0.4809	0.2375
北部沿海	0.5367	0.4712	0.0440**	0.0727*
东部沿海	0.8119	0.7444	0.1801	0.5712
南部沿海	0.0189**	0.7895	0.2971	0.0151**
黄河中游	0.5335	0.0737*	0.6515	0.5293
长江中游	0.2620	0.0757*	0.8137	0.9788
大西南	0.9866	0.0369**	0.8106	0.6674
大西北	0.6767	0.0231**	0.3420	0.4173

注：* 在10%的水平下显著，** 在5%的水平下显著。

对于北部沿海地区来说，利率和信贷规模都是物价的格兰杰原因；对于南部沿海地区来说，信贷规模是物价的格兰杰原因。

(二) 脉冲响应函数

八个区域的投资、物价对利率、信贷规模正向冲击的响应(前24期)如图15-1至图15-8所示。

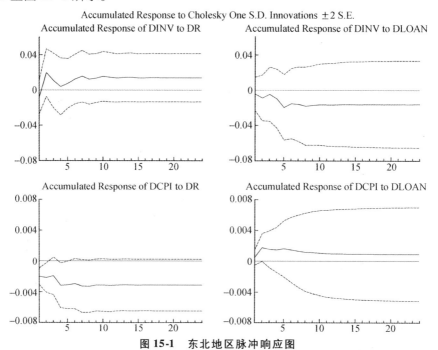

图 15-1　东北地区脉冲响应图

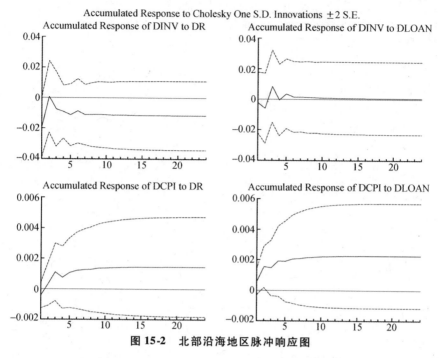

图 15-2　北部沿海地区脉冲响应图

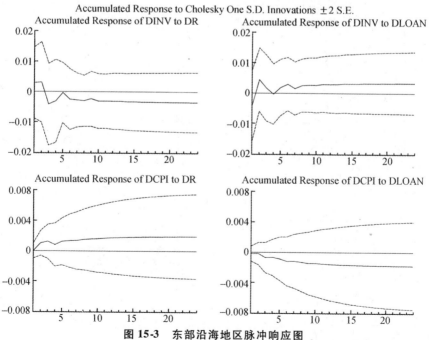

图 15-3　东部沿海地区脉冲响应图

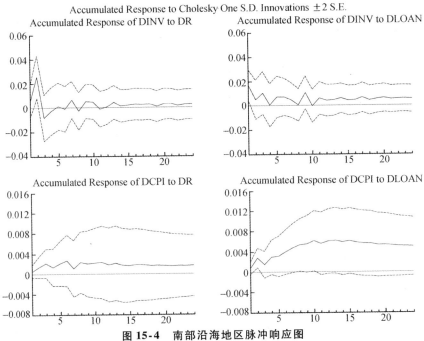

图 15-4　南部沿海地区脉冲响应图

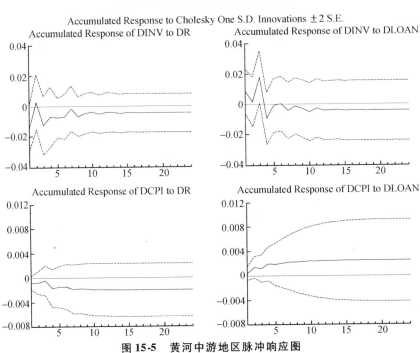

图 15-5　黄河中游地区脉冲响应图

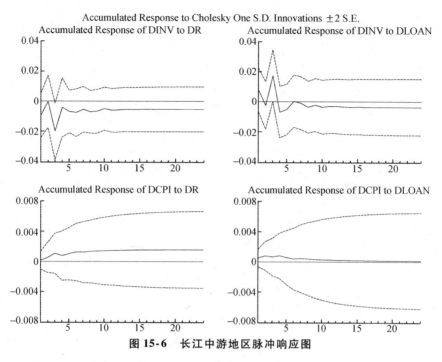

图 15-6　长江中游地区脉冲响应图

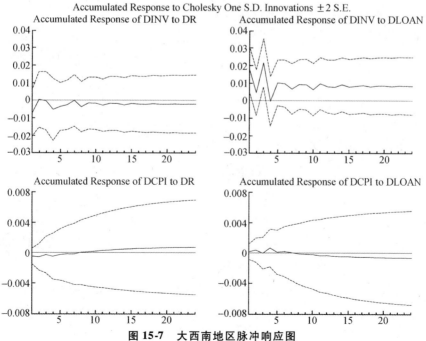

图 15-7　大西南地区脉冲响应图

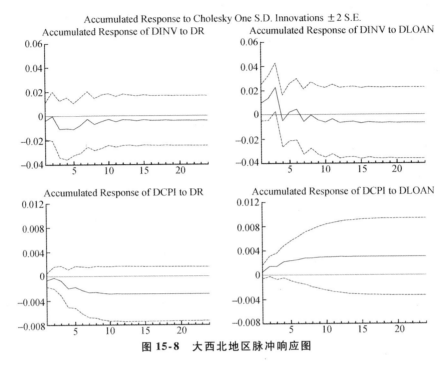

图15-8 大西北地区脉冲响应图

从以上脉冲响应结果,本节可以得到以下结论:

第一,对利率的正向冲击,投资的反应一般是先有一定下降,随后又有所回升并逐渐趋于稳定。从投资对利率脉冲的响应谷值看,北部沿海、黄河中游和长江中游地区绝对值较大。

第二,对信贷规模的正向冲击,投资的反应一般是先有一定的上升,随后逐步下降并逐渐趋于稳定。从投资对信贷规模脉冲的响应峰值看,黄河中游、长江中游、大西南和大西北地区较大。

第三,对利率的正向冲击,各地区物价的反应不尽相同。东北、黄河中游和大西北地区是先有所下降,随后逐步趋于稳定;北部沿海、东部沿海、南部沿海和长江中游地区是先有所上升,随后逐步趋于稳定;大西南地区的反应几乎为零。物价下降的几个地区,东北和大西北地区下降幅度较大;物价上升的几个地区,南部沿海和东部沿海地区上升幅度较大。

第四,对信贷规模的正向冲击,各地区物价的反应也不尽相同。东北、北部沿海、南部沿海、黄河中游和大西北地区是先有一定上升,随后逐步趋于稳定;长江中游和大西南的反应几乎为零；东部地区的物价还略有下降。从物价对信贷规模脉冲的响应峰值看，北部沿海、南部沿海、黄河中游和大西北地区较大。

（三）方差分解

dinv 和 dcpi 的方差分解结果（第 24 期）如表 15-5 所示。

表 15-5　方差分解结果

被分解变量	dinv		dcpi	
货币政策变量	dr	dloan	dr	dloan
东北	12.16101	2.299537	19.78307	6.819568
北部沿海	7.879500	3.190878	8.416856	8.336266
东部沿海	1.500759	2.100185	5.828790	2.058486
南部沿海	24.25572	11.04115	12.81765	18.81959
黄河中游	11.25238	16.16432	8.621775	5.987444
长江中游	10.73867	15.36048	2.405536	1.708767
大西南	3.049466	24.40483	2.069632	4.554697
大西北	3.618134	20.36417	10.11704	6.216609

可以看出，对东北和沿海地区（东部沿海除外）来说，利率比信贷规模更能解释投资的变化；对四个内陆地区来说，信贷规模比利率更能解释投资的变化。除了南部沿海和大西南地区，利率比信贷规模更能解释物价的变化。

本节还可以比较不同区域同一变量的方差分解结果。可以发现，利率在南部沿海和东北地区对投资变化的解释力最强，在东北和南部沿海地区对物价变化的解释力最强。而信贷规模在大西南和大西北地区对投资变化的解释力最强，在南部沿海和北部沿海地区对物价变化的解释力最强。

（四）实证检验结果分析

1. 对计量结果的总结和分析

从上述计量结果可以看到，我国的货币政策确实存在明显的区域效应。格兰杰因果检验、脉冲响应函数和方差分解这三项计量分析基本支持以下结论：对于东北和南部沿海地区，利率对投资的影响比较明显；对于黄河中游、长江中游、大西南和大西北四个内陆地区，信贷规模对投资的影响比较明显；对于东北、北部沿海和南部沿海地区，利率对物价的影响比较明显；对于北部沿海和南部沿海地区，信贷规模对物价的影响比较明显。

对于投资来说，沿海地区一般是利率的影响更为明显，内陆地区一般是信贷规模的影响更加明显,这可能体现了二者市场化程度的差异。沿海地区市场化程度较高,投资对利率——使用资金的价格——反应较为灵敏;而内陆地区市场化程度较低,投资更多地取决于信贷投放的多少。

多数地区的利率对物价的影响比信贷规模更加明显,可能是因为与投资相比,物价更多地受各区域互动的影响,如果一个地区的物价变动,由于商品和要素的流动,其他地区也难以独善其身。模型中各区域使用的利率值是全国统一的,信贷规模则是区域内部的,这就可能使得利率比信贷规模对物价更有解释力。至于全国层面上利率与信贷规模哪个对物价影响更明显,可以做进一步的研究。

2. 对一些可能有争议的结果的讨论

(1) 利率对物价的不同影响。脉冲响应的结果表明,东北、黄河中游和大西北地区物价对利率正向冲击响应的均衡值为负;北部沿海、东部沿海、南部沿海和长江中游地区的均衡值为正;大西南地区的反应几乎为零。这可能是因为利率对物价有两种不同的效应:另一方面,利率是一种成本,利率的提高会推高生产成本进而推高价格;一方面,利率又是影响需求的变量,利率的提高会抑制需求从而压低价格。对于整个国家来说,利率的正向冲击对物价的长期均衡影响应为负;但由于国内各区域的经济、金融结构存在差异,物价又在各区域之间有着复杂的互动,各区域的物价水平对利率变化的反应不尽相同也是可能的。

(2) 东部沿海地区"反常"情况的分析。上文提到,沿海地区一般是利率比信贷规模对投资的影响更为明显,但东部沿海地区是个例外。事实上,由上述计量结果可以看到,东部沿海地区的利率和信贷规模对投资的影响均不明显,对物价的影响也较小。本节可以从东部地区的经济、金融结构考虑这一"反常"情况的原因。

从表15-3可以看出,东部沿海地区的私营企业就业比重高达30.81%,是排名第二的南部沿海地区的两倍还多;国有单位就业比重仅高于大西南地区。本节认为这反映了东部沿海地区民营经济的发达。而与国有企业相比,民营企业更可能使用自有资金而不是银行贷款进行投资,对信贷规模和利率的反应也就不那么敏感。

另外,东部沿海地区的金融市场发达,企业的融资渠道较多,如发行股票、发行债券、引入私募股权投资等,这些都减弱了信贷规模作为货币政策变量的重要性。东部沿海地区还有着发展程度领先全国的民间金融,浙江温州就是一个典型的例子。民间借贷的利率受到银行间利率的影响,但又有其独特的影响因素,因此和银行间利率的走势不会完全相同。这可能是银行间利率对东部沿海地区经济指标解释力较弱的又一个原因。

四、研究结论

本研究运用 VAR 模型,研究了货币政策传导机制中利率和信贷规模对我国各区域经济的影响。研究表明,对于东北和南部沿海地区,利率对投资的影响比较明显;对于黄河中游、长江中游、大西南和大西北地区,信贷规模对投资的影响比较明显;对于东北、北部沿海和南部沿海地区,利率对物价的影响比较明显;对于北部沿海和南部沿海地区,信贷规模对物价的影响比较明显。这就从货币政策传导机制的角度证实了我国货币政策存在一定的区域效应。

货币政策存在区域效应的政策含义是,货币政策的制定和实施应考虑区域间的差别。黄河中游、长江中游、大西南和大西北地区,也就是通常所说的中西部地区,信贷对投资的拉动作用比较显著,因此,综合运用再贷款、利率、存款准备金率、窗口指导等多种货币政策工具,促进金融机构加大对中西部特别是西部地区的有效信贷投放具有重要意义。

同时研究也发现,对于市场化程度较高的东部沿海地区,一般是利率较信贷规模对投资的影响更加明显,这可能意味着,随着我国市场化程度的提高,利率将成为比信贷规模更加重要的货币政策变量。不过,东部沿海地区利率和信贷规模对实体经济影响均不明显的事实又表明,在利率尚未完全实现市场化的情况下,银行间利率可能并不是一个有效的货币政策传导机制变量;随着金融机制改革深化和发展,从调控银行信贷总量到调控社会融资总量应该是一种有效运用货币政策影响经济的发展方向。

第三节 我国货币政策区域不对称性的因素分析与政策建议

一、影响因素分析

（一）企业结构差异对货币政策区域不对称性的影响

根据上文的分析，货币政策通过影响银行的信贷来影响经济活动，在某些程度上制约着企业资金的可获得性，从而影响企业的行为。根据我国目前金融市场的状况，大企业可以通过更多的渠道进行多元化融资，而小型企业只能依靠银行信贷进行融资。因而一个地区的企业规模结构对该区域货币政策的有效性有很大的影响。但是从中小企业数量占当地企业数量比例看相差较大，东部沿海地区的中小企业比例较高，而且东部沿海地区的中小企业产值占国内生产总值的比例明显高于西部、中部和东北地区。可见中小企业的发展状况是，东部地区明显优于其他地区，而东北地区中小企业发展最差。基于以上的分析，我们可以得出，一个中小企业所占比例较大的地区，其货币传导渠道越顺畅，货币政策效果越明显，因而同样一个货币政策，对东部地区效果比较明显，而对中部、西部、东北效果渐减。这与上面的实证结果相吻合。

（二）地方政府行为对货币政策区域不对称性的影响

目前，我国政府对地区经济发展的影响还是相当大的。政府对地方的影响可以分为中央政府对地方的影响以及地方政府对地方经济的影响。当国家施行紧缩性政策时，地方一些企业会出现融资困难，从而对地区经济加以制约。然而由于政府的存在，它可以根据自身各方面的考虑运用政府支出来促进经济的发展，这对地区间货币政策的效果会产生很大的影响。

改革开放三十多年来，我国遵循了小平同志提出的区域发展战略，即先东部、后中西。由于国家发展规划是整个国家在一段较长时期的发展战略，而央行货币政策是相机抉择，其目标是保持币值和物价稳定，因而在某些时候，两者的着力点难免会有所不同。近些年来国家对中西部地区不仅在投资上加以支持，而且在政策上给予优惠,因而统一的货币政策,可能会使货币政策整体效果打上折扣,其对市场化程度较高的东部的影响必将高于其他地区。

目前在地方官员的政绩考核中,地区的 GDP 发展速度是一个非常重要的指标,同时各个地方政府为了解决地区的就业,提高人民的生活水平,也有着加快投资、促进经济发展的需求,即使有时与中央政府的要求存在差异。

可用图 15-9 来刻画某种程度上地方和中央政府间的博弈关系。从图 15-9 可见,无论央行采取什么样的策略,地方政府的最优策略仍是扩张财政政策,因而,地方政府的行为对货币政策的效果具有很大的影响。笔者用地方政府的财政支出占地方政府 GDP 的比例来表示地方政府的行为,即地方政府对地区经济的干预程度。从各地区财政支出占 GDP 比例来看,东、中、西、东北分别是 9.47%、13.51%、22.06%、17.46%,东部地区政府对经济的干预力度比较小,而中部、西部依次增强,这也和前面的实证检验相符合。可见地方政府行为对货币政策效果的地区差异具有重要的影响。

地方政府 \ 央行	紧缩性货币政策	扩张性货币政策
紧缩性货币政策	(0,0)	(1,0)
扩张性货币政策	(0,1)	(1,1)

注:政策组合效应以数字组合表示,括号内左边数字表示地方政府财政政策效应,右边数字表示央行货币政策效应,数字 0 和 1 表示政策效应的相对高与低。

图 15-9 央行与地方政府博弈模型

(三)金融结构差异对货币政策区域对称性的影响

一直以来,很多学者都以金融相关比率作为金融发展程度的一个重要指标。但金融相关比率只是反映金融总量与国内生产总值之间关系的一个动态指标,它没有反映金融机构体系内的结构变化,因此仅以金融相关比率的差异来衡量区域金融发展差异是不够全面的,我们还应当考察各区域金融结构的发展变化。金融资源分布的区域不均衡性也将对货币政策的效力产生影响。金融资源分布区域上的不均衡,导致中西部地区资金来源的紧缺,使得许多发展项目因缺乏金融机构的信贷支持而无法运作,限制了中西部地区经济的发展。通过对中国各区域金融机构分布的比较,可以发现中西部地区市场的金融供给严重不足,而且就国有金融这一支撑中、西部和东北地区经济增长的主要金融成分而言,其在这些地区的资源分布所占全国的比例也非常低。这些差异将通过金融部门对中央银行金融工具的执行途径、金融部门对企业和居民家庭信贷的供应途径等差异来扭曲货币政策的效果。

二、政策建议

金融与经济发展的区域差异导致了货币政策效果的区域非对称性,统一的货币政策并不能协调区域之间的经济发展,相反,它会导致区域间差距扩大,阻碍和谐社会的建设。因而如何采取措施,避免因为货币政策差异而导致区域经济发展不协调非常重要,我们可以从以下几个方面进行考虑。

(一) 适当实施货币政策的区域差异化操作

对于一个国家经济宏观调控与管理,注重政策的一致性是非常重要的,但也要基于现实的考虑。统一与区域差异有机结合的货币政策调控的要旨在于,统一的货币政策是前提,在确保前提的条件下来考虑货币政策传导机制的顺畅性与有效性。可适当增强人民银行中西部和东北各地区分行的调控权限。

(二) 加快资本市场建设

由于资本市场是货币政策的一个重要传导途径,资本市场发展对货币政策的效果很重要。就我国资本市场结构而言,目前企业债市场规模相当小,股票市场仍是资本市场的核心部分。然而,我国目前公司上市制度存在一定的不合理性,对公司的要求比较有利于国有、大型以及东部地区的企业,这在一定程度上对欠发达地区产生一定抑制作用。因此,取消公司上市地区推荐或配额的制度,同时加快中小企业和创业板块的发展,进一步完善我国的资本市场,有助于进一步减弱货币政策效果的区域不对称性。

(三) 加强银行社区功能建设

从上文分析可知,信贷渠道是我国目前货币政策传导的主要渠道,而我国西部、中部和东北地区银行类金融机构偏少,因而对货币政策效果也将产生相当的影响,因此在这些地区建立致力于促进当地经济发展的银行类金融机构,不但能促进当地经济的发展,而且也能够在一定程度上消除货币政策效果的区域不对称性。

(四) 转变对地方官员政绩的考核标准

目前在对地方官员的考核指标中,GDP 增长速度占有较大的比重,这在一定程度上导致地方官员为了促进当地经济发展,而不顾国家宏观经济政策,盲目引资建设,从而造成国家资源的浪费和货币政策效率的降低。因此在对地方官员的政绩考核中,我们不能只注重经济量的增长,还应该考核地方政府的行为是否与地区经济协调发展、生态环境及经济的可持续性相一致。

第十六章 财政政策的区域效应和产业效应

第一节 引 言

一、财政政策概念

财政政策是"政府依据客观经济规律制定的、指导财政工作和处理财政关系的一系列方针准则和措施的总称",这是我国财政学界的普遍看法。西方经济学者一般把财政政策理解为"利用政府开支和产生收入的活动以达到一定的目的的政策",或者财政政策就是"利用政府预算(包括税率和政府支出水平),来调节国家的需求水平而促进充分就业以及控制通货膨胀的政策"。国家可以利用财政政策,达到消除经济周期波动、纠正市场缺陷、调节就业水平等目的。我国和西方国家虽然对财政政策概念的表述不一样,但是有共同之处。

二、工具和目标

(一)目标

财政政策目标的选择应根据各国的实际情况而有所侧重。比如控制通货膨胀、促进宏观经济持续稳定增长和人民社会生活质量逐步提高、实现收入分配的更加合理和充分就业、力争预算平衡和国际收支平衡等。实施和制定财政政策要达到的预期目的就是财政政策目标。根据财政的基本特点以及中国社会经济发展的需要,目前,中国财政政策有以下几个方面的目标。

1. 经济稳定和增长

在当今世界,各国政府都将经济稳定和增长,作为财政政策的基本政策目标。而且,中国处于生产力比较落后的发展阶段,则更应该将促进经济稳定和增长、改变落后的面貌,作为财政政策制定的出发点和归宿。在市场经济条件下财政政策作为国家宏观调控的主要手段,在不同程度上制约着其他经济政策作用的发挥。确立经济稳定和增长的财政政策目标,具有特殊的意义和作用。

2. 物价稳定

相对稳定的物价是世界各国政府追求的重要目标,特别是像中国这样的发展中国家,社会承受物价大幅度波动的能力较弱。所以,在财政政策目标的选择上必须给予充分的考虑。要把物价总水平的波动约束在经济稳定发展可容纳的范围内。

3. 收入分配公平

财政分配理所当然地应以公平分配作为其根本性的政策目标之一。不同时期的人们、同一时期不同阶层的人们对公平的看法不一致。公平可以分为社会公平和经济公平两个层次。社会公平强调将人们的收入差距控制在社会所接受的范围之内。经济公平是市场经济运行的内在要求,强调要素投入、要素收入相对称。公平并不等于平均主义。社会主义市场经济条件下的公平观应是以机会均等为前提,以要素投入与要素收入相对称为基础,以合理拉开收入差距,又防止两极分化,逐步实现共同富裕为原则。为了实现公平分配的目标,财政政策必须从收支两方面入手,通过税收补贴转移支付来均衡地区之间、社会成员之间的收入差距,实现公平分配的目标。

4. 生活质量的提高

社会生活质量的提高不仅表现为个人消费需求的实现,还表现为公共需要的满足,例如环境质量、公共安全、教育普及和基础科学研究水平等都反映了社会生活质量。提高社会生活质量,需要主要依靠政府部门来实现。

中国财政政策四个目标之间是相互配合、相互促进的。其中,经济增长目标至关重要,它是实现其他目标的根本保障。

(二) 工具

财政政策工具是指政府所选择的,用以达到政策目标的各种财政分配手段。财政政策工具主要有财政支出、税收、公债等。

财政支出主要指政府满足社会公共需要的一般性支出,它包括政府的政府投资支出、日常政务支出等购买性支出,也包括财政补贴、社会保障等转移性支出。在市场经济条件下,政府投资的项目主要是指那些外部效应大、自然垄断性大、产业关联度高的公共设施以及高科技主导产业。政府的投资能力与投资方向对经济结构的调整起关键性作用。

税收作为一种政策工具,具有分配形式上的强制性、无偿性和固定性特征。税收调节具有权威性。税收的调节作用,主要通过税负分配、宏观税率确定体现出来。税负分配,主要是政府通过税种选择和制定不同的税率来实现。税负分配对于个人与企业的生产经营活动产生重大影响。宏观税率的确定,是财政政策实行调节目标的基本政策度量选择之一。宏观税率高就意味着政府集中掌握的财力或动员资源的能力高。宏观税率提高意味着更多收入从民间部门流向政府部门,民间部门的需求下降,民间部门的产出也相应地减少;政府若降低税率,则会对民间部门的经济起扩张作用,需求上升,产出也相应增加。

公债作为一种信用形式,它最初是用来弥补财政赤字的,但随着信用制度的发展,公债已成为调节货币供求、协调财政与金融关系的重要手段。其调节作用主要体现在三种效应上:一是货币效应,公债发行引起货币供求变动。一方面可能使潜在货币变为现实流通货币,另一方面则可能把存于民间部门的货币转到政府部门或由于中央银行购买公债增加货币的投放。由于公债发行所带来的货币的一系列变动,统称货币效应。二是挤出效应,即由于公债的发行,民间部门的投资或消费资金减少,对民间部门的投资或消费起调节作用。三是收入效应,公债持有人在公债到期时,不仅收回本金而且得到利息。公债所带来的收入与负担问题不仅影响当代人,还存在着所谓代际的收入与负担的转移问题,对这些问题的分析,即所谓收入效应。

三、财政政策两种类型

根据财政政策的作用方式的不同,财政政策以可分为相机抉择的财政政策和自动稳定的财政政策两种类型。

(一)相机抉择财政政策

相机抉择财政政策,是指政府或财政管理当局根据市场情况和各项调节措施的特点,为达到一定的宏观经济目标,机动地决定和选择的财政政策措施,它是政府利用国家财力有意识干预经济运行的行为。

按照对调节经济总量方向的不同,相机抉择的财政政策又可以分为扩张性财政政策、紧缩性财政政策、中性财政政策三种。相机抉择财政政策对经济作用的具体表现：

第一，扩张性财政政策，是指通过减少财政收入和增加财政支出，刺激社会总需求，实现经济总产出增加的目的。当经济衰退，失业率较高，有效需求不足时，政府往往采取这一政策。一方面，通过降低税率实行免税等方式，减少税收规模，以刺激企业和个人的消费和投资；另一方面，政府通过增加公共支出，对物品和劳务的购买、公共工程的支出，对个人的转移支付等方式，可以直接发挥乘数作用，增加社会总需求，带动了民间消费、投资的增加，使经济尽快摆脱衰退困境。

第二，紧缩性财政政策，通过财政分配活动，增加财政收入或减少财政支出，抑制社会总需求。当经济过热，总需求膨胀时，政府常采取这种措施。当总需求膨胀时，一方面政府通过设置新税种、提高税率、减少退税规模等方式，增加税收，减少企业和个人的可支配收入，进而减少企业和个人的消费和投资需求。另一方面，政府通过减少对个人的转移支付直接减少社会总需求，又可以减少民间部门的可支配收入，间接减少其消费和投资，减少社会总需求，抑制经济的过热。

第三，中性财政政策，是指政府通过保持财政收支的大体平衡，来实现社会总需求与总供给平衡的财政政策。中性财政政策的实质是，不干扰市场机制的作用，不主动利用财政手段去影响总供求之间的关系，在经济发展相对平稳的对期，财政在主观上对经济保持中立。中性财政政策对社会总供求关系不具有倾向性的调节作用。

（二）自动稳定的财政政策

自动稳定的财政政策也称为"内在稳定器"，是指不用政府或财政当局基于对经济形式的判断去主动选择，而能够根据经济波动情况自动地发挥调节作用，抵消总需求变化，产生稳定作用的财政政策，或者说是制度化了的财政政策。

这类财政政策主要是通过税收和财政支出中的自动稳定机制，来实现财政政策的自动稳定功能。税收自稳定功能主要表现在具有累进特征的所得税制度上。例如个人所得税，具有一定的起征点并采用累进税率。当经济繁荣时，个人收入增加，纳税人数随之增加，有更多的人适用较高档的税率，使税收收入自动增加，而且由于超额累进的特点，税收收入的增长幅度会超过个人收入的增长幅度，从而抑制总需求的过度膨胀。当经济萧条时，个人收入减少，符合纳税条件的人数也减少,而且有一部分人从高档税率降为低档税率,从而使税收收入自动减少,起到防止总需求过度萎缩、经济下滑、刺激经济复苏的效果。

公司所得税也具有内在的稳定功能。财政支出稳定功能主要表现在转移支付方面,特别是政府对居民的转移支付,如失业救济金的发放和对个人的福利费支出。当经济繁荣时,失业减少,政府对居民的这类转移支付自动减少,从而抑制个人消费的过度膨胀,防止经济过热的情况出现。在经济萧条时,个人收入减少,有更多的人符合政府救济或补助的条件,转移支付自动增加,从而抑制个人消费需求的下降速度,防止经济进一步恶化。可见,税收和转移支付能够对总需求的升降起到自动调节作用,使经济在较小的范围波动,从而减少经济波动带来的损失,实现稳定经济的财政政策目标。

四、我国财政政策历程

在新中国成立前后高度集权的计划经济体制下,财政是我国政府直接控制经济运行的最主要手段,国有经济作为单一的经济主体支撑着整个国民经济的运行。经济增长基本上只依赖于财政支出的增长。

改革开放后,计划经济体制转向市场经济体制,政府的经济职能和角色发生了深刻的变化,由原来经济的直接微观管理者转变为间接宏观调控者。

在实践中,1978—1996 年,由于财政收入占 GDP 的比重不断下降,国民收入分配格局向居民倾斜,财政政策在宏观经济调控中的主导地位被货币政策所取代,财政政策对经济总量、通货膨胀率等宏观经济变量的影响微乎其微。

然而 1997 年后中国经济形势发生了急剧变化,内需不足和通货紧缩趋势日益明显和突出。面对严峻的经济形势,如何拉动经济增长成为国家经济生活的头等大事。中央启用了货币政策工具,在 1996—1998 年两年的时间里,连续 5 次降低存贷款利率,并在 1998 年年初取消国有商业银行贷款限额控制,改按资产负债比例管理和风险管理办法进行控制,并降低准备金利率。但是,出乎人们的意料,货币政策迟迟没有产生明显的效果,难以遏制经济继续下滑的趋势。在这种情况下,人们怀疑货币政策手段的运用是否陷入了"流动性陷阱",在这种情况下,党中央做出正确的决策,启用财政政策来拉动经济增长。

1998 年以来,实施了以扩大内需为主要内容的扩张性财政政策,连续 6 年发行长期建设国债 6 600 亿元。国债对产出的直接推动作用是十分明显的。但是全社会消费品零售总额增长速度低于经济增长速度,私人投资增长乏力。2002 年 6 月底存贷差已达到 34 107 亿元,即有 1/5 的银行信贷资金没有得到有效的利用,大量的储蓄无法转化为投资,扩张性财政政策对经济增长未能发挥应有的作用,财政政策是否能够有效调控经济运行受到了广泛的质疑。

2008 年国际金融危机席卷全球之时,国内宏观政策正处于财政"稳健"与货币"紧缩"时期,国民经济受到前所未有的严峻考验。为遏制经济下滑趋势,我国从 2008 年第四季度开始实施积极财政政策,增加中央政府公共投资 1.180 万亿元,带动引导社会投资 4 万亿元。2010 年年末,"4 万亿"经济刺激计划收尾,正值"十二五"规划开局,这意味着固定资产投资被动续建和主动扩张的动力并存。

2010 年我国坚持实施积极的财政政策,侧重点主要体现在刺激经济增长、转变经济发展方式和政策的灵活运用等方面,如根据物价变动推出的惠民措施等。2010 年我国积极财政政策在推进地方财政改革、加强中小企业和农村建设、促进经济发展方式转变和支持社会事业四方面起到了重要作用。根据不断变化的国内外经济形势及转变经济发展方式的要求,我国对关税政策也进行了一定的调整。

2011 年宏观经济调控政策的基调使财政政策肩负着更加艰巨的任务,主要原因是货币政策从"适度宽松"转向"稳健",这种转变使经济增长和抑制通胀的双重压力逐步向财政政策倾斜。财政政策在"调结构、保民生"上的作用没有改变。2011 年财政政策实质内容大概分三个层次,赤字变化、结构减税与支出方向。

2012 年年初至今,世界经济总体上处于缓慢复苏的进程之中。美国实体经济的表现引人注目,宏观经济政策发挥了重要作用,欧元区经济的复苏前景依旧复杂。国内宏观经济形势多种矛盾交织,经济增速有所放缓,结构性物价上涨压力较大。我国"稳中求进"宏观调控的政策重心形成"双着力"的格局,既着力于保持宏观经济形势的稳定,又着力于推进产业结构调整和经济发展方式转变,并对我国财政政策和货币政策的调控框架与措施搭配提出了新的要求。

第二节 财政政策的产业不对称性

一、引言

与货币政策一样,财政政策也属于重要的宏观调控手段。尤其对行政干预市场程度依然较高的我国来说,财政政策就更为重要。由于财政政策不可避免地在各大产业之间出现倾向性,而且各个产业自身的特点也不同,因此财政政策会出现产业不对称性。当前我国正处于工业化加速时期,合理调整产业结构是经济发展重要的目标之一。所以,研究财政政策的产业不对称性具有重要的意义。

在国外,一方面由于财政政策本身对于经济的影响较货币政策更加直接,从而财政政策本身得到的关注不多;另一方面产业结构问题也不像中国这样突出,所以外国学者对于财政政策产业不对称性的研究较少。在国内,进入21世纪以来开始有学者进行这方面的研究。国建业、唐龙生(2001)提出政府利用财政手段进行产业结构调整具有理论基础,产业结构不合理的实质是资源配置的不合理性,而财政政策正是为了实现公平与效率提出的政策和方针。文章从微观经济学的角度分析得出,财政政策对产业结构调整具有有效性。具体来说,发展中国家应以财政政策降低交易成本,通过完善基础设施,促进专业化分工程度的提高和社会分工程度的提高。但由于体制不完善,财政政策未能有效地调节产业结构,并提出了减少直接干预、加强间接引导的财政政策建议。李新国、易先桥(2005)认为由于市场机制缺陷的存在,产业结构优化过程中产生的问题并不能由市场机制这只"看不见的手"来解决,所以要依靠政府的干预,即财政政策对特定产业活动加以干预和引导,从而影响产业结构,进一步促进产业结构优化的顺利进行。国家可以利用财政政策引导资源在不同产业及行业间流动,促进产业结构的调整。因此财政在产业结构调整中有着不可替代的重要地位。李佩佩(2009)通过面板数据模型对东中西部三个地区进行计量回归,发现东中部地区对产业结构趋异的影响不大,而西部地区增加财政收入会导致区域产业结构趋同,因此得出结论,各地区加大财政支出的力度差别会导致区域间产业结构趋异的结果。卢洪友、陈思霞(2009)运用 Malmquist 指数法分离出第三产业技术进步和技术效率指数,构建 FGLS 方法模型,实证分析了财政政策对第三产业技术效率的效应,得出第三产业技术进步水平逐渐上升,但技术效率呈现下降趋势的结论。分税制改革以前,当期的财政支出对第三产业的技术进步产生了显著的促进作用,当期的宏观税收也明显促进了第三产业的技术进步。而分税制改革后,反而降低了财政支出对第三产业的激励效应,但前一期的财政支出效应有所上升,第三产业技术效率的财政政策效应在分税制改革后并没有得到明显的改善。郭晔、赖章福(2010)运用 1978—2007 年东、中、西部的面板数据进行实证分析,发现总体看来,财政政策对第一产业增加值和对第三产业增加值的作用比货币政策弱,而财政政策对第二产业增加值的作用比货币政策的作用强。具体看财政政策的作用,发现财政政策具有一定的产业结构调整效应。在各个区域对三次产业的效应相差比较大,各有侧重,在东部地区财政政策对第二产业和第三产业的作用高于对第一产业的作用,在中部地区财政政策对第二产业的作用大大高于对第一产业和第三产业的作用,在西部地区财政政策对第二产业的作用也远远高于对第一产业的作用。郭晔(2011)认为财政政策以财政支出为主,通过财政支出的"财富效应"、"生产效应"和"内部需求效应"对实体经济产生影响,据此以财政支出的效应为代表分析财政政策的产业效应,发现财政政策的产业效应不存在时滞性,财政支出对三次产业的效应在东部地区显示最强,特别是对第二产业的效应,而在西部地区,财政政策对三次产业作用效果都不显著。同时,财政支出的变动对三次产业的增加值变动的影响有强有弱,具体表现在对第二产业和第三产业的效应较强,尤其是对第二产业。张斌(2011)采用 VAR 模型对财政政策促进产业结构的有效性方面进行了定量分析,结果显示,财政政策中的减税政策从长期来看,对传统产业和落后产业效果相对显著,而从短期来看,对新兴产业投资的影响最大,其次是传统产业,最后是落后产业。财政支出政策从短期来看对传统产业和新兴产业的影响较为显著,从长期来看,对落后产业的影响显著,传统产业次之。财政收入政策在长期和短期都是对新兴产业的影响相对最大。因此得出相应的政策建议:通过财政减税政策等宏观调控手段扶持新兴产业发展,通过财政支出政策促进传统产业改造和升级,最后应降低对落后产业的财政支持。

与以往学者的研究不同,本节扩展了样本区间,即研究从 1952 年开始的财政政策的产业不对称性,选择更长的样本区间有利于更加深入地分析财政政策产业不对称性的规律,得到的结论更加科学合理。

二、财政政策产业不对称性的理论分析

政府对产业的调整主要通过财政政策的产业效应与产业政策来实现。产业政策是指政府为改变产业间的资源分配和各种产业中的私营企业的某种活动而采取的政策。主要包括直接限制政策,如行政审批、配额制等;和间接诱导政策,如租税减免、财政补贴等。财政政策和产业政策作为政府对产业结构进行调整的两种工具,在促进经济总量稳定增长,保证经济结构科学合理这个目标上,是具有统一性的。具体地说,产业政策是一种差别化政策,财政政策可以为实现差别化提供一系列有效的政策工具。另外,财政政策主要是为实现产业政策目标而制定的配套性倾斜政策,调整对象、范围、期限等多与产业政策保持一致。因此,我们可以说财政政策和产业政策相互联系并相互影响。

更为精确地说,本节主要分析的是财政政策对于产业不对称性的影响。

从宏观的角度看,财政政策对于产业不对称性的影响较为直接。国家财政支出是宏观调控的重要工具之一,对各大产业的影响比较明显,但是由于财政在各个产业的支出并不均衡,而且各产业都有自身的特点,因此财政政策会具有产业不对称性。比如,国家于 2006 年取消了农业税,这会增强理性经济参与者参加农业生产的积极性,从而提高第一产业的产值。又如,在 4 万亿投资中,国家在铁路、公路和机场等基础设施建设方面投入了大量的资金,这会直接促进第三产业中交通运输业的发展。同时,运输条件的改善也会间接地刺激第一和第二产业,但是由于产业特性的不同,这种刺激的力度是不一样的。

微观上讲,财政政策对微观经济的影响更加直接。比如,扩张性的财政政策:减税,政府转移支付和购买支出增加以及公债规模加大等。第一,如果是减税的话,居民的税后收入会增加,这不可避免地会促进消费需求,对第一、二、三产业都会带来积极影响,相比之下,可能对第三产业的影响会更大些。第二,政府转移支付增加,也会增加,至少会维持当前居民消费需求,投资补贴的增加会增强相关产业厂商的投资信心,政府购买的增加会直接导致其所需求的产业的

需求增加,比如地方政府大力度采购一些工业用品,对相关行业的企业就是一种利好信号。第三,相比之下,公债应该是前两种政策的基础,是维持财政平衡的需要,对于产业不对称性的影响并不强烈。

本节主要以财政支出作为财政政策的指示变量,研究财政政策的产业不对称性。

三、实证分析

（一）指标的选择与数据处理

在这一部分,将利用 VAR 模型研究财政政策的产业不对称性。首先,需要选择恰当的指标,以衡量财政政策和各产业的情况。本部分选择国家财政支出作为衡量财政政策的变量,而选择三大产业产值作为衡量各产业情况的变量。样本区间为 1952—2011 年,能够较为完整地反映新中国成立以来财政政策与产业结构的关系。考虑到 1978 年具有划时代的意义,本部分将样本区间以 1978 年为界,分 1952—1978 年和 1978—2011 年两个阶段进行研究。财政政策和三大产业产值均经过了平减。另外,对平减后的数据进行取对数差分处理,获得各个数据的变化率,为了简便,分别记为 FIN、IND1、IND2 和 IND3。数据来自历年中国统计年鉴和新中国六十年统计资料汇编。

1952 年基本建成社会主义制度以来,我国经济发生了翻天覆地的变化。做出财政支出与 GDP 的变化图以及产业结构变化图如图 16-1、图 16-2 所示(所有数据经平减)。

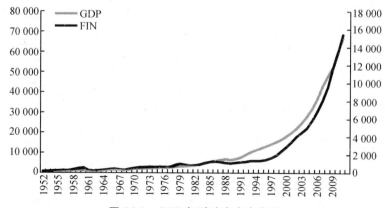

图 16-1　GDP 与财政支出变化图

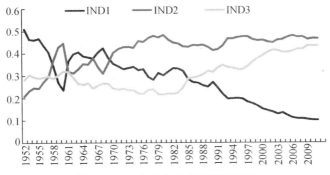

图 16-2 三大产业产值比例变化图

从图中看出,自 1952 年以来,我国财政支出与 GDP 均呈现出明显上升的趋势。其中财政支出在 90 年代左右上升速度放缓,但是近些年来,国家又加大了财政支出的力度,财政政策是我国重要的宏观调控工具。三大产业的结构波动比较明显。首先看农业,1952 年时农业占国民经济的份额超过了一半,这与当时我国属于农业国的情况相符。社会主义基本制度建成之后,除了 1960 年左右的自然灾害导致农业份额急剧下降以及随后的反弹以外,农业在国民经济中的份额呈持续下降的趋势,目前仅约占 GDP 的 10%,这也反映了经济发展过程中农业的地位会逐渐下降的规律。其次看工业,1952 年时我国工业水平比较落后,工业产值仅占国民经济总产值的 20% 左右,但是我国建立社会主义制度以来综合考虑国内外形势,大力发展以重工业为主的工业,促使工业在国民经济中的地位迅速上升,到 1979 年其产值接近农业和服务业之和。虽然改革开放以后,我国调整了产业政策,但是工业作为我国主导产业的地位依然没有变化,到目前其在国民经济中的份额依然接近 50%。我国服务业的变化情况比较特殊,1978 年之前,服务业在国民经济中的份额稳中有降,到了 1978 年之后则呈现出快速上升的趋势。目前,服务业的总产值已经接近工业。总体来看,1952—1978 年,我国产业的产值基本呈现由农业向工业转移的特点,而 1978 年之后,则呈现农业向服务业转移的特点。我国产业结构变化的特点与财政政策之间有什么样的关系,值得研究。

(二) 1952—1978 年的情况分析

首先,对 1952—1978 年财政政策对于产业结构的总体影响进行分析。第一步,将处理后(平减、取对数差分)的数据进行平稳性检验,结果如表 16-1 所示。

表 16-1　平稳性检验（1）

数据序列	检验形式	检验统计量	P 值	检验结论
FIN	（C,0,1）	-4.762	0.0009	平稳
IND1	（C,0,0）	-3.275	0.0268	平稳
IND2	（C,0,2）	-4.404	0.0021	平稳
IND3	（C,0,2）	-4.049	0.0049	平稳

经过检验，各个序列都是平稳的，可以直接进行下一步的分析。

为了研究财政政策与各个产业之间的因果关系，接下来进行格兰杰因果检验。滞后期的选择方法与 VAR 模型相同，结果如表 16-2 所示。

表 16-2　格兰杰因果检验（1）

原假设	P 值	检验结论
FIN 不是 IND1 的格兰杰原因	0.8371	不能拒绝原假设
IND1 不是 FIN 的格兰杰原因	0.2902	不能拒绝原假设
FIN 不是 IND2 的格兰杰原因	0.0401	拒绝原假设
IND2 不是 FIN 的格兰杰原因	0.0117	拒绝原假设
FIN 不是 IND3 的格兰杰原因	0.8940	不能拒绝原假设
IND3 不是 FIN 的格兰杰原因	0.0616	不能拒绝原假设

从检验结果可以看出，财政支出与第一产业和第三产业之间没有格兰杰因果关系，但是财政支出与第二产业之间具有明显的格兰杰因果关系。

接下来，进行基于 VAR 模型的方差分解，以研究财政支出对于各个产业产值变化的解释能力。限于样本量，只关注 3 期和 6 期的情况，方差分解时各个产业产值变化在前，财政支出在后。同时，考虑到主要关注的是财政政策对于产业结构的影响，所以只列出财政政策对各个产业产值变化的解释能力，分解结果如表 16-3 所示。

表 16-3　方差分解（1）（%）

数据对	3 期	6 期
FIN 对 IND1	0.189	0.197
FIN 对 IND2	14.357	14.366
FIN 对 IND3	0.937	1.317

分解结果显示,在 1952—1978 年这个样本阶段,财政政策对于第一和第三产业基本没有影响,而对于第二产业有着一定的影响。

综合格兰杰因果检验和方差分解的结果,在 1952—1978 年,财政政策对于第二产业的影响要远大于对于第一和第三产业的影响。这可以从当时国家的宏观政策中得到解释,即我国 1952 年基本建成社会主义制度以后,综合考虑了国内外各种因素,决定大力发展重工业,大炼钢铁就是其中的一个典型例子。全民大炼钢铁造成了人力、物力、财力的极大浪费,严重削弱了农业和第三产业。在优先发展重工业的国策下,国家利用财政政策工具,支持第二产业发展,直接或间接地抑制了农业和第三产业的发展,这一时期的财政政策具有明显的产业不对称性。

(三) 1979—2011 年的情况分析

改革开放以来,我国的产业结构政策有了较大的调整,放弃了之前重工业优先发展的战略,我国财政政策也发生了相应的变化,所以研究这一阶段财政政策的产业不对称性具有较强的意义。

同样地,时间序列分析时需要首先进行平稳性检验,结果如表 16-4 所示。

表 16-4　平稳性检验(2)

数据序列	检验形式	检验统计量	P 值	检验结论
FIN	(C,T,1)	−4.124	0.0149	平稳
IND1	(C,T,0)	−5.438	0.0006	平稳
IND2	(C,T,1)	−4.196	0.0126	平稳
IND3	(C,T,4)	−4.310	0.0107	平稳

检验结果显示,四个数据序列均为平稳序列,可以直接进行下一步的分析。

与上一部分类似,分别采用格兰杰因果检验和方差分解研究本阶段财政政策的产业不对称性,结果如表 16-5、表 16-6 所示。

表 16-5　格兰杰因果检验(2)

原假设	P 值	检验结论
FIN 不是 IND1 的格兰杰原因	0.9859	不能拒绝原假设
IND1 不是 FIN 的格兰杰原因	0.4255	不能拒绝原假设

(续表)

原假设	P 值	检验结论
FIN 不是 IND2 的格兰杰原因	0.0216	拒绝原假设
IND2 不是 FIN 的格兰杰原因	0.0465	拒绝原假设
FIN 不是 IND3 的格兰杰原因	0.1499	不能拒绝原假设
IND3 不是 FIN 的格兰杰原因	0.0022	拒绝原假设

表 16-6 方差分解(2)(%)

数据对	3 期	6 期
FIN 对 IND1	0.000	0.000
FIN 对 IND2	11.674	20.069
FIN 对 IND3	36.976	34.979

检验结果显示,这一阶段的财政政策同样具有明显的产业不对称性:从格兰杰因果检验的角度来看,财政支出是第二产业和第三产业的格兰杰原因,但不是第一产业的格兰杰原因,说明本阶段的财政支出能够促进第二产业和第三产业的发展,但是对第一产业促进程度不大;方差分解显示出相同的结论,财政支出对于第一产业基本没有影响,而对第二和第三产业均有一定的影响能力,其中对于第三产业的影响能力更强。这一现象的产生并非偶然,改革开放以来,我国的发展战略发生了重大变化,从之前的片面强调重工业的发展转向了一切以经济建设为中心。一方面,不再片面地强调重工业的发展解释了为什么本阶段中,工业没有享受到大部分的国家财政资源;另一方面,考虑到产业结构变迁的一般规律,即随着经济的发展,农业在国民经济中比重会下降,工业和服务业在国民经济中比重会上升,国家将财政资源向工业和服务业倾斜是合理的。两方面相结合,促使我国财政政策出现了从单一扶植第二产业向同时扶植第二和第三产业的转变。当然,通过两个阶段财政政策都有不同的侧重点可以看出,我国财政政策具有明显的产业不对称性。

四、小结

本节在回顾了之前学者对于财政政策产业不对称性的研究的基础之上,对财政政策为什么会产生产业不对称性进行了理论分析,并且利用 VAR 模型检验了我国财政政策的产业不对称性。与之前学者的研究不同的是,本节将样本区间扩展到了1952年,从而能够更全面地反映新中国成立以来财政政策对产业结构的作用。检验结果显示,在1952—1978年的样本区间内,财政政策对于第二产业的作用较为明显,而在1978—2011年的样本区间内,财政政策则对第二产业和第三产业的作用较为明显,这与国家在两个阶段内的发展重心,即片面强调重工业和促进产业结构优化升级是有密切联系的。总体来看,我国的财政政策具有明显的产业不对称性。

第三节 财政政策的区域不对称性

一、引言和文献综述

财政政策与货币政策一样,属于重要的宏观调控手段,因此,其对于宏观经济的作用历来颇受重视。从国家的角度来说,一般情况下国家实施统一的财政政策。但是,由于我国的行政区划众多,各区域的经济和金融结构存在异质性,因此各个区域对于财政政策的反应有所不同。因此,研究财政政策的区域差异具有重要的理论和现实意义。

国外学者对于宏观经济政策不对称性的研究由来已久,但是大多是对于货币政策不对称性的研究。对于财政政策区域不对称性的早期研究主要集中于美国和日本。比如,Garrison and Chang(1979)构建了美国八地区的地区收入凯恩斯主义简化季度模型。模型结果表明国家的经济政策对于地区的出口收入有显著影响。财政政策和货币政策对于地区基本经济活动都有较大影响。Yoshino and Nakano(1994)构建了不同的生产模型研究9个地区,发现公共支出对于生产发达的地区效果显著,而对于相对落后的地区作用不甚明显。而近期的研究多集中在欧盟地区,比如,Pereira and Sagales(1999)运用VAR方法研究了西班牙政府财政支出对私人部门的影响。结果显示受益于公共支出最大的地区为行政区域较大和人均GDP位列前茅的地区。同时,财政支出也加剧了地区间经济发展的不平衡。Bruneau and Bandt(1999)利用SVAR模型研究了欧盟财政政策的区域不对称性,得到了财政政策在德国的作用比较明显但是在法国的作用不大的结论。类似地,Bas,Harry and Niko(2003)也采用 SVAR 模型发现财政政策在欧盟存在区域不对称性。另外,Alfredo and Andraz(2006)把葡萄牙分成五大区域,通过使用 VAR 模型,发现政府公共基础建设投资对中部地区的政策效应最大。我国学者大约从 2005 年左右关注财政政策的区域不对称性。郭庆旺、贾俊雪(2005)利用面板数据模型和时变参数模型分别考察了积极财政政策对我国区域经济增长和差异的影响,得出积极财政政策对西部地区的正向影响力最大,中部地区次之,东部地区最小的结论。张晶(2006)利用两地区的简约化模型对 1978—2004 年我国货币政策和财政政策在东部和中西部两个地区的作用进行了实证分析,得到财政政策确实存在区域不对称性的结论。陈安平(2007)建立了一个包括政府投资、银行贷款、价格指数等变量的 SVAR 模型,得出我国财政货币政策对东部的作用强于中西部,存在明显的区域差异效应,而且财政政策对区域经济发展的作用更大的结论。董秀良、漆柱(2011)通过建立包括政府投资、宏观税收、个人投资和东中西部人均产出等变量的 SVAR 模型分析得出,我国政府投资的财政政策存在明显的区域非均衡效应,而宏观税收政策区域差异效应不明显。

虽然研究财政政策的区域差异有着重要的意义,但是到目前为止,其研究方法还存在着一些问题。与研究货币政策的区域不对称性的方法相似,研究财政政策的区域差异直接用国家层面的财政支出等财政政策指示变量与各地区的 GDP 等宏观经济指示变量进行实证分析,进而得出结论。该方法忽略了财政政策与货币政策的一大不同,即地方财政支出会对当地的经济产生不小的影响,而货币政策则不存在这种情况。尤其是对于我国来说,地方财政支出的比例已经从 50% 上升到 80% 以上,其对于研究来说是不可忽略的,所以以往学者得出的结论有一定程度的偏差。针对这种情况,本节先将地方财政政策对于该地区经济的刺激效应予以剔除,再研究国家层面财政政策的区域不对称性。这是本节的一大创新之处。

在估计地方财政政策的作用方面,国内学者的方法大致相同,基本都基于 IS-LM 模型。比如,郭庆旺、吕冰洋、何乘材(2004)利用传统的 LS-LM 模型,测算了积极财政政策的乘数,得到积极财政政策乘数为 1.6—1.7 的结论。金明慧、张晓杰(2007)采用相同的方法,以黑龙江省 1990—2004 年的数据为基础,对黑龙江省财政政策的效应进行了测算。而陈建宝、戴平生(2008)基于我国财政支出和GDP的数据,对国家财政支出对经济增长影响的路径、强度、乘数效应进行了研究,得出我国财政支出对经济增长的乘数效应为4.26等。本节将借鉴IS-LM的估计方法,剔除各省财政支出的影响。另外,以往学者在研究财政政策的不对称性时,往往采用年度数据。但是受到样本期的限制,基于时间序列的分析结果并不稳定。鉴于此,本节采用月度数据,增加了样本量,从而使回归的结果更加可靠。

二、经济区域的划分

为了研究财政政策的区域不对称性,需要对经济区域进行恰当的划分。对于经济区域的划分,目前存在着三区域(东、中、西)、四区域(东、中、西部和东北)、八区域(八个综合经济区)和31个省级行政单位等多种划分方式。本节选择八区域的划分。理由是三区域和四区域的划分比较粗略,并且更多的是从地理的角度而非经济的角度进行划分。31个省级行政单位过于细致,不利于规律的总结。八大经济区的提法来自2005年国务院发展研究中心发布的《地区协调发展的战略和政策》报告,该报告提出了新的综合经济区域划分设想,把内地划分为八大综合经济区,每个区域有3—5个省(自治区、直辖市)①。这种划分保证了每个区域内的省份地理上的毗邻和经济结构的相似,有利于研究财政政策的区域效应。鉴于此,本节采取了八区域的划分。

各大经济区2011年产值、财政支出以及排名见下表16-7(数据经平减)。

表16-7　八大经济区GDP和财政支出统计表

经济区域	GDP总量(亿元)	排名	财政支出(亿元)	排名
东北	7 871.70	7	1 544.19	7
北部沿海	16 902.50	2	2 355.92	3
东部沿海	17 455.53	1	2 424.99	2
南部沿海	12 714.26	3	1 680.83	6

---

① 具体是:东北综合经济区包括辽宁、吉林、黑龙江;北部沿海综合经济区包括北京、天津、河北、山东;东部沿海综合经济区包括上海、江苏、浙江;南部沿海综合经济区包括福建、广东、海南;黄河中游综合经济区包括陕西、山西、河南、内蒙古;长江中游综合经济区包括湖北、湖南、江西、安徽;大西南综合经济区包括云南、贵州、四川、重庆、广西;大西北综合经济区包括甘肃、青海、宁夏、西藏、新疆。

(续表)

经济区域	GDP 总量(亿元)	排名	财政支出(亿元)	排名
黄河中游	11 282.71	5	2 174.06	5
长江中游	11 502.07	4	2 181.07	4
大西南	9 949.26	6	2 596.77	1
大西北	2 777.09	8	1 128.82	8

从表中可以看出，东部沿海和北部沿海两大经济区在八大地区中经济总量居于前列，均超过了 1.5 万亿元，属于第一档次；南部沿海、长江中游、黄河中游、大西北和东北均在 1 万亿元左右，属于第二档次；大西北经济总量远远落后于其他经济区，属于第三档次。除此之外，东部沿海的经济总量是大西北的 6 倍以上，地区之间经济发展水平呈现出明显的差别。

三、地区财政支出效应的测量与剔除

如前所述，地方财政支出会对当地的经济产生影响，因此需要先予以测量并且剔除。在测量财政支出的效应时，各学者采用的方法比较一致。本节参照的是今明慧(2007)提出的基于 IS-LM 的方法，该方法的思路如下：

首先，将 IS-LM 模型线性扩展转化为：

$$C = a_{11} + a_{12}Y^d + \mu_1 \tag{1}$$

$$I = a_{21} + a_{22}Y + a_{23}r + \mu_2 \tag{2}$$

$$Q = a_{31} + a_{32}Y + \mu_3 \tag{3}$$

$$r = a_{41} + a_{42}Y + a_{43}(M/P) + a_{44}\pi + \mu_4 \tag{4}$$

$$Y^d = Y - T + TR = Y - tY + TR \tag{5}$$

$$Y = C + I + G + X - Q \tag{6}$$

式中，M/P 指真实货币余额，t 表示财政收入占 GDP 的比重。

以上的模型中，公式(1)表示消费函数，居民的总消费取决于可支配收入；公式(2)表示投资函数，解释变量为收入和真实利率；公式(3)表示进口函数，进口在短期内只受收入 Y 的影响；公式(4)表示货币需求函数，代表 LM 关系。在该模型中，货币供应 M/P、政府支出 G、转移支付 TR、财政收入 T、出口 X、通货膨胀率 π 是外生变量，消费 C、投资 I、进口 Q、真实利率 i、可支配收入 Y_d、净出口

NX 和总产出 Y 是内生变量,该模型是完备的,并且经过阶条件和秩条件检验,整个模型是过度识别。其中,消费是指居民消费,投资是指资本形成总额,政府支出为政府消费,通货膨胀率根据居民消费价格指数的变化来计算。

所有的数据均来自中经网统计数据库、中国统计年鉴和各省份统计年鉴。每个省份的样本区间均为 1992—2011 年,共计 20 年的时间。重庆市成立以后,为了统计方便,依然将其纳入四川省进行统计。所有的名义变量均以 1991 年的可比价格进行平减。平减处理后,对各省份的数据分别进行加总,以得到八大经济区域的数据。其中,各大经济区域的居民消费、可支配收入、总产出、进口、货币供给量、转移支付等为区域内各省的简单加总,而通胀率、真实利率等为区域内各省的简单平均。

借鉴多位学者的方法,采用三阶段最小二乘法进行估计,对模型的各个方程进行回归。以东北地区为例,回归结果如表 16-8 所示。

表 16-8 三阶段最小二乘回归结果表

解释变量	消费方程	投资方程	进口方程	利率方程
常数项	628 (0.0000)	−1468 (0.0000)	−64 (0.147)	5.78 (0.000)
Y		0.70 (0.0000)	0.11 (0.000)	$4.67*10^{-5}$ (0.4464)
Y^d	0.279 (0.0000)			
r		−82 (0.0000)		
M/P				−0.00043 (0.0036)
π				−0.601 (0.000)
R^2	0.992	0.667	0.766	0.930

根据回归结果,得到进口方程,由此计算出净出口方程 NX,与回归得到的消费方程、投资方程相加,再加上政府支出 G,得到总产出 Y 的方程,即 IS 关系 $Y = F(X, G, TR, t, r)$。其中 r 为真实利率,t 为财政收入占总产出的比例。将回归获得的利率方程代入,可以求出均衡总产出 $Y = P(X, G, M/P, TR, t, \pi)$。再根据财政政策变量乘数的定义,将均衡总产出对各个财政政策变量取偏导,即得到各个

乘数。东北地区的结果如下：

$$政府支出乘数 = \frac{1}{(0.13 + 0.28t)}$$

$$转移支付乘数 = \frac{0.28}{(0.13 + 0.28t)}$$

$$税收乘数 = -\frac{0.28}{(0.13 + 0.28t)}$$

由于本部分的目的不是计算各个乘数，而是计算财政政策对于宏观经济的影响程度。所以，根据乘数效应＝财政政策变量的变动量×乘数，计算出历年财政政策变量对于 GDP 的影响以及总效应。由于后文选择的样本区间为 2007—2011 年，因此本部分仅关注该时间段财政政策的总效应。东北地区的结果如表 16-9 所示。

表 16-9 东北地区财政政策效应

年份	GDP	t 值	政府支出乘数	政府支出效应	转移支付乘数	转移支付效应	税收乘数	税收效应	总效应	财政政策比例（％）
2007	11 075	0.078	6.591	775.2	1.85	24.1	1.85	−275.2	524.0	4.73
2008	13 844	0.076	6.615	1 802.1	1.85	26.5	1.85	−347.9	1 480.7	10.7
2009	13 988	0.086	6.486	1 610.0	1.82	44.7	1.82	−291.3	1 363.4	9.75
2010	16 331	0.088	6.461	1 495.4	1.81	38.4	1.81	−429.5	1 104.3	6.76
2011	18 775	0.097	6.356	1 327.9	2.04	34.7	−2.04	−790.6	672.48	3.58

对结果进行分析可以看出：政府支出效应为正，转移支付效应基本为正，税收效应为负，这与理论的预期一致。从财政政策总效应占 GDP 的比例来看，2008 年和 2009 年最大，均超过了 12％，而 2007 年、2010 年和 2011 年较小，这与我国 2008 年和 2009 年集中实施积极财政政策的效果一致，说明对于东北地区财政政策效应计算的结果是符合现实情况的。

接下来，采用相同的方法，对其余七大经济区域财政政策的效应进行分析，同样关注其 2007—2011 年财政政策的效应，得到如表 16-10 所示的结果。

表16-10 各大经济区域财政政策效应(%)

东北地区		北部沿海		东部沿海		南部沿海	
年份	财政政策作用比例	年份	财政政策作用比例	年份	财政政策作用比例	年份	财政政策作用比例
2007	4.73	2007	4.68	2007	2.06	2007	0.67
2008	10.70	2008	3.78	2008	1.70	2008	1.49
2009	9.75	2009	-1.86	2009	1.72	2009	-0.07
2010	6.76	2010	2.64	2010	1.57	2010	1.26
2011	3.58	2011	1.86	2011	0.83	2011	0.56
长江中游		黄河中游		大西南		大西北	
年份	财政政策作用比例	年份	财政政策作用比例	年份	财政政策作用比例	年份	财政政策作用比例
2007	5.84	2007	10.51	2007	16.81	2007	47.54
2008	5.56	2008	13.83	2008	13.81	2008	26.11
2009	1.73	2009	31.66	2009	3.96	2009	-7.52
2010	6.66	2010	11.79	2010	18.92	2010	40.33
2011	5.06	2011	9.01	2011	6.01	2011	24.69

从计算的结果中,可以得到如下的结论:

首先,从地方的角度来看,各地财政政策具有不对称性。大西北、大西南和黄河中游三个地区,财政政策对地区经济的贡献程度较大,基本都在10%以上。这主要与上述地区政府支出系数较高有关。具体分析其原因,可能是当地经济发展水平比较落后,市场化的程度不高,政府对于市场的控制能力较强,所以财政政策对于地方经济的影响能力比较大。尤其是大西北,即甘肃、宁夏、青海、西藏和新疆,基本属于我国最不发达的地区,改革开放程度较低,经济的市场化程度不高,政府能够通过其财政政策对经济施加较大的影响。反之,在市场化程度最高的南部沿海(由福建、广东和海南组成,其中海南的经济总量很小)和东部沿海(由上海、江苏和浙江组成),政府对于市场的调控能力较差,财政政策对于地区经济影响很小。而其余的三大经济区——北部沿海、长江中游和东北地区,市场化程度适中,财政政策的效果也在八大经济区域中位居中游。

其次,从各大经济区域的内部来看,历年财政政策作用也不尽相同。同样地,市场化程度高的北部沿海、东部沿海和南部沿海,财政政策的作用波动不大,而其余的五大经济区域财政政策的作用均呈现明显的波动性。另外,大西北和北部沿海财政政策的作用在 2009 年均出现了负值。出现此情况的原因是北部沿海的山东和大西北的青海、宁夏、新疆在 2009 年的政府支出低于上一年。深入考虑其原因,发现山东经济对外依存度在北部沿海四省份中是最低的(2009 年进出口占该年地区生产总值的比例,北京为 121%,天津为 58%,河北为 12%,而山东不足 6%),这说明山东省受全球经济危机的影响较小,地方实施积极财政政策的力度最低。而青海、宁夏、新疆均属于内陆地区,对于经济危机的抵御能力较强,财政支出降低也可以理解。

四、我国财政政策的区域不对称性

(一) 变量的选择与处理

在上一部分中,利用 IS-LM 模型,测量了各大经济区域财政政策对其经济的影响。在本部分中,首先将此部分效应予以剔除,再研究我国财政政策的区域不对称性。

本部分选择的样本区间为 2007—2011 年,数据频率为月度数据,对于每一个个体,样本量为 60。考虑到我国经济、金融市场化程度的迅速提升,采用较短的样本区间和较高的数据频率可以提高结果的可靠性。选择我国月度的财政支出,作为财政政策的指示变量;选择各省月度房屋新开工面积作为宏观经济的指示变量。将各大经济区域内所有省份的月度房屋新开工面积相加,得到该区域月度房屋新开工面积。[①] 由于某些省份 1 月份房屋新开工面积数据缺失,因此按 1 月和 2 月工作日数量的比例将该省 2 月份房屋新开工面积进行分配;某些年份我国 12 月财政支出的数据缺失,按 11 月和 12 月工作日数量的比例将 11 月的财政支出进行分配。另外,考虑到数据存在季节性(比如东北地区 1 月和 2 月房屋新开工面积明显低于其他月份),采用 X-12 方法对各大经济区的房屋新开工面积和全国的月度财政支出进行季节调整。季节调整后利用上一部分的结果剔除掉地方财政支出的影响。比如,东北地区 2007 年财政支出对于经济的作用为 4.73%,假设其 2007 年房屋新开工面积为 10 000 平方米,则剔除掉地方财政支出的影响后的数据为 9 527 平方米。调整后八大经济区域房屋新开工面积

---

① 房屋新开工面积包括商品房、住宅、办公楼和商业营业用房。

的数据分别记为 DBDQ、BBYH、DBYH、NBYH、HHZY、CJZY、DXN 和 DXB(分别为各大经济区域名称拼音的首字母),调整后全国月度财政支出的数据记为 FIN。对数据进行如上处理后,进行实证分析。

对于财政政策区域不对称性的研究,多采用格兰杰因果检验和方差分解,本节也将沿用此思路,从因果分析和影响力度两个角度研究财政政策的作用。

(二) 回归分析

由于采用的是时间序列数据,为了防止出现伪回归的情况,首先要对各序列进行平稳性检验。采用的方法是 ADF 单位根检验,并且根据 SIC 准则选择滞后期,检验的结果如表 16-11 所示。

表 16-11　单位根检验

数据序列	检验形式	检验统计量	P 值	检验结论
DBDQ	(C,T,3)	-4.874	0.0011	平稳
BBYH	(C,T,0)	-6.641	0.0000	平稳
DBYH	(C,T,0)	-6.316	0.0000	平稳
NBYH	(C,T,0)	-5.467	0.0002	平稳
HHZY	(C,T,0)	-5.743	0.0001	平稳
CJZY	(C,T,0)	-6.683	0.0000	平稳
DXN	(C,T,0)	-5.868	0.0000	平稳
DXB	(C,T,1)	-5.029	0.0007	平稳
FIN	(C,T,0)	-4.292	0.0062	平稳

检验结果显示,八大经济区域的房屋新开工面积和全国的月度财政支出均为平稳序列,可以直接进行下一步的检验。

为了验证财政政策是否对各大经济区域的宏观经济产生影响,需要进行格兰杰因果检验。由于本节关心的是财政政策对于宏观经济的影响,因此只需要关注财政支出是否是房屋新开工面积的格兰杰原因。考虑到采用的是月度数据,因此将滞后期分别选为 3 期和 6 期,以分别对应一季度和半年度,检验的结果如表 16-12 所示。

表 16-12　格兰杰因果检验

原假设	滞后 3 期 P 值	检验结论	滞后 6 期 P 值	检验结论
FIN 不是 DBDQ 的格兰杰原因	0.0002	拒绝	0.0004	拒绝
FIN 不是 BBYH 的格兰杰原因	0.0009	拒绝	0.0826	不能拒绝
FIN 不是 DBYH 的格兰杰原因	0.2852	不能拒绝	0.0200	拒绝
FIN 不是 NBYH 的格兰杰原因	0.0257	拒绝	0.2750	不能拒绝
FIN 不是 HHZY 的格兰杰原因	0.0035	拒绝	0.0606	不能拒绝
FIN 不是 CJZY 的格兰杰原因	0.1082	不能拒绝	0.6038	不能拒绝
FIN 不是 DXN 的格兰杰原因	0.0019	拒绝	0.0808	不能拒绝
FIN 不是 DXB 的格兰杰原因	0.0069	拒绝	0.0334	拒绝

从检验的结果可以看出，在5%的重要性水平下，对于东部地区和大西北来说，无论是滞后3期还是滞后6期，财政支出不是房屋新开工面积的格兰杰原因的原假设都可以被拒绝。而在剩下的六大经济区中，除了长江中游的房屋新开工面积在滞后3期和6期均不会被财政支出格兰杰引起以外，剩下五大经济区域滞后3期和6期的结论均不相同。

分析检验结果的地域性可以看出，财政支出对地区宏观经济的影响大致与其经济发展水平成反比。尤其是将重要性水平放宽到10%时，此现象更为明显，即：对于经济发展水平相对较低、市场化程度不高的东北地区、黄河中游、大西南和大西北来说，国家的财政支出是其宏观经济的格兰杰原因。而对于改革开放较早、市场化程度高的东部沿海、南部沿海和长江中游来说，至少在滞后3期或者滞后6期的其中之一，国家财政支出不是其宏观经济变量的格兰杰原因，说明国家的财政政策对其宏观经济的影响不显著。唯一的例外是北部沿海地区，其经济发展水平较高，但是国家财政支出依然对宏观经济有较为显著的影响，可能的解释是北部沿海经济区由北京、天津、河北和山东四省市组成，由于距我国的政治中心较近，可能受中央的影响较大，从而国家的财政政策会对其宏观经济产生显著影响。

接下来，进行方差分解，以验证国家财政支出对各大经济区域宏观经济的影响程度。关注滞后6期和滞后12期的方差分解结果，以获得半年期和一年期财政支出对于宏观经济的影响能力（被解释变量均为宏观经济，方差分解的顺序为财政支出在前），如表16-13所示。

表 16-13 方差分解

经济区域	6 期		12 期	
	财政支出(%)	解释能力排名	财政支出(%)	解释能力排名
东北地区	51.18	1	53.05	1
北部沿海	30.14	5	32.95	6
东部沿海	12.20	8	21.97	8
南部沿海	22.08	7	38.73	5
黄河中游	37.76	3	47.35	3
长江中游	27.71	6	31.34	7
大西南	36.90	4	48.66	2
大西北	45.82	2	46.75	4

检验的结果显示,以财政政策的影响力度为标准,八大经济区域可以明显地分为两类。东北地区、大西北、黄河中游和大西南为第一类,无论是 6 期还是 12 期,财政政策的解释能力均处于八大经济区域中的前四位,特别地,财政政策对于东北地区宏观经济的解释能力超过了 50%;北部沿海、东部沿海、南部沿海和长江中游为第二类,无论是 6 期还是 12 期,财政政策的解释能力均处于八大经济区域中的后四位,特别地,财政政策对于东部沿海宏观经济的解释能力在 6 期时仅为 10% 左右。将格兰杰因果检验和方差分解的结果进行总结,见表 16-14。

表 16-14 格兰杰因果检验和方差分解结果总结表

经济区域	格兰杰因果检验①		方差分解②	
	3 期	6 期	6 期	12 期
东北地区	是	是	强	强
北部沿海	是	是	弱	弱
东部沿海	是	否	弱	弱
南部沿海	是	否	弱	弱
黄河中游	是	是	强	强
长江中游	否	否	弱	弱
大西南	是	是	强	强
大西北	是	是	强	强

① 在 10% 的重要性水平下,如果可以拒绝财政支出不是宏观经济格兰杰原因的原假设,则填"是",否则填"否"。

② 如果财政支出的解释能力在八大经济区域中位居前四位,则填"强",否则填"弱"。

从上表看出,格兰杰因果检验的结果与方差分解的结果具有高度的一致性:东北地区、黄河中游、大西南和大西北等四大经济区域,财政政策是宏观经济的格兰杰原因,而且对其解释能力较强;东部沿海、南部沿海、长江中游等三大经济区域,财政政策不一定是宏观经济的格兰杰原因,而且对其解释能力较弱;只有北部沿海是个例外,财政政策是宏观经济的格兰杰原因,但是对其解释能力较弱。

(三) 稳健性检验

为了增强结论的稳健性,加入社会消费品零售总额和工业增加值作为宏观经济的指示变量,研究财政政策对区域经济的作用,结果如下。①

以消费品零售总额为指示变量的结果如表 16-15 所示。

表 16-15　稳健性检验(1)

经济区域	6 期		12 期	
	财政支出	解释能力排名	财政支出	解释能力排名
东北地区	10.69%	2	12.76%	2
北部沿海	9.23%	4	10.96%	5
东部沿海	9.23%	4	11.02%	4
南部沿海	8.79%	6	10.56%	6
黄河中游	N.A.②	N.A.	N.A.	N.A.
长江中游	9.52%	3	11.42%	3
大西南	13.62%	1	16.56%	1
大西北	N.A.	N.A.	N.A.	N.A.

以工业增加值为指示变量的结果如表 16-16 所示。

表 16-16　稳健性检验(2)

经济区域	6 期		12 期	
	财政支出	解释能力排名	财政支出	解释能力排名
东北地区	35.16%	2	45.53%	2
北部沿海	20.01%	5	25.60%	5

---

① 限于篇幅,仅列出方差分解的结果。
② 某些地区的序列是一阶单整的,如果取差分,则与其他经济区域比较时没有意义,所以没有对这些区域进行回归分析。

（续表）

经济区域	6 期		12 期	
	财政支出	解释能力排名	财政支出	解释能力排名
东部沿海	26.43%	4	32.19%	4
南部沿海	11.96%	6	15.48%	6
黄河中游	N.A.	N.A.	N.A.	N.A.
长江中游	34.14%	3	41.61%	3
大西南①	38.86%	1	51.99%	1
大西北	N.A.	N.A.	N.A.	N.A.

从检验结果看出，虽然以消费品零售总额为指示变量和以工业增加值为指示变量，不同区域之间的差别有大有小，但是其影响能力大小的顺序基本一致。这说明检验的结果基本证实了之前得到的结论，即财政政策对于东北地区、大西南等地区的影响能力较强，对于北部沿海、东部沿海、南部沿海等三大沿海地区的影响能力较弱，而对于长江中游的影响能力与之前的结论略有矛盾之处，说明我国财政政策在长江中游的影响能力尚不确定。

综合以上的检验结果，可以得出结论：我国的财政政策对大西南、大西北、黄河中游和东北地区影响能力较强，对于东部沿海、南部沿海、北部沿海②的影响能力较弱，对于长江中游的影响能力不确定，我国的财政政策存在明显的区域不对称性。

（四）对于结论的解释

通过以上的分析，可以得出我国的财政政策存在着明显的区域不对称性。对此，可以做出如下的解释。

财政政策作用比较明显的区域包括大西南、大西北、黄河中游和东北地区。这些地区财政政策作用明显的原因是其经济发展水平比较低，而且多位于我国内陆地区，其对外开放程度比较低、市场化程度不高，所以宏观调控对经济的作用依然十分明显。而三大沿海地区则经济发展快、市场化程度高，宏观调控对经济的影响相对较小。为了印证这一结论，分别计算了 2010 年八大经济区人均国

---

① 平稳性检验的 P 值是 0.0734，在 10% 显著性水平下认为其平稳。
② 由于三大变量的方差分解中财政政策对于北部沿海宏观经济的解释能力均较小，因此认为北部沿海是财政政策影响能力较弱的地区。

民生产总值等指标,结果如表 16-17 所示。

表 16-17　八大经济区宏观经济指标统计表

地区	人均GDP（万元）	第三产业产值占GDP比重（%）	对外依存度（%）	财政收入占GDP比值（%）	固定资产投资国家预算内资金比重（%）	城镇国有和集体企业从业人员比重（%）	私营企业工业总产值与国有企业产值之比
东北地区	3.42	36.87	22.22	8.97	3.78	36.93	0.87
北部沿海	4.14	43.79	50.22	9.05	1.83	31.01	1.16
东部沿海	5.53	45.22	85.35	11.08	1.78	16.00	2.12
南部沿海	4.19	43.80	97.24	9.46	3.86	20.84	1.36
黄河中游	2.82	33.13	6.41	8.10	4.87	43.48	0.81
长江中游	2.37	36.68	10.88	7.47	6.10	32.91	1.05
大西南	1.97	37.34	11.56	10.09	7.75	35.31	0.93
大西北	2.10	36.25	14.52	8.81	17.01	45.78	0.21

在上表的指标中,人均 GDP 和第三产业产值占 GDP 比重衡量的是经济发展水平,一般来说人均 GDP 越高,第三产业产值的比重应该相对较大;对外依存度衡量的是经济的开放程度;财政收入占 GDP 比值和固定资产投资国家预算内资金比重衡量的是政府对于经济的控制力;城镇国有和集体企业从业人员比重以及私营企业工业总产值与国有企业产值之比衡量的是私营和国有企业在经济中的相对份额。

从各个指标的排名可以明显地看出,除了财政收入占 GDP 的比重这一指标各大区域相差不大以外,三大沿海地区的人均 GDP 和第三产业产值的比重位居前三位,说明其经济发展水平较高;对外依存度位居前三位,说明其经济外向型程度高;固定资产投资国家预算内资金比重在八大经济区中名列后三位,即政府对于市场的控制较弱;城镇国有和集体企业从业人员比重和私营企业工业总产值与国有企业产值之比均位居前三位,说明非公有制经济在其经济中的影响力较大。而大西南、大西北、黄河中游和东北地区各个指标的排名基本与三大沿海地区相反。从而印证了之前的推断,即三大沿海地区经济发展水平高、政府对于市场的控制能力较弱,所以财政政策在这些地区的影响并不显著。而大西南等四大经济区经济发展水平较低,政府对市场有较强的控制能力,国有企业的影响能力较大,所以财政政策在这些地区的影响较为明显。

五、结论

本节利用 LS-LM 模型和 VAR 模型,研究了我国财政政策的区域不对称性。有别于之前学者的研究,本节首先将地方财政支出对该地区宏观经济的影响予以剔除,再研究中央财政政策的区域不对称性,增强了结果的科学性。同时,利用近年更短间隔的数据,使获得的结论更加地稳健。研究结果显示,我国的财政政策存在明显的区域不对称性,对于大西南、大西北、东北地区和黄河中游的作用比较明显,而对于三大沿海区域的作用比较微弱。同时,本节也从经济发展水平和市场化的角度给出了解释。

财政政策存在区域效应的政策含义是,财政政策的制定和实施应当考虑区域间的差异。对于财政政策作用比较明显的区域,可以较多地使用财政政策以拉动当地的经济发展;而对于财政政策作用微弱的区域,则应当更多地采用其他宏观经济手段调控当地的经济。

总体来看,本研究梳理了财政政策的概念、工具和目标、类型以及我国财政政策历程,并且着重研究了我国财政政策的区域不对称性和产业不对称性。研究显示,我国财政政策既具有区域不对称性又具有产业不对称性:财政政策在大西南、大西北、东北地区和黄河中游的作用比较明显,对于三大沿海区域的作用比较微弱;1978 年之前财政政策对第二产业的影响较大,1978 年至今财政政策的影响主要集中于第二和第三产业。本研究与前面货币政策的相关章节一起,较为全面地研究了我国宏观政策对于结构问题的影响,具有较强的理论和现实意义。

第十七章 资源约束下的我国宏观经济政策
——以石油价格波动为例

石油价格波动是影响宏观经济的重要因素。20世界70年代爆发第一次石油危机,世界主要石油消费国随之进入严重的经济萧条,学术界开始广泛关注石油价格与宏观经济之间的关系,以及石油价格波动情况下相应宏观经济政策等问题。在现有的研究中,石油价格多假设为外生变量,基于这一假设的研究对于当前我国现实的解释力和政策建议的局限性已日益凸显。因为随着经济规模持续扩大,一方面我国等新兴市场国家和地区对石油资源的依赖程度不断提升,另一方面我国等新兴市场经济的经济增长所扩大的对石油的新增需求,又将进一步推高世界石油价格。同时在新的形势下对于石油价格冲击与我国宏观经济政策的研究也显得日益迫切,因为石油价格的剧烈波动越来越成为干扰我国等新兴市场国家和地区经济持续增长的一个重要因素:一方面,石油价格的剧烈波动,短期内对宏观经济造成很大的扰动;另一方面,世界石油价格的长期上涨限制了能源消耗率较高、制造业出口占GDP比重大的新兴市场经济的持续高速增长。

新的形势给我们提出了新的问题:首先,在新的形势下,面对石油价格冲击,短期内我国政府在财政政策和货币政策上应该如何应对,应该如何降低石油价格冲击对宏观经济造成的短期扰动;其次,在世界石油价格持续上涨的长期趋势下,我国应该采取哪些中长期发展措施来规避石油价格巨幅波动对经济持续增长所带来的巨大冲击;与此相对应,一个更为重要的也是越来越被关注的问题是,新兴市场经济的经济增长扩大了对石油的新增需求,不断放大的石油新增需求也进一步推高了世界石油价格。在这种新形势下,中国等新兴市场国家和地区应该如何应对石油价格波动导致的宏观经济波动。

第一节 引 言

20世纪70年代爆发第一次石油危机,各主要石油消费国均出现了严重的经济衰退,由此研究者开始关注油价波动与宏观经济的关系,在早期众多研究中,最具代表性的是 Hamilton(1983)所做的分析,Hamilton 构建了一个线性模型,用美国1949—1980年的数据分析得出在石油价格变动和国民生产总值之间存在着很强的负相关性,他认为是石油价格波动导致了70年代美国经济的衰退;Hamilton(2003)进一步用非线性模型代替之前的线性模型,并发现非线性模型的解释力更强。

20世纪80年代,国际原油价格显著下降,但主要工业国家的经济并未出现大幅的扩张,这与20世纪70年代油价上涨导致普遍经济衰退形成鲜明对比,从而有大量的研究开始关注石油价格冲击对经济影响的非对称性,即认为石油价格上升对宏观经济的影响要大于石油价格下降对经济的影响程度,这二者的影响是不对称的(Mork,1989)。Cunado and Gracia(2003)利用欧洲一些国家1960—1999年的季度数据研究结果也证实了这一结论,Lee,Ni and Ratti(1995)同样指出油价上升和下降的影响不对称,并指出石油价格变动对 GNP 的影响取决于石油价格环境,如果石油价格比较稳定,则较小的变动也会有较大的冲击,但如果石油价格本身不稳定,则石油价格变动的冲击较小;Ferderer(1996)对油价上升和油价下降的冲击的计量分析也证实了这一结论;Hamilton(2003)的研究指出石油价格变动和 GDP 之间是非线性关系,进一步指出石油价格上升相比石油价格下降对 GDP 的影响更大,石油价格长期稳定后的价格上升比只是对早期价格下降的修正性上升的情况对于宏观经济具有更好的预测性;Edelstein and Kilian(2007a,2007b)实证检验了价格冲击对非住宅固定投资的影响具有非对称性。

石油价格波动对宏观经济的波动的影响有渐弱的趋势(Hamilton,1983)。Hamilton 分析了1948—1972年和1973—1980年两个不同时间段的数据,认为相同幅度的石油价格波动对经济的冲击越来越小;Hooker(1996)分析1985—

1994 年的数据得出结论,有很强的证据表明 1973 年后油价不再是美国许多经济指标的格兰杰原因,认为油价和经济的相关性很弱。此外,Lougani(1986),Mork(1989)和 Cunado and Gracia(2000)等研究认为石油价格和宏观经济的关系不是线性的,而是非线性的。

此外,还有大量的研究分析石油价格波动和货币政策之间的关系。几乎每次石油危机都伴随着主要石油消费国不同程度的经济衰退,但石油价格上升是否是经济萧条的真正原因,学术界对此存在争论。第一次石油危机在时间上和布雷顿森林体系的崩溃差不多同时出现,学者对于 1974 年之后的经济衰退到底是由石油价格冲击引起的还是由货币政策引起的有不同的见解,Darby(1982)通过估计 1974 年石油价格冲击对 8 个 OECD 成员真实收入的影响,认为所得数据无法得出是石油价格冲击还是货币政策造成了美国经济的衰退;Gisser and Goodwin(1986)在控制了货币政策和财政政策变量之后,发现货币政策在引起经济衰退上的作用要超过油价上升;Dotsey and Reid(1992)认为油价上涨对于经济衰退的影响要大于货币政策;Bernanke,Gertler and Watson(1997)通过考察货币政策对石油价格的反应,借助于 VAR 模型分析,认为相对于石油价格冲击的影响,货币政策才是引起经济衰退的真正原因。Hamilton and Herrera(2004)对其研究提出了两个质疑:第一,美联储是否有如此强大的执行货币政策的能力;第二,他们没有考虑石油冲击本身对产出的滞后效应;Bernanke,Gertler and Watson(2004)作为对 Hamilton 等质疑的回应,采用滞后四个季度的数据,得出的结论仍与他们前期的研究相似;Carlstron and Fuerst(2006)采用可计算的一般均衡模型(CGE)考察了货币政策对石油价格冲击的内生反应及其影响,研究认为针对石油价格波动的货币政策调整对经济的影响甚至超过石油价格冲击本身。

国内学术界对于石油价格波动和和宏观经济的关系的研究多侧重于实证方面。魏巍贤、林伯强(2007)应用多种计量经济学方法定量实证研究了国内外原油价格波动性及其相互关系;孙稳存(2007)通过估计符合中国现实的包含能源价格的菲利普斯曲线以及估计中国宏观经济政策制定者对通货膨胀易变性和产出波动的偏好,模拟国内能源价格以及国际石油价格上升对中国物价和产出的影响,认为在目前中国所实行的折中的宏观经济政策目标下,能源价格冲击不但会导致通货膨胀上升,而且会导致产出下降;孟岩、张燃(2008)利用 VAR 对国际石油价格波动与我国宏观经济的研究认为,国际石油价格的波动对我国的通货膨胀和金融市场都有着很大的影响,石油价格上涨会使我国的通货膨胀加剧,增大股票市场风险;张斌、徐建炜(2010)指出孟岩、张燃(2008)的研究没有认真甄别直接效应和货币渠道的差异,缺乏相应的理论分析,利用VAR对石油价格冲击与中国的宏观经济机制影响与对策进行了进一步研究,文章认为,货币政策无法避免油价冲击带来的经济结构调整,要一定程度上容忍石油价格对宏观经济的冲击,避免货币政策过度反应;林伯强、牟敦国(2008)运用于可计算一般均衡模型(CGE)分析了能源价格对我国宏观经济的影响,认为能源价格上涨对中国经济具有紧缩作用,但对不同产业的紧缩程度不一致,能源价格除了影响经济增长,还将推动产业结构的变化;任若恩、樊茂清(2010)根据KLEMS框架,采用超越对数生产成本函数建立了中国跨时优化一般均衡模型(CNIGEM)研究国际石油价格变化对中国石油与其他能源投入要素之间的替代以及对国民经济总体和各部门经济的影响。

通过以上文献综述我们可以看出国外学者的研究主要集中于分析石油价格冲击与宏观经济的关系以及石油价格波动和货币政策二者中何者才是经济衰退的主要因素,分析的对象主要是美国和欧洲的几个国家,对中国研究很少。Chang and Jiang(2000)采用Lee,Ni and Ratti(1995)的分析方法,利用1980—1999年中国原油出厂价格和中国GDP数据进行了分析,得出的结论是:国内油价上升对中国GDP和通货膨胀率有正向的影响,而世界油价波动对中国GDP没有统计上的显著影响。

现有关于石油价格冲击对宏观经济影响的研究大多假定石油价格是外生决定的,而在以中国为代表的新兴经济的增长对石油的需求与日俱增,不断增加的石油新增需求又会进一步推高世界石油价格的情况下,传统的将石油价格视作外生变量的分析很难分析我国经济所面对的新形势,本章修改了现代凯恩斯主义的AD-AS模型,把石油价格内生化,建立一个石油价格变量内生决定的AD-AS模型,在这个新模型的基础上,本章探究了我国经济面临的各种可能的经济波动及其对应的宏观经济政策。

本章的研究表明,当石油价格不是外生决定时,即我国经济的增长可能推动世界石油价格持续上涨时,宏观经济政策当局将面临多重困境:一方面,扩张性的财政政策和货币政策对经济的刺激效果更不显著,即产量增长较少,而价格上涨幅度较大;另一方面,石油价格补贴等供给管理政策对产量增长基本没有效果,只能起到抑制通胀水平的作用,而且还会增大通货紧缩的风险。本章认为,只有从长期政策入手,才能更好地降低石油价格冲击对宏观经济造成的波动。

本章首先建立一个分析框架,阐述本章的理论模型——石油价格内生决定的 AD-AS 模型;其次分析当石油价格内生决定时,外生冲击对宏观经济变量的影响,并将其与石油价格外生决定时的情形相比较;最后则分析当石油价格内生决定时,我国政府可能采取的短期和长期的宏观经济政策。

第二节 石油价格内生决定的 AD-AS 模型

在一个现代凯恩斯主义的 AD-AS 模型中,石油价格是一个外生决定的变量。2000 年以来,新兴市场经济的产出增长成为推动世界石油价格上涨的重要因素,世界石油市场上的新增需求大部分是由新兴市场经济所创造的。表 17-1 显示,2004—2010 年,新兴市场经济的新增石油消费量至少为世界新增石油消费量的 54%,而且在这七年中有三个年份新增市场经济的新增石油消费量大于世界的新增石油消费量。中国 2010 年的石油消费量达到世界的 10.6%。根据国际能源署(IEA)的相关研究(Nel and Cooper, 2008)显示,新兴市场经济的人均石油消费量仍处于较低水平,远低于发达国家石油人均消费量,在未来 20 年中,新兴市场经济的石油消费量处于高速增长期。

表 17-1 世界、OECD 国家、新兴市场经济和中国的石油消费量(百万吨)

地区	2004	2005	2006	2007	2008	2009	2010
世界	3858.7	3908.5	3945.3	4007.3	3996.5	3908.7	4028.1
OECD 成员	2287.2	2303.6	2289.7	2276.3	2210.5	2094.8	2113.8
新兴市场经济	1155.5	1173.9	1198.2	1249.8	1269.3	1277.5	1350.9
中国	318.9	327.8	351.2	369.3	376.0	388.2	428.6

资料来源:Statistical Review of World Energy 2011,其中新兴市场经济以标准普尔名单为准。

在这种情形下,我们必须考虑到,世界石油价格可能受到其他宏观经济内生变量的影响。本节考虑最简单的情形——我国所面临的石油价格受到我国的总产出的影响,这意味着石油价格和我国经济的总产出可能表现出螺旋式上涨的关系。下面就用一个石油价格变量内生决定的 AD-AS 模型来刻画我国经济面临的这样一种情形。在一个标准的凯恩斯主义的 AD-AS 模型中,总需求曲线由下面的两个基本方程决定(罗默,2004):

$$\frac{M}{P} = L(i,Y), \quad L_i < 0, L_Y < 0 \quad (1)$$

$$Y = E = E(Y, i - \pi^e, G, T) \quad (2)$$

凯恩斯的总需求曲线是从价格水平既定的两市场均衡中推导出来,因此只要假定石油价格对需求结构不产生影响①,就能用上面的方程作为新模型的总需求方程。

为了分析的方便,我们假设生产函数为里昂惕夫生产函数:

$$Y_t = \min\left\{\frac{L_t}{a}, \frac{M_t}{b}\right\}, \quad a > 0, b > 0 \quad (3)②$$

其中,Y_t 为总产出,L_t 和 M_t 分别为劳动投入量和石油投入量,则 a 和 b 分别是每单位产出中的劳动投入量和石油投入量。里昂惕夫生产函数表明企业的两个生产要素之间无法替代,劳动和石油两者中投入量较小者决定总供给。标准的 AD-AS 模型假设企业根据总需求量决定自己的供给量,从而相应地调整各种投入,企业生产是一个先决定产量后决定投入量的过程,因此我们可以假定经济总是处于有效的路径上。为了分析的方便,我们假设经济总是处于有效路径上,即 $Y_t = L_t/a = M_t/b$ 总成立。

根据菲利普斯曲线,当期的劳动工资 w_t 满足以下方程:

$$w_t = w_{t-1}[1 + \beta(L_t - L^*)/\mathrm{LF}], \quad \beta > 0 \quad (4)$$

其中,L^* 是充分就业时的劳动投入量,LF 是劳动力总人数。公式(4)表明短期内工资具有刚性。如果短期就业水平大于充分就业时的水平,工资水平就会上涨。

由于企业根据产量(需求量)来决定石油投入量,石油的需求由总产量水平决定,即 $M_t^D = bY_t$。石油生产企业根据长期均衡产量决定石油生产设备的投资。

---

① 例如当石油价格上涨时,我们假设总需求中投资、消费、净出口的变动是一样的。
② 在这里我们只考虑两种投入的替代弹性为零的情形,劳动和石油两种投入互补也比较符合现实情况。当推广至替代弹性不为零的一般情形时,本节的结论仍然成立。

当长期均衡产出为 Y^* 时,现有石油生产设备能够提供的长期均衡石油供给量为 M^*,其中 $M^* = bY^*$。当石油需求量大于 M^* 时,如果石油出口国利用现有的生产设备继续扩大石油产量,必须承担更大的边际成本,从而使得短期石油价格上涨。当石油需求量小于 M^* 时,石油价格就会低于长期均衡时的价格水平。因此,t 期的石油价格由下面的方程决定:

$$p_{m,t} = p_m^*[1 + \theta(M_t^D - M^*)/M^k], \quad \theta > 0 \tag{5}$$

其中,M^k 是世界石油的已知存量,p_m^* 是长期均衡时的石油价格,θ 是石油的需求价格弹性的倒数。公式(5)至少隐含了这样四个假设:(1)均衡石油供给量 M^* 的单独扩大不能导致长期均衡产出的增长,所以理性的石油生产厂商在现有的长期均衡产出下不会试图扩大均衡石油供给量,但是,当由于外生因素(比如战争)导致均衡石油供给量 M^* 骤然下降时,长期均衡产出将下降,这是由本节生产函数的特性决定的;(2)石油价格的增长率由石油的供需缺口决定;(3)石油价格是灵活调整的,不存在刚性;(4)世界经济的总价格水平不发生变化,从而石油名义价格等于真实价格。这四个假设使得石油价格的调整和工资水平的调整表现出截然不同的特征。

在一个里昂惕夫生产函数下,总体价格水平 P_t 必然是工资 w_t 和石油价格 $p_{m,t}$ 的一个函数。由于 $L_t = aY_t, M_t = bY_t$,短期总供给曲线可由公式(6)①决定:

$$P_t = \mu a w_t + \mu b p_{m,t} = \mu a w_{t-1}[1 + \lambda a(Y_t - Y^*)] + \mu b p_m^*[1 + \varepsilon b(Y_t - Y^*)] \tag{6}$$

其中,我们令 $\lambda = \beta/\mathrm{LF}, \varepsilon = \theta/M^k$。$\mu$ 是企业的价格加成能力(mark-up)。$\mu > 1$ 表明该产品市场是一个非完全竞争市场。在一个非完全竞争市场中,企业在边际成本的基础上进行一个加成定价。公式(6)就是本节所界定的石油价格内生决定模型的短期总供给曲线方程。

在石油价格外生决定的 AD-AS 模型中,石油价格是一个外生变量。因此,石油价格外生决定的 AD-AS 模型的短期总供给曲线由下面的方程决定:

$$P_t = \mu a w_t + \mu b p_{m,t} = \mu a w_{t-1}[1 + \lambda a(Y_t - Y^*)] + \mu b p_m^c \tag{7}$$

其中,p_m^c 是一个外生决定的石油价格,在某一个时点上为常数。需要补充

---

① 方程(6)可由拉格朗日函数求得。

的是,在公式(6)和(7)中,任何 $t-1$ 期的变量对 t 期而言都是已知变量。

从公式(6)和(7)中,我们可以求得,石油价格内生决定模型的短期总供给曲线的斜率为 $dP_t/dY_t|_N = \mu a^2 w_{t-1} \lambda + \mu b^2 p_m^* \varepsilon$,而石油价格外生决定模型的短期总供给曲线的斜率为 $dP_t/dY_t|_X = \mu a^2 w_{t-1} \lambda$。显然,石油价格内生决定模型的短期总供给曲线的斜率显著大于石油价格外生决定模型的短期总供给曲线的斜率。这表明,前者的短期供给弹性显著小于后者的短期供给弹性,这是两个模型最主要的差别。

第三节 石油价格内生经济和外生经济冲击

我们把石油价格内生决定的 AD-AS 模型所刻画的经济称为"石油价格内生经济",把石油价格外生决定的 AD-AS 模型所刻画的经济称为"石油价格外生经济"。在这里,我们主要研究在一个石油价格内生决定的 AD-AS 模型中,外生经济冲击对产出和价格产生什么样的影响,并将其与石油价格外生决定的 AD-AS 模型相比较。

一、均衡状态下的需求冲击的影响

假设经济最初处于长期均衡上。石油价格内生经济和石油价格外生经济都处于一个长期均衡中,它们面临的世界石油市场上的均衡价格都是 $p_m^* = p_m^c$。此时,石油价格内生经济的短期总供给曲线为 AS_N,石油价格外生经济的短期总供给曲线为 AS_X,两者的长期总供给曲线都是 LAS。从长期来看,世界石油市场的供给能力具有完全弹性,如果其他条件相同,石油价格内生经济和石油价格外生的经济的长期均衡产量是一致的。

短期内,由于需求层面的外生冲击,例如世界经济增长推动我国经济的出口增长,从而使得总需求曲线从 AD_0 移动至 AD_1。如图 17-1 所示,第 1 期,当需求冲击发生时,石油价格外生经济沿着短期总供给曲线 AS_X 移动至 M 点,短期均衡产量从长期均衡产量暂时提高至 Y_X。第 1 期之后,由于真实工资的缓慢调整,短期总供给曲线慢慢地从 AS_X 移动至 AS_X'。

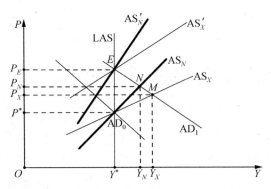

图 17-1　均衡状态下的需求冲击的影响①

石油价格内生经济面临的情形则不同。第 1 期,当需求冲击发生时,需求扩张导致企业试图将产量扩大至 Y_N,然而任何的产量扩张将导致石油价格相应地上涨。由于石油价格是灵活调整的,石油价格瞬间地调整至新的均衡价格 $\hat{p}_m = p_m^* [1 + \varepsilon b(Y_N - Y^*)]$,同时,名义工资上涨至 $\hat{w}_t = w_{t-1}[1 + \lambda a(Y_N - Y^*)]$。由于产出的扩大推动了石油价格的显著上涨,石油价格内生经济的短期均衡产出小于石油价格外生经济的短期均衡产出。第 1 期之后,由于总价格水平上涨,真实工资降低(名义工资上涨幅度小于总价格水平的上涨幅度),工人要求提高真实工资,从而短期总供给曲线慢慢地从 AS_N 向上移动至 AS_N'。每一次移动,新的短期总供给曲线和总需求曲线的交点都决定了产量和价格,相应地也决定了石油投入量和劳动投入量,以及石油价格和工资。在这个过程中,随着总需求量和石油投入量的下降,石油价格逐步下降,但名义工资逐步上涨,推动总价格水平上涨。②

从长期看,石油价格内生经济和石油价格外生经济都在 E 点实现长期均衡,即产量恢复至长期均衡水平 Y^*,而总价格水平则上涨至 P_E。

上面的分析表明:需求扩张政策对石油价格内生经济的短期效果劣于对石

---

① 图 17-1 中,如果曲线不是平行移动,表明曲线的斜率发生相应的变化,下同。
② 虽然石油价格下降,但它一直高于长期均衡时的石油价格。从方程(4)可看出,现期工资根据上一期工资调整,石油价格则不是,工资水平的上涨幅度大于石油价格的下降的幅度,总体价格水平仍然是上涨的。

油价格外生经济的短期效果,即短期产量增加幅度较小,短期价格上涨幅度较大,这主要是因为石油价格受到总需求的推动。从长期来看,需求扩张政策对两种经济的效果是一样的,只能推动总体价格的上涨。

二、总需求不足状态下的需求冲击

假设经济最初处于总需求不足的状态下。石油价格内生经济和石油价格外生经济都处于 B 点的短期均衡上,AD_0 是它们当前所面临的总需求。如图 17-2 所示,如果由于某种外生因素(比如出口增长)导致总需求从 AD_0 扩张至 AD_1,导致石油价格外生经济恰好实现长期均衡产量水平 Y^*,均衡点从 B 点移动至 E 点。

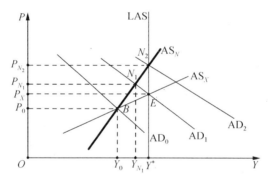

图 17-2 总需求不足状态下的需求扩张

然而,对石油价格内生经济来说,总需求从 AD_0 扩张至 AD_1 还不足以将总产量推进至长期均衡的水平。当总需求从 AD_0 扩张至 AD_1 时,石油价格内生经济在 N_1 实现了短期均衡。相对于石油价格外生经济在 E 点实现的均衡,点 N_1 的产量 Y_{N_1} 低于 E 点的产量,价格水平 P_{N_1} 高于 E 点的价格水平。只有将总需求扩张至 AD_2,石油价格内生经济才能在 N_2 实现长期均衡产量,但是价格上涨至更高的水平 P_{N_2}。

上面的分析表明,在总需求不足的情况下,需求扩张对石油价格内生经济的短期效果也劣于对石油价格外生经济的效果(总产出增加幅度较小,价格提升幅度较大),这主要是因为石油价格内生经济的短期供给价格弹性较小,前文的分析表明 $dP_t/dY_t|_N > dP_t/dY_t|_X$,则石油价格内生经济的短期总供给弹性必然小于石油价格外生经济的供给弹性。因此,相对于石油价格内生经济而言,需求

扩张带来的是较小幅度的产量增长,而导致的则是较大幅度的价格上涨。

三、外生的供给冲击

外生的供给冲击包括很多不同形式,这里主要讨论石油价格供给冲击。对石油价格外生经济而言,石油价格是外生变量,石油价格的上涨只影响短期均衡产量的降低,但对石油价格内生经济而言,产生供给冲击的因素不再是石油价格的上涨(石油价格是内生变量),而是均衡石油供给量的变化,因此,供给冲击同时影响石油价格内生经济的长期均衡产量和短期均衡产量。

对于石油价格外生经济而言,石油价格上涨由外生因素导致。假设由于战争等外生因素导致石油供给量下降,石油价格上涨至 p_m^e。在石油价格外生决定的模型中,石油供给被假定是无限弹性的,虽然价格上涨,但石油供给量并不受到影响①,从而长期均衡产量也不受影响。因此,石油价格外生经济的短期总供给曲线变为:

$$P_t = \mu a w_{t-1}[1 + \lambda a(Y_t - Y^*)] + \mu b p_m^e$$

对于石油价格内生经济而言,如果外生因素(比如石油出口国爆发战争)导致均衡石油供给量从 M^* 下降至 M_e^*,使得短期均衡石油价格也恰好相应地调整至 p_m^e,即我们假设均衡石油供给量下降导致石油价格内生经济的石油价格下降幅度和石油价格外生经济恰好是一样的。由于劳动和石油要素是互补的,长期均衡产量也从 Y^* 下降至 $Y_e^* = M_e^*/b$。

如图17-3所示,当石油价格内生经济和石油价格外生经济的价格调整幅度相同时,供给冲击对两种经济的影响是不一样的。对石油价格外生经济而言,石油价格从 p_m^c 上涨至 p_m^e,短期总供给曲线从 AS_X 移动至 AS_X',在 M 点实现短期均衡。对石油价格内生经济而言,石油价格内生经济的长期总供给曲线从 LAS 下降至 LAS_N,短期供给曲线也从 AS_N 移动至 AS_N',从而在 N 点实现了短期均衡和长期均衡。石油价格内生经济的短期总供给曲线 AS_N' 的方程为:

$$P_t = \mu a w_{t-1}[1 + \lambda a(Y_t - Y_e^*)] + \mu b p_m^e[1 + \varepsilon b(Y_t - Y_e^*)]$$

从短期来看,石油价格内生经济遭受的负面影响小于石油价格外生经济遭

---

① 这种情形下,具有无限弹性的石油供给曲线发生向上的平移。

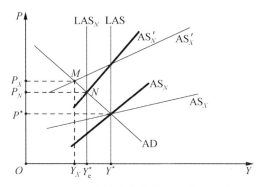

图 17-3　石油价格变化导致的供给冲击

受的负面影响。由于石油价格内生经济的供给弹性小于石油价格外生经济的弹性,因此,当两者的价格上升幅度相同,它们的均衡产量下降幅度不一样。最终石油价格外生经济在 M 点实现短期均衡,M 点的价格高于 N 点的价格水平,均衡产量则低于 N 点的产量水平。① 由于供给弹性较低,在相同的石油价格上涨幅度下,石油价格内生经济的产量下降幅度较小,从而遭受的负面影响较小。

从长期来看,如果均衡石油供给量没有增长,石油价格内生经济将滞留在较低的长期均衡产量 Y_e^* 之上,而石油价格外生经济都将恢复到长期均衡水平 Y^*,即从 AS_X' 移动至 AS_X。

第四节　石油价格内生经济和我国的宏观经济政策

一、短期需求管理政策

上文分析表明石油价格内生经济的短期供给弹性对宏观经济变量的变动产生了决定性的影响。如果在均衡状态下政府通过扩张性的财政政策和货币政策

---

① 当两种经济的短期供给曲线上移相同幅度时,两条供给曲线的斜率都发生了变化,我们可以证明石油价格内生经济的供给曲线的斜率增大幅度大于等于石油价格外生经济的供给曲线的斜率增大幅度,因此斜率的变化不影响本节的结论。当供给曲线下移时,同理。

扩张总需求,同样的政策力度对石油价格内生经济的刺激效果较差,即短期产量增长较少,短期价格上涨幅度较大,这和图17-1的分析是一样的,无论是由于出口增长推动总需求还是财政货币政策扩张总需求,道理是一样的。如果在总需求不足状态下政府扩张总需求,石油价格内生经济获得的效果也较差,这和图17-2的分析是一样的,这里不再赘述。

二、短期供给管理政策——石油价格补贴

短期供给管理政策是指影响短期供给曲线的经济政策,包括工资政策、企业税收政策和石油价格补贴政策。这里以石油价格补贴政策为例。当前,我国政府实行的石油价格政策是"原油价格继续实行与国际市场直接接轨,国内成品油价格继续坚持与国际市场有控制地间接接轨"。在限制成品油价格的同时,我国政府补贴成品油加工企业。这样的政策本质上是一种价格补贴政策,因而是一种短期供给管理政策,因为石油价格补贴对短期总供给曲线产生影响。

继续图17-1的分析,我们得到图17-4。图17-4的分析表明,和石油价格外生经济相比,对石油价格内生经济实行石油价格补贴政策实际上没有效果。如果对石油价格内生经济和石油价格外生经济实行相同幅度的价格补贴,石油价格外生经济将恢复至长期均衡产量 Y^* 和长期均衡价格 P^*,显然石油价格补贴政策对石油价格外生经济卓有成效。石油价格内生经济的总价格下降至 P_S,但均衡产量仍维持在较低的长期均衡产量 Y_N 之上。这表明,在均衡石油供给量维持在低点的情况下,石油价格补贴政策不能推动产出增长,只能降低通胀水平。

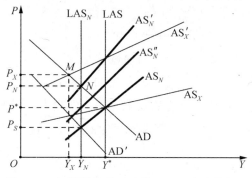

图17-4 短期供给管理政策——石油价格补贴

图17-4还显示,如果实施足够大的价格补贴,总需求也将出现下降。这是由于石油价格补贴太大导致显著的财富转移效应(财富从本国转移至石油出口国),使得总需求出现下降。图17-4显示,如果对石油价格内生经济实施全额涨价补贴(即补贴所有上涨的部分,补贴额为 AS_N 和 AS_N' 之间的距离),政府付出的成本为 $(P_N - P_S)Y_N$,政府付出高昂成本补贴石油价格意味着税收中用于政府购买的数额将会减少,从而导致总需求降低,总需求从 AD 下降至 AD'。总需求的降低和总价格水平的过度下降①使得通货紧缩的风险加大。我们认为,实施部分涨价补贴是比较合适的。如果我们将石油价格补贴比率调整为 $(P_N - P^*)/P_N$,使得总供给曲线从 AS_N 移动至 AS_N',总价格恰好降至 P^*。

图17-4 的分析是非常有意义的,它至少表明三点:(1)当石油价格上涨时,对石油价格内生经济实施石油价格补贴政策不能推动产出增长,只能降低通胀水平;(2)当石油价格上涨时,对石油价格内生经济,实施全额涨价补贴将导致通货紧缩的风险加大;(3)在石油价格内生经济中,实施部分涨价补贴是比较合适的,有助于将通胀水平降低至适宜的水平。

三、长期政策建议

在一个石油价格内生决定的经济中,即当石油价格随着短期均衡产量增长而上涨时,宏观经济政策在两个方面处于被动局面:一方面,扩张性的财政政策和货币政策对经济的刺激效果更不显著,即产量增长较少,而价格上涨幅度较大,如图17-1、图17-2所示;另一方面,供给管理政策——石油价格补贴不能推动产出增长,只能降低价格水平,如图17-4所示。在这一部分中,我们探索本模型的外生参数对宏观经济政策的可能影响。

(一)针对需求管理政策被动局面的政策建议

石油价格内生经济的供给弹性较低是需求管理政策效果较差的主要原因。当短期供给弹性较低时,相同幅度的需求扩张引致更大幅度的价格上涨,从而限制了产量的进一步增长。哪些因素影响短期供给的弹性呢?由公式(6),我们可得短期总供给弹性:

---

① 实施全额涨价补贴后的价格水平 P_S 甚至低于石油价格上涨前的长期均衡价格 P^*。

$$\eta = (dY_t/Y_0)/(dP_t/P_0) = \frac{1}{dP_t/dY_t} \cdot \frac{P_0}{Y_0} = \frac{P_0}{Y_0} \cdot \frac{1}{\mu a^2 w_{t-1}\lambda + \mu b^2 p_m^* \varepsilon}$$

通过对 η 求导,我们能得出下面四个式子:

$$\frac{d\eta}{da} = \frac{P_0}{Y_0} \cdot \frac{-2\mu a w_{t-1}\lambda}{(\mu a^2 w_{t-1}\lambda + \mu b^2 p_m^* \varepsilon)^2} < 0$$

$$\frac{d\eta}{db} = \frac{P_0}{Y_0} \cdot \frac{-2\mu b p_m^* \varepsilon}{(\mu a^2 w_{t-1}\lambda + \mu b^2 p_m^* \varepsilon)^2} < 0$$

$$\frac{d\eta}{d\mu} = \frac{P_0}{Y_0} \cdot \frac{-(a^2 w_{t-1}\lambda + b^2 p_m^* \varepsilon)}{(\mu a^2 w_{t-1}\lambda + \mu b^2 p_m^* \varepsilon)^2} < 0$$

$$\frac{d\eta}{d\lambda} = \frac{P_0}{Y_0} \cdot \frac{-\mu a^2 w_{t-1}}{(\mu a^2 w_{t-1}\lambda + \mu b^2 p_m^* \varepsilon)^2} < 0$$

对于这四个式子,我们分别可以得出以下四个结论:

(1) 当其他条件不变时,单位产出的劳动投入 a 降低,即劳动生产率增大,短期总供给的弹性会增大。

(2) 当其他条件不变时,单位产出的石油投入 b 降低,即能源生产效率提高,短期总供给的弹性会增大。

(3) 当其他条件不变时,价格的加成 μ 变小,即产品市场的竞争性增强,短期总供给的弹性会增大。

(4) 当其他条件不变时,劳动需求弹性的倒数 λ 变小,即劳动力市场变得更有弹性,短期总供给的弹性会增大。

或者说,我们至少有四种方法[1]使得短期总供给变得更有弹性,从而降低外生负冲击对经济的负面影响:一是提高劳动生产率,降低单位产出中的能源投入量;二是提高能源使用效率,降低单位产出中的能源投入量;三是促进产品市场竞争,降低企业垄断能力;四是改进工资形成机制,提高劳动需求的弹性。

格林斯潘(Greenspan,2007)强调美国经济正在发生一种转变——更具有灵活性(more flexible),而美国经济正从这种转变中获益匪浅,这种灵活性的一个方面就是供给的弹性。当我国的产出增长成为世界石油价格一个重要的推动因

---

[1] 我们假设石油需求弹性是一个受到全球经济环境影响的外生变量,在这里不做分析。

素时,这对我国经济而言不是一件好事情,这意味着相同幅度的需求扩张引致更大幅度的价格上涨,从而限制了均衡产量的进一步增长,这使得我国政府的扩张性财政政策和货币政策的效果更差。本节的研究表明,提高劳动生产率、提高能源使用效率、促进产品市场竞争和改进工资形成机制等可能是提高供给弹性和改善需求管理政策执行效果的有效办法。

(二)针对供给管理政策被动局面的政策建议

上述影响供给弹性的四个外生参数中,单位产出的劳动投入 a 和单位产出的石油投入 b 不仅影响供给弹性,还对长期均衡产量产生影响。如图 17-4 所示,导致供给管理政策处于被动局面的主要因素是长期均衡产量因均衡石油供给量下降而下降。当外生变量均衡石油供给量下降至 M_e^* 时,如果我们调整我们的生产函数,把单位产出的石油投入降低至 b_g,可能将长期均衡产量推进至 $Y_g^* = M_e^*/b_g$。图 17-4 的分析表明,降低单位产出中的能源投入量不仅能改变短期供给弹性,也能改变长期均衡产量。更理想的情况是,在图 17-1 的情形中,如果我们同时改变参数 a 和 b[①],提高劳动生产率和能源使用效率,我们能将长期均衡产量推进至更高的水平,这是比需求管理政策更有效的应对石油价格冲击的宏观经济政策。

第五节 本章小结

自 2000 年以来,中国等新兴市场国家的产出增长成为推动世界石油价格上涨的一个重要因素。在这种新形势下,假定石油价格是外生变量的凯恩斯主义模型对我国宏观经济不再是适用的模型。本章将一个内生决定的石油价格变量纳入标准的凯恩斯主义模型中,并将其用于分析我国经济面临的各种可能的经济波动及其对我国宏观经济政策的影响。

本章的研究表明,在一个石油价格内生决定的经济中,即当石油价格随着短期均衡产量增长而上涨时,宏观经济政策在两个方面受到限制:一方面,当需求

---

① 由于生产函数的特性,单独改变 a 或 b 不能改变长期均衡产量。

扩张时,相同幅度的需求扩张引致更大幅度的价格上涨,从而限制了产量的进一步增长,这意味着扩张性的财政政策和货币政策对经济的刺激效果更不显著,即产量增长较少,而价格上涨幅度较大。另一方面,当石油价格供给冲击发生时,实施供给管理政策——石油价格补贴政策不能推动产出增长,只能降低价格水平。另外,石油价格补贴政策可能导致额外的风险,实施全额涨价补贴将加大通货紧缩的风险。概括而言,和石油价格外生决定的经济相比,在一个石油价格内生决定的经济中,需求管理政策的效果较差,石油价格补贴政策对产量增长没有效果,通货紧缩的风险也较大。

导致需求管理政策受到限制的主要因素是供给弹性较低,对此,本章建议通过提高劳动生产率和能源使用效率、促进产品市场竞争、改进工资形成机制等政策提高短期总供给弹性,从而改善需求管理政策的刺激效果。导致石油价格补贴政策受到限制的主要因素是长期均衡产量因受均衡石油供给量约束而下降,对此,本章建议通过提高能源使用效率、降低单位产出的石油投入等措施改变长期均衡产量受到的约束。概括而言,本章认为,提高劳动生产率和能源使用效率、促进产品市场竞争、改进工资形成机制等政策是应对石油价格冲击和保持经济持续增长的最有效的长期宏观经济政策。这些政策通过提高经济体自身的灵活性来应对石油价格上涨的负面影响,因而是一些从根本上解决石油价格冲击问题的政策措施。

参 考 文 献

[1] Alam T., M. Waheed, 2006, "Sectoral Effects of Monetary Policy: Evidence from Pakistan", *The Pakistan Development Review*, Vol. 45, No. 4.

[2] Alan C. Stockman, 1988, "Sectoral and National Aggregate Disturbances to Industrial Output in Seven European Countries", *Journal of Monetary Economics*, Vol. 21.

[3] Alessio, 2009, "The Structural Transformation Between Manufacturing and Services and the Decline in the US GDP Volatility", Universidad Carlos III de Madrid Working Papers.

[4] Alfredo M. Pereira, Jorge M. Andraz, 2005, "Public Investment in Transportation Infrastructure and Economic Performance in Portugal", *Review of Development Economics*, Vol. 9, No. 2.

[5] Alfredo Pereira, Oriol Roca Sagales, 1999, "Public Capital Formation and Regional Development in Spain", *Review of Development Economics*, Vol. 3, No. 3.

[6] Andreas Dietrich, and Jens J. Krüger, 2010, "Long-run Sectoral Development—Time-series Evidence for the German Economy", *Structural Change and Economic Dynamics*, Vol. 21, No. 2.

[7] ANG B. L., S. Y. LEE, 1994, "Decomposition of Industrial Energy Consumption: Some Methodological and Application Issues", *Energy Economics*, Vol. 16, No. 2.

[8] Ang., and Zhang, 2000, "A Survey of Index Decomposition Analysis in Energy and Environmental Studies", *Energy*, Vol. 25.

[9] Arnold Ivo J. M., J. M. Kool Clemens, and Katharina Raabe, 2005, "New Evidence on the Firm-Size Effects in us Monetary Policy Transmission", *Utrecht School of Economics*, Tjalling C. Koopmans Research Institute, Discussion Paper Series.

[10] Arnold, J. M., and Vrugt B., 2002a, "Firm Size, Industry Mix and the Regional Transmission of Monetary Policy in Germany", *German Economic Review*, Vol. 5, No. 1.

[11] Arnold, J. M., and Vrugt, B., 2002b, "Regional Effects of Monetary Policy in the Netherlands", *International Journal of Business and Economics*, Vol. 1, No. 2.

[12] Bas van Aarle, Harry Garretsen, Niko Gobbin, 2003, "Monetary and Fiscal Policy Transmission in the Euro-area: Evidence from a Structural VAR Analysis", *Journal of Economics and Business*, Cambridge University Press.

[13] Baumol, W. J., 1967, "Macroeconomics of Unbalanced Growth: the Anatomy of Urban

Crisis", *American Economic Review*, Vol. 57, No. 3.

[14] Baumol, W. J., Batey Blackman, S. A., Wolff, E. N., 1985, "Unbalanced Growth Revisited: Asymptotic Stagnancy and New Evidence", *American Economic Review*, Vol. 75, No. 4.

[15] Baxter, M., and M. A. Koupiratsas, 2005, "Determinants of Business Cycle Comovement: A Robust Analysis", *Journal of Monetary Economics*, Vol. 52, No. 1.

[16] Bernanke, B. S., 1983, "Nonmonetary Effects of the Financial Crisis in the Propagation of the Great Depression", *American Economic Review*, Vol. 73, No. 3.

[17] Bernanke, B. S., and Gertler, M., 1995, "Insider the Black Box: The Credit Channel of Monetary Policy Transmission", *Journal of Economic Perspectives*, Vol. 9, No. 4.

[18] Bernanke, B. S., M. Gertler, and M. Watson, 1997, "Systematic Monetary Policy and the Effects of Oil Price Shocks", *Brookings Papers on Economic Activity*, Vol. 25, No. 1.

[19] Blanchard Oliver, Jordi Gali, 2007, "The Macroeconomic Effects of Oil Price Shocks: Why are the 2000s So Different from the 1970s?" NBER Working Paper No. 13368.

[20] Blanchard, Oliver J., and Simon, John A., 2001, "The Long and Large Decline in U. S. Output Volatility", MIT Dept. of Economics Working Paper No. 01-29.

[21] BP, Statistical Review of World Energy 2011, www.bp.com.

[22] Burns, A., 1960, "Progress toward Economic Stability", *American Economic Review*, Vol. 50, No. 1.

[23] Carlino Gerald A., and Robert Defina., 1998, "The Differential Regional Effects of Monetary Policy", *The Review of Economics and Statistics*, Vol. 80, No. 4.

[24] Catherine Bruneau, Olivier De Bandt, 1999, "Fiscal Policy in the Transition to Monetary Union: a Structural VAR Model", Banque de France Working Paper No. 60.

[25] Chang Youngho, and Jiang Chan, 2000, "Oil Price Fluctuations and Chinese Economy", *Energy Policy*, Vol. 31, No. 11.

[26] Charles Garrison, Hui Chang, 1979, "The Effect of Monetary and Fiscal Policies on Regional Business Cycles", *International Regional Science Review*, Vol 4, No. 2.

[27] Chenery H. B., Robinson S., Syrquin M., 1986, *Industrialization and Growth: A Comparative Study*, Oxford University Press.

[28] Chenery H. B., Syrquin M., 1977, *Patterns of Development: 1955—1975*, Oxford University Press.

[29] Chenery, Hollis B., 1960, "Patterns of Industrial Growth", *The American Economic Review*, Vol. 150.

[30] Christiano, Lawrence J. & Gust, Christopher & Roldos, 2004, "Monetary Policy in a Financial Crisis", *Journal of Economic Theory*, Vol.119, No.1.

[31] Cunado, J., and F. Perez de Gracia, 2003, "Do Oil Price Shocks Matter? Evidence for Some European Countries", *Energy Economics*, Vol.25, No.2.

[32] D. Hummels, J. Ishii, and K-M. Yi, 2001, "The Nature and Growth of Vertical Specialization in World Trade", *Journal of International Economic*, Vol.54, No.1.

[33] Darby, M. R., 1982, "The Price of Oil and World Inflation and Recession", *American Economic Review*, Vol.72, No.4.

[34] Dedola L., and F. Lippi, 2000, "The Monetary Transmission Mechanism: Evidence from the Industry Data of Five OECD Countries", CEPR Discussion Paper.

[35] Denison, 1967, "Why Growth Rates Differ Postwar Experience in Nine Western Countries", Washington Institution Publishing.

[36] Dhawan Rajeev, Jeske Karsten, 2006, "Energy Price Shocks and the Macroeconomy: The Role of Consumer Durables", FRB of Atlanta Working Paper.

[37] Eggers, A., and Ioannides, 2006, "The Role of Output Composition in the Stabilization of U.S. Output Growth", *Journal of Macroeconomics*, Vol.28, No.3.

[38] Eggertsson, Gauti B. & Woodford, Michael, 2003, "The Zero Bound on Interest Rates and Optimal Monetary Policy", Brookings Papers on Economic Activity, No.1.

[39] Fabio Montobbio, 2002, "An Evolutionary Model of Industrial Growth and Structural Change", *Structural Change and Economic Dynamics*, Vol.13.

[40] Fagerberg Jan, 2000, "Technological Progress, Structural Change and Productivity Growth: A Comparative Study", *Structural Change and Economic Dynamics*, Vol.11, No.4.

[41] Ferderer, J. P., 1996, "Oil Price Volatility and the Macroeconomy: A Solution to the Asymmetry Puzzle", *Journal of Macroeconomics*, Vol.48.

[42] Fisher Vanden K., Jefferson G. H., Ma Jingkui, Xu Jianyi, 2006, "Technology Development and Energy Productivity in China", *Energy Economics*, Vol.28.

[43] Friedman M. B., 1968, "The Role of Monetary Policy", *American Economic Review*, Vol.58, No.1.

[44] Ganley, J., and C. Salmon, 1997, "The Industrial Impact of Monetary Policy Shocks: Some Stylised Facts", Bank of England working paper series.

[45] Garbaccio, R. F., Ho, M. S., Jorgenson, D. W., 1999, "Why Has the Energy Output Ratio Fallen in China", *Energy Journal*, Vol.20, No.3.

[46] Garrison, Charles B., and Hui S. Chang, 1979, "The Effects of Monetary Forces in Regional Economic Activity", *Journal of Regional Science*, Vol. 19.

[47] Garrison, Charles B., and John R. Kort, 1983, "Regional Impact of Monetary and Fiscal Policy: A Comment", *Journal of Regional Science*, Vol. 23, No. 2.

[48] Gergopoulos, G., 2001, "Measuring Regional Effects of Monetary Policy in Canada", University of Toronto Working Paper.

[49] Gert Peersman, and Frank Smets, 2005, "The Industry Effects of Monetary Policy in the Euro Area", *The Economic Journal*, Vol. 115, No. 503.

[50] Ghosh, S., 2009, "Industry Effects of Monetary Policy: Evidence from India", MPRA Paper.

[51] Gordon, R., 1986, "The American Business Cycle: Continuity and Change", University of Chicago Press.

[52] Greenspan Alan, 2007, *The Age of Turbulence, Adventures in a New World*, The Penguin Press.

[53] Hamilton, J. D., 1983, "Oil and the Macroeconomy Since World War II", *Journal of Political Economy*, Vol. 91, No. 2.

[54] Hamilton, J. D., 1989, "A New Approach to the Economic Analysis of Nonstationary Time Series and the Business Cycle", *Econometrica*, Vol. 57.

[55] Hamilton, J. D., 2003, "What Is an Oil Shock?", *Journal of Econometrics*, Vol. 113.

[56] Hans-Martin Krolzig, 2001, "Business Cycle Measurement in the Presence of Structural Change: International Evidence", *International Journal of Forecasting*, Vol. 17, No. 3.

[57] Hayo, B., and B. Uhlenbrock, 2000, "Industry Effects of Monetary Policy in Germany", in Regional Aspects of Monetary Policy in Europe, Macroeconomics Series.

[58] Hollis B. Chenery, Lance Taylor, 1968, "Development Patterns: Among Countries and Over Times", *The Reviews of Economics and Statistics*, Vol. 50, No. 4.

[59] Hooker, M. A., 1996, "What Happened to the Oil Price—Macroeconomy Relationship?", *Journal of Monetary Economics*, Vol. 38, No. 2.

[60] Howarth R., L. Schipper, Pduerr, S. Storm, 1991, "Manufacturing Energy Use in Eight OECD Countries: Decomposing the Impacts of Changes in Output, Industrial Structure and Energy Intensity", *Energy Economics*, Vol. 13, No. 2.

[61] Hsieh, C., and P. Klenow, 2010, "Development Accounting", *American Economic Journal: Macroeconomics*, Vol. 2, No. 1.

[62] Huang, J. P. , 1993, "Industrial Energy Use and Structural Change: A Case study of the People's Republic of China", *Energy Economics*, Vol. 33.

[63] J. H. Stock, and M. W. Watson, 2002, "Has the Business Cycle Changed and Why?" NBER Macroeconomics Annual, No. 9127.

[64] Jones, L. , 1976, "The Measurement of Hirschmanian Linkages", *Quarterly Journal of Economics*, Vol. 90, No. 2.

[65] Justin Yifu Lin, 2011, "New Structural Economics: A Framework for Rethinking Development", *The World Bank Research Observer*, Vol. 26, No. 2.

[66] Kambara, 1992, "The Energy Situation in China", *The China Quarterly*, Vol. 131, No. 3.

[67] Kilian Lutz, 2007, "A Comparison of the Effects of Exogenous Oil Supply Shocks on Output and Inflation in the G7 Countries", *Journal of the European Economic Association*, Vol. 6.

[68] Krugman P. , 1994, "The Myth of Asia's Miracle: A Cautionary Fable", *Foreign Affairs*, Vol. 73, No. 6.

[69] Kumar S. , Russell R. , 2002, "Technological Change, Technological Catch-up and Capital Deepening: Relative Contributions to Growth and Convergence", *American Economic Review*, Vol. 92, No. 3.

[70] Kuznets, 1949, "National Income and Industrial Structure", *Econometrica*, Vol. 17.

[71] Kuznets, 1957, "Quantitative Aspects of the Economic Growth of Nations: Industrial Distribution of National Product and Labor Force", *Economic Development and Cultural Change*, Vol. 5.

[72] Kuznets, S. , 1971, *Economic Growth of Nations: Total Output and Production Structure*, Cambridge University Press.

[73] Kuznets, S. , 1989, "Economic Development, the Family and Income Distribution", *Selected Essays*, Cambridge University Press.

[74] Lee, K. S. Ni, and R. A. Ratti, 1995, "Oil Shocks and the Macroeconomy: The Role of Price Variability", *Energy Journal*, Vol. 16, No. 3.

[75] Lewis, 1954, "Economic Development with Limited Supplies of Labour", *Manchester School of Social Science*, Vol. 2.

[76] Lloyd P. E. , Dicken P. , 1977, *Location in Space*, Harper & Row Publishers.

[77] Maddison, 1987, "Growth and Slow Down in Advanced Capitalist Economies Techniques of Quantitative Assessment", *Journal of Economic Literature*, Vol. 25.

[78] Magnifico G. , 1973, *European Monetary Unification*, Wiley (New York).

[79] Mansor H. Ibrahim, 2005, "Sectoral Effects of Monetary Policy: Evidence from Malaysia", *Asian Economic Journal*, Vol. 19, No. 1.

[80] Marcel P. Timmer, Adam Szirmai, 2000, "Productivity Growth in Asian Manufacturing: The Structural Bonus Hypothesis Examined", *Structural Change and Economic Dynamics*, Vol. 11, No. 1.

[81] Mario Cimoli Wellington Pereira Gabriel Porcile Fa'bio Scatolin, 2011, "Structural Change, Technology, and Economic Growth: Brazil and the CIBS in a Comparative Perspective", *Econ Change Restruct*, Vol. 44.

[82] Meltzer, A. H., 1995, "Monetary, Credit and (Other) Transmission Processes: A Monetarist Perspective", *Journal of Economic Perspectives*, Vol. 9, No. 4.

[83] Michael Peneder, 2003, "Industrial Structure and Aggregate Growth", *Structural Change and Economic Dynamics*, Vol. 14, No. 11.

[84] Michalel Peneder, Serguei Kaniovski, and Bernhard Dachs, 2003, "What Follows Tertiarisation? Structural Change and the Role of Knowledge-Based Services", *The Service Industries Journal*, Vol. 23, No. 2.

[85] Mishkin, F. S., 2007, "Housing and the Monetary Transmission Mechanism", Finance and Economics Discussion Series, 40.

[86] Mork, Knut Anton, 1989, "Oil and the Macroeconomy When Prices Go Up and Down: An Extension of Hamilton's Results", *Journal of Political Economy*, Vol. 3.

[87] Nachane D., Ray P., and Ghosh S., 2002, "Does Monetary Policy Have Differential State-level Effects? An Empirical Evaluation", *Economic and Political Weekly*, Vol. 37, No. 23.

[88] Notarangelo, M., 1999, "Unbalanced Growth: A Case of Structural Dynamics", *Structural Change and Economic Dynamics*, Vol. 10.

[89] Obstfeld, M., & Rogoff, K., 1995, "The Mirage of Fixed Exchange Rate", *Journal of Economic Perspective*, Vol. 9, Fall.

[90] Orcan Cortuk, and Nirvikar Singh, 2011, "Structural Change and Growth in India", *Economics Letters*, Vol. 110, No. 3.

[91] Pasinetti, L., 1981, *Structural Change and Economic Growth. A Theoretical Essay on the Dynamics of the Wealth of Nations*, Cambridge University Press.

[92] Pasinetti, L., 1993, *Structural Economic Dynamics*, Cambridge University Press.

[93] Peneder Michael, 2003, "Industrial Structure and Aggregate Growth", *Structural Change and Economic Dynamics*, Vol. 14, No. 11.

[94] Phelps, E. S., 1967, "Phillips Curves, Expectations of Inflation and Optimal Unemployment Over Time", *Economica*, New Series, Vol. 34, No. 135.

[95] Richard, Adam, and Robert, 1999, "The Induced Innovation Hypothesis and Energy-saving Technologies Change", *The Quarterly Journal of Economics*, Vol. 114, No. 3.

[96] Robert E. Lucas, J. R., 1993, "Making a Miracle", *Econometrica*, Vol. 61, No. 2.

[97] Romer, David, 2001, *Advanced Macroeconomics*, McGraw-Hill Higher Education.

[98] Rotemberg J. J., 2007, "Comment on Blanchard-Gali: The Macroeconomic Effects of Oil Price Shocks: Why are the 2000s so different from the 1970s?" NBER Working Paper.

[99] Scott I., 1955, "The Regional Impact of Monetary Policy", *Quarterly Journal of Economics*, Vol. 69, No. 2.

[100] Shenggen Fan, Xiaobo Zhang, and Sherman Robinson, 2003, "Structural Change and Economic Growth in China", *Review of Development Economics*, Vol. 7, No. 3.

[101] Sigal Ribon, 2009, "Industry Effects of MonetaryPolicy in Israel—a VAR Analysis", *Israel Economic Review*, Vol. 7, No. 1.

[102] Sinton, J. E., Levine, M. D., 1994, "Changing Energy Intensity in Chinese Industry: The Relative Importance of Structural Shift and Intensity Change", *Energy Policy*, Vol. 22.

[103] Smil V., 1990, "China's Energy. Washington, D. C: Office of Technology Assessment", Report Prepared for the US. Congress.

[104] Stephen G. Cecchetti., Alfonso Flores-Lagunes and Stefan Krause, 2006, "Assessing the Sources of Changes in the Volatility of Real Growth", NBER Working Paper No. 11946.

[105] SUN J. W., 1998, "Changes in Energy Consumption and Energy Intensity: A Complete Decomposition Model", *Energy Economics*, Vol. 20, No. 1.

[106] Sveen, T., & Weinke, L., 2007, "Lumpy Investment, Sticky Prices, and the Monetary Transmission Mechanism", *Journal of Monetary Economics*, Vol. 51.

[107] Syrquin, M., 1984, "Resource Allocation and Productivity Growth", In: Syrquin, M., Taylor, L., Westphal, L. E. (Eds.), *Economic Structure Performance Essays in Honor of Hollis B. Chenery*, Academic Press.

[108] Syrquin, M., 1994, "Structural Transformation and the New Growth Theory", In: Pasinetti, L., Solow, R. M. (Eds.), *Economic Growth and the Structure of Long-Term Development*, St. Martin Press.

[109] Taylor. John B., 1995, "The Monetary Transmission Mechanism: An Empirical Framework", *The Journal of Economic Perspectives*, Vol. 9, No. 4.

[110] Tetsushi Sonobe., and KeijiroOtsuka, 2001, "A New Decomposition Approach to Growth Accounting: Derivation of the Formula and Its Application to Prewar Japan", *Japan and the World Economy*, Vol. 13, No. 1.

[111] Vittorio Valli, Donatella Saccone, 2009, "Structural Change and Economic Development in China and India", *The European Journal of Comparative Economics*, Vol. 6, No. 1.

[112] W. W. Rostow, 1960, *The Sages of Economic Growth: A Non-Communist Manifesto*, Cambridge University Press.

[113] Willem P. Nel, Christopher J. Cooper, 2008, "A Critical Review of IEA's Oil Demand Forecast for China", *Energy Policy*, Vol. 36, No. 3.

[114] Woodford, M., 2003, *Interest and Prices: Foundations of a Theory of Monetary Policy*, Princeton University Press.

[115] Woodford, M., 2005, "Firm-specific Capital and the New Keynesian Phillips Curve", *International Journal of Central Banking*, 1—46.

[116] World Bank, 1997, *Clear Water, Blue Skies: China's Environment in the New Century*, Washington D. C.: World Bank.

[117] Yoshino, N., and Nakano, H., 1994, "Regional Allocation of Public Investment into the Metropolitan Region", In: Hatta, T. (ed.), *Economic Analysis of Tokyo Monopolar System*, Tokyo: Nihonkeizaishinbunsha, 161—190 (in Japanese).

[118] Zhang, 2001, *Why has the Energy Intensity Fallen in China's Industrial Sector in the 1990'—the Relative Importance of Structure Change and Intensity Change*, University of Groningen, CCSO Centre for Economic Research.

[119] H. 钱纳里、S. 鲁滨逊、M. 塞尔奎因,1995:《工业化和经济增长的而比较研究》,吴奇、王松宝等译,上海三联书店、上海人民出版社。

[120] W. W. 罗斯托,1988:《从起飞进入持续增长的经济学》,四川人民出版社。

[121] 阿瑟·刘易斯,1989:《二元经济论》,施炜、谢冰、苏玉宏译,北京经济学院出版社。

[122] 艾伯特·赫希曼,1991:《经济发展战略》,经济科学出版社。

[123] 巴曙松、王群,2009:《人民币实际有效汇率对我国产业、就业结构影响的实证分析》,《财经理论与实践》第3期。

[124] 曹永琴,2010:《中国货币政策产业非对称效应实证研究》,《数量经济技术经济研究》第9期。

[125] 曾峥,2008:《我国经济周期性波动对产业结构的影响》,《财经问题研究》第4期。

[126] 查道中、吉文惠,2011:《城乡居民消费结构与产业结构经济增长关联研究》,《经

济问题》第7期。

[127] 陈安平,2007:《我国财政货币政策的区域差异效应研究》,《数量经济技术经济研究》第6期。

[128] 陈柏福,2010:《经济周期波动与产业结构变动:一个文献综述》,《湖南社会科学》第6期。

[129] 陈斐、郭朝辉、杜道生、周旭、贾云鹏,2002:《基于GIS的区域经济分析与决策初步研究》,《人文地理》第17卷第6期。

[130] 陈刚,2004:《区域主导产业选择的含义、原则与基准》,《理论探索》第2期。

[131] 陈和、隋广军,2010:《产业结构演变与三次产业发展的关联度》,《改革》第3期。

[132] 陈宏伟、李桂芹、陈红,2010:《中国三次产业全要素生产率测算及比较分析》,《财经问题研究》第2期。

[133] 陈建宝、戴平生,2008:《我国财政支出对经济增长的乘数效应分析》,《厦门大学学报》第5期。

[134] 陈书通、耿志成、董路影,1996:《九十年代以来我国能源与经济增长关系分析》,《中国能源》第12期。

[135] 陈锡康,1991:《投入产出技术的发展趋势和国际动态》,《系统工程理论与实践》第2期。

[136] 陈野华、吕金营,2010:《国际石油价格冲击研究综述》,《经济理论与经济管理》第9期。

[137] 陈野华、吕金营,2010:《国际石油价格冲击研究综述》,《经济理论与经济管理》第9期。

[138] 陈治国、李红,2010:《基于偏离——份额分析法的乌鲁木齐市产业结构与经济增长的关系分析》,《新疆农垦经济》第10期。

[139] 戴金平、金永军、陈柳钦,2005:《货币政策的产业效应分析:基于中国货币政策的实证研究》,《上海财经大学学报》第4期。

[140] 戴维·罗默,2004:《高级宏观经济学》,商务印书馆。

[141] 邸光才、晋艺波,2009:《西北地区产业结构高级化与经济增长关系研究》,《长江大学学报》第32卷第4期。

[142] 董琨、原毅军,2007:《中国产业结构演变与经济波动关系研究》,《大连理工大学学报(社会科学版)》第2期。

[143] 董利,2008:《我国能源效率变化趋势的影响因素分析》,《产业经济研究》第1期。

[144] 董秀良、漆柱,2011:《我国财政政策的区域非均衡效应研究》,《宏观经济研究》第

6期。

[145] 段文斌、尹向飞,2009:《中国全要素生产率研究评述》,《南开经济研究》第2期。

[146] 范海君,2012:《全要素生产率与中国经济增长关系研究——基于VAR模型视角》,《经济问题》第2期。

[147] 方福前,2009:《中国居民消费需求不足原因研究——基于全国城乡分省数据》,《中国社会科学》第2期。

[148] 付凌晖,2010:《我国产业结构高级化与经济增长关系的实证研究》,《统计研究》第8期。

[149] 干春晖、郑若谷、余典范,2011:《中国产业结构变迁对经济增长和波动的影响》,《经济研究》第5期。

[150] 高燕,2006:《产业升级的测定及制约因素分析》,《统计研究》第4期。

[151] 宫清华、杨蕾、黄广庆,2011:《基于线性规划理论的资源约束条件下产业结构模型研究》,《科技管理研究》第12期。

[152] 古利平、张宗益、康继军,2006:《专利与R&D资源:中国创新的投入产出分析》,《管理工程学报》第1期。

[153] 关秀华,2011:《论福建省产业结构优化升级》,《经济研究导刊》第11期。

[154] 国建业、唐龙生,2001:《促进产业结构调整的财政政策取向》,《财经论丛》第3期。

[155] 郭菊娥,1991:《利用投入产出特征分析研究我国产业结构》,《系统工程理论与实践》第3期。

[156] 郭克莎,1999:《总量问题还是结构问题?——产业结构偏差对我国经济增长的制约及调整思路》,《经济研究》第9期。

[157] 郭庆旺、贾俊雪,2005:《积极财政政策对区域经济增长与差异的影响》,《中国软科学》第7期。

[158] 郭庆旺、贾俊雪,2005:《中国全要素生产率的估算:1979—2004》,《经济研究》第6期。

[159] 郭庆旺、吕冰洋、何乘材,2004:《积极财政政策的乘数效应》,《财政研究》第8期。

[160] 郭文、李小玉,2011:《江西产业结构与经济增长的实证研究》,《江西社会科学》第11期。

[161] 郭晓远,2011:《海南省产业结构与经济增长的实证研究》,《特区经济》第4期。

[162] 郭晔,2011:《货币政策与财政政策的分区域产业效应比较》,《统计研究》第3期。

[163] 郭晔、赖章福,2010:《货币政策与财政政策的区域产业结构调整效应比较》,《经

济学家》第 5 期。

[164] 韩智勇、魏一鸣、范英,2004:《中国能源强度与经济结构变化特征研究》,《数理统计与管理》第 1 期。

[165] 何德旭、姚战琪,2008:《中国产业结构调整的效应、优化升级目标和政策措施》,《中国工业经济》第 5 期。

[166] 何其祥,1999:《投入产出分析》,科学出版社。

[167] 洪金辉,2011:《产业结构优化升级对福建经济发展的推动作用》,《福州党校学报》第 6 期。

[168] 胡春力,1995:《我国产业结构的调整与升级》,《管理世界》第 5 期。

[169] 胡坚、张唯实,2011:《产业结构优化和中国经济发展研究》,《宁夏社会科学》第 5 期。

[170] 胡军旗,2012:《产业结构高度化与经济增长的关系探析》,《河南工程学院学报》第 1 期。

[171] 胡良益、辛政华,2011:《安徽产业结构对经济增长贡献的实证分析》,《宿州学院学报》第 6 期。

[172] 胡庆文、高成修,2001:《基于一类时变广义系统的产业结构预测及控制模型》,《数学杂志》第 2 期。

[173] 黄安仲、黄哲,2011:《基于信贷渠道的货币政策区域效应研究》,《经济问题》第 6 期。

[174] 黄桂田等,2011:《中国制造业生产要素相对比例变化及经济影响》,北京大学出版社。

[175] 黄桂田、谢超,2011:《中美产业结构、中美汇率与美国失业率》,《经济学动态》第 4 期。

[176] 黄茂兴、李军军,2009:《技术选择、产业结构升级与经济增长》,《经济研究》第 7 期。

[177] 黄茂兴、王荧,2011:《新中国成立以来产业结构演变对经济增长的贡献研究》,《经济研究参考》第 63 期。

[178] 纪玉山、吴勇民,2006:《我国产业结构与经济增长关系之协整模型的建立与实现》,《当代经济研究》第 6 期。

[179] 姜洪,2012:《世界经济论纲——典型与非典型发展道路研究》,中国人民大学出版社。

[180] 姜涛,2005:《上海二三次产业结构均衡化研究》,《华东经济管理》第 4 期。

[181] 蒋益民、陈璋,2009:《SVAR 模型框架下货币政策区域效应的实证研究:1978—2006》,《金融研究》第 4 期。

[182] 金福子、崔松虎,2010:《产业结构偏离度对经济增长的影响——以河北省为例》,《生产力研究》第 7 期。

[183] 金明慧、张晓杰,2007:《黑龙江省财政政策效应的实证分析》,《中国科技信息》第 9 期。

[184] 金秋,2011:《我国利率投资效应区域差异的实证分析》,《浙江金融》第 8 期。

[185] 匡祥琳、廖明球,2010:《我国产业结构与经济增长相互关系的实证研究》,《商业时代》第 36 期。

[186] 雷玷、雷娜,2012:《产业政策产业结构与经济增长的实证研究》,《经济问题》第 4 期。

[187] 李宝瑜、高艳云,2005:《产业结构变化的评价方法探析》,《统计研究》第 12 期。

[188] 李博、胡进,2008:《中国产业结构优化升级的测度和比较分析》,《管理科学》第 2 期。

[189] 李画画,2011:《泰安市产业结构优化策略》,《合作经济与科技》第 10 期。

[190] 李惠媛,2010:《基于面板数据模型的我国产业结构优化升级的影响因素分析》,浙江大学硕士学位论文。

[191] 李京文,1998:《中国产业结构的辩护与发展趋势》,《当代财经》第 5 期。

[192] 李俊,1993:《中国区域能源供求及其因素分析》,《数量经济技术经济研究》第 11 期。

[193] 李娜、王飞,2012:《中国主导产业演变及其原因研究:基于 DPG 方法》,《数量经济技术经济研究》第 1 期。

[194] 李佩佩,2009:《地方财政保护对区域产业结构差异的影响》,苏州大学博士学位论文。

[195] 李薇、王超、徐伟双,2011:《北京产业结构演变与经济增长动态分析》,《北方工业大学学报》第 12 期。

[196] 李文兵,2012:《结构转变与我国经济周期的微波化》,《贵州财经学院学报》第 2 期。

[197] 李新国、易先桥,2005:《论产业结构优化升级的财政政策选择》,《天中学刊》第 1 期。

[198] 李懿洋,2011:《甘肃省产业结构与经济增长的灰色关联分析》,《企业经济》第 5 期。

[199] 李政、麻林巍,2006:《产业发展与能源的协调问题研究——国际经验对我国的启示》,《中国能源》第 10 期。

[200] 里昂惕夫,1936:《美国经济体系中的投入产出的数量关系》,《经济学和统计学评论》第 8 期。

[201] 里昂惕夫,1990:《投入产出经济学》,中国统计出版社。

[202] 梁同贵,2010:《中国产业结构变动与经济增长关系的国际比较研究》,《广西经济管理干部学院学报》第 22 卷第 4 期。

[203] 林伯强、牟敦国,2008,《能源价格对宏观经济的影响——基于可计算一般均衡(CGE)的分析》,《经济研究》第 11 期。

[204] 林毅夫,2012:《新结构经济学——反思经济发展与政策的理论框架》,北京大学出版社。

[205] 林毅夫、蔡昉、李周,2002:《中国的奇迹:发展战略与经济改革》(增订版),上海三联书店、上海人民出版社。

[206] 刘红玫、陶全,2002:《大中型工业企业能源密度下降的动因探析》,《统计研究》第 9 期。

[207] 刘立斌,2002:《产业结构发展与经济周期形成关系研究》,哈尔滨工程大学硕士学位论文。

[208] 刘梅生,2009:《我国银行信贷与产业结构变动关系的实证研究》,《南方金融》第 7 期。

[209] 刘品、王维平、马承新、何茂强,2011:《山东省宏观经济水资源投入产出分析》,《灌溉排水学报》第 2 期。

[210] 刘起运,2002:《关于投入产出系数结构分析方法的研究》,《统计研究》第 2 期。

[211] 刘树成,2000:《论中国的经济增长与波动的新态势》,《中国社会科学》第 1 期。

[212] 刘树成,2006:《中国经济周期研究报告》,社会科学文献出版社。

[213] 刘涛、胡春晖,2011:《基于产业均衡条件的产业结构与经济增长实证研究》,《统计与决策》第 10 期。

[214] 刘伟,1995:《工业化进程中的产业结构研究》,中国人民大学出版社。

[215] 刘伟,2009:《产业结构提升对中国经济增长的贡献——基于中国 1978—2007 年的经验》,《科学持续地发展生产力——世界生产力科学院中国籍院士文集》。

[216] 刘伟、蔡志洲,2008:《技术进步、结构变动与改善国民经济中间消耗》,《经济研究》第 4 期。

[217] 刘伟、蔡志洲,2008:《我国产业结构变动趋势及对经济增长的影响》,《经济纵横》

第12期。

[218]刘伟等,2009:《中国市场经济发展研究——市场化进程与经济增长和结构演进》,经济科学出版社。

[219]刘伟、李绍荣,2002:《产业结构与经济增长》,《中国工业经济》第5期。

[220]刘伟、李绍荣、黄桂田、盖文启,2003:《北京市经济结构分析》,《中国工业经济》第1期。

[221]刘伟、张辉,2008:《中国经济增长中的产业结构变迁和技术进步》,《经济研究》第11期。

[222]刘伟、张辉,2012:《货币政策和传导机制研究进展及启示——当代西方经济学视角》,《北京大学学报(哲学社会科学版)》第1期。

[223]刘伟、张辉、黄泽华,2008:《中国产业结构高度与工业化进程和地区差异的考察》,《经济学动态》第11期。

[224]刘玄、王剑,2006:《货币政策传导地区差异:实证检验及政策含义》,《财经研究》第5期。

[225]刘义圣、陈燕,2006:《以产业结构调整推动福建经济增长方式的转变》,《福建论坛》第12期。

[226]刘忠涛、金洪云,2010:《产业结构、资源禀赋与经济增长》,《汕头大学学报》第5期。

[227]刘遵义,2007:《非竞争型投入占用产出模型及其应用——中美贸易顺差透视》,《中国社会科学》第5期。

[228]卢洪友、陈思霞,2009:《第三产业技术进步与技术效率的财政政策效应实证分析》,《广东商学院学报》第3期。

[229]卢建,1992:《中国经济周期实证研究》,中国财政经济出版社。

[230]路正南,1999:《产业结构调整对我国能源消耗影响的实证分析》,《数量经济技术经济研究》第12期。

[231]罗倩文、王钊、施海峰,2007:《我国产业结构变动的均衡性与互动效应分析》,《西南农业大学学报》第3期。

[232]骆玉鼎,1998:《区域经济发展不平衡与货币总量调控的局限性——最适货币区理论对宏观政策选择的启示》,《金融研究》第4期。

[233]吕炜,2010:《美国产业结构演变的动因与机制——基于面板数据的实证分析》,《经济学动态》第8期。

[234]马建堂,1988:《从总量波动到结构变动——再论经济周期影响产业结构变动的机

制》,《经济研究》第 4 期。

[235] 马建堂,1988:《周期波动与结构变动——经济周期影响产业结构的机制初探》,《经济研究》第 6 期。

[236] 马建堂,1990:《周期波动与结构变动》,湖南教育出版社。

[237] 马鹏晴,2009:《我国产业结构与经济增长的分析》,《经济师》第 3 期。

[238] 彭宜钟、李少林,2011:《辽宁省最优产业结构测算》,《财经问题研究》第 12 期。

[239] 齐爽,2012:《基于产业数据比对的我国经济周期波动分析》,《统计与决策》第 5 期。

[240] 齐志新、陈文颖、吴宗鑫,2007:《工业轻重结构变化对能源消费的影响》,《中国工业经济》第 2 期。

[241] 钱士春,2004:《经济增长与波动关系研究综述》,《经济学动态》第 4 期。

[242] 任若恩、樊茂清,2010:《国际油价波动对中国宏观经济的影响:基于中国 IGEM 模型的经验研究》,《世界经济》第 12 期。

[243] 荣宏庆,2002:《我国产业结构问题理论观点综述》,《党政干部学刊》第 2 期。

[244] 申俊喜、曹源芳、封思贤,2011:《货币政策的区域异质性效应——基于中国 31 个省域的实证分析》,《中国工业经济》第 6 期。

[245] 沈蕾,2009:《建国以来北京市产业结构演进特点与动力机制分析》,《工业技术经济》第 10 期。

[246] 沈利生,2010:《重新审视传统的影响力系数公式——评影响力系数公式的两个缺陷》,《数量经济技术经济研究》第 2 期。

[247] 沈利生、吴振宇,2004:《利用投入产出模型测算外贸对经济的贡献》,许宪春、刘起运主编,《中国投入产出理论与实践》,中国统计出版社。

[248] 沈正平、刘海军、蒋涛,2004:《产业集群与区域经济发展探究》,《中国软科学》第 2 期。

[249] 石柱鲜、何立波,1998:《日本经济增长速度转变时期经济结构的变化及同我国的比较分析》,《现代日本经济》第 3 期。

[250] 石柱鲜、王立勇、牟晓云、刘俊生,2005:《2005—2006 年我国第三产业发展态势的分析和预测》,《中国经济形势分析与预测》,社会科学出版社。

[251] 石柱鲜、吴泰岳、邓创、王晶晶,2009:《关于我国产业结构调整与经济周期波动的实证研究》,《数理统计与管理》第 9 期。

[252] 时春红,2011:《中国工业和服务业全要素生产率空间差异比较分析》,暨南大学硕士学位论文。

[253] 史常亮、王忠平,2011:《产业结构变动与浙江经济增长》,《统计科学与实践》第 2 期。

[254] 史丹,1999:《结构变动是影响我国能源消费的主要因素》,《中国工业经济》第 11 期。

[255] 史丹,2002:《我国经济增长过程中能源利用效率的改进》,《经济研究》第 9 期。

[256] 史丹,2006:《中国能源效率的地区差异与节能潜力分析》,《中国工业经济》第 10 期。

[257] 史丹、张金隆,2003:《产业结构变动对能源消费的影响》,《经济理论与经济管理》第 8 期。

[258] 宋玲玲,2010:《河南省产业结构优化研究》,《科教导刊》第 7 期。

[259] 宋旺、钟正声,2006:《我国货币政策区域效应的存在性及原因——基于最优货币区理论的分析》,《经济研究》第 3 期。

[260] 宋薇、李娟、陆文豪,2011:《河北产业结构与经济增长关系的实证分析》,《经济论坛》第 4 期。

[261] 孙淑文,2011:《陕西省产业结构优化对策研究》,《西安财经学院学报》第 5 期。

[262] 孙文杰,2010:《中国产业结构优化的测度及影响因素研究——基于中国 1995—2008 年的工业数据》,《经济研究导刊》第 33 期。

[263] 孙稳存,2007:《能源冲击对中国宏观经济的影响》,《经济理论与经济管理》第 2 期。

[264] 唐志宏,1999:《中国平均利润率的估算》,《经济研究》第 5 期。

[265] 唐志鹏、王志标、祝坤福,2007:《1992—2002 年中国产业结构的变化》,《统计研究》第 3 期。

[266] 汪昊旻,2009:《我国货币政策的产业效应实证分析》,《世界经济情况》第 10 期。

[267] 汪茂泰、钱龙,2010:《产业结构变动对经济增长的效应:基于投入产出的分析》,《石家庄经济学院学报》第 2 期。

[268] 王峰、李树荣,2011:《多目标产业结构优化最优控制模型的改进及求解》,《中国石油大学学报》第 2 期。

[269] 王海建,2001:《经济结构变动与能源需求的投入产出分析》,《数理统计与管理》第 5 期。

[270] 王焕英、王尚坤、石磊,2010:《中国产业结构对经济增长的影响》,《云南财经大学学报》第 2 期。

[271] 王剑、刘玄,2005:《货币政策传导的行业效应研究》,《财经研究》第 5 期。

[272] 王俊松、贺灿飞,2009:《经济转型与中国省区能源强度研究》,《地理科学》第8期。

[273] 王乐乐、吴殿廷、姜晔,2012:《我国省域工业主导产业的遴选与发展》,《地域研究与开发》第2期。

[274] 王路明,2010:《中国产业结构升级的经济增长效应研究》,黑龙江大学硕士学位论文。

[275] 王明明,2000:《信息产业对经济全球化与经济周期波动的影响》,《中国软科学》第7期。

[276] 王巧英,2010:《影响力系数和感应度系数计算方法新探》,《统计教育》第10期。

[277] 王青,2005:《第二产业主导产业的选择与实证分析》,《财经问题研究》第6期。

[278] 王燕,2007:《影响力系数和感应度系数计算方法的探析》,《价值工程》第4期。

[279] 王耀中、刘志忠、夏飞,2005:《石油价格与产出波动关系研究综述》,《经济学动态》第8期。

[280] 王玉潜,2003:《能耗强度变动的因素分析方法及其应用》,《数量经济技术经济研究》第8期。

[281] 王岳平,2000:《我国产业结构的投入产出关联分析》,《管理世界》第4期。

[282] 魏楚、沈满洪,2008:《结构调整能否改变能源效率——基于我国省级数据的研究》,《世界经济》第11期。

[283] 魏后凯,2006:《现代区域经济学》,经济管理出版社。

[284] 邬义钧,2006:《我国产业结构优化升级的目标和效益评价方法》,《中南财经政法大学学报》第6期。

[285] 吴风庆,2004:《产业结构与经济增长的偏离分析》,《山东工商学院学报》第2期。

[286] 吴巧生、成金华,2006:《中国工业化中的能源消耗强度变动及因素分析——基于分解模型的实证分析》,《财经研究》第6期。

[287] 向秋兰、蔡绍洪,2010:《产业组织三重结构与经济增长》,《云南财经大学学报》第3期。

[288] 肖强,2010:《基于投入占用产出技术的水资源合理配置研究》,湖南农业大学博士学位论文。

[289] 筱原三代平,1990:《产业结构》,中国人民大学出版社。

[290] 谢伏给、李培育、全尤桓,1990:《产业结构调整的战略选择》,《管理世界》第4期。

[291] 徐德云,2008:《产业结构升级形态决定、测度的一个理论解释及测定》,《财政研究》第1期。

[292] 徐德云,2011:《产业结构均衡的决定及其测度:理论解释及验证》,《产业经济研究》第3期。

[293] 徐广军、张汉鹏,2006:《美国产业演进模式与我国产业结构升级》,《经济与管理研究》第8期。

[294] 徐建军、汪浩瀚,2009:《中国对外贸易和金融深化对全要素生产率的动态影响——基于状态空间模型的时变参数分析》,《国际贸易问题》第6期。

[295] 许健、陈锡康、杨翠红,2003:《完全用水系数及增加值用水系数的计算方法》,《水利水电科技进展》第2期。

[296] 薛俊波,2007:《中国17部门资本存量的核算研究》,《统计研究》第7期。

[297] 闫红波、王国林,2008:《我国货币政策产业效应的非对称性研究——来自制造业的实证》,《数量经济技术经济研究》第5期。

[298] 杨东亮,2011:《中日全要素生产率测算与比较》,《现代日本经济》第4期。

[299] 杨蕙馨、吴炜峰,2010:《经济全球化条件下的产业结构转型及对策》,《经济学动态》第6期。

[300] 杨小军,2010:《中国货币政策传导的行业效应研究:基于利率政策的经验分析》,《上海财经大学学报》第4期。

[301] 杨晓、杨开忠,2007:《中国货币政策影响的区域差异性研究》,《财经研究》第2期。

[302] 袁鹏、程施,2010:《我国能源效率的影响因素:文献综述》,《科学经济社会》第4期。

[303] 原毅军,1991:《经济增长周期与产业结构变动研究》,《中国工业经济研究》第6期。

[304] 张斌,2011:《财政政策对产业结构动态冲击效应的实证分析》,《新疆财经大学学报》第1期。

[305] 张斌、徐建炜,2010:《石油价格冲击与中国的宏观经济:机制、影响与对策》,《管理世界》第11期。

[306] 张辉,2004:《全球价值链理论与我国产业发展研究》,《中国工业经济》第5期。

[307] 张辉,2005:《全球价值链下地方产业集群升级模式研究》,《中国工业经济》第9期。

[308] 张辉,2006:《全球价值链动力机制与产业发展策略》,《中国工业经济》第1期。

[309] 张辉,2009:《北京市工业化进程中的产业结构高度》,《北京社会科学》第3期。

[310] 张辉,2010:《中国都市经济研究报告2008——改革开放以来北京市产业结构高度

演化的现状、问题和对策》,北京大学出版社。

[311] 张辉,2012:《我国工业化加速进程中主导产业驱动机制》,《经济学动态》第11期。

[312] 张辉,2013:《我国货币政策传导变量对产业结构影响的实证研究》,《经济科学》第1期。

[313] 张辉等,2012:《北京市产业空间结构研究》,北京大学出版社。

[314] 张辉、黄泽华,2011:《我国货币政策利率传导机制的实证研究》,《经济学动态》第3期。

[315] 张辉、黄泽华,2011:《我国货币政策的汇率传导机制研究》,《经济学动态》第8期。

[316] 张辉、任抒杨,2010:《从北京看我国地方产业结构高度化进程的主导产业驱动机制》,《经济科学》第6期。

[317] 张辉、王晓霞,2009:《北京市产业结构变迁对经济增长贡献的实证研究》,《经济科学》第4期。

[318] 张晶,2006:《我国货币财政政策存在区域效应的实证分析》,《数量经济技术经济研究》第8期。

[319] 张军,2002:《增长、资本形成与技术选择:解释中国经济增长下降的长期因素》,《经济学季刊》第1期。

[320] 张军、陈诗一、Gary H. Jefferson,2009:《结构改革与中国工业增长》,《经济研究》第7期。

[321] 张军扩,1991:《"七五"期间经济效益的综合分析——各要素对经济增长贡献率测算》,《经济研究》第4期。

[322] 张伟,2009:《贵州省产业结构空间演化实证研究》,《地域研究与开发》第6期。

[323] 张晓明,2009:《中国产业结构升级与经济增长的关联研究》,《工业技术经济》第2期。

[324] 张宗成、周猛,2004:《中国经济增长与能源消费的异常关系分析》,《上海经济研究》第4期。

[325] 赵春艳,2008:《我国经济增长与产业结构演进关系的研究——基于面板数据模型的时政分析》,《数理统计与管理》第3期。

[326] 赵今朝、龚唯平,2009:《产业结构系数:经济增长理论分析的新思路》,《学术研究》第7期。

[327] 赵晓丽、欧阳超,2008:《北京市经济结构与能源消费关系研究》,《中国能源》第

3期。

[328] 赵志耘、杨朝峰,2011:《中国全要素生产率的测算与解释:1979—2009年》,《财经问题研究》第9期。

[329] 郑春梅、方超、邝雄,2009:《北京市产业结构与经济增长的关系研究》,《中国市场》第40期。

[330] 中国统计局,2010:《中国投入产出理论与实践》,中国统计出版社。

[331] 中国投入产出学会课题组,2006:《我国目前产业关联度分析——2002年投入产出表系列分析报告之一》,《统计研究》第11期。

[332] 中国投入产出学会课题组,2007:《我国能源部门产业关联分析——2002年投入产出表系列分析报告之六》,《统计研究》第5期。

[333] 钟契夫、陈锡康、刘起运,1993:《投入产出分析》,中国财政经济出版社。

[334] 周昌林、魏建良,2007:《产业结构水平测度模型与实证分析——以上海、深圳、宁波为例》,《上海经济研究》第6期。

[335] 周林、杨云龙、刘伟,1987:《用产业政策推进发展与改革》,《经济研究》第3期。

[336] 周勇、李廉水,2006:《中国能源强度变化的结构与效率因素贡献:基于AWD的实证分析》,《产业经济研究》第4期。

[337] 周振华,1991:《产业政策的经济理论系统分析》,中国人民大学出版社。

[338] 朱慧明、韩玉启,2003:《产业结构与经济增长关系的实证分析》,《运筹于管理》第4期。

[339] 朱明明、赵明华,2012:《基于SMM的山东省产业结构演进与经济增长关系分析》,《经济论坛》第12期。

[340] 朱文宇,2009:《技术进步、资源配置与能源效率——基于中国的实证分析》,《经济研究导刊》第9期。